Ingolf U. Dalferth

Selbstlose Leidenschaften

Ingolf U. Dalferth

Selbstlose Leidenschaften

Christlicher Glaube und menschliche Passionen

Mohr Siebeck

Ingolf U. Dalferth, geboren 1948; Studium der Theologie, Philosophie, Linguistik in Tübingen, Edinburgh, Wien, Cambridge (GB); 1977 Promotion; 1982 Habilitation; seit 1995 Ordinarius für Systematische Theologie, Symbolik und Religionsphilosophie an der Universität Zürich; seit 2008 auch Danforth Professor of Philosophy of Religion an der Claremont Graduate University in Kalifornien.

ISBN 978-3-16-152528-5

Die Deutsche Nationalbibliothek verzeichnet diese Publikation in der Deutschen Nationalbibliographie; detaillierte bibliographische Daten sind im Internet über *http://dnb.dnb.de* abrufbar.

Das Buch wurde von Gulde-Druck in Tübingen aus der Minion gesetzt, auf alterungsbeständiges Werkdruckpapier gedruckt und von der Buchbinderei Nädele in Nehren gebunden.

Vorwort

Dass das Leben des Glaubens affekt- und gefühlsbestimmt ist, war eine erfahrungsgesättigte Grundüberzeugung der Reformatoren. In Melanchthons *Loci communes* von 1521 ist *affectus* ein Grundbegriff seines Versuchs, die Einsicht von Luthers Rechtfertigungstheologie anthropologisch zu konkretisieren.[1] Der Wechsel vom Leben der Sünde zum Leben des Glaubens wird nicht als intellektuelle Einsicht oder freier Willensentschluss, sondern als ein Affektwechsel beschrieben, in dem der menschliche Wille von seinen sündigen Affekten befreit und durch neue, entgegengesetzte Affekte der Gnade bestimmt wird. Die »Kraft, aus der die Affekte hervorgehen«, wird Melanchthon zufolge entweder Wille (*voluntas*) oder Leidenschaft (*affectus*) oder Trieb (*appetitus*) genannt.[2] Man kann diese in den »Trieb der Sinne« (*appetitus sensuum*) und den »höheren Trieb« (*appetitus superior*) unterscheiden, also in

---

[1] Vgl. K.-H. zur Mühlen, Melanchthons Auffassung vom Affekt in den »Loci communes« von 1521, in: Ders., Reformatorische Prägungen. Studien zur Theologie Martin Luthers und zur Reformationszeit, hg. v. A. Lexutt/V. Ortmann, Göttingen 2011, 84–95. Zu Luther vgl. B. Stolt, »Laßt uns fröhlich springen!«. Gefühlswelt und Gefühlsnavigierung in Luthers Reformationsarbeit. Eine kognitive Emotionalitätsanalyse auf philologischer Basis, Berlin 2012. Ähnliches ließe sich an Calvins Anthropologie und ihrer Betonung von Affekt und Sinn(lichkeit) einschließlich des *sensus divinitatis* zeigen. Vgl. R. J. Leo, Affect before Spinoza: Reformed Faith, Affectus, and Experience in Jean Calvin, John Donne, John Milton and Baruch Spinoza (Diss. Duke University 2009, 62–120: http://hdl.handle.net/10161/1356). Zu den wichtigsten Zeugnissen dieser Tradition außerhalb Europas gehört J. Edwards, A Treatise Concerning Religious Affections, in: The Works of Jonathan Edwards, Bd. 2, hg. v. P. Ramsey, New Haven 1957.

[2] Ph. Melanchthon, Loci communes 1521, übers. v. H. G. Pöhlmann, Gütersloh [2]1997, 26 f.

»Hunger, Durst und ähnliche Affekte der unvernünftigen [Kreatur]« auf der einen Seite, und in »Liebe, Haß, Hoffnung, Furcht, Trauer, Zorn und die Affekte, die aus ihnen entstehen,« auf der anderen Seite.[3] Während wir in äußeren Dingen eine gewisse Freiheit haben, also aus Erfahrung wissen, dass es in unserer »Macht steht, einen Menschen zu grüßen oder nicht zu grüßen, dieses Gewand anzuziehen oder nicht anzuziehen, Fleisch zu essen oder nicht zu essen«,[4] stehen die »inneren Affekte [...] nicht in unserer Gewalt. Durch Erfahrung und Gewohnheit erleben wir, dass der Wille nicht aus eigenem Antrieb Liebe, Hass oder ähnliche Affekte ablegen kann, sondern ein Affekt wird durch einen [anderen] Affekt besiegt, z.B. wenn du von dem, den du liebtest, verletzt worden bist, hörst du auf, ihn zu lieben«.[5] Aufgeben oder ändern kann man einen solchen Affekt nur, wenn der »Affekt, von dem [das Herz] besetzt ist, von einer heftigeren Leidenschaft überwältigt« wird, und diese Leidenschaften stehen nicht in unserer Gewalt.[6] Stets ist der Mensch durch Affekte bestimmt, und da diese gegensätzlich sind, steht er in einer permanenten Spannung sich widerstreitender Affekte, denen er sich ausgesetzt findet und mit denen

---

[3] Ebd., 26–28: »Nos enim de superiore loquimur, hoc est, non modo de eo, in quo fames, sitis et similes brutorum affectus sunt, se de eo, in quo amor, odium, spes, metus, tristitia, ira et qui ex his nascuntur affectus, insunt; ipsi voluntatem vocant.«

[4] Ebd., 34–36: »Quod si voluntatis humanae vim pro naturae captu aestimes, negari non potest iuxta rationem humanam, quin sit in ea libertas quaedam externorum operum, ut ipse experiris in potestate tua esse, salutare hominem aut non salutare, indui hac veste vel non indui, vesci carnibus aut non vesci.«

[5] Ebd., 36: »interni affectus non sunt in potestate nostra. Experientia enim usuque comperimus non posse voluntatem sua sponte ponere amorem, odium aut similes affectus, sed affectus affectu vincitur, ut, quia laesus es ab eo, quem amabas, amare desinis.«

[6] Ebd., 40: »Nam cum is, qui odit, statuit ponere odium, nisi revera fuerit vehementiore affectu victus, plane est fictitia quaedam intellectus cogitatio, non voluntatis opus. [...] Ponit autem, cum vehementiori cupiditate victus fuerit hic affectus, quo occupatur.«

er sich auseinandersetzen muss – im Leben des Glaubens nicht weniger als im Leben des Nichtglaubens.

Über die Affekte, Passionen, Emotionen, Gefühle oder kurz: die *Leidenschaften* des Menschen nachzudenken, ist daher eine zentrale Aufgabe theologischer Anthropologie.[7] Das wird in den hier vorgelegten Untersuchungen in Fortsetzung meiner anthropologischen Überlegungen in *Leiden und Böses* sowie *Umsonst*[8] an den Beispielen der Angst, des Zorns, der Liebe, des Mitleids und des Vertrauens versucht. Entstanden sind sie im Zusammenhang zweier interdisziplinärer Forschungsprojekte, die in den vergangenen Jahren in Zürich am Collegium Helveticum und am Institut für Hermeneutik und Religionsphilosophie der Universität Zürich durchgeführt wurden. Das eine konzentrierte sich auf das Problemfeld *Die Rolle der Emotionen: ihr Anteil bei menschlichem Handeln und bei der Setzung sozialer Normen* (2004–2009), das andere auf *Vertrauen verstehen. Grundlagen, Formen und Grenzen des Vertrauens* (2009–2013). An diesen Projekten wirkten neben der Theologie und Philosophie in verschiedenen Formationen auch so unterschiedliche Disziplinen mit wie die (Neuro-)Ökonomie, Sozialgeschichte, Soziologie, Psychologie, Ingenieurwissen-

---

[7] Vgl. B. Wannenwetsch, Affekt und Gebot. Zur ethischen Bedeutung der Leidenschaften im Licht der Theologie Luthers und Melanchthons, in: J.A. Steiger (Hg.), Passion, Affekt und Leidenschaft in der Frühen Neuzeit, Bd. 1, Wiesbaden 2005, 203–215; Chr. Ammann, Emotionen – Seismographen der Bedeutung. Ihre Relevanz für eine christliche Ethik, Stuttgart 2007; Ph. Stoellger, Passivität aus Passion. Zur Problemgeschichte einer ›categoria non grata‹, Tübingen 2010; C. Richter, Bodenloses Vertrauen. Humanwissenschaftliche und theologische Erkundungen, Habilitationsschrift Systematische Theologie, Marburg 2010; I.U. Dalferth/M. Rodgers (Hg.), Passion and Passivity, Tübingen 2011; B. Harbeck-Pingel/M. Roth (Hg.), Emotionen und Verhalten in theologischer und philosophischer Perspektive, Leipzig 2012; P.L. Gavrilyuk/S. Coakley (Hg.), The Spiritual Senses. Perceiving God in Western Christianity, Cambridge 2012.

[8] I.U. Dalferth, Leiden und Böses. Vom schwierigen Umgang mit Widersinnigem, Leipzig 2006; ders., Umsonst. Eine Erinnerung an die kreative Passivität des Menschen, Tübingen 2011.

schaft, Medizin, Neurowissenschaft, Pharmazie, Anorganische Chemie und Literaturwissenschaft. Gefördert wurden diese Projekte durch die cogito foundation, den Schweizerischen Nationalfonds und die Stiftung Mercator Schweiz. Dass sie diese konzentrierte fächerübergreifende Forschungsarbeit ermöglicht haben, ist ihnen nicht hoch genug anzurechnen.

In das Buch ist Material aus folgenden Publikationen eingegangen: Freiheit und Liebe. Selbstwerdung nach Levinas und Rosenzweig, in: Jahrbuch für Religionsphilosophie 5 (2006), 45–67; Mehr als Zwei. Von der Logik der Relation zur Hermeneutik des Dritten, in: Archivio di Filosofia 74 (2006), 123–137; Aspekte des Problemkomplexes Mitleid, in: I. U. Dalferth/A. Hunziker (Hg.) unter Mitarbeit von A. Anker, Mitleid. Konkretionen eines strittigen Konzepts, Tübingen 2007, IX–XXV; Der Zorn Gottes. Grundlinien einer Gottesmetapher, in: J. Fehr/G. Folkers (Hg.), Gefühle zeigen. Manifestationsformen emotionaler Prozesse, Edition Collegium Helveticum 5, Chronos 2009, 11–47; Vertrauen ist menschlich, in: Hermeneutische Blätter 1/2 (2010), 142–157; Vertrauen und Hoffnung. Orientierungsweisen im Glauben, in: I. U. Dalferth/S. Peng-Keller (Hg.), Gottvertrauen. Die ökumenische Diskussion um den Glauben als *fiducia*, Freiburg 2012, 406–434; Grundvertrauen: Problemdimensionen eines sozialen Konstrukts, in: I. U. Dalferth/S. Peng-Keller (Hg.), Grundvertrauen. Hermeneutik eines Grenzphänomens, Leipzig 2013, 187–207. Alle Texte wurden überarbeitet, korrigiert, ergänzt und fortgeschrieben. Ich danke den Verlagen für die Erlaubnis, dieses Material in den Prozess des Weiterdenkens einbeziehen zu können.

Dem Verlag Mohr Siebeck und Herrn Dr. Ziebritzki gilt mein Dank für das Interesse am Thema dieses Buches und die, wie immer, ausgezeichnete Zusammenarbeit. Dr. Stefan Berg hat sich um die Register verdient gemacht. Ich danke ihm.

Gewidmet sei das Buch meiner Frau, die mehr als alle anderen weiss, wovon es handelt.

IU Dalferth

Inhalt

A. Vom Sinn der Sinne. Zur Einleitung

B. Erlebte Angst. Vom Umgang mit Angst in Wissenschaft und Theologie

D. Mehr als Zwei. Von der Logik der Relation zur Hermeneutik des Dritten

E. Wahre Liebe ist kein Gefühl. Liebe als Grundmuster menschlicher Lebensorientierung

F. Freiheit und Liebe. Selbstwerdung nach Levinas und Rosenzweig

H. Gottvertrauen. Orientierungsweisen im Glauben

I. Mitmenschlichkeit. Vertrauen als Phänomen gelebten Glaubens

A. Vom Sinn der Sinne. Zur Einleitung

1. Sinn und Sinnlichkeit

Menschen sind Zeichen gebrauchende und in Zeichen verwobene Wesen. Das bindet uns ein in die Wirklichkeiten der Natur (wir sind als Individuen, biologisch betrachtet, lebende Körper oder Leiber der einzigen existierenden Art der Gattung Homo aus der Familie der Menschenaffen oder Hominidae, die ihrerseits zu den Trockennasenaffen oder Haplorrhini und damit zu den Primaten unter den höheren Säugetieren gehören), und es bettet uns ein in die Wirklichkeiten der Gesellschaft (wir leben in sozialen Gruppen verschiedener Art und Komplexität nach Regeln, die wir selbst gesetzt haben und verändern können). Aber es eröffnet uns zugleich auch die Möglichkeiten der Kultur (wir sind Geist) und der Gegenkultur (wir imaginieren Gegenwelten). Entsprechend komplex ist unsere Lebenswelt. Wir bewegen uns nicht nur in einer biologisch-natürlichen Welt, die durch Gesetz, Kausalität und Tatsachen bestimmt ist (Tatsachenwelt), sondern leben stets zugleich auch in geistig-kulturellen Welten, in denen Regeln, Konventionen und Symbole gelten, die wir selbst geschaffen haben (Sinnwelt). Nie gibt es für uns das eine ohne das andere. Schon als Naturwesen sind wir Kulturwesen, die durch Zeichen gemeinsame Sinnwelten schaffen, in denen überhaupt erst zwischen Natur und Kultur, Tatsache und Sinn, Wirklichkeit und Möglichkeit unterschieden werden kann. Im Zeichengebrauch werden wir, was wir sind: Menschen unter Menschen, die sinnlich interagieren und Sinn kommunizieren.

Das hat mannigfache Folgen. Nie sind wir nur allein wir selbst, sondern stets zugleich unter, mit und bei anderen: Wir sind, wer und was wir sind, indem wir es kommunizierend (Sinn) und interagierend (Sinnlichkeit) im Bezug aufeinander, in der Abgrenzung voneinander und im Leben miteinander werden. Nie haben wir es nur mit unseren eigenen Sinnen und nicht auch mit gemeinsamem Sinn zu tun: Wir transzendieren unsere Körperlichkeit durch unseren Geist und transformieren unseren Körper damit zum Leib.[1] Niemals gibt es für uns Sinn, der nicht durch Sinnlichkeit vermittelt wäre: Wir können Geist nur aufgrund unserer Körperlichkeit sein und als Geist nur leiblich leben. Niemals bleibt für uns Sinn an Sinnlichkeit gebunden, ohne zugleich über sich selbst hinauszuweisen: Unser Geist transzendiert sich selbst und macht unseren Leib zu einem offenen Prozess. Und niemals sind wir in Sinnlichkeit und Sinn nur auf uns selbst und nicht zugleich auch auf andere bezogen: Wir sind als Körper und Geist soziale Wesen, deren Leib immer auch sozialer Leib ist, in dem sich individuelle und gemeinsame Zukunft verschlingen. Zeichengebrauch macht uns zu Menschen unter Menschen, indem er permanent und auf vielfältige und komplexe Weise Sinne und Sinn in einem gemeinsamen Prozess sozial und zeitlich vermittelt und damit die Leiblichkeit, Geistigkeit, Sozialität und Zeitlichkeit menschlichen Lebens konstituiert.[2]

In diesem Horizont verstanden sind die *Sinne* unsere Organe für das Wirkliche im Horizont des Möglichen,[3] *Sinn* ist die Sphäre

---

[1] Vgl. H. Schmitz, System der Philosophie: Der Leib, Bd. 2.1, Bonn [2]1982; ders., Der Leib, der Raum und die Gefühle, Stuttgart 1998; Th. Fuchs, Leib – Raum – Person. Entwurf einer phänomenologischen Anthropologie, Stuttgart 2000; B. Waldenfels, Bruchlinien der Erfahrung. Phänomenologie – Psychoanalyse – Phänomenotechnik, Frankfurt a. M. 2002.

[2] Vgl. R. C. Solomon, The Passions. Emotions and the Meaning of Life, Indianapolis 1993; ders., Thinking about Feeling. Contemporary Philosophers on Emotions, Oxford/New York 2004; ders. (Hg.), True to Our Feelings: What Our Emotions Are Really Telling Us, Oxford 2006.

[3] Ich verwende in dieser Arbeit die Metapher ›im Horizont von …‹ so, wie es der Relations- und Grenzbegriff des Horizonts nahelegt: Ein Horizont umreißt ein Ganzes relativ zu einem Standpunkt, und er verändert sich zusammen mit dem Ganzen, das er umreißt, wenn dieser Standpunkt sich ändert. Von etwas zu sagen, es sei ›im Horizont von X‹, heißt dementsprechend,

des Möglichen im Medium des Geistes, und der *Geist* ist unser Sinn für den Sinn. Träumend, imaginierend, vorstellend und denkend erkunden wir im Geist die Möglichkeitsräume, die unser Zeichengebrauch eröffnet. Sehend, hörend, schmeckend, tastend und fühlend erahnen wir, was sein könnte, indem wir wahrnehmen, was ist. Ohne Zeichenprozesse wäre Mögliches kein Thema für uns. Ohne die Operationen unseres Geistes hätten wir keinen Sinn für das Mögliche. Und ohne die Wahrnehmung des Wirklichen durch die Sinne könnten wir im Geist nichts Mögliches ersinnen. Mögliches entfaltet seinen Reiz erst im Bezug auf Wirkliches, und Wirkliches gewinnt seinen Sinn erst vor dem Hintergrund des Möglichen. Hätten wir keinen Sinn für das Mögliche, wäre das Hier und Jetzt des Wirklichen das Ganze unseres Lebens und wir könnten kein Leben führen. Wäre das, was wir sinnlich als wirklich wahrnehmen, nicht eingebettet in einen Horizont des Möglichen, dann wäre es für uns keine Hilfe beim Versuch, unser Leben sinnvoll zu gestalten und uns im Leben verlässlich zu orientieren. Ohne Sinn helfen uns die Sinne wenig, und ohne Sinne bliebe unser Geist ohne Sinn. Denn wie der Geist unser Sinn ist für das Mögliche, so sind die Sinne unsere Organe für das Wirkliche. Beides gibt es nur im Bezug aufeinander. Wir sind sinnliche Sinnwesen und als solche wirkliche Möglichkeitswesen.

Allerdings sind wir Möglichkeitswesen in mehr als einem Sinn.[4] Es müsste uns nicht geben, sondern wir könnten auch nicht sein. Aber wir können auch nur sein, was und wie wir sind, weil wir auch anders sein könnten. Weil das möglich ist, stellt sich uns nicht nur die Frage, was wir als Menschen sind und sein können (Was sind wir und welche Möglichkeiten haben wir?), sondern

---

dass es innerhalb des Horizontes zu finden ist, der zu dem Standpunkt gehört, an dem X sich befindet, und dass es in diesem Horizont so bestimmt ist bzw. werden kann, wie es sich an diesem Standunkt für X zeigt oder zeigen kann.

[4] Vgl. I. U. Dalferth/A. Hunziker (Hg.), Seinkönnen. Der Mensch zwischen Möglichkeit und Wirklichkeit, Tübingen 2011.

stets auch, was wir sein wollen (Welche Menschen wollen wir sein?) und wie wir leben müssen, um solche Menschen zu werden (Wie können wir die Menschen werden, die wir sein wollen?). Was sind unsere Möglichkeiten? Welche davon sind aus welchen Gründen wünschenswert? Welche Fähigkeiten haben wir, sie zu verwirklichen? Und was müssen wir tun bzw. lassen, um das zu werden, was wir wollen?

Nichts davon ist von vornherein klar. Wir kennen unsere Möglichkeiten nicht. Wir wissen nicht, was wir uns wirklich wünschen. Und wir täuschen uns über unsere Fähigkeiten. Wir leben, wie wir leben, und geben damit eine bestimmte Antwort auf diese Fragen. Aber wir tun das in der Regel nicht bewusst. Je bewusster wir es tun, desto klarer zeigt sich die Unendlichkeit der Aufgabe. Wir kennen unsere Fähigkeiten nicht, weil sie sich verändern, wenn wir sie zu verstehen suchen. Wir kennen unsere Wünsche nicht, weil unser Begehren, unsere Bedürfnisse und unsere Neigungen anders oder andere werden, wenn wir sie zu klären suchen. Wir kennen unsere Möglichkeiten nicht, weil wir uns von dem, was ist, die Sicht auf das verstellen lassen, was möglich sein könnte. Die Wirklichkeit unseres Lebens ist in Möglichkeiten eingebettet, die wir nicht überschauen und über die wir nicht verfügen. Wir kennen nicht alles, was wir können, aber wir können auch nicht alles, was wir kennen: Wir überschauen unsere Möglichkeiten nicht, weil sie sich permanent verändern. Aber unsere Möglichkeiten zu kennen, genügt nicht, um zu wissen, was wir wollen, oder um zu tun, was wir wissen und wollen. Wer weiß, was er kann, weiß noch lange nicht, was er will. Aber auch wer weiß, was er kann und will, tut es allein deshalb noch nicht. Nicht alle Möglichkeiten sind wünschenswert, nicht alles Wünschenswerte möglich, und nicht alle wünschenswerten Möglichkeiten so, dass wir auch tatsächlich so leben, wie wir wollen und könnten.

2. Leidenschaften

Wir – das ist kein formales Ego im Plural, kein transzendentales Subjekt und keine körperlose *res cogitans*. Der Ausdruck ›wir‹ ist ein Personalpronomen, mit dem wir uns in Kommunikationssituationen von anderen abgrenzen (exklusives Wir) oder mit ihnen anderem bzw. anderen gegenüber zusammenschließen (inklusives Wir). Die, mit denen wir uns damit zusammenschließen oder von denen wir uns damit abgrenzen, sind Menschen in der Fülle dessen, was sie als Möglichkeitswesen in Wirklichkeitszusammenhängen in allen Dimensionen ihres Seins sind. Dazu gehören nicht nur die kognitiven, voluntativen, rezeptiven und aktiven Seiten menschlichen Lebens, sondern auch die emotionalen und affektiven, unser Denken, Wünschen, Wollen, Erleben und Handeln nicht weniger als unsere Bedürfnisse, unser Begehren, unser Streben und unsere Emotionen, Affekte, Passionen, Neigungen oder Gefühle – all das also, was im Folgenden ›Leidenschaften‹ heißen soll: Stimmungen und Emotionen wie Angst, Niedergeschlagenheit oder Euphorie; Affekte wie Wut, Zorn, Ekel, Scham, Neid, Lust, Trauer; Gefühle wie Furcht, Freude, Hoffnung, Enttäuschung; Passionen, affektive Neigungen und emotionale Haltungen wie Liebe, Hass, Vertrauen, Misstrauen, Achtung, Verachtung. All das und vieles mehr sind Leidenschaften, weil sie nicht so sehr eine Aktivität, eine Tätigkeit oder ein Tun von Menschen sind, als vielmehr etwas, das man als radikale Passivität erlebt, als etwas, dem man sich ausgesetzt und ausgeliefert vorfindet, das einen wegspült oder mitreißt, gegen dessen Intensität man sich kaum wehren kann, das einem den Boden unter den Füssen wegzieht, das einen überwältigt und zu dem man sich nur mit Mühe und in konkreten Situationen oft gar nicht aktiv verhalten kann.

Der Begriff der Leidenschaft wird im Folgenden also nicht eingeschränkt gebraucht, indem etwa zwischen sinnlichen Affekten (*affects*), körperlichen Emotionen (*emotions of the body*), seelischen Leidenschaften (*passions of the soul*) und Gefühlen des Selbst (*fee-*

lings of the self) unterschieden wird.[5] Diese Unterscheidungen setzen schon eine systematisierende Vereinfachung der komplexen und vielaspektigen Wirklichkeit des menschlichen Lebens und Erlebens voraus, die sich in den anthropologischen Entwürfen der Tradition mit ihren unterschiedlichen Unterscheidungen zwischen Körper, Leib, Seele, Psyche, Geist, Selbst, Subjekt, Ego usf. niedergeschlagen hat. In ihrem Licht können die Phänomene in je bestimmter, aber keineswegs übereinstimmender Weise benannt und beschrieben werden. Sie sagen daher oft mehr über die Betrachtungsweise als über die Phänomene, die betrachtet werden.

Zwei Beispiele mögen genügen.[6] Am Ende der Antike fasst Augustinus die philosophische Tradition folgendermaßen zusammen: »Zwei Ansichten sind es, die von den Philosophen über die Gemütsbewegungen vertreten werden, die die Griechen πάθη nennen, die Unsrigen aber bald wie Cicero, Erregungen, bald Affektionen oder Affekte, bald auch im engeren Anschluss an das Griechische Passionen.«[7] Die Bezeichnungen πάθη, *animi motibus, perturbationes, affectiones, affectus* oder *passiones* sind aber keineswegs ohne weiteres austauschbar, weil sie auf dem Hintergrund

---

[5] Vgl. I. U. DALFERTH, Passion, Passivity, and the Passive Voice, in: I. U. DALFERTH/M. RODGERS (Hg.), Passion and Passivity, Tübingen 2011, 1–10, hier 5; M. C. NUSSBAUM, The Therapy of Desire. Theory and Practice in Hellenistic Ethics, Princeton 1994; DIES., Upheavals of Thought. The Intelligence of Emotions, Cambridge 2000; J. ELSTER, Alchemies of the Mind: Rationality and the Emotions, Cambridge 1999; R. WOLLHEIM, On the Emotions, New Haven/London 1999; P. GOLDIE, The Emotions. A Philosophical Exploration, Oxford 2000; CHR. DEMMERLING/ H. LANDWEER, Philosophie der Gefühle. Von Achtung bis Zorn, Stuttgart/Weimar 2007.

[6] Wichtige Konzeptionen von Aristoteles bis Kant werden dargestellt von C. NEWMARK, Passion – Affekt – Gefühl. Philosophische Theorien der Emotionen zwischen Aristoteles und Kant, Hamburg 2008.

[7] A. AUGUSTINUS, De civitate Dei, IX, 4 (Übersetzung W. THIMME, Vom Gottesstaat, Bd. 1, München [4]1997, 469): »Duae sunt sententiae philosophorum de his animi motibus, quae Graeci πάθη, nostri autem quidam, sicut Cicero perturbationes, quidam affectiones, vel affectus, quidam vero, sicut iste de graeco expressius, passiones vocant.«

verschiedener anthropologischer Konzeptionen Verschiedenes bezeichnen (können). Das gilt nicht nur von den Peripatetikern und Stoikern, von denen Augustinus an dieser Stelle spricht, sondern auch von den anderen antiken Traditionen, auf die er sich bezieht.

Ähnliches gilt für die Konzeptionen der Aufklärungsepoche, Neuzeit und Gegenwart. Während Baumgarten in der Mitte des 18. Jahrhunderts noch wie Augustinus die Bezeichnungen *affectus, appetitus, passiones, affectiones, perturbationes animi* geradezu synonym gebraucht,[8] unterscheidet Kant in der *Kritik der Urteilskraft* scharf zwischen Affekten und Leidenschaften. Affekte sind Spontanphänomene und werden dem Gefühl zugewiesen, die Leidenschaften dagegen werden als sinnliche Begierden verstanden, die zur bleibenden Neigung geworden sind, und dem Begehrungsvermögen zugerechnet. »*Affekten* sind von *Leidenschaften* spezifisch unterschieden. Jene beziehen sich bloß auf das Gefühl; diese gehören dem Begehrungsvermögen an, und sind Neigungen, welche alle Bestimmbarkeit der Willkür durch Grundsätze erschweren oder unmöglich machen. Jene sind stürmisch und unvorsätzlich, diese anhaltend und überlegt: so ist der Unwille, als Zorn, ein Affekt; aber als Haß (Rachgier) eine Leidenschaft. Die letztere kann niemals und in keinem Verhältnis erhaben genannt werden; weil im Affekt die Freiheit des Gemüts zwar *gehemmt*, in der Leidenschaft aber aufgehoben wird.«[9] Ähnlich betont Kant in der *Metaphysik der Sitten*: »*Affekten* und *Leidenschaften* sind wesentlich von einander unterschieden; die erstern gehören zum *Gefühl*, so fern es, vor der Überlegung vorhergehend, diese selbst unmöglich oder schwerer macht. Daher heißt der Affekt *jäh*, oder *jach* (animus praeceps) und die Vernunft sagt durch den Tugendbegriff, man solle sich *fassen*; doch ist diese Schwäche im Gebrauch seines Verstandes, verbunden mit der Stärke der Gemütsbewegung, nur eine *Untugend* und gleichsam etwas Kindisches und Schwaches, was mit dem besten Willen gar wohl zusammen bestehen kann, und das einzige Gute noch an sich hat, daß dieser Sturm bald aufhört. Ein Hang zum Affekt (z. B. *Zorn*) verschwistert sich daher nicht so sehr mit dem Laster, als die Leidenschaft. *Leidenschaft* dagegen ist die zur bleibenden Neigung gewordene sinnliche Begierde (z. B.

---

[8] A. G. BAUMGARTEN, Metaphysica, editio VII, Halle, Saale 1779, § 678: »Appetitiones auersationesque (fortiores) ex confusa cognitione sunt *affectus* (passiones, affectiones, perturbationes animi)«, und er übersetzt den Ausdruck *affectus* in einer Anmerkung mit »Gemüthsbewegungen, Beunruhigungen, Leidenschaften« (258 f.).

[9] I. KANT, Kritik der Urteilskraft, AA V, 272 Anm.

der *Haß* im Gegensatz des Zorns).«[10] Während Gefühle der Lust und Unlust spontan und ungewollt auftreten und daher *Affekte* genannt werden, sind *Leidenschaften* Kant zufolge habitualisierte Neigungen, die als Begierden zum Begehrungsvermögen gehören und in Konflikt mit der Tugendpflicht des Menschen treten. Voraussetzung einer solchen Betrachtungsweise ist die Unterscheidung von Gefühl, Begehrungsvermögen, Urteilsvermögen, Verstand und Vernunft und damit eine bestimmte anthropologische Konzeption, die sich nicht von selbst versteht, ohne dass deshalb auch die genannten Phänomene strittig sein müssten.

Zweifellos ist es für das Denken und Erkennen unverzichtbar, das komplexe Phänomenfeld menschlichen Lebens und Erlebens durch Unterscheidungen zu ordnen. Doch wie immer die Unterscheidungslinien in diesem Feld gezogen werden, das mit ›Leidenschaft‹ Gemeinte tritt in je bestimmten Formen stets auf beiden Seiten des Unterschiedenen auf. Leidenschaften manifestieren sich körperlich, seelisch und geistig, sie lassen sich physiologisch registrieren, psychisch erleben, neurologisch beobachten und gestisch kommunizieren. Sie sind nicht auf die Sinne und die Sinnlichkeit beschränkt, sie finden sich auch im Geist, im Selbst, im Subjekt. Sie bestimmen alle Dimensionen des Lebens und prägen die Sinnenwahrnehmung des Wirklichen nicht weniger als die Sinnkontemplation des Möglichen. Keine Dimension und kein Bereich des Lebens, in denen sie sich nicht finden würden. Wir leben leidenschaftlich selbst dort, wo wir den Anschein erwecken oder selbst meinen, es nicht zu tun.

Das können wir, weil wir erleben, wie wir leben. Indem wir zwischen uns, unserem Erleben und unserem Leben zu unterscheiden vermögen, werden wir fähig, uns von uns selbst zu distanzieren und uns zu uns und unserem Erleben zu verhalten.[11] Deshalb kön-

---

[10] I. Kant, Metaphysik der Sitten, AA VI, 407f.

[11] Dass es solche Distanzierung im Blick auf mich selbst nicht geben könne, so dass ich mich selbst in ernsthaftem Sinn nicht lieben kann, meint J.-L. Marion, Das Erotische. Ein Phänomen. Sechs Meditationen, übers. v. A. Letzkus, Freiburg/München 2011, 71–75. Das folgt aber nur, wenn man Geliebtwerden als ›von *anderswoher* geliebt werden‹ definiert, also prinzipiell

nen wir auch unsere Leidenschaften so oder anders leben. Das ist oft nicht einfach, nie das Erste und nicht immer erfolgreich. Es versteht sich nicht von selbst, dass es uns gelingt, uns von den Selbstverständlichkeiten unserer emotionalen Bestimmtheit in konkreten Situationen zu befreien und Freiheitsräume für abwägendes Verhalten zu gewinnen. Aber Kultur besteht zu einem guten Teil darin, gemeinsam verfügbare Strategien zum Umgang mit unseren Leidenschaften zu entwickeln, damit diese für uns und für andere verstehbar und einschätzbar werden und unser leidenschaftsbedingtes Verhalten erwartungswahrscheinlich verlässlich oder doch wenigstens nachvollziehbar wird.

3. *Kultivierung und Kontrolle*

Allerdings: Kultivierung und Gestaltung ist eines, Kontrolle und Manipulation ein anderes. Der Gefahr, hier nicht zu unterscheiden, erliegen Menschen immer wieder. Man will kontrollieren, was sich der Kontrolle widersetzt – kulturell durch sanktionsgestützte gesellschaftliche Regulierung (Kultur der Leidenschaften)

---

nicht als nur passive Ausdrucksweise (grammatisches Passiv) einer eigenen Aktivität (wirkliches Aktiv) versteht, und dementsprechend auch Distanzierung als Anderswosein, an einem anderen Ort sein, bestimmt. Demgegenüber wäre zu betonen, dass man nicht wahrnehmen kann, wo man ist oder wo anderes ist, oder dass man von anderswoher etwas empfängt, was man sich nicht selbst geben kann, ohne die Fähigkeit, sich von seinem Ort zu unterscheiden und sich durch diese Unterscheidung im Blick auf sich selbst und seinen Ort an bestimmten Differenzen zu orientieren, in denen man am eigenen Ort einen bestimmten Blick auf seinen Ort und andere Orte entwickeln kann. Schon das neurologische Selbstbild des Körpers im Gehirn, in dem der Organismus sich selbst für sich in einem Teilbereich seiner selbst als etwas repräsentiert, ist durch eine solche Differenzierungsfähigkeit zwischen *sich* (als Körperzustand) und *sich* (als Körper, der seinen Zustand registriert) und *sich* (dem, für den sich der Körper in dieser Weise als ein bestimmter Zustand repräsentiert) bedingt, ohne dass darin eine Bezugnahme auf ein lokales Anderswosein oder ein phänomenales Vonanderswoherbestimmtwerden mitgesetzt wäre.

oder biologisch durch neurophysiologische Technologien (Biotechnologie der Leidenschaften). So versucht man heute gezielt, die Biologie der Leidenschaften chemisch oder physikalisch zu manipulieren und das Auftreten und die Wirkung von Leidenschaften durch Hormone, Medikamente, Magnetfelder oder Elektroschocks zu beeinflussen und zu steuern. Oder man stellt in klassischer Weise kulturelle Normen und soziale Mechanismen auf, die immer wieder so rigide oder effektiv werden können, dass sie nicht die Kultivierung der Leidenschaften befördern, sondern diese unterdrücken, verdrängen, unsichtbar machen, pervertieren oder zerstören. Diese Gefahr ist in jeder Kultivierung der Leidenschaften angelegt. Deshalb kommt es immer wieder zum Protest der Leidenschaften gegen die kulturellen Formen, in die sie gezwängt werden, um mit ihnen leben zu können. Denn nicht ohne, sondern nur mit den Leidenschaften wird das Leben von Menschen menschlich. Aber es wird dies auch nur, wenn das Zusammenleben von Menschen durch Leidenschaften befördert und intensiviert und nicht geschädigt oder zerstört wird. Ohne Leidenschaften können Menschen nicht menschlich zusammen leben, aber ohne kulturelle Gestaltung können Leidenschaften zu unmenschlichem Verhalten führen und menschliches Zusammenleben behindern, schädigen oder unmöglich machen. Deshalb muss man beides tun: die Leidenschaften kulturell gestalten und die kulturelle Gestaltung der Leidenschaften kritisch kontrollieren.

Beides geschieht in menschlichen Gesellschaften. Wir sind unseren Leidenschaften nicht nur ausgeliefert, sondern wir können sie gestalten und machen das auch. Aber wir müssen diese Gestaltungen auch davor bewahren, das zu zerstören, was sie zu gestalten suchen. Genau so mehrdeutig und klärungsbedürftig wie unser Leben sind auch unsere Leidenschaften, im Sinnlichen nicht weniger als im Geistigen. Ohne ihre Kultivierung ist menschliches Zusammenleben nicht möglich. Jede Kultivierung führt allerdings die Gefahr mit sich, das zu unterdrücken und zu verdrängen, was man pflegend zu gestalten versucht. Um zu verhindern, dass Leidenschaften bedenkenlos selbstisch ausgelebt werden, sucht man sie in überregulierter Kontrollwut gänzlich aus dem Leben zu verbannen. Doch der zweite Fehler hebt den ersten nicht auf. Beides beschädigt das Leben, weil es dieses in gegenläufigem Sinn unmenschlich macht: selbstisch und gemeinschaftsunfähig im einen Fall, leidenschaftslos und ohne Erlebnistiefe im andern.

Deshalb muss man präziser sagen: Nicht die Leidenschaften, sondern das Selbstische an ihnen ist zu korrigieren, und nicht das Selbstische, sondern die Leidenschaften sind zu kultivieren. Dass es keine Leidenschaften gibt, die nicht Leidenschaften eines Selbst wären, braucht nicht eigens betont zu werden.[12] Aber was ist ein Selbst, wie wird man ein Selbst, und welchen Sinn haben die Leidenschaften für das Werden eines Selbst?

4. Selbstwerden

Das Christentum gibt darauf eine konkrete Antwort: Selbst ist, wer dazu wird, wer sein eigenes Ich- und Er- bzw. Sie-Sein (sein Selbstsein in der ersten und dritten Person) und das Selbstsein eines jeden anderen (jedes Selbstsein in der ersten, zweiten und dritten Person) als abkünftig von einem primären Du-Sein versteht, das Menschen sich nicht gegenseitig zusprechen, sondern das ihnen gemeinsam von einem Dritten her zugesprochen wird und in dessen Licht sie den Umgang mit ihren Leidenschaften im Leben miteinander gestalten. Selbst in diesem Sinn ist also, wer als Du gemeinsam mit jedem anderen Menschen als Du lebt und sei-

[12] Feministischen Kritikerinnen ist zuzustimmen, dass Forderungen nach Selbstlosigkeit in Pervertierungen resultieren, wenn sie besagen, auf das eigene Selbst zu verzichten, es auszublenden oder seine Ausbildung zu verhindern – ob das bei Frauen geschieht oder bei Männern. Es kann bei diesen Forderungen immer nur darum gehen, ein wahres Selbst auf die richtige Weise zu werden. Das Ziel ist nicht, kein Selbst zu sein, sondern gerade umgekehrt, ein Selbst zu werden, dass nicht selbstisch in sich abgeschlossen ist, sondern sich frei für andere und auf anderes hin zu öffnen vermag, und gerade dadurch das wird, was es sein kann.

nen Umgang mit ihnen und sich selbst daran ausrichtet. Das tut niemand von sich aus. Kein Mensch wird als Selbst geboren, aber jeder kann und soll ein Selbst werden. Das wird man nicht, indem man anderen als Ich entgegentritt und sich von ihnen als anderen Ichs unterscheidet. Selbst wird man nur, indem man sich als Du auf ein anderes Du bezieht, sich also gemeinsam mit dem anderen von einem Dritten her versteht, der einen selbst ebenso wie den anderen zum Du macht, so dass man nicht nur den anderen, sondern auch sich selbst als Du, Ich und Er bzw. Sie, also in der zweiten, ersten und dritten Person verstehen kann und muss.[13]

Die Logik dieses Prozesses lässt sich knapp umreißen, indem man die Momente der *Passivität, Sozialität, Pluralität, Kommunikation, Entscheidung, Selbstunterscheidung* und *Mehrfachkodierung* hervorhebt. Niemand wird ein Ich, der nicht zuvor ein Du wurde: Alle Selbstwerdung lebt von der Priorität der Passivität vor eigener Aktivität (Passivität). Niemand kann von sich aus zum Du werden, sondern dazu wird man nur durch andere, die sich auf einen als Du beziehen und dadurch von diesem als Ich unterscheiden: Alle Selbstwerdung geschieht im Kontext von Sozialität, ohne die sich Individualität in der Unterscheidung von Du und Ich nicht ausbilden könnte (Sozialität). Niemand wird zum Du oder Ich, ohne in Kommunikationszusammenhänge eingebunden zu sein, in denen die im System der Personalpronomina (Ich, Du, Er, Sie, Es, Wir, Ihr, Sie) zusammengefassten Positionierungsmöglichkeiten im Orientierungsraum interpersonaler Interaktion eingeübt werden: Alle Selbstwerdung vollzieht sich als Aneignung des sozialen Orientierungssystems der Personalpronomina in Kommunikation und Interaktion (Kommunikation). Niemand, der Du wird, wird es nur dadurch, dass einer sich auf ihn bezieht und als Ich von ihm unterscheidet: Selbstwerdung findet faktisch stets unter pluralen Bedingungen der Kommunikation und Interaktion mit Verschiedenen statt (Pluralität). Niemand wird vom Du zum Selbst, ohne sich kritisch zu den verschiedenen Weisen zu verhalten, in denen andere sich auf einen beziehen: Es gibt keine Selbstwerdung, ohne sich zwischen unterschiedlichen Du-Bezugnahmen zu entschei-

[13] Das gilt auch, wenn man es nicht im Singular, sondern im Plural formuliert, also Wir statt Ich und Ihr statt Du sagt. Der entscheidende Punkt ist, dass es um eine Beziehung nicht zwischen Wir und Ihr (als anderen Wir) geht, sondern zwischen Ihr und Ihr – und die erfordert ein Drittes, von der her beide personalen Relate in der 2. Person Plural thematisiert werden können.

den (Entscheidung). Niemand kann sich kritisch dazu verhalten, ohne sich so auf sich selbst zu beziehen, dass er sich als Ich von dem unterscheidet, wie andere sich auf ihn als Du beziehen: Zur Selbstwerdung kommt es dadurch, dass ein Du lernt, nicht nur zwischen sich und anderen zu unterscheiden (Ich/andere), sondern am eigenen Ort die Sicht anderer auf sich (die Fremdsicht anderer) und die eigene Sicht auf sich (Selbstsicht) in ein kritisches Verhältnis zu setzen (Selbstunterscheidung). Zum Aufbau eines Innenlebens in Unterscheidung von einem Außenleben kommt es dementsprechend erst dort, wo ein Du in Kommunikationsprozessen lernt, sich selbst nicht nur als Du und Ich, sondern auch als Er oder Sie zu sehen (sich also so zu sehen, wie andere einen sehen bzw. zu sehen scheinen), und sich auch auf andere nicht nur als Du oder Ihr, sondern auch als Ich bzw. Wir und als Er, Sie oder Sie zu beziehen (sie also so zu sehen, wie sie sich sehen bzw. zu sehen scheinen): Selbstwerdung gelingt nur, wo sich in Kommunikationssituationen jeder anderen gegenüber nicht nur an seiner Position auf seine Weise und in seiner Sicht auf sich und die anderen verortet, sondern sich und alle anderen in diesem Kommunikationszusammenhang unter allen möglichen Bestimmungen im Orientierungszusammenhang der Personalpronomina zu verstehen vermag (kommunikative Mehrfachkodierung). Kein Du wird ein Ich, ohne sich und jeden anderen Kommunikationspartner auch als Er, Sie, Es, Wir, Ihr oder Sie verstehen zu können. Nur wer das vermag, ist ein Selbst, und nur wer dieses Vermögen erwerben kann, vermag ein Selbst zu werden.

Selbstwerdung geschieht so in der Aneignung eines Kommunikationsgeschehens in Gemeinschaft, in das man sich einbezogen findet, ehe man es mitvollziehen kann. Nur wer von einem anderen her zum Du wird, kann ein Ich werden und damit auch ein Er oder Sie und nicht nur ein Es sein. Niemand, der sich auf mich als Du bezieht, kann aber dadurch ein Ich werden, dass ich mich auf ihn als Du beziehe. Stets muss es ein Drittes geben, von dem her wir beide Du und Er bzw. Sie (Singular) oder Wir und Sie (Plural) sind, denn nur so können wir im Bezug auf einander und im jeweiligen Bezug auf uns selbst am Ort eines jeden von uns nicht nur zwischen Du und Ich, sondern auch zwischen Du, Ich und Er oder Sie (im Singular) bzw. zwischen Ihr, Wir und Sie (im Plural) unterscheiden. Ein solches Drittes allerdings kann vieles sein (Eltern, Lehrer, Staat, Orchester, Gesetz, Natur, Gott). Jedes schließt einige mit anderen zu einer bestimmten Gruppe von Menschen zusammen (Kind, Schüler, Bürger, Musiker, Rechtssubjekt, Lebewesen, Geschöpf). Aber nicht jedes Dritte ist für jeden das, durch das er zusammen mit anderen zu einem bestimmten Du (und nicht nur zu einem bestimmten Er, Sie, Es oder Sie) wird, zu einem Du im Horizont einer bestimmten Gruppe, in der er in der dritten und ersten Person nur agieren kann, weil er in der zweiten Person zum Glied dieser Gruppe gemacht wird. Und nicht jedes Dritte ist für alle das, durch das sie in gleicher Weise zum Du in einer alle umfassenden Gruppe, zum unverwechselbaren Selbst in einem Ganzen werden, das alle Einzelnen zu einem gemeinsamen Ihr zusammenschließt. Das gilt uneingeschränkt und umfassend nur für dasjenige Dritte, das Religionen ›Gott‹ nennen und Christen als ›Unser Vater‹ ansprechen. Denn im strengen Sinn verdient nur der ›Gott‹ genannt zu werden, der es würdig ist, von allen als Gott verehrt zu werden. Das aber gilt nur von dem, von dem her alle als Du bestimmt werden, weil er sich als ihr guter Vater zu ihrem Nächsten macht, dem alle ihr Sein verdanken, ob sie dem in ihrem Sosein entsprechen oder nicht, und der als Schöpfer, Helfer und Vollender jedem hilft, sein Leben in der Orientierung an seiner Gegenwart im Glauben so zu gestalten, dass es trotz alles Unbegreiflichen, Widersinnigen und Sinnlosen in der Welt in Vertrauen, Zuversicht, Trost, Liebe und Hoffnung vollzogen werden kann.

5. *Selbstloses Selbst*

Das skizzierte Verständnis von Selbstwerdung hat eine Reihe folgenreicher Implikationen, die sich aus der Orientierung an der fundamentalen Funktion des Dritten ergeben. Ich hebe die wichtigsten Punkte noch einmal hervor. Zum einen lebt Selbstwerdung von einer Passivität, die durch keine eigene Aktivität eingeholt oder ersetzt werden kann. Keiner wird von sich aus zum Du, sondern nur, indem er von einem anderen her dazu gemacht wird. Von sich aus kann man das nur anerkennen. Wer es anerkennt, versteht sich als Du eines anderen und jedes andere Du als Ich wie sich selbst. Aber man kann das nur anerkennen, weil man Du eines anderen ist und nicht durch die Anerkennung erst zum Du wird. Zum Selbst wird nur, wer anerkennt, dass er ist, wozu er sich nicht selbst machen kann: ein Du unter anderen Du.

Zum anderen kann Selbstwerdung weder im Modell der reflexiven oder alterologischen Selbstbeziehung (Ich-Ich-Verhältnis) noch der Zweierbeziehung (Ich-andere-Verhältnis) zureichend konstruiert werden, sondern ist aus komplexeren Verhältnissen heraus zu verstehen. Zum Du kann mich nur ein Ich machen, das seinerseits nicht durch mich, sondern durch ein anderes Ich ein Du ist. In rein reziproken Beziehungen können Menschen kein Selbst werden. Um Selbstwerden zu ermöglichen, müssen Beziehungen nicht nur dual, sondern mindestens triadisch sein.

Doch – das ist das Dritte – das bloße Öffnen von Zweierbeziehungen auf komplexere Beziehungen genügt nicht, solange diese ihrerseits nur Verschachtelungen und Wiederholungen von Zweierbeziehungen sind. Wer sich als Ich auf den anderen bezieht, der ihn als Du anspricht, bezieht sich auf ihn als ein Ich, das ihn anspricht. Die Ich-Du-Beziehung ist daher immer eine Version der Ich-Ich-Beziehung und damit keine, in der es zum Werden eines Selbst kommt, das sich als Du auf ein anderes Du bezieht. Dafür bedarf es des Bezugs auf ein Drittes, von dem her sich beide als Du verstehen können und müssen. Dieser Bezug darf weder der Fall eines Selbstverhältnisses (Ich-Ich-Beziehung) noch der eines Fremdverhältnisses (Ich-andere-Beziehung) sein, weil damit die Probleme nur iteriert würden, sondern muss eine dritte Art von Verhältnis, das Verhältnis zu einem Dritten sein.

Dieses Dritte schließlich kann Verschiedenes sein, und verschiedene soziale Einheiten (Paar, Familie, Gruppe, Nation, Religionsgemeinschaft) werden durch den Bezug auf verschiedene Dritte (Liebe, Besitz, Ahnen, Interessen, Ziele, Recht, Land, Religionspraxis, Götter) konstituiert. Geht es aber nicht nur um zwei oder um einige, sondern um *alle*, also nicht nur um diesen und jenen, sondern um *jeden* Menschen, und steht dabei nicht nur ein mit manchen oder vielen anderen geteilter Charakterzug des Menschseins, sondern das *Dasein* als Mensch zur Debatte, dann nimmt das Dritte den Ort ein, den der christliche Glaube *Gott* zuschreibt: Gott ist der, ohne den es nicht nur dieses oder jenes Selbst, sondern den Prozess der Selbstwerdung nicht geben könnte, weil es nichts gäbe, was *da* ist (Wirklichkeit), und weil es kein *dies-da* gäbe, das Selbst werden könnte und sollte (Einzelner).[14] Das Gottesverhältnis ist die Bedingung der Möglichkeit jedes Selbst- und Fremdverhältnisses und kann eben deshalb weder als Fall des einen noch des anderen verstanden werden.

In diesen Prozess der Selbstwerdung sind auch die Leidenschaften einbezogen – im Positiven wie im Negativen. Sie können diesen Prozess behindern, aber sie können ihn auch befördern. Das zweite ist ihre eigentliche Aufgabe. Ihren wahren Sinn enthüllen die Leidenschaften im Leben eines Selbst, das – mit Kierkegaard gesprochen – nicht selbstisch, sondern selbstlos ist, sich also nicht an sich selbst oder an anderen misst, sondern an dem, der beiden erst zur Wahrheit verhilft: an Gott. An Gott kann man sich freilich nur orientieren, weil und insofern Gott sich im Leben von Menschen vergegenwärtigt, zugänglich macht und zur Wirkung bringt. Wo das geschieht, wird ein menschliches Leben von Grund auf verändert und neu ausgerichtet. Menschen werden dann das, was sie sein können und sollen: Selbste vor Gott, die als Mitmenschen unter Mitmenschen so leben, dass sie sich in radikaler Gleichheit als Nächste begegnen. Jeder ist anders als der andere, aber alle sind gleich vor Gott.

Selbstlos sind menschliche Leidenschaften, die in den Transformationsprozessen des Glaubens in ihrem spezifisch christlichen Sinn erhellt werden. Christliches Leben unterscheidet sich von an-

---

[14] Vgl. S. Kierkegaard, Der Liebe Tun. Etliche christliche Erwägungen in Form von Reden, übers. v. H. Gerdes, in: Sören Kierkegaard, Gesammelte Werke, 19. Abteilung, Düsseldorf/Köln 1966, 255–271.

derem menschlichen Leben ja nicht dadurch, dass es nicht menschlich wäre, sondern darin, dass diese Menschlichkeit auf besondere Weise gelebt wird, also menschliches Leben in einem bestimmten Modus ist. Zwar müssen Christen alles anders verstehen als Nichtchristen, wie Kierkegaard betont,[15] aber anders verstehen müssen sie dasselbe menschliche Leben, das Christen mit Nichtchristen teilen. Beide leben in derselben Welt, auch wenn sie es auf tiefgreifend verschiedene Weise tun, weil sie sich selbst und alles übrige im Horizont verschiedener Lebensorientierungen verstehen. Die Differenz liegt in einem einzigen, aber entscheidenden Punkt: Während Christen alles unter dem Gesichtspunkt der wirksamen Gegenwart dessen verstehen, den sie ›Gott‹ nennen und von dem sie glauben, dass er sich in Jesus Christus und durch seinen Geist als unerschöpflich kreative Liebe erschließt, tun Nichtchristen das nicht – ob sie sich ihrerseits an dem orientieren, was sie für Gott halten, oder nicht. Nicht ob, sondern *wie* Gott ins Spiel kommt, entscheidet darüber, ob man als Christ lebt. Nicht viele tun es. Aber alle können es, auch wenn niemand es tut, es sei denn, es geht nicht anders, weil man nicht anders kann, obwohl es nicht so gehen müsste.

Die Wendung ›selbstlose Leidenschaften‹ beschreibt daher keinen Sachverhalt, sondern markiert eine Aufgabe, die sich nicht von selbst versteht: Leidenschaften hat und kennt jeder. Niemand muss sich um sie bemühen. Sie gehören zum menschlichen Leben. Aber jeder Mensch steht vor der Herausforderung, die Möglichkeit, ein selbstloses Selbst zu werden und als Nächster unter Nächsten zu leben, im eigenen Leben auch Wirklichkeit werden zu lassen. Nur ein selbstloses Selbst vor Gott ist ein menschlicher Mensch unter Menschen.

---

[15] Ebd., 54. Vgl. I. U. Dalferth, »Der Christ muß alles anders verstehen als der Nicht-Christ«. Kierkegaards Ethik des Unterscheidens. Eine Erinnerung, in: G. Siebeck (Hg.), Artibus ingenibus. Beiträge zu Theologie, Philosophie, Jurisprudenz und Ökonomik, Tübingen 2001, 1–33.

6. Leidenschaftlich leben

Das hat nicht nur Folgen für das Verständnis der Leidenschaften, die das Leben der Menschen bestimmen. Es hat auch Folgen für die Art und Weise, in der Menschen leben, wenn sie ein wahrhaft menschliches Leben führen wollen. Ohne Leidenschaften wäre ein Leben kein Leben, und ohne sie in bestimmter Weise zu leben, wäre ein Leben nicht menschlich. Aber nur wenn sie selbstlos gelebt werden, stehen die Leidenschaften nicht in Gefahr, ein Leben unmenschlich zu machen. Das heißt nicht, dass nicht leidenschaftlich gelebt werden soll. Im Gegenteil: Selbstlos zu leben, heißt nicht, leidenschaftslos zu leben. Ein Leben im Glauben zeichnet sich nicht dadurch aus, dass die Leidenschaften unterdrückt werden und auf sie verzichtet wird: das hieße, den Glauben dem Leben entgegenzusetzen.[16] Es heißt vielmehr gerade umgekehrt, dass leidenschaftlich, aber selbstlos gelebt wird. Auch hier sind es nicht der Verzicht auf die Leidenschaften, sondern der *usus*, der Gebrauch, den man von ihnen macht, und der Modus, in dem man sie lebt, auf die es ankommt. Leben heißt, leidenschaftlich leben. Man hat keine Leidenschaften, wenn man sie nicht lebt und prak-

[16] Deshalb ist es nicht richtig, wenn R. SAARINEN, Love from Afar: Distance, Intimacy and the Theology of Love, in: IJST 14 (2012), 131–147, hier 132, im Blick auf S. Kierkegaard, K. Barth oder E. Jüngel sagt, dass »[a]ll these Protestants teach that human persons must renounce their affections and desires in order to surrender to God's love«. Eine solche Entgegensetzung mag für A. Nygren zutreffen, aber für Kierkegaard, Barth oder Jüngel gerade nicht: Die Liebe Gottes und damit auch die Nächstenliebe sind keine Form der Liebe *neben* oder *im Kontrast* zur erotischen Liebe und Freundschaftsliebe, also eine dritte Art der Liebe (*Agape*) neben *Eros* und *Philia*, und diese können daher auch nicht gegen jene ausgespielt werden. Die Gottesliebe ist als Modus wahren Liebens vielmehr der Grund und die Aufgabe, alle Arten der Liebe in selbstische und selbstlose Formen zu unterscheiden. Auch die Gottes- und Nächstenliebe kann nicht leidenschaftslos, sondern nur als leidenschaftliche gelebt werden. Aber sie soll selbstlos und nicht selbstisch praktiziert werden. Das schließt keinen Verzicht auf *Eros* und *Philia* ein, sondern deren Vertiefung und Transformation in eine nicht selbstisch bestimmte Liebespraxis im Leben des Glaubens.

tiziert. Aber das kann man auf verschiedene Weise tun. Nicht nur in dem Sinn, dass man Leidenschaften mehr oder weniger und damit in verschiedenen Graden der Intensität leben kann, indem man mehr oder weniger liebt, hasst, sich fürchtet oder vertraut. Sondern vor allem auch deshalb, weil man sie auf sich selbst anwenden, sie also gleichsam zum Adverb ihrer selbst machen und sie damit zu einem Lebensmodus ausgestalten kann, indem man liebend liebt, zürnend zürnt, furchtsam fürchtet oder vertrauend vertraut. Durch diese Selbstanwendung werden Leidenschaften intrinsisch und nicht nur durch äußere Regelungen kultiviert, also selbst zum Rahmen, in dem sie ihre spezifische Prägung erhalten. Und weil das nicht nur auf eine, sondern auf verschiedene Weise geschehen kann, kann ein menschliches Leben auf verschiedene Weise leidenschaftlich gelebt werden.

Das ist der Punkt, wo sich die Differenz zwischen einem Leben, das nicht im Glauben geführt wird, und einem Leben im Glauben zeigt. Der Unterschied ist nicht, dass im einen Fall leidenschaftlich, im anderen dagegen ohne Leidenschaften gelebt wird, im Leben des Nichtglaubens also die Leidenschaften herrschten, während im Leben des Glaubens über die Leidenschaften zu herrschen versucht würde. Das hieße, Nichtglauben und Glauben wie Leben und Nichtleben zu unterscheiden. Er zeigt sich vielmehr darin, *wie* man leidenschaftlich lebt. Nicht allein, dass man liebt, sondern *wie* man liebt, entscheidet darüber, ob man christlich lebt. Und christlich lebt man jedenfalls dann nicht, wenn man nicht *liebend* liebt, und zwar so, dass man *in der Orientierung an Gottes Liebe* liebend liebt. Das besagt, im Blick auf sich selbst nicht auf das Selbstische, sondern das Selbstlose zu setzen, und im Blick auf andere nicht auf deren Andersheit, sondern auf ihren Charakter als Gottes Nächste. Andere selbstlos lieben wie sich selbst kann nur, wer in der Orientierung an Gottes Liebe leidenschaftlich liebt, also überall auf die Wirklichkeit der Liebe setzt, die man bei sich selbst und im anderen herauszulocken sucht. Nur so liebt man die Liebe hervor, auf die man baut, wie Kierkegaard sagt.[17] Nur wer leidenschaftlich liebt, liebt, und nur wer leidenschaftlich lebt, lebt wirklich.

In diesem Sinn beschäftigen sich die folgenden Überlegungen nicht mit der Frage, ob es spezifisch religiöse Leidenschaften gibt. Das ist eine interessante, aber theologisch nicht besonders wichtige Frage.[18] Auch die gegenwärtig wieder populär werdende Auffassung, es gebe spezifisch christliche Leidenschaften in Gestalt spezieller »spiritual sense(s)«, auf die man eine Theorie der »non-physical human perception« des Göttlichen gründen könne,[19] wird nicht Gegenstand der folgenden Überlegungen sein. Sie ist aus hermeneutischen, theologischen, anthropologischen und erkenntnistheoretischen Gründen abwegig.

Eine Theorie des geistigen Sinns bzw. der geistigen Sinne, die nur den Christen oder, noch enger, nur dem christlichen Pneumatiker gegeben sein sollen, wirft grundsätzliche hermeneutische, anthropologische und theologische Fragen auf. Das gilt schon für die historischen Kontexte, in denen solche Konzepte von Denkern wie Origenes, Gregor von Nyssa, Augustinus, Pseudo-Dionysios Areopagita oder Alexander von Hales entwickelt wurden. Sie heute unter ganz anderen kulturellen, wissenschaftlichen, philosophischen und theologischen Bedingungen repristinieren zu wollen, ist einer der vielen Kurzschlüsse, die gegenwärtige theologische Debatten charakterisieren. Gerade wer meint, das Denken der Kirchenväter sei sakrosankt und theologisch normativ, sollte sich davor hüten, es als geistigen Steinbruch zu benutzen, aus dem man einzelne Gedankenkomplexe herausbrechen kann, um sie in der Gegenwart in ganz anderem Zusammenhang zur Beantwortung heutiger Fragen zu verwenden.

Die hier vertretene These lautet, dass es keine besonderen Leidenschaften gibt, die christlich sind, sondern dass christlich ein bestimmter Umgang mit den Leidenschaften ist, ob diese religiös oder nichtreligiös sind, mit besonderen religiösen Leidenschaften

---

[17] Kierkegaard, Der Liebe Tun, 241.

[18] Vgl. I. U. Dalferth, Passion, Passivity, and the Passive Voice, in: I. U. Dalferth/M. Rodgers (Hg.), Passion and Passivity, Tübingen 2011, 1–10.

[19] P. L. Gavrilyuk/S. Coakley (Hg.), The Spiritual Senses. Perceiving God in Western Christianity, Cambridge 2012, 4.

also gerechnet wird oder nicht. Man muss kein spezielles geistiges Sehen, Hören, Riechen, Schmecken, Fühlen im Kontrast zum sinnlichen und körperlichen postulieren, um das Besondere der Leidenschaften im christlichen Leben zu erfassen. Das ›Fühlen des Herzens‹ ist kein besonderes Gefühl, das ›Ohr für Gottes Wort‹ kein besonderes Hörorgan und das ›Auge des Geistes‹ kein geistiges Auge und kein Auge für Geistiges neben dem gewöhnlichen Auge und Geist. Mit diesen Metaphern kommt vielmehr die Erfahrung zum Ausdruck, dass man im Zentrum seines Lebens von etwas ergriffen und nicht trotz oder ohne, sondern mit seinen üblichen Sinnen und seinem gewöhnlichen Verstand auf etwas aufmerksam wird, was man übersehen, ignoriert und nicht beachtet hatte, mit dem man nicht gerechnet und das man vielleicht noch nicht einmal gesucht hatte. Wo das geschieht, lebt und erlebt man anders, weil man sich und alles andere anders versteht als zuvor, aber nicht, weil man mit anderen Organen, anderen Sinnen oder einem anderen Verstand ausgestattet worden wäre. Weder der Zugewinn einer besonderen geistigen Sinnlichkeit bzw. sinnlichen Geistigkeit noch das Auftreten bzw. Fehlen bestimmter Emotionen, Affekte, Gefühle oder Passionen zeichnen ein christliches Leben aus. Christlicher Enthusiasmus ist nüchtern und klarsichtig, nicht überschwenglich und gefühlstrunken. Nicht dass man sich fürchtet und zittert, erbebt oder erbleicht, einen Weinkrampf oder einen Lachanfall bekommt, Angst hat oder vor Liebe brennt, zornig ist, Mitleid empfindet, jemandem traut oder sich misstraut, ist das christlich Bemerkenswerte, sondern *wie* man das ist, wenn man es ist, und *wie* man es tut, wenn man es tut. Nicht die Leidenschaften sind christlich oder nicht christlich, sondern der Umgang mit ihnen.

In diesem Sinn ist die Leitfrage der folgenden Überlegungen, wie menschliche Leidenschaften gelebt werden und zu verstehen sind, wenn sie christlich gelebt und aus christlicher Sicht verstanden werden. Was heißt es, in der Orientierung an Gottes Gegenwart selbstlos, aber leidenschaftlich zu leben? Wenn es keine menschliche Leidenschaft gibt, die es nicht auch im Leben des Glaubens gibt oder geben könnte, dann zeigt nicht das Vorliegen oder Nichtvorliegen dieser oder jener Leidenschaft, ob ein Leben ein Glaubensleben ist. Entscheidend ist vielmehr der Gebrauch, der von ihnen gemacht wird – nicht im Sinn einer Verzweckung und Instrumentalisierung der Leidenschaften für etwas anderes (als Mittel zu einem Zweck), sondern im Sinn des Modus, in dem die menschlichen Leidenschaften gelebt (zugespitzt, vertieft, verändert, neu gestaltet) werden, wenn man sich im Lebensvollzug an Gottes Gegenwart orientiert. Christlich ist ein Leben, das auf christliche Weise gelebt wird. Das gilt auch für den Umgang mit den Leidenschaften. Auf christliche Weise werden diese gelebt, wenn sie nicht selbstisch unterdrückt oder egoistisch ausgelebt werden, so dass das Leben in Askese oder Exzess sich und anderen gegenüber unmenschlich wird, sondern wenn sie selbstlos erlitten und genossen und damit sich und anderen gegenüber menschlich gelebt werden. Um das zu tun, müssen Menschen sich nicht gegen ihre Leidenschaften stellen, sondern in der richtigen Weise von sich selbst absehen können. Das geschieht, wenn sie ihr Leben nicht an sich selbst, sondern an der Gegenwart Gottes orientieren, also darauf setzen, das Zentrum ihres Daseins nicht in sich selbst, sondern *extra se* in Gottes Zuwendung haben. Wo das geschieht, werden die Leidenschaften des menschlichen Lebens christlich gelebt: als selbstlose Leidenschaften.

Was das heißt, werde ich im Folgenden am Beispiel konkreter Leidenschaften erörtern. Ich beginne mit einem Phänomen, das alle kennen: der Angst.

B. Erlebte Angst. Vom Umgang mit Angst in Wissenschaft und Theologie

I. Wissenschaftliche Angstforschung

1. Erlebte und wissenschaftlich erforschte Angst

Wir alle kennen Angst aus eigenem Erleben. Wir haben sie – nicht immer, aber manchmal, nicht unablässig, aber immer wieder, nicht ausschließlich, sondern neben anderem, nicht als einzige Lebewesen, sondern wie alle, die sich, um überleben zu können, auf wechselnde Umgebungen und Situationen einstellen müssen und dafür geeignete Strategien entwickelt haben. Von Zeit zu Zeit haben wir alle Angst, und wenn wir sie haben, können wir uns nicht irren: Wer Angst hat, täuscht sich nicht. Denn nicht er hat Angst, sondern die Angst hat ihn.

Wir alle kennen das. Wir alle kennen Angst, auch wenn wir meist nicht genau sagen können, was das ist, was wir da zu kennen meinen. Wir können Beispiele dafür anführen, Erlebnisse berichten, Geschichten erzählen, Erfahrungen beschreiben, Probleme benennen. Das alles addiert sich nicht zu einem klar umrissenen Angstverständnis. Aber könnten wir uns nicht in dieser lebensweltlichen Weise über Angst verständigen, wüssten wir noch nicht einmal, ob wissenschaftliche Untersuchungen, die in Biologie und Medizin, Psychologie, Ökonomie oder Politik zum Thema *Angst* durchgeführt werden, mit dem zu tun haben, was wir gemeinhin ›Angst‹ zu nennen pflegen.

Ehe Angst wissenschaftlich erforscht werden kann, wird sie erlebt, und würde sie nicht in oft drastischen Weisen erlebt, gäbe es kaum Anlass, sie wissenschaftlich zu erforschen. Wissenschaftliche Angstforschung vollzieht sich daher in einer Situation, die sich durch drei Hinweise charakterisieren lässt.

a) Angst wird erlebt: Ausgangspunkt aller Beschäftigung mit Angst ist ein geschichtlich gewachsenes und kulturell geprägtes Alltagsverständnis von Angst, das an paradigmatischen lebensweltlichen Situationen verdeutlicht werden kann und wissenschaftlichem Fragen und Forschen die Richtung weist. Nachts allein im Wald unterwegs sein; ohne Licht in einen dunklen Keller hinabsteigen müssen; als Kind seine Eltern im Gewühl einer fremden Stadt verlieren; im Sturm in einem manövrierunfähigen Boot auf dem Meer treiben; auf der Fahrt über einen Bergpass bemerken, dass die Bremsen des Autos ausgefallen sind; in der Nähe eines Kernkraftwerks wohnen, von dem man nicht weiß, ob es ordentlich gewartet wird; von jemandem als Geisel genommen werden; ständig Anrufe von Fremden bekommen, die einem drohen; eine Geschwulst haben, die bösartig sein könnte – solche und viele ähnliche Situationen sind für uns angstbesetzt, ehe wir wissen, dass man das so nennt. Wir alle haben deshalb eine ungefähre Vorstellung von dem, was wir mit ›Angst‹ meinen, wenn wir nach Angst fragen und Angstphänomene zu untersuchen beginnen. Wir haben ein *lebensweltliches Vorverständnis*. Hätten wir das nicht, wüssten wir nicht, wonach wir fragen und was wir untersuchen wollen.[1]

Am Leitfaden dieses Verständnisses werden bestimmte Aspekte des Phänomenfelds herausgegriffen und durch Ausblendung, Vereinfachung, Abstraktion, Vergleich, Verdichtung und Kombinati-

---

[1] Dieses lebensweltliche Verständnis phänomenologisch zu beschreiben und zu erschließen, ehe es in wissenschaftlichen Erklärungsversuchen auf eine Auswahl bestimmter Aspekte reduziert wird, ist der Sinn phänomenologischer Angstanalysen. Vgl. H. Schmitz, Die Angst: Atmosphäre und leibliches Befinden, in: ders., Leib und Gefühl. Materialien zu einer philosophischen Therapeutik, Paderborn 1989, 135–152; G. Condrau, Zur Phänomenologie der Angst, in: H. Lang/H. Faller (Hg.), Das Phänomen Angst. Pathologie, Genese und Therapie, Frankfurt a.M. 1996, 32–42.

on zu wissenschaftlichen Fragestellungen idealisiert, die sich mit wissenschaftlichen Methoden behandeln lassen. Erst diese *Idealisierungen* erlauben, Bestimmtes zu untersuchen und Bestimmtes zu erforschen und damit auch einigermaßen präzise und überprüfbare Antworten zu gewinnen. Bestimmtes heißt aber immer, dass *nur einige*, nicht alle Aspekte eines Phänomenbereichs in den Blick gefasst werden. Man muss ausblenden, um sich auf das Relevante zu konzentrieren. Doch was relevant ist, wissen wir selten schon von Anfang an, und ob relevant ist, was untersucht wird, entscheidet sich nicht allein in der wissenschaftlichen Forschung und in der Fortsetzung wissenschaftlicher Forschungsprojekte, sondern immer auch daran, ob und wie diese Forschungen Antworten auf Fragen nahe legt, die in außerwissenschaftlichen Zusammenhängen für relevant erachtet werden.[2]

b) Wissenschaftliche Forschung ›idealisiert‹ Angst: Das Problem ist nun, dass in die sich aus solchen Forschungen ergebenden wissenschaftlichen Erkenntnisse über Angst bzw. Konzeptionen von Angst aufgrund des ihnen zugrunde liegenden methodischen Verfahrens erhebliche Idealisierungen eingegangen sind. Was wissenschaftlich ›Angst‹ genannt wird, ist nicht mehr ohne weiteres das,

---

[2] Im konkreten Forschungsvollzug mögen, müssen, ja dürfen diese ausserwissenschaftlichen Zusammenhänge keine Rolle spielen. Sobald wir aber fragen, warum wir denn das erforschen, was wir erforschen, und das untersuchen, was wir untersuchen, wenn wir Forschungsanträge stellen und Geldgeber zur Bereitstellung von Mitteln überzeugen wollen und müssen, dann werden sie relevant. Nicht alles, was interessiert, kann erforscht werden, aber was erforscht wird, wird immer auch daran gemessen werden, welche lebenspraktische Relevanz es besitzt oder entfaltet. Wir streben nach Wissen, weil wir unser Leben gestalten müssen. Müssten wir das nicht, gäbe es für uns nicht die Frage ›Was soll ich tun?‹, dann müssten wir uns auch nicht um Wissen und Erkenntnis bemühen und fragen ›Was kann ich wissen?‹. Weil wir leben müssen, und es sich nicht von selbst versteht, wie wir als Menschen leben sollen, betreiben wir Wissenschaft – nicht, weil da die Antwort auf diese Frage gegeben würde, sondern weil keine Antwort etwas taugt, die nicht auf bestmögliche Weise zur Kenntnis nimmt und beachtet, was wir über uns und unsere Welt wissen können.

was in der lebensweltlichen Ausgangssituation als Angst erlebt und mit ›Angst‹ gemeint wird.

Weil wissenschaftliches Forschen in Problemstellung und Problemlösungen mit *Idealisierungen* operiert, und in verschiedenen wissenschaftlichen Zusammenhängen und Disziplinen mit *verschiedenen* Idealisierungen, sind die Fakten, die dabei gefunden werden, nicht einfach etwas, das man unter Ausblendung der idealisierenden Fragestellungen, auf die sie eine Antwort darstellen, in andere Zusammenhänge transportieren und dort im selben Sinn weiter gebrauchen könnte. Ein mathematischer Punkt, eine geometrische Figur, ein physikalischer Körper reiner Ausgedehntheit, ein Ödipuskomplex, ein Über-Ich, ein Verhältnis, das sich zu sich selbst verhält, die Beobachtung einer Beobachtung, eine statistische Normalfamilie mit 0,89 Kindern, eine von Furcht, Schrecken, Terror, Panik, Entsetzen oder Horror präzis unterschiedene Angst – all das und vieles Ähnliches mehr kommt in der Welt, in der wir leben, so nicht vor, sondern dient dazu, dass wir mit dem, was dort vorkommt, in spezifischer Weise umgehen, uns zu dem, was wir erleben und erfahren, differenzierter verhalten und uns in unserer Lebenswelt besser orientieren können.

Die oft übersehene Gefahr dieses methodischen Verfahrens besteht darin, dass die Antworten auf wissenschaftliche Fragen für Fakten gehalten werden, die unabhängig von diesen Fragen einen Sinn haben, und dass theoretischen Idealisierungen eine Realität zugesprochen wird, die nicht darin besteht, dass wir mit ihrer Hilfe unsere Erfahrungen besser verstehen können, sondern darin, diesen gegenüber zu sagen, wie es ›wirklich‹ oder ›eigentlich‹ ist. Wo theoretischen Konzepten und wissenschaftlichen Ergebnissen so nicht nur eine präzisere Einsicht in bestimmte fokussierte Zusammenhänge, sondern als solchen eine größere Wirklichkeitsnähe zugesprochen wird, besteht die Gefahr, theoretische Resultate mit der erlebten Wirklichkeit zu verwechseln.

c) Idealisierte vs. erlebte Angst: Werden wissenschaftliche Angstkonzepte in die lebensweltliche Situation zurückprojiziert oder eingetragen, kommt es daher typischerweise zu Debatten zwischen folgenden Positionen: Für die einen (›Scientisten‹) wird erst im wissenschaftlichen Zugriff klar, was Angst ›wirklich‹ oder ›eigentlich‹ ist. Für andere (›Lebensphänomenologen‹) wird im wissenschaftlichen Zugriff verfehlt, was im lebensweltlichen Angsterleben von Menschen für diese bedeutsam und wichtig ist. Für wieder andere (›Wissenschaftsmethodiker‹) sind wissenschaftliche Angsterklärungen Hilfsmittel, einen schärferen Blick auf die lebensweltlichen Erlebnisse und Erfahrungen von Angst zu gewinnen. Und für eine vierte Gruppe (›Wissenschaftsmetaphoriker‹) müssen die wissenschaftlichen Resultate einer lebensweltlichen *relecture* unterzogen werden, um all das in die Aussagen über Angst wieder einzutragen, was zur Ermöglichung einer wissenschaftlichen Behandlung bei der Präparierung der Phänomene ausgeblendet wurde.

Das sind keineswegs alle denkbaren oder real auftretenden Positionen. Aber sie lassen sich in den Debatten um die Relevanz wissenschaftlicher Ergebnisse regelmäßig finden mit dem Effekt, dass entweder die *wissenschaftliche Sicht* gegenüber dem erlebten Leben oder das *Selbsterleben* gegenüber der wissenschaftlichen Betrachtungsweise privilegiert wird. Oder dass die Relevanz wissenschaftlicher Forschung vor allem daran gemessen wird, ob sie unser Erfahren und Erleben *distinkter* und *präziser* zu beschreiben, zu verstehen und zu erklären erlaubt. Oder dass ihre Relevanz darauf reduziert wird, zum Anlass und Reservoir publikumswirksamer Bilder und unkontrolliert gebrauchter Assoziationen zu werden, also wissenschaftliche Resultate mit lebensweltlichen Farben auszumalen. Mathematisch definierte Unendlichkeit wird dann doch als eine sehr große Endlichkeit verstanden, das Umschwirren des Ovum durch Spermien als präpersonales Liebeswerben beschrieben, und überall werden ›Felder‹ und ›schwarze Löcher‹, ›tektonische Verschiebungen‹, ›Quantensprünge‹, ›Über-Ichs‹, ›verliebte Nervenzellen‹ oder ›ängstliche Gehirne‹ gefunden.

Diese und alle weiteren Positionen in dieser Debatte leben von der zur Kluft sich weitenden Differenz zwischen *wissenschaftlich präparierter Angsterforschung* und *lebensweltlichem Angsterleben*, die sich auch dort findet, wo man die Differenz zu überspielen und die Kluft von der einen oder anderen Seite her zu nivellieren sucht. Doch so wenig wissenschaftliche Ergebnisse mit lebensweltlichen Erlebnissen verwechselt werden dürfen, so wenig sollten lebensweltliche Erlebnisse als wissenschaftliche Erkenntnisse ausgegeben werden. Beides ist nicht gegeneinander auszuspielen, weil es nicht konkurrierende Antworten auf dieselben Fragen, sondern verschiedene – und verschieden auf einander beziehbare – Umgangsweisen mit dem sind, was in den einschlägigen Diskursen oder Geschichten jeweils als ›Angst‹ thematisiert wird.

Ich konturiere das damit angesprochene methodisch-hermeneutische Problem, indem ich noch einmal typisierend wissenschaftliche und nichtwissenschaftliche Angstsichten und Angstgeschichten einander konfrontiere.

2. Das biologische Angstparadigma

Wissenschaftlich gilt Angst heute verbreitet als eine der primären Emotionen. Keine Liste basaler Emotionen, in der Angst nicht vorkäme, kein ›Affekt-Programm‹, das sie nicht einschlösse. Sie gehört zu den regelmäßig angeführten Grundemotionen wie Wut, Traurigkeit, Freude, Ekel, Überraschung, die sich anhand charakteristischer Gesichtsausdrücke kulturübergreifend identifizieren[3]

[3] Vgl. CH. DARWIN, The Expression of the Emotions in Man and Animals [1896], introduction, notes and commentaries by P. EKMAN, London 1998; P. EKMAN (Hg.), Emotion in the human face, Cambridge ^{2}1982. Neuerdings wird wieder in Frage gestellt, dass Emotionen wie Freude, Trauer, Wut, Ekel, Angst oder Überraschung weltweit mit der gleichen Mimik ausgedrückt werden, es also eine kulturübergreifende Sprache der Emotionen gibt. Vgl. R. E. JACK u. a., Cultural Confusions Show That Facial Expressions are Not Universal, in: Current Biology 19 (2009), 1543–1548; R. E. JACK u. a., Internal Representations Reveal Cultural Diversity in Expectations of Facial Expres-

und auch bei den Tierarten aufweisen lassen, die den Menschen evolutionär nahe stehen.[4] Manche Forscher wie etwa Joseph LeDoux[5] finden sie nicht nur bei Menschen und Menschenaffen, sondern auch bei so fernen Verwandten wie Wespen und Ratten. Auch sie, so heißt es, wiesen Verhaltensmuster auf, die zumindest Angst-analog seien, insofern sie Reaktionsmuster auf mögliche Gefahren darstellten und Strategien zur Gefährdungsvermeidung einschlössen.

Hinter diesen Aussagen steht eine *biologische Angstkonzeption*, die sich folgendermaßen zusammenfassen lässt:[6] Angst, so heißt es *verhaltensbiologisch*,[7] sei ein in die Zukunft gerichtetes Warnsignal, das bei Bedrohung Anlass zu Vermeidungsverhalten gebe, damit vor Gefahren schütze und insofern – *evolutionsbiologisch* geurteilt – der Selbsterhaltung diene: Es ist für (höhere) Lebewesen

---

sions of Emotion, in: Journal of Experimental Psychology: General 14 (2011), 19–25; R. E. Jack u. a., Facial Expressions of Emotion are not Culturally Universal, in: Proceedings of the National Academy of Sciences 109/19 (2012), 7241–7244.

[4] P. Ekman/R. J. Davidson (Hg.), The Nature of Emotions: Fundamental Questions, New York 1994; P. Griffiths, What Emotions Really Are: The Problem of Psychological Categories, Chicago 1997.

[5] J. E. LeDoux, The Emotional Brain: The Mysterious Underpinnings of Emotional Life, New York 1998; C. Wassmann, Die Macht der Emotionen. Wie Gefühle unser Denken und Handeln beeinflussen, Darmstadt 2002, 62–74.

[6] Vgl. H. W. Krohne, Angst und Angstverarbeitung, Stuttgart 1975; ders., Angst und Angstbewältigung, Stuttgart 2010; I. Marks, Fears, phobias, and rituals: Panic, anxiety and their disorders, New York 1987; J. E. LeDoux, Das Gedächtnis der Angst, in: Spektrum der Wissenschaft 8 (1994), 16–22; ders., Das Netz der Gefühle, München 2001 (bes. 155 ff.); G. Tembrock, Angst. Naturgeschichte eines psychobiologischen Phänomens, Darmstadt 2000; F. Holsboer, Die Biologie der Angst, in: Große Gefühle. Bausteine menschlichen Verhaltens, hg. v. ZDF-Nachtstudio, Frankfurt a. M. 2000, 179–192; A. Öhman, Fear and Anxiety: Overlaps and Dissociations, in: A. Öhman u. a. (Hg.), Handbook of Emotions, New York [3]2008, 709–729.

[7] Zum Folgenden vgl. wikipedia.org/wiki/Angst#cite_ref-8 (8. 2. 2011).

überlebensstrategisch besser, Angst haben zu können als sie nicht haben zu können. Näherhin wird Angst als ein *biologisches Reaktionsmuster* beschrieben, das bei Bedrohung zur Aktivierung von Kampf- und Fluchtreaktionen dient, das durch bedrohliche Situationen, Personen, Äußerungen, Orte oder Erinnerungen ausgelöst wird, und dessen Auslöser sowohl extern (Katastrophenmeldungen in den Medien) als auch intern sein können (Symptome einer körperlichen oder seelischen Unregelmäßigkeit wie Herzflattern, Lustlosigkeit oder Depression). Diese körperlichen Symptome geben Anlass, Angst auch *neurobiologisch* zu erforschen.[8] Die körperlichen Angstsymptome werden vom vegetativen Nervensystem gesteuert. Im limbischen System des Zwischenhirns werden Wahrnehmungen von der Amygdala im Zusammenspiel mit präfrontalem Kortex und Hippocampus auf potentielle Gefahr und Bedrohung hin überprüft, indem das Reizmuster der wahrgenommenen Situation mit angeborenen Schlüsselmerkmalen (Schemata) und Erfahrungswerten verglichen wird. Weist die wahrgenommene Situation die entsprechenden Schlüsselreize auf oder enthält sie unbekannte Momente, wird sie als potentiell bedrohlich eingestuft und der gesamte Organismus in Alarmbereitschaft versetzt, indem Hormone ausgeschüttet werden (z. B. Adrenalin), die den Körper auf Flucht oder Kampf vorbereiten. So

[8] F. Crestani u. a., Impairment of GABA-receptor clustering results in enhanced anxiety responses and a cognitive bias for threat cues, in: Nature Neuroscience 2 (1999), 833–839; K. Löw u. a., Molecular and neuronal substrate for the selective attenuation of anxiety, in: Science 290 (2000), 131–134; F. Crestani u. a., Trace fear conditioning involves hippocampal $\alpha_5 GABA_A$ receptors, in: Proceedings of the National Academy of Sciences USA 99 (2002), 8980–8985; H. Möhler, $GABA_A$ receptors in central nervous system disease: anxiety, epilepsy and insomnia, in: Journal of Receptors and Signal Transduction 26 (2006), 731–740; M. Garner u. a., Research in anxiety disorders: from the bench to the bedside, in: European Neuropsychopharmacology 19 (2009), 381–390; L. R. Mujica-Parodi u. a., Chemosensory Cues to Conspecific Emotional Stress Activate Amygdala in Humans, in: PLoS ONE 4(7) (2009), e6415.

kommt es zu erhöhter Aufmerksamkeit und schnellerer Informationsverarbeitung im Gehirn, empfindlicherer Wahrnehmung (Pupillen weiten sich, Seh- und Hörnerven werden empfindlicher), erhöhter Muskelanspannung, erhöhter Herzfrequenz, erhöhtem Blutdruck, flacherer und schnellerer Atmung, Schwitzen, Zittern und Schwindelgefühl usf.[9]

Das ganze Angstreaktionsmuster ist sinnvoll, um sich auf bedrohliche Situationen angemessen einzustellen, und klingt normalerweise nach Ende der bedrohlichen Situation schnell wieder ab. Aber es gibt auch pathologische Formen, und zwar in gegenläufiger Hinsicht, nämlich einerseits dort, wo die Angstreaktion in gefährlichen Situationen *ausfällt*, obwohl sie zum Schutz des Lebens besser da wäre: die ethische Tradition hat an dieser Stelle mit gutem Grund zwischen *Mut* (angesichts und trotz Angst) und *Naivität* (Ausfall von Angst), *Tapferkeit* und *Leichtsinn* unterschieden; andererseits aber auch dort, wo anlassbegründete Angst traumatisiert und wichtige Entwicklungen schädigt oder verhindert, oder zur krankhaften Phobie wird, etwa zur sozialen Phobie (Angst vor Menschen), zur Klaustrophobie (Angst in geschlossenen Räumen), Agoraphobie (Angst vor freien Flächen), zur Flugangst, Kinderangst, Tierphobie, Zahnarztangst, Angst vor Blut oder Gewitter oder der Schwiegermutter, wo es also zu neurotisch übersteigerter Angst und zu Angstneurosen (Freud) kommt[10] bis hin zur krankhaften Angst vor der Angst.[11]

---

[9] Vgl. wikipedia.org/wiki/Angst#cite_ref-8 (8. 2. 2011).

[10] B. Bandelow, Panik und Agoraphobie, Wien 2001; ders., Angst- und Panikerkrankungen, Bremen 2003; ders., Social Anxiety Disorder, New York 2004; ders., Das Angstbuch: Woher Ängste kommen und wie man sie bekämpfen kann, Reinbek 2004.

[11] Chr. J. Kemper, Das Persönlichkeitsmerkmal Angstsensitivität: Taxon oder Dimension? – Eine Analyse mit dem Mischverteilungs-Raschmodell, Hamburg 2010.

3. Grenzen des Paradigmas

Dieser ganze Komplex mit seinen neuro-, evolutions- und verhaltensbiologischen, medizinischen und psychologischen Komponenten ist nun aber nicht nur in diesen verschiedenen Forschungssträngen nicht in allen Hinsichten ohne weiteres homogen und untereinander kompatibel, sondern er ist Produkt einer Behandlung von Angst(aspekten) relativ zu bestimmten Problemlagen und Problemstellungen, die sich aus bestimmten Problemsituationen ergeben.

Was dabei durchgängig unterstellt wird, versteht sich aber keineswegs von selbst: dass mit ›Angst‹ hier immer und überall dasselbe gemeint wird, dass die somatischen Reaktionen, verhaltensbiologischen Beobachtungen, neurophysiologischen Schlussfolgerungen und psychiatrischen Diagnosen sich also zu einem einheitlichen Bild dessen zusammenfügen, wovon wir *eigentlich* reden, wenn wir gemeinhin von Angst sprechen. Wir haben es mit wissenschaftlichen Konstrukten zu tun. Das macht sie nicht weniger erkenntniswichtig und wirklichkeitshaltig, aber sie decken nicht die ganze oder alle Aspekte der Wirklichkeit ab, die mit der Alltagsrede von Angst zur Sprache kommt.

Das beginnt schon mit der Einordnung der Angst in das zum Ausgang genommene Affekt-Programm mit seinen sechs Grundemotionen. Das Problem ist zum einen, dass Listen dieser Art erheblich variieren, manchmal acht,[12] manchmal fünf,[13] manchmal

---

[12] R. Plutchik, The Emotions: Facts, Theories, and a New Model, New York 1962; ders., Emotions: A General Psychoevolutionary Theory, in: K. R. Scherer/P. Ekman (Hg.), Approaches to Emotion, Hillsdale 1984, 197–219, unterscheidet vier Paare: *acceptance/disgust, anger/fear, joy/grief, surprise/expectation.*

[13] K. Oatley, Best Laid Schemes: The Psychology of Emotions, Cambridge 1992, 55, unterscheidet *happiness, sadness, fear, anger, disgust.*

vier,[14] manchmal sechs,[15] manchmal zehn[16] basale Emotionen umfassen:

- *happiness*, *sadness*, fear, *anger*, *disgust* (Oatley 1992),
- *expectancy*, fear, *rage*, *panic* (Panksepp 1982),
- *anger*, fear, *sadness*, *enjoyment*, *disgust*, *surprise* (Ekman 1973),
- *acceptance/disgust*, *anger*/fear, *joy/grief*, *surprise/expectation* (Plutchik 1984),
- *surprise*, fear, *anger*, *disgust*, *contempt*, *sadness*, *joy* (Griffiths 1997),
- *anger*, *contempt*, *disgust*, *distress*, fear, *guilt*, *interest*, *joy*, *shame*, *surprise* (Izard 1992).

Wie James Averill gezeigt hat, ist das, was man dabei als ›basic‹ annimmt, nicht unabhängig von den jeweiligen Leitinteressen der Forscher zu bestimmen.[17] Und wie Turner und Ortony nachgewiesen haben, resultieren die verschiedenen Listen von Ekman, Panksepp und Izard daraus, dass »each theorist has his own preferred approach to understanding emotions – Ekman's is the face, Izard's are biosocial considerations, and Panksepp's is the brain.«[18]

Aber nicht nur das jeweilige ›Affekt-Programm‹ der als basal ausgegebenen Emotionen ist abhängig von Leitinteressen, sondern

---

[14] J. Panksepp, Toward a general psychobiological theory of emotions, in: The Behavioral and Brain Sciences 5 (1982), 407–467, führt vier Grundemotionen auf: *expectancy, fear, rage, panic.*

[15] Vgl. P. Ekman, Cross-Cultural Studies of Facial Expression, in: ders. (Hg.), Darwin and Facial Expression: A Century of Research in Review, New York 1973, der *anger, fear, sadness, enjoyment, disgust* und *surprise* anführt.

[16] C. Izard, Human Emotions, New York 1977; ders., Patterns of Emotions: A New Analysis of Anxiety of Depression, San Diego 1972; ders., Basic Emotions, Relations Among Emotions, and Emotion-Cognition Relations, in: Psychological Review 99 (1992), 561–565, unterscheidet *anger, contempt, disgust, distress, fear, guilt, interest, joy, shame* und *surprise.*

[17] J. Averill, In the Eyes of the Beholder, in: P. Ekman/R. J. Davidson (Hg.), The Nature of Emotions: Fundamental Questions, New York 1994, 7–14.

[18] T. Turner/A. Ortony, Basic Emotions: Can Conflicting Criteria Converge?, in: Psychological Review 99 (1992), 566–571, hier 570.

auch die Bestimmung der einzelnen aufgeführten Emotionen ist unübersehbar kulturimprägniert. So spricht Paul Griffiths im Anschluss an Paul Ekman von *surprise, fear, anger, disgust, contempt, sadness* und *joy.*[19] Andere nennen nicht *fear*, sondern *anxiety* an der entsprechenden Stelle. Aber nicht alle setzen das gleich. Immer wieder wird *fear* (Furcht) und *anxiety* (Angst) unterschieden, weil sich *Furcht* auf etwas Bestimmtes oder jemanden Bestimmten richte, *Angst* dagegen nicht. ›Ich habe Angst‹, so heißt es, provoziere nicht wie ›Ich fürchte mich‹ beinahe zwangsläufig die Rückfrage: Wovor?

Doch wenn man *fear* und *anxiety* in der Beschreibung des basalen Affekt-Programms austauschbar gebraucht, weil sie demselben Emotions-Reaktionsmuster mit seinen neurophysiologischen und psychosomatischen Komponenten korrespondieren, wie steht es dann mit – um im Englischen zu bleiben – *fright, dread, terror, panic, horror* oder *spook*?[20] Kann und soll man das alles als Ausgestaltungsformen desselben basalen Grundmusters von Angst verstehen? Oder soll man für jedes dieser Phänomene nach einem dafür charakteristischen biologischen und neurophysiologischen Muster suchen? Aber wie soll das eine oder das andere möglich sein, wenn man sich die Sprachrelativität, Kulturbezogenheit und historische Variabilität dieser Unterscheidungen vor Augen führt?[21] Ist es wirklich sinnvoll, das ganze Angstthema wissenschaftlich primär oder ausschließlich biologisch anzugehen und aufzubauen, Angst also durchgängig als einen »Stresszustand von starker Intensität als Antwort auf eine wahrgenommene Bedrohung, verbunden mit einem Gefühl körperlicher Spannung

---

[19] GRIFFITHS, What Emotions Really Are, 8.

[20] Vgl. R.C. ROBERTS, Emotions, An Essay in Aid of Moral Psychology, Cambridge 2003, 198 ff.

[21] Vgl. H. BERGENHOLTZ, Das Wortfeld ›Angst‹: Eine lexikographische Untersuchung mit Vorschlägen für ein großes interdisziplinäres Wörterbuch der deutschen Sprache, Stuttgart 1980.

sowie starken Impulsen, der Situation zu entfliehen« zu definieren?[22]

II. Angst und Lebensangst

4. Die Sprache der Angst

Nicht dass in den genannten wissenschaftlichen Perspektiven nicht etwas Wichtiges in den Blick genommen würde, und wir haben gesehen, auf welche wichtigen Fährten zu möglichen Erkenntnissen man dabei stoßen kann. Aber wenn man sich dem Angstthema am Leitfaden der Aufmerksamkeit auf die Sprache und unser Reden von Angst nähert, scheinen andere Phänomene lebensweltlich im Vordergrund zu stehen.

Das gilt für verschiedene Kulturen und Sprachen, und es gilt für sie in verschiedener Weise. Für die Stoiker waren Angst bzw. Furcht Passionen, für deren verschiedene Formen sie ein differenziertes Vokabular entwickelten.[23] Im 4. Buch seiner *Gespräche in Tusculum* (*Tusculanae Disputationes*) zitiert Cicero Zenons Definition der Passionen (*perturbationes*) als Erregungen der Seele, die im Gegensatz stehen zur Vernunft und zur Natur des Menschen: »Dies ist also die Definition Zenons: die Leidenschaft, die er πάθος nennt, ist eine von der richtigen Vernunft abgewandte naturwidrige Bewegung der Seele«.[24]

Eine dieser vernunft- und naturwidrigen Erregungen ist die Angst oder Furcht (*metus* bzw. φόβος). Diese tritt in einer Vielfalt

---

[22] W.-B. PATEROK, Angst – Definition (Teil 1) (1. 2. 2007), www.angst-informationen.de/angst-informationen/angst-definition-teil-1/.

[23] Vgl. J. GARRETT, The Passions according to the Classical Stoics (2003), http://people.wku.edu/jan.garrett/stoa/stoipass.htm (8. 2. 2011).

[24] M. CICERO, Tusculanae disputationes / Gespräche in Tusculum IV, 6, übers. u. hg. v. E. A. KIRFEL, Stuttgart 1997, 308 f.: »Est igitur Zenonis haec definitio, ut *perturbatio* sit, quod πάθος ille dicit, aversa a recta ratione contra naturam animi commotio.«

von Formen auf, die sprachlich genau unterschieden werden. So nennt Cicero die folgenden Formen von *metus*: »Die Zustände, die der Furcht untergeordnet sind, definieren sie [die Stoiker] so: Trägheit ist die Furcht vor kommender Arbeit [,] Schrecken eine erschütternde Furcht, so daß der Scham das Erröten, dem Schrecken bleiche Gesichtsfarbe, Zittern und Zähneklappern folgen; die Angst ist Furcht vor einem nahenden Unheil, Entsetzen ist die Furcht, die den Geist durcheinanderbringt; deswegen heißt es bei Ennius so: ›Dann reißt mir Ohnmächtigem das Entsetzen jede Weisheit aus der Brust.‹ Kopflosigkeit ist die dem Entsetzen folgende Furcht und gleichsam sein Begleiter, Verwirrung ist Furcht, die die Gedanken vertreibt, Verzagtheit ist dauernde Furcht.«[25] Die Angst oder Furcht (*metus*) tritt also als *pigritia* auf, die Angst davor, eine Mühe auf sich nehmen zu müssen (Trägheit, Faulheit); oder als *pudor*, die Angst vor Schande (Scham); oder als *terror*, der lähmende Schrecken, der einen bleich werden, zittern und mit den Zähnen klappern lässt; oder als *timor*, die Angst vor dem, was auf einen zukommt (Ängstlichkeit, Furchtsamkeit); oder als *pavor*, die Angst, die einen aus seinem seelischen Gleichgewicht bringt (Bestürzung, Fassungslosigkeit, Entsetzen); oder als *exanimatio*, als Kleinmut und Verzagtheit; oder als *conturbatio*, die Verwirrung und Verwirrtheit des Geistes; oder als *formido*, die Angst, die sich in Mutlosigkeit manifestiert. Zusammengenommen zeichnen diese Ausdrücke ein differenziertes Bild menschlichen Angsterlebens und Angstverstehens, wie es aus stoischer Sicht wahrgenommen

[25] Ebd., IV, 19, 316 f.: »Quae autem subiecta sunt sub metum, ea sic definiunt: pigritiam metum consequentis laboris, […] terrorem metum concutientem, ex quo fit ut pudorem rubor, terrorem pallor et tremor et dentium crepitus consequatur, timorem metum mali adpropinquantis, pavorem metum mentem loco moventem, ex quo illud Enni: ›Tum pavor sapientiam omnem mi exanimato expectorat‹. Exanimationem metum subsequentem et quasi comitem pavoris, conturbationem metum excutientem cogitata, formidinem metum permanentem.«

wurde, und dieses lässt sich keineswegs gänzlich aus dem biologischen Angstparadigma heraus entwickeln.

Im Deutschen gilt Ähnliches. Wir sagen ›Ich habe Angst‹, ›Mich ängstigt etwas‹ oder ›Mir ist Angst‹. Wir fürchten nicht nur etwas oder jemanden, sondern wir sagen ›Ich fürchte mich‹, ›Ich ängstige mich vor etwas oder jemandem‹. Angst wird hier nicht als eine Tätigkeit charakterisiert (etwas, dessen Täter ich bin), aber auch nicht einfach als etwas, das mir widerfährt (das ich erleide), sondern eher als eine Weise, in der ich mich zu mir selbst verhalte, ja zugespitzt: in der ich mich zu verlieren drohe und mich als einen erfahre, der sich nicht mehr zu sich oder anderem verhalten kann. Pointiert gesagt: ›Ich habe Angst‹ heißt nicht, dass ich etwas (die Angst) habe, sondern dass diese mich hat, dass mir – und nicht von ungefähr verwenden wir hier Bilder – der Boden unter den Füßen wegrutscht, dass ich ins Gleiten komme und ins Bodenlose falle, dass mir das Leben verleidet ist und ich dem Leben abhanden komme.

Diese Bilder nur als blumige Rede für das skizzierte Angstreaktionsmuster zu verstehen, wäre zumindest vorschnell. In ihnen sprechen sich Erfahrungen aus, die nicht dadurch aufgeklärt und in ihrem ›eigentlichen‹ Gehalt entschlüsselt sind, dass man sie nach dem Panikmodell der Gefährdungsvermeidung interpretiert. Auch das gibt es zweifellos. Aber darin geht Angst nicht auf und darauf lässt sich erlebte Angst nicht reduzieren. Angst, wie sie sich in diesen Sprachbildern ausspricht, ist nicht einfach Angst vor etwas oder jemandem, aber auch nicht nur eine diffuse ›objektfreie‹ Angst, die man übrig behält, wenn man alles, was man der konkreten Furcht zuschreibt, von ihr abgezogen hat. Es ist etwas, das man als fundamentale Selbstverunsicherung, als Selbstverlust oder Selbstverlustsbedrohung erlebt. Kein Stresszustand in Vorbereitung auf Flucht oder Kampf, sondern der Fall ins Leere ist die dafür passende Metapher.

Nun kann man natürlich sagen: Das ist eben ein anderes Phänomen als das, was in den skizzierten wissenschaftlichen Ansätzen thematisiert wird. Oder man kann versuchen, solche *Daseins- oder Lebensangst* unter die pathologischen Formen von Angst zu rechnen. Aber das dürfte nicht angemessen sein. Es ist gerade solches Angsterleben, um das es in vielen literarischen und künstlerischen Darstellungen alltäglichen Lebens geht, ohne dass die Protagonisten der entsprechenden Romane, Erzählungen oder Bilder als pathologisch beschrieben werden könnten: Was Munch im *Schrei*, Kafka im *Schloß* oder im *Urteil*, Goethe im *Werther*, Fallada in *Kleiner Mann, was nun?*, Shakespeare in *Hamlet*, Sartre in *Huis Clos* oder Handke im *Die Angst des Tormanns beim Elfmeter* darstellen, sind nicht nur existentielle Ausnahmesituationen, sondern die bedrohliche Brüchigkeit des alltäglichen Normallebens, das jederzeit in nicht vorhersehbarer Weise abgründig werden und aus den Fugen geraten kann – und das in bekannten Epochen des vergangenen Jahrhunderts in einer für viele offensichtlichen Weise auch so aus den Fugen geraten ist, dass diese Werke exemplarischen Charakter als Index einer epochalen Erfahrung haben.

5. *Lebensangst*

Nicht Panik und Stress in bestimmten begrenzten Gefahrensituationen, sondern diese mitten im Normalleben aufbrechende *Lebensangst* ist es auch, von der ein Großteil der philosophischen und theologischen Literatur zum Thema Angst handelt. Sie hatte Nietzsche im Blick, als er von der »Phantasie der Angst« sprach, die »jener böse äffische Kobold« sei, »der dem Menschen gerade dann noch auf den Rücken springt, wenn er schon am schwersten zu tragen hat«.[26] Denn diese Angst richtet sich gar nicht auf etwas konkret Bedrohliches, eine gegenwärtig reale Gefahr, sondern auf all das Unsägliche, was hier und jetzt *möglich sein* und *möglich werden* könnte. Der Abgrund des Möglichen, nicht der Anlass von

[26] F. Nietzsche, Menschliches, Allzumenschliches I. Neuntes Hauptstück, Der Mensch mit sich allein, Aphorismus 535 (KSA 2.327).

Wirklichem ist, was sie auslöst. Diese Lebensangst lässt sich daher weder als eine bestimmte Emotion noch als ein moralisches Phänomen fassen. »Nicht der Pessimismus (eine Form des Hedonismus) ist die große Gefahr, die Abrechnung über Lust und Unlust, und ob vielleicht das menschliche Leben einen Überschuß von Unlustgefühlen mit sich bringt. Sondern die *Sinnlosigkeit* alles Geschehens! [...] [D]ie eigentliche große Angst ist: *die Welt hat keinen Sinn mehr*«.[27] Was mit solcher Rede von Angst zur Sprache kommt, ist nicht zu erhellen, ohne grundsätzlich von Möglichkeit und Unmöglichkeit, Sinn und Sinnlosigkeit im menschlichen Leben zu sprechen. Das geht nur, wenn man nicht nur in Beobachter- und Therapeutenperspektive über die Lebensangst von Menschen spricht, sondern auch die Perspektive der Beteiligten und Betroffenen, also ihr eigenes Erleben, ihre eigenen Auffassungen und Deutungen in die Analysen und Überlegungen einbezieht.[28]

Hier liegen, bei allen Unterschieden im einzelnen, die Gemeinsamkeiten von Literatur, Kunst, Religion, Philosophie und Theologie im Umgang mit dem Thema Angst. In ihren Zugängen werden anders als in den skizzierten wissenschaftlichen Ansätzen das Selbsterleben der betroffenen Menschen und seine symbolisch-kulturellen Ausdrucksgestalten ausdrücklich in die Angstanalyse einbezogen. Menschen sind nicht nur mehr oder weniger gut funktionierende Organismen in Umwelten, sondern leben in Situationen, zu denen sie sich und in denen sie sich zu sich und zu einander verhalten. Dieses Verhalten ist nicht auf Kausalprozesse zu reduzieren, weil es stets über Bilder, Skripte, Konzepte, Sinnformen und kulturelle Verhaltensregister vermittelt ist, in denen wir uns, unsere Situationen und die anderen sehen und verstehen.

---

[27] F. Nietzsche, Nachgelassene Fragmente, Herbst 1884 bis Herbst 1885, Aphorismus 39 [15] (KSA 11.625 f.) (Kursiva i. O. gesperrt).

[28] Vgl. E. Biser, Gesichter und Wurzeln der Lebensangst. Zur Diagnose und Ätiologie einer Zeitkrankheit, in: H. Lang/H. Faller (Hg.), Das Phänomen Angst. Pathologie, Genese und Therapie, Frankfurt a. M. 1996, 18–31.

Wir reagieren nicht einfach auf sie, sondern wir reagieren so auf sie, *wie wir sie sehen.* Wir reagieren auch nicht auf Situationen, sondern wir reagieren in Situationen darauf, *wie wir sie erleben.* Sieht man von diesem *Wie* des Erlebens ab, wird die Rationalität unseres dadurch bedingten Verhaltens nicht mehr einsichtig.

Das um so mehr, als wir nicht nur darauf reagieren, wie wir *Situationen* erleben, sondern dabei immer auch *auf uns selbst* in diesen Situationen, also darauf, dass und wie wir selbst manchmal oder immer wieder in oft ganz normalen Lebenssituationen den Boden unter den Füßen verlieren, uns also selbst abhanden kommen. Wir erleben die Situationen, in denen wir leben, wir erleben uns in diesen Situationen, und wir erleben daher immer auch, wie wir uns und unsere Lebenssituationen erleben. Es kommt so zu der eigentümlichen Verdoppelung, dass wir in ein und derselben Situation nicht nur diese erleben, sondern zugleich gleichsam neben uns stehen und erleben, wie wir sie erleben. Wir verlieren den Boden unter den Füßen, und wir erleben, dass und wie wir das erleben. Wir erleben das Leben als sinnlos, und zugleich erleben wir, dass und wie uns die Sinnlosigkeit des Lebens in Beschlag nimmt und sich in uns hineinfrisst. Das steigert die Sinnlosigkeit, die wir erleben, und das macht es schwer oder unmöglich, selbst aus ihr einen Ausweg zu finden.

6. *Situierte Selbste*

Der Grund für diese Verdoppelungs- und Steigerungsphänomene ist das, was man die Existenzstruktur menschlichen Lebens nennen könnte. Menschen sind keine isolierten Einzelwesen, sondern *situierte Selbste*, die in ihren jeweiligen Situationen gemeinsame Horizonte teilen. Als der Selbstthematisierung fähige Wesen leben sie miteinander in wechselnden Situationen, durch die sie bestimmt werden, die sie aber immer auch mit bestimmen. In ihren Lebenssituationen sind sie auf nichts nur kausal, sondern auf alles in semiotischer Vermittlung bezogen, und zwar nicht einzeln, isoliert und solitär, sondern innerhalb eines gemeinsamen Welt- und Sinnhorizonts. Sie leben in geschichtlich-kulturellen Interpretationswelten, die sie mit anderen teilen und innerhalb derer sie (bei Bedarf und zur Lösung bestimmter Fragen) grundlegende Unterscheidungen wie *Natur* und *Kultur*, *subjektiv* und *objektiv*, *selbst* und *andere* machen. Aus diesen Interpretationswelten können sie nicht heraustreten, um einen Blick auf sich selbst und ihre Welt zu gewinnen, ›wie sie wirklich ist‹. Sie bleiben vielmehr auch dort in Selbstinterpretationen verwickelt, wo sie ein kulturelles Selbstverständnis ausdrücklich ablehnen und sich gänzlich naturalistisch nur als Produkte der biologischen Evolution zu verstehen suchen. Auch wer sich nur als Tier unter Tieren versteht, unterscheidet sich eben dadurch, dass er das tut und tun kann, von den meisten anderen Tieren.

Blendet man diese Verwobenheit in Interpretationsprozesse aus, verliert man die Eigentümlichkeit des Menschseins von Menschen aus dem Blick: dass sie das, was sie als Menschen sind, nur sind, weil und inwiefern sie sich dabei in je spezifischer und durchaus variabler Weise als Menschen verstehen. Soweit wir wissen, haben Krokodile keine Probleme, Krokodile zu sein. Menschen dagegen können nur sein, was sie sind, wenn sie sich auch als Menschen verstehen. Zum Menschsein gehört ein *Verständnis* des Menschseins, von dem man nicht absehen kann, wenn man Menschen studieren will.

Dieses Verständnis muss nicht ausdrücklich formuliert und kommunikativ verfügbar sein. Es äußert sich auf mannigfache Weise, nicht nur in expliziten kognitiven Konstrukten, sondern auch in den intrinsisch wirksamen Selbst- und Fremdbildern, ohne die es keine individuell getönte Situationswahrnehmung und kein Verhalten als Wahl zwischen möglichen Handlungsverläufen in einer Situation gäbe. Wir erleben, wie wir leben, indem wir mit unserer Situation (Situationsbild) auch uns selbst in bestimmter Weise erleben (Selbstbild).

7. Sinnverlust

Emotionen als Weisen der Situations- und Selbstwahrnehmung spielen dabei eine entscheidende Rolle. Das gilt nicht nur für das, was die evolutionsbiologisch-verhaltenspsychologischen Angstanalysen beschreiben, sondern auch für das, was in Literatur, Kunst und Philosophie beim Thema Angst im Vordergrund steht: das tief verunsichernde Erleben, dass die Grunddifferenz zwischen Selbst und Selbstbild, Situation und Situationsbild, Anderem und Bild des Anderen, an der alles sinnvolle Sich-orientieren-Können im Leben hängt, wegrutschen, sich verdunkeln und sich auflösen kann.

Wo das geschieht, wird das unklar, woran das eigene Menschsein zentral hängt, auch wenn man sich das nicht bewusst gemacht haben mag: dass man nicht nur ist und lebt, sondern sich dabei stets auch in bestimmter Weise versteht, insofern man erlebt, wie man lebt. Wenn sich das Erleben des eigenen Erlebens verdunkelt, existiert man noch in einer Umgebung, deren Wirkungen man ausgesetzt ist, aber man erfährt nicht mehr *sich* in seiner Umwelt. Man ist, wie man mit Friedrich Rückert sagen oder mit Gustav Mahler singen kann, »der Welt abhanden gekommen«.[29] Die Welt ist da, aber nicht mehr für mich, weil ich mich nicht mehr ihr und

---

[29] F. RÜCKERT, Ich bin der Welt abhanden gekommen (1821):
Ich bin der Welt abhanden gekommen,
Mit der ich sonst viele Zeit verdorben,
Sie hat so lange nichts von mir vernommen,
Sie mag wohl glauben, ich sei gestorben!

Es ist mir auch gar nichts daran gelegen,
Ob sie mich für gestorben hält,
Ich kann auch gar nichts sagen dagegen,
Denn wirklich bin ich gestorben der Welt.

Ich bin gestorben dem Weltgetümmel,
Und ruh' in einem stillen Gebiet!
Ich leb' allein in meinem Himmel,
In meinem Lieben, in meinem Lied!

sie sich nicht mehr mir vermitteln kann. Es fehlt der semiotische Sinnhorizont und damit der Resonanzboden, den die Stimmungen einer Situation zum Schwingen bringen könnten. Was geschieht, verklingt ungehört, weil man nur noch Objekt unter Objekten ist, aber die Welt, in der man lebt, nicht mehr als seine Lebenswelt erlebt. Anders gesagt: Es fehlt das *Lebensgefühl*. Das kann aus vielerlei Gründen immer und überall geschehen, und die Angst, dass es geschehen könnte, wird auch im Englischen nicht *fear* oder *anxiety*, sondern *angst* genannt. Ein solcher Mensch, so heißt es angeblich seit George Eliot, ist *angst-ridden*. [30]

Angst dieser Art entspringt aus dem existentiellen Verlust der medialen Distanz und Vermittlung zwischen uns und unserer Umwelt, der uns – und das ist eine *gefühlte* und *vermeinte*, keine tatsächliche Unmittelbarkeit – ohne den Schutz der Zeichen der unvermittelten Konfrontation mit dem aussetzt, was geschieht, ohne den Horizont der Möglichkeiten offen zu halten, dass es anders sein oder werden könnte. Man fühlt sich der Welt ausgeliefert, weil sie einem zu nahe rückt und man sich nicht (mehr) semiotisch von ihr distanzieren und damit auch nicht (mehr) im Horizont des Möglichen auf sie beziehen kann. Solche Angst löst keine Flucht- oder Kampfpanik aus, sondern Ohnmachtsgefühle, Leere und Lethargie, die Hoffnungslosigkeit, dem Faktischen ausgeliefert zu sein und nur noch mit der »Möglichkeit des Bösen« rechnen zu können.[31] Wieder zeigen es unsere Sprachbilder an: Die Welt bricht über einem zusammen, sie erdrückt einen, sie lässt einem keine

---

[30] Die genaue Belegstelle war bisher nicht zu verifizieren. Aber in einem Brief vom 5. August 1849 an die Brays schreibt sie über eine deutsche Frau: »Poor soul, she is in a land of strangers, and often seems to feel her loneliness. Her situation is a very difficult one; and ›die Angst,‹ she says, often brings on a pain in her heart«. Zitiert nach George Eliot's Life as Related in her Letters and Journals. Edited by her husband J. W. Cross. Bd. 1, Leipzig 1885, 193.

[31] Vgl. S. Kierkegaard, Der Liebe Tun, 275–287, der das Phänomen im Horizont der Erwartung des Möglichen als die Differenz zwischen der Hoffnung als Erwartung der Möglichkeit des Guten und der Furcht als Erwartung der Möglichkeit des Bösen analysiert. Zur Verknüpfung der Angst-

Luft zum Atmen, alle Fenster ins Offene sind oder werden verschlossen. Alles wird grau, verliert seine Kontur, wird gleichgültig, egal, beengend und bedrängend. Man sieht nicht mehr, was man sieht, und spürt nicht mehr, was man spürt. Man ist (wie) gelähmt, weil man nicht mehr weiß, was man wollen könnte oder tun sollte. Man wird gefühllos, affekttaub und emotional stumpf: Lust und Freude, Wut oder Trauer werden eingeebnet und fallen der Angst zum Opfer, die nichts mehr erwartet oder nur noch das Schlimmste. Das alles führt dazu, dass man isoliert und einsam wird, weil eine Mauer um einen herum wächst, die nächste Nähen zu unüberbrückbaren Distanzen macht. Wenn Menschen *angst-ridden* sind, haben sie keine Mittel mehr, die Art und Weise ihres Verhältnisses zu anderen und zu sich selbst wahrzunehmen und auszudrücken. Sie finden aus diesen Situationen daher auch *selbst* nicht mehr heraus, weil sie mit dem Verlust ihres Selbstgefühls auch die Fähigkeit verloren haben, als Selbst zu empfinden und zu agieren. Sie sind noch. Aber sie ›leben‹ nicht mehr, weil sie sich und ihre Welt nicht mehr erleben.

Man mag und kann all das anders beschreiben. Aber wie immer man es beschreibt, man wird nicht ausblenden dürfen, dass man das Phänomen Angst, das man zu erhellen sucht, aus dem Blick verliert, wenn man vom Erleben derer absieht, die solche Angst haben. Erleben involviert immer ein Selbstgefühl der Erlebenden in ihrer Beziehung zur erlebten Situation, und Angst ist das erlebte Verlieren dieses Selbstgefühls, also *das Erleben, dass man nicht mehr erleben kann*, dass man *dem Leben abstirbt* bzw. *sich selbst verliert*, damit aber auch *die Welt sich verengt und auf den Jetztpunkt zusammenzieht und keine Möglichkeiten des Andersseins oder Besserwerdens mehr gesehen und erlebt werden.*

Aus diesem Grund wird Angstanalyse nicht nur Analyse der Abläufe eines biologischen Affektmusters sein können, sondern

---

und Hoffnungsthematik vgl. auch die Beiträge in: G. Eifler (Hg.), Angst und Hoffnung. Grundperspektiven der Weltauslegung, Mainz 1984.

auch *Erlebensanalyse* sein müssen. Denn Diagnose ohne Anamnese führt kaum zu einer guten Therapie. Diese Anamnese aber muss die individuellen und kulturellen Ausdrucksformen Ernst nehmen, in denen sich erlebte und erlittene Lebensangst manifestiert. Und sie muss alle Dimensionen dieser Lebensangst ausleuchten.

8. *Sinngestaltung*

Der semiotische Distanzverlust im Erleben zwischen Selbst und Situation manifestiert sich als Möglichkeits- und Sinnverlust, und Sinnverlust resultiert in Lebensangst: Die Welt wird sinnlos und das Leben in ihr auch. Nun hat die Welt keinen Sinn *an sich*, sondern nur *für uns*. Sinn ist kein Phänomen der Welt als solcher, sondern unseres *Erlebens* von Welt. Denn *Sinn* ist das, was uns ermöglicht, uns in der Welt zu orientieren, also nicht nur mit und unter anderem da zu sein, sondern verantwortlich als Menschen unter Menschen zu leben.

Sinn, die Einheit der Differenz von Aktualität und Potentialität (Luhmann[32]), ist für uns eine unverzichtbare Ressource, die in das Gewebe unseres Lebens eingelassen ist. Ohne sie können wir nichts verstehen, nichts tun und nicht leben. Wir nehmen sie in Anspruch, wenn wir kommunizieren, wir gestalten sie, wenn wir interagieren, wir verbrauchen sie, wenn wir uns von anderen abgrenzen oder ihnen gegenüber öffnen, und wir verlassen uns auf sie, wenn wir in Neuland vorstoßen. Dann brauchen wir Leitplanken, an denen wir uns orientieren können, und wo alles unübersichtlich ist und es keine festen Orientierungspunkte mehr gibt, schaffen wir uns versuchsweise Leitplanken mithilfe von Sinn-Differenzen, an denen wir uns in den jeweiligen Praxis- und Lebensbereichen gemeinsam zu orientieren versuchen. Wir probieren

---

[32] N. LUHMANN, Soziale Systeme. Grundriß einer allgemeinen Theorie, Frankfurt a. M. [6]1996 (zuerst 1984), 92–147; DERS. Die Gesellschaft der Gesellschaft. Frankfurt a. M. 1997, 44–59.

aus, ob sich unsere Unterscheidungen bewähren, indem sie auch für andere orientierungswirksam werden – wenn es gelingt, hat sich das Sinnrepertoire unserer Kultur um neue Gestaltungen erweitert, wenn es schief geht, ist ein Sinnexperiment missglückt.

Das Gelingen oder Missglücken solcher Sinnexperimente entscheidet sich nicht bei denen, die die Differenzen setzen und einführen, sondern dort, wo sie rezipiert, aufgegriffen und gebraucht werden – oder eben nicht. Beides geschieht niemals an einem Nullpunkt, sondern es findet immer schon im Horizont gelebten und kulturell gestalteten Sinns statt. Sinnrezeption spielt sich daher immer in der Spannung zwischen der Fortführung überkommener und der Einführung neuer Sinnunterscheidungen ab. Beides ist notwendig. Die Fortführung kulturell eingespielter Differenzmuster steigert die Wahrscheinlichkeit gelingender Orientierung, aber auch die Gefahr der Verkrustung in einstige Selbstverständlichkeiten, die immer weniger selbstverständlich sind. Nur wo Neues erkundet wird, wird Altes davor bewahrt zu erstarren, aber man kann nicht in Neues vorstoßen, ohne die *Unwahrscheinlichkeit des Rezipiertwerdens* zu steigern. Alle Kulturen kennen daher Revolutionen und Reformationen, in denen neue Differenzparadigmen und Orientierungsmuster etabliert werden, und Normalisierungs-Phasen, in denen diese Muster gebraucht, popularisiert und trivialisiert werden.

Sinngestaltungen finden in beiden Prozessen statt, in Revolutions- und Reformationsphasen ebenso wie in Normalisierungsphasen, aber es ist genau der Übergang zwischen ihnen, der in gesteigerter Weise Orientierungsprobleme aufwirft. Wem eine vertraute Ordnung fragwürdig wird oder abhanden kommt, der muss sich neu orientieren. Und um das zu können, müssen sich neue Orientierungspunkte, neue Differenzmuster, muss sich eine neue Ordnung zeigen, die einem hilft, sich gemeinsam mit anderen zurechtzufinden, und man muss sich in dieser neuen Ordnung orten können, um in ihrem Horizont erlebens-, verstehens- und handlungsfähig zu werden. Der Abbau alter und der Aufbau neuer Orientierungsordnungen wird dann ebenso folgenreich wie die Erkundung und Erfindung von Strategien, sich in diesen Ordnungen und den Übergängen zwischen ihnen zu lozieren.

Orientierung ist zu Beginn des 21. Jahrhunderts wohl kaum zufällig zu einem der zentralen Problembegriffe von Theologie und Philosophie geworden. Sich orientieren heißt, auf eine Ordnung (ein Schema von Unterscheidungen) rekurrieren und sich in ihr verorten (mit Hilfe dieser Unterscheidungen auf anderes beziehen und von anderem unterscheiden). Doch das Leben braucht nicht nur Ordnung, sondern auch Freiheit, nicht nur das gewohnte Alte, sondern auch das unerwartete Neue. Orientierungsstrategien sind nur praktikabel, solange sie Spielräume für eine freie Gestaltung des Lebens offen halten und sich in wandelnden Kontexten bewähren. Ob das gelingt, ist nicht vorab entscheidbar, sondern entscheidet sich in den konkreten Prozessen des Lebens. Ohne das Sinnspiel der Zeichen und die dadurch eröffneten Freiräume gäbe es diese nicht. Aber diese Sinnspiele sind alles andere als beliebig, denn darin stehen unsere Identitäten zur Debatte. Wir sind die Möglichkeiten, die uns zugespielt werden, die wir ergreifen oder die uns ergreifen – eine Serie von Variationen, deren Thema sich – wenn überhaupt – erst am Ende zeigen wird.

Die Aufgabe des Sich-Orientierens wird daher immer nur stückweise gelöst werden können. Indem man im Licht des Kommenden das Vergangene und im Licht des Vergangenen das Kommende zu verstehen sucht, bewegt man sich zwischen zwei Offenheiten, die man nur heuristisch aufeinander beziehen kann, ohne dadurch endgültige Bestimmtheit zu erzielen. Eben das ist die Situation, in der sich zu orientieren eine zugleich unverzichtbare und nicht einlösbare Aufgabe wird: Man ist auf Orientierungspunkte angewiesen, ohne dass es dauerhaft feste Orientierungspunkte noch gäbe. Auf Zeit nur lassen sich schrittweise Strategien entwerfen, und auch diese sind nur so lange vertretbare Orientierungsstrategien, als sie sich selbst in Frage zu stellen erlauben. Die Orientierungssituation zu Beginn des 21. Jahrhunderts ist so in zugespitztem Maße eine Situation *negativer Gewissheit*: der Gewissheit, so nicht (mehr) zu können, und doch nicht anders zu können als so.

9. Lebensorientierung

Verantwortliches Leben ist unmöglich ohne verlässliche Orientierung in der Welt. Orientierung ist ein Grundvollzug und eine Grundbedingung menschlichen Lebens.[33] Es ist »die Leistung, sich in immer neuen Situationen zurechtzufinden, um Handlungsmöglichkeiten in ihnen auszumachen und die Situationen dadurch zu bewältigen«[34]. Diese Orientierungsanforderung gilt vor allem anderen, sie vollzieht sich stets als Übergang von einer Orientierung zu einer anderen, und sie geschieht in der Zeit. Insofern gilt, dass »Ursprünglichkeit, Selbstbezüglichkeit und Zeitlichkeit [...] die *Grundbedingungen* der Orientierung« sind.[35]

Was das heißt, kann verschieden beschrieben werden. Zwei Komponenten aber wird man immer nennen müssen: Wir orientieren uns in der Welt, indem wir sie auf bestimmte Weisen (visuell, akustisch, taktil, olfaktorisch, emotional, kognitiv, moralisch, politisch, ökonomisch, religiös usf.) und in bestimmten Hinsichten (Lebenswelt, Familienwelt, Alltagswelt, Berufswelten,

---

[33] W. STEGMAIER, Philosophie der Orientierung, Berlin/New York 2008.

[34] W. STEGMAIER, Musik des Lebens. Orientierung in Rhythmen, Routinen und Religionen, in: I. U. DALFERTH/S. BERG (Hg.), Gestalteter Klang – gestalteter Sinn. Orientierungsstrategien in Musik und Religion im Wandel der Zeit, Leipzig 2011, 197–212, hier 197; vgl. W. STEGMAIER, Einleitung, in: DERS. (Hg.), Orientierung. Philosophische Perspektiven» Frankfurt a. M. 2005, 14–50, hier 16; S. BERG, Was heißt: Sich in Musik orientieren? Skizze einer Hermeneutik musikalischer Orientierung, in: Gestalteter Klang – gestalteter Sinn, 15–53; DERS., Vergleichsweise orientiert. Eine orientierungstheoretische Betrachtung des Vergleichens, in: A. MAUZ/H. VON SASS (Hg.), Hermeneutik des Vergleichs. Strukturen, Anwendungen und Grenzen komparativer Verfahren, Würzburg 2011, 277–303.

[35] STEGMAIER, Musik des Lebens, 197.

Wissenswelten) *ordnen*, und indem wir Verfahren entwickeln, uns in diesen vielfältigen und verschiedenen Ordnungen zu *orten*.[36] Beides zusammen kennzeichnet menschliche Lebensorientierung. Die Welt ist kein Gegenüber, auf das wir uns beziehen, sondern der Horizont, in dem wir unser Leben gemeinsam mit anderen vollziehen. Wir leben in der Welt, indem wir sie durch Zeichen (Differenzen, Unterscheidungen) ordnen, an denen wir uns in unserem Verhalten und Handeln einzeln oder gemeinsam ausrichten.

Lebensorientierung in der Welt vollzieht sich so auf der einen Seite durch den Aufbau von *Sinnordnungen* mittels orientierender Grundunterscheidungen unterschiedlicher Reichweite in verschiedenen Medien: *räumlich-geographisch* durch leibbezogene Unterscheidungen (vorne/hinten, rechts/links, oben/unten), Orts- und Richtungsangaben, Orientierungspunkte, Wege, Karten, Pläne; *zeitlich* durch handlungsbezogene Unterscheidungen (früher/später, gestern/heute/morgen, vergangen/gegenwärtig/zukünftig), Daten, Phasen- und Epochenunterscheidungen; *sozial* durch Ausdifferenzierung von Familienstrukturen, Funktionsunterscheidungen, Berufsbezeichnungen; *sprachlich* durch die Systeme der Personal- und Possessivpronomen (ich/du/er/sie/es/wir/ihr/sie; mein/dein/sein/unser/ihr/euer); *moralisch* durch Grundunterscheidungen wie gut/schlecht; gut/böse; Systeme von Werten, Normen, Gesetzen und Regeln; *religiös* durch Fundamentaldifferenzen wie Gott/Welt; Schöpfer/Geschöpf; Transzendenz/Immanenz; Heil/Unheil; Tod/Leben.

Auf der anderen Seite sind diese Unterscheidungen nur orientierend, wenn und insofern sie *gebraucht* werden, um sich, andere und anderes mit ihrer Hilfe in den Sinnordnungen des Möglichen und des Wirklichen *zu verorten*. Aber wie man kein Moment einer

---

[36] Vgl. I. U. Dalferth, Leben angesichts des Unverfügbaren. Die duale Struktur religiöser Lebensorientierung, in: W. Stegmaier (Hg.), Orientierung. Philosophische Perspektiven, Frankfurt a. M. 2005, 245–266; ders., Die Wirklichkeit des Möglichen. Hermeneutische Religionsphilosophie, Tübingen 2003, 6–46, bes. 34 ff.

solchen Orientierungsstruktur in Anspruch nehmen kann, ohne das Ganze zur Debatte stehende Orientierungssystem ins Spiel zu bringen – wer ›ich‹ sagt, muss auch ›du‹, ›er‹, ›sie‹, ›es‹, ›wir‹, ›ihr‹ und ›sie‹ sagen können –, so kann man nichts mit Hilfe dieser Unterscheidungen verorten, ohne dabei zugleich sich selbst zu verorten. Orten (lokalisieren) ist immer ein reziproker Vorgang: Ich kann einen Tisch nur links von mir orten, indem ich zugleich mich selbst rechts von diesem Tisch lokalisiere. Das gilt generell für alle Orientierungssysteme: Auch andere kann man nur orten und orientieren (*jemanden* orientieren), sofern man sich selbst zu orten und zu orientieren versteht (*sich* orientieren). Ohne den Vollzug von *Selbstverortung* in den verschiedenen Sinnordnungen unserer Kultur und unseres Lebens gibt es daher keine Lebensorientierung, und ohne diese kein selbstverantwortliches menschliches Leben.

10. Selbstverlust, Weltverlust, Gottesverlust

Menschen leben nicht nur in der Welt, sondern sie *erleben, wie sie leben* – und das bringen sie in ihrem Fühlen, Denken, Sprechen und Handeln zum Ausdruck. Sie leben nicht in *der* Welt, sondern in *je ihrer* Welt, auch wenn sie das stets zusammen mit anderen tun. Deshalb ist es auch nicht richtig zu sagen, dass wir auf Situationen reagieren, sondern wir reagieren in Situationen darauf, wie wir sie erleben. Das heißt, die ontologische Grundkonstellation ist nicht die externe Korrelation von *Selbst* und *Situation*, sondern die interne Beziehung bzw. Unterscheidung von *Selbst* und *erlebter* bzw. *in bestimmter Weise verstandener* Situation. Situationen werden je zeichenvermittelt, perspektivisch und selektiv in Möglichkeitshorizonten erfasst, und eben so von dem, was als ›Selbst‹ und damit als Wirklichkeitspol fungiert, unterschieden. Das kann in verschiedenen Medien auf verschiedene Weisen geschehen, die nicht in jeder Hinsicht deckungsgleich sein müssen (was man hört oder riecht, muss nicht mit dem übereinstimmen, was man sieht).

Situationen lassen sich deshalb immer auch anders erleben, und sie werden von verschiedenen Selbsten auch verschieden erlebt. Nicht alle erleben dieselbe Situation in derselben Weise, weil nicht alle sie mittels derselben Medien, anhand derselben Unterscheidungen, vom selben Standpunkt aus und im selben Horizont strukturieren. Deshalb ist es das Grundproblem menschlicher Kommunikation, unter den Bedingungen dieser Verschiedenheit so weit, wie es für das gemeinsame Leben und Handeln nötig ist, zu versuchen, relevante Gemeinsamkeiten zu finden, Gemeinsames zu bestimmen und Gemeinsames zu sagen.

In diesem Sinn leben wir nicht einfach in der Welt, sondern in einer *erlebten Welt*: in unserer *Lebenswelt*, unserer praxisbezogenen *Alltagswelt* und unseren wissenschaftlich vereinfachten *Wissenswelten*. Solange wir dabei *erleben, wie wir leben*, leben wir in einer sinndurchwirkten Welt (Sinn-Welt). Die Welt wird aber sinnlos, wenn nicht mehr erlebt wird, wie wir leben, sei es, weil das Erleben methodisch ausgeblendet wird, um die Phänomene der Welt ›als solche‹ zu erforschen (in den Wissenschaften), sei es, weil man unfähig wird, zu erleben, wie man lebt (Verlust des Lebensgefühls), oder sei es, weil man unfähig wird, sich in der erlebten Welt zu orientieren und damit sinnvoll in ihr zu leben (Verlust der Lebensorientierung).

Das geschieht besonders drastisch und intensiv, wo man in Angst verfällt. Angst macht orientierungslos und orientierungsunfähig. Sie macht es überall dort, wo man in bestimmten Situationen für mehr oder minder lange Zeit die Orientierung verliert (Alltagsangst), vor allem aber dort, wo man die Orientierungsfähigkeit überhaupt zu verlieren droht (Lebensangst). Diese *Angst vor Verlust der Orientierungsfähigkeit* tritt einerseits auf als Angst vor dem *Verlust verlässlicher Ordnung(en)*, insofern die Sinnordnungen, in denen man lebt, sich als brüchig, unzuverlässig oder unerträglich erweisen; und sie tritt andererseits auf als Angst vor dem *Verlust der Ortungsfähigkeit*, insofern es nicht mehr gelingt, sich in diesen Sinnordnungen zu verorten.

In dieser doppelten Hinsicht kann Lebensangst drei Grundformen annehmen. Sie begegnet als *Angst vor dem Verlust des Lebensgefühls*: Die Welt wird sinnlos, weil das Leben in ihr nicht als sinnvoll erlebt wird. Sie begegnet als *Angst vor dem Verlust der Lebensorientierung*, d.h. der Fähigkeit, sich in einer sinnvollen Ordnung der Welt sinnvoll zu verorten. Und sie begegnet als *Angst vor dem Verfehlen des Lebenssinns*, indem man der eigenen Möglichkeiten gewahr wird, das Leben zu verfehlen bzw. verfehlen zu können, oder indem einem die Folgen einer Verfehlung des Lebens deutlich werden – des *Lebens überhaupt (Angst vor dem Tod)*, des *guten* Lebens *(Angst vor Leid und Leiden)*, des *selbst gewollten* Lebens *(Angst vor existentiellem Versagen)*, des *wirklichen* Lebens *(Angst, keine Lebenschancen zu haben oder seine Lebenschancen zu verspielen)* oder des *wahren* Lebens *(Angst vor – der Angst vor – Gott)*. Lebensangst ist so *Angst vor Selbstverlust* (Krankheit, Demenz, Tod), *Angst vor Weltverlust* (Apathie, Lethargie, Lustlosigkeit) und *Angst vor Gottesverlust* (Anfechtung).

Jede dieser Dimensionen ist zu berücksichtigen, wenn man dem Phänomen der Lebensangst in ihren verschiedenen Manifestationsformen gerecht werden will. Angstanalyse am Leitfaden eines biologischen Affektmusters versagt hier schon im Ansatz. Sie orientiert sich an einem wissenschaftlichen Konstrukt und ist keine Erlebensanalyse. Doch auch nicht alle Analysen erlebter Angst sind Analysen von Lebensangst. Gerade um die aber geht es in Religion, Glaube und Theologie.

III. Lebensangst im christlichen Leben und Denken

11. Religiöser und theologischer Umgang mit Lebensangst

Religiöser Umgang mit Lebensangst ist so vielfältig und verschiedenartig wie die Religionen. Als religiöser Umgang zeichnet er sich aber durchweg dadurch aus, dass Angstphänomene im Verstehenshorizont lebensweltlichen Erlebens thematisiert werden, also so aufgenommen werden, wie sie die Betroffenen erleben. Auch theologische Analysen und Überlegungen beziehen sich auf dieses lebensweltliche Erleben. Sie reflektieren das *Angsterleben* von Menschen anhand von deren religiösen und nichtreligiösen Ausdrucks- und Umgangsformen, aber nur sekundär und indirekt auch am Leitfaden der wissenschaftlichen Idealisierungen neurobiologischer Angstforschung.

Das gilt auch für die christliche Theologie.[37] Deren Aufgabe ist es, das Lebensverständnis des christlichen Glaubens kritisch zu entfalten, um es im Licht aktueller Probleme zu klären und, wenn nötig, zu korrigieren und weiter zu entwickeln. Lebensphänomene werden in der Theologie dementsprechend im Rahmen des jeweiligen Klärungs- und Reflexionsprojekts thematisiert, also nicht als solche, sondern so, wie sie im Licht der jeweiligen Problemstellung in der Perspektive des christlichen Glaubens im Unterschied zu und im Vergleich mit anderen Perspektiven konkret in den Blick kommen. Theologie reflektiert Lebensphänomene also nicht als solche, sondern so, wie sie im gelebten Glauben auftreten und thematisiert werden.

Das geschieht dort nicht nur auf eine, sondern auf vielfältige Weise, die alle nichtsprachlichen und sprachlichen Verhaltensweisen von Menschen einschließen kann. Konkret und regelmäßig kommen Angst und Lebensangst aber im Kontext von Gebet, Seelsorge, Verkündigung und Gottesdienst zur Sprache. Diese Kommunikationsformen werden typischerweise im Redemodus der ersten und zweiten Person (ich/du/wir/ihr) vollzogen, da man in ihnen nicht nur über etwas spricht, sondern sich an jemanden wendet. Das gilt auch für den Umgang mit Angst und Lebensangst. Das Angsterleben von Menschen wird in Gebet, Seelsorge

---

[37] Vgl. K. Rahner, Angst und christliches Vertrauen, in: Christlicher Glaube in moderner Gesellschaft, Bd. 9, hg. v. F. Böckle u. a., Freiburg u. a. 1981, 86–100.

und Gottesdienst konkret an- und ausgesprochen, indem Gott und die Menschen ausdrücklich darauf angesprochen werden, sei es einzeln in der Seelsorge oder gemeinsam im Gottesdienst. Es geht also nie nur um die Angst, sondern stets um die Menschen, die Angst haben. Ich nenne das den *Beratungs-* oder *Hilfemodus* im christlichen Umgang mit erlebter Angst.

Theologie thematisiert das Angsterleben anders. Sie ist keine Lebenshilfe- oder Lebensberatungsdisziplin, sondern eine Reflexionsdisziplin. Die Phänomene und Probleme erlebter Angst werden von ihr nicht im Beratungsmodus angesprochen, sondern im *Reflexionsmodus* bedacht. Sie wendet sich also nicht selbst an Gott oder die Menschen, die Angst haben, sondern durchdenkt ihre Angst so, wie diese in der Glaubenspraxis vor Gott zum Thema gemacht wird (empirische Theologie: Analyse der faktischen Wirklichkeit), gemacht werden könnte (kontemplative Theologie: Erkundung von Möglichkeiten) oder gemacht werden sollte (normative Theologie: Entfaltung der Normen christlicher Glaubenspraxis). Theologie behandelt die Angst von Menschen also nicht in der Sprache der ersten oder zweiten Person, sondern so, dass sie die Art und Weise, wie im gelebten Glauben mit Angst und Lebensangst im Bezug auf Gott umgegangen wird, in der Sprache der dritten Person (er/sie/es) kritisch klärt und denkend entfaltet. Sie sucht die Probleme des Angsterlebens und ihrer Behandlung in der Glaubenspraxis theologisch möglichst präzis zu erfassen, um Vorschläge für die Verbesserung der christlichen Auseinandersetzung mit dem Angsterleben von Menschen machen zu können.

Der theologische Umgang mit Angst ist so durch drei Züge charakterisiert. Zum einen thematisiert theologische Reflexion die Lebensangst von Menschen nicht so, dass diese dabei selbst auf ihre Lebensangst angesprochen würden (das unterscheidet sie vom Umgang mit Angst im Beratungsmodus der Glaubenspraxis). Zum anderen reflektiert sie die Lebensangst von Menschen nicht abstrakt, sondern konkret, indem sie das Thema anhand des christlichen Umgangs mit Lebensangst in der Praxis des Glaubens durchdenkt, in der Lebenssituationen im Bezug auf die Gegenwart der Liebe Gottes in andere Möglichkeitshorizonte gestellt werden (das unterscheidet sie von psychologischen oder philosophischen Behandlungen des Themas). Zum dritten durchdenkt sie das Phänomen und die Probleme der Lebensangst, um den Umgang mit Angst und Lebensangst in der Glaubenspraxis zu verbessern, um Fehlentwicklungen zu korrigieren und den Umgang mit Angsterleben in Gebet, Seelsorge und Gottesdienst im Licht einer sich ändernden Welt und sich stetig verändernden Wissens zu aktualisieren, zu vertiefen und zu verfeinern (das unterscheidet sie von der religionswissenschaftlichen Beschreibung religiöser Umgangsweisen mit Angst).

12. Umweg über Gott

Das Ziel des Umgangs mit Angst und Lebensangst in der christlichen Glaubenspraxis ist es, Menschen Hilfestellungen zu geben, ihre Angst loszuwerden bzw., sofern das unmöglich ist, in eine Form des Lebens einzuweisen, in der sie mit und trotz ihrer Angst zu leben vermögen. Das hermeneutische Mittel dazu ist der *Umweg über Gott*, also der Versuch, die lebenslähmende Fixierung von Menschen auf sich selbst und ihr Angsterleben aufzubrechen, indem ihnen mit dem Bezug auf Gott eine Möglichkeit eröffnet wird, sich von ihrer aktuellen Angstsituation zu distanzieren, in der Orientierung an den von Gott her sich erschließenden Möglichkeiten einen anderen Blick auf sich selbst und ihre Situation zu gewinnen und so eine andere Haltung und Einstellung ihrem Leben, sich selbst und anderen gegenüber einnehmen zu können.

Die Formel vom ›Umweg über Gott‹ ist allerdings missverständlich und in mehrfacher Hinsicht präzisierungsbedürftig. Theologisch ist der Bezug auf Gott kein Umweg, sondern das Nächstliegende. Gott ist keine ferne Größe, sondern eine nahe, ja die allernächste Gegenwart, jedem jederzeit näher als irgendetwas sonst. Ein ›Umweg‹ über Gott ist daher kein Weg zu einem fernen Gott, sondern die Aufdeckung der Gegenwart dessen, der nahe gekommen ist, ehe man ihn sucht. Nur wo Gott sich vergegenwärtigt, kann etwas da sein, und wäre Gott nicht gegenwärtig, dann wäre nichts. Das gilt auch dann, wenn es ignoriert, übersehen, vergessen oder bestritten wird. Ein Umweg über Gott kann daher nur der Versuch sein, in Situationen menschlicher Gottesblindheit – dem Normalzustand der Menschen – einen Weg zu dem zu finden, der schon längst in dieser Situation angekommen und präsent ist, auch wenn das nicht bemerkt oder beachtet wird, insofern seine Gegenwart dieser Situation Möglichkeiten erschließt und zuspielt, in deren Horizont sie in neuer und kreativer Weise verstanden, verändert und anders gelebt werden kann. Wäre Gott seinen Weg zu den Menschen nicht schon gegangen und hätte er den Horizont ihrer Wirklichkeit durch seine Möglichkeiten nicht schon aufgebrochen, könnten Menschen keinen Umweg zu sich über Gott gehen und ihre Situation damit auf neue und andere Weise verstehen und leben.

Hermeneutisch gibt es allerdings keinen Umweg über Gott, der nicht im Horizont eines bestimmten Gottesverständnisses gegangen würde. Gottesverständnisse aber sind Legion, und nicht alle, sondern nur konkrete taugen für einen hermeneutischen Umweg dieser Art. *Konkret* ist ein Gottesverständnis, wenn es in einer Praxis der Gottesverehrung fungiert (Religion), abstrakt dagegen, wenn es im Rahmen einer philosophischen Theorie als theoretisches Konzept entwickelt ist, das ein Konstrukt des Denkens ist, ohne eine Rekonstruktion eines konkreten Gottesverständnisses sein zu wollen (Metaphysik). So oder so ist es aber nur dann ein Verständnis *Gottes*, wenn es mit ihm um das Ganze geht; und *wie* es um das Ganze geht, erweist es als *bestimmtes* Gottesverständnis.

So kann man sich im Rahmen religiöser Praxis und ihrer theologischen Reflexion nicht auf Gott beziehen, ohne sich (1) auf einen *in bestimmter Weise verstandenen und verehrten* Gott zu beziehen. Wer theologisch von Gott spricht, spricht von Gott konkret im Horizont einer *Praxis der Gottesverehrung*, in der Gott in bestimmter Weise als *dein/mein/euer/unser* Gott zur Sprache kommt, als *Gott von …* bzw. als *Gott für …* Deshalb gibt es auch (2) keine Bezugnahme auf Gott, ohne dass diese eine *Gemeinschaftsdimension* hätte. Wer sich konkret auf Gott bezieht, bezieht sich auf den, auf den sich auch andere beziehen, und der sich auch seinerseits nicht nur auf sie, sondern auch auf andere, genauer: auf alle anderen auch bezieht. Schließlich – und das ist ein entscheidender Differenzpunkt zu einem metaphysischen Gotteskonstrukt – gibt es (3) in religiöser Praxis keine Bezugnahme auf Gott, ohne auf sich selbst Bezug zu nehmen und *sich selbst in bestimmter Weise zu verstehen*. Wer sich im Gebet auf Gott bezieht, der bezieht sich auf den, der sich zuvor schon auf ihn bezogen hat, der sich auch dann auf ihn bezieht, wenn er es nicht tut, und der sich in entsprechender Weise auch auf andere bezieht. Und wer in der Seelsorge auf Gott verwiesen wird, der wird immer auch daran erinnert, dass er nicht allein, sondern zusammen mit allen anderen in der Gegenwart von Gottes wirksamer Liebe lebt.

Es gibt deshalb kein konkretes Gottesverständnis, das diese Bezeichnung verdiente, das nicht zugleich mit einem bestimmten Verständnis des Menschen und seiner Welt verknüpft wäre. In bestimmter Weise von Gott zu reden, heißt immer, zugleich auch von sich und allem anderen in bestimmter Weise zu reden. Wer sich auf Gott als Schöpfer bezieht, der thematisiert damit auch sich selbst (Selbst) als Geschöpf und seine Welt (Situation) als Schöpfung. Gottesverständnis, Selbstverständnis und Weltverständnis sind so unauflöslich miteinander verwoben, ohne dass man eines auf eines der anderen (das Gottesverständnis etwa auf das Selbst- oder Weltverständnis) oder alle drei auf etwas von ihnen Verschiedenes reduzieren könnte (es gibt nichts jenseits von Gottes-, Selbst- und Weltverständnis). Weil Personen (Selbste) stets in erlebten Situationen (ihrer Welt) leben, wird ihr Selbst- und Weltverständnis gleichermaßen betroffen und verändert, wenn der Bezug von *Selbst* und *Situation* nicht direkt, (*Selbst – Situation*), sondern indirekt über Gott und ein bestimmtes Gottesverständnis vollzogen wird (*Selbst – Gott – Situation*). Mit dem Gottesverständnis wird auch das Selbst- und Weltverständnis eines Selbst modifiziert und anders bestimmt, und eben das ermöglicht es, in Situationen der Angst einen anderen und neuen Blick auf sich und die eigene Situation zu gewinnen.

13. Christliches Gottesverständnis

Wie es modifiziert und neu bestimmt wird, hängt entscheidend davon ab, wie Gott verstanden wird. Gott verstehen, heißt stets, Gott *auf bestimmte Weise* zu verstehen. An der *Bestimmtheit* des Gottesverständnisses hängt daher das Verständnis *Gottes* und das Verständnis *alles übrigen.*

Offenkundig ist nicht jedes Gottesverständnis in derselben Weise bestimmt. Hier unterscheiden sich nicht nur verschiedene religiöse Traditionen voneinander (jüdisch, christlich, muslimisch), sondern auch verschiedene Richtungen und Entwicklungsphasen in jeder religiösen Tradition. Gerade weil es nur als *bestimmtes* Gottesverständnis ein Verständnis *Gottes* ist, ist das Gottesverständnis nie nur auf eine Weise und nie abschließend bestimmt.

Dennoch gibt es typische oder kontinuierliche Züge, die das Gottesverständnis einer bestimmten religiösen Tradition trotz aller dynamischen Veränderungen, Konkretionen und Korrekturen auszeichnen. So hat das *Gottesverständnis des christlichen Glaubens* nach christlicher Selbstauskunft seine Pointe darin, dass Gott so verstanden wird, wie Gott sich in Jesus Christus durch seinen Geist zu verstehen gab und im Verstehen des Evangeliums durch seinen Geist immer wieder zu verstehen gibt. Das kennzeichnet es als *christliches* Gottesverständnis, aber gerade *nicht* als Verständnis eines christlichen Gottes. Im Gottesverständnis des christlichen Glaubens kommt Gott als der in den Blick, der sich selbst aus freien Stücken auf das andere seiner selbst so bezieht, dass jedem und jeder die Möglichkeit eröffnet wird, das werden zu können, was sie in Gemeinschaft mit Gott und untereinander im für sie besten Sinn sein können. In diesem Sinn wird Gott als *liebender Vater, Allmächtiger, Retter, Helfer, Schöpfer, Vollender, Freund, Begleiter, Trost, allmächtige Liebe, unendliche Geduld* und in vielen anderen Metaphern, Bildern und Namen angesprochen. Diese werden ihm zugelegt, weil und insofern Gott in immer wieder unerwarteter Weise als überraschende, verändernde und Neues eröffnende Macht der Liebe ins Leben von Menschen einbricht. Auf diesen Gott, den sie als unerschöpfliche schöpferische Liebe verstehen, beziehen sich Christen, wenn sie von Gott reden.

Weil sie Gott so verstehen, können sie in allen Situationen auf Gott Bezug nehmen und den Umweg über Gott einschlagen. Gott wird als derjenige thematisiert, der nicht nur das Leben eines Menschen oder einiger Menschen, sondern das Leben jedes Menschen in all ihren Lebenssituationen als Erster und Letzter bestimmt: Es gibt nichts, was im Horizont der orientierenden Beziehung auf Gott nicht zu verstehen wäre und durch Gottes kreative Beziehung zu allem nicht seine letztgültige Bestimmung erhielte. Wer sich orientierend auf Gott bezieht, bezieht sich damit in bestimmter Weise stets auch auf seine Welt (als Gottes Schöpfung) und zugleich auf sich selbst und alle anderen (als Gottes Geschöpfe). Weil man sich dabei an dem orientiert, durch den alles zum Guten bestimmt wird, der also auch Übles mit Gutem beantwortet und aus für uns Hoffnungslosem neue Hoffnung entstehen lässt, ist mit Gottes Gegenwart auch dann zu rechnen, wenn sonst alles wegzurutschen scheint. Gott ist ein Gott im Kommen, im Sich-in-Beziehung-Setzen, im Nahekommen. Er ist da, indem er nahekommt. Das ist er auch dann, wenn er so nicht erlebt und erfahren wird. Denn wäre Gott nicht da, könnte nichts erlebt und erfahren werden, weder dass Gott da ist noch dass nichts dergleichen erlebt und erfahren wird. Ohne Gottes Gegenwart könnte man diese noch nicht einmal ignorieren oder bestreiten. Dass man das kann, ist besser, als wenn man das nicht könnte, denn nur deshalb kann man sie auch nicht ignorieren, sondern in ihrer kreativen Liebe und Güte erkennen und sich an dieser im eigenen Lebensvollzug orientieren. Auf das Ereignis der Gegenwart dieses Gottes, den sie als unerschöpfliche schöpferische Liebe verstehen, beziehen sich Christen, wenn sie mit ihrer eigenen Angst und dem Angsterleben anderer Menschen in Gebet und Seelsorge umgehen.

14. Gebet und Seelsorge

So ist das *Gebet* ein Rufen des Herzens zu Gott in Bitte und Fürbitte, Dank und Anbetung, Klage und Hilferuf. Im Beten beziehen sich Menschen auf Gott, um sich im Leben (neu) zu orientieren oder sich ihrer Orientierung im Bezug auf Gott neu zu vergewissern. Die Grundrelation des Gebets ist so das Sichbeziehen von Menschen in ihrer konkreten Lebenssituation auf den als schöpferische Liebe verstandenen Gott, um von Gott her einen neuen Blick auf sich selbst und ihre eigene Situation zu gewinnen. Denn das Sichbeziehen auf Gott distanziert den Beter von der aktuellen Situation und ermöglicht ihm so, zu seiner Lebenssituation in anderer Weise und im Horizont anderer Möglichkeiten ins Verhältnis zu treten.

Entsprechend geht es in der *Seelsorge* darum, dass ein Mensch (als Seelsorger) einem anderen (dem Hilfesuchenden) zu helfen sucht, sich im Bezug auf Gott in seinem Leben neu zu orientieren. Das heißt, der Seelsorger bezieht sich auf eine von ihm in bestimmter Weise erlebte konkrete Situation eines Hilfesuchenden, der seinerseits seine Situation in bestimmter Weise, nämlich als angstvoll oder beängstigend, trostlos oder ausweglos erlebt. Dieses Angsterleben muss artikuliert werden, um es thematisieren zu können. Der Seelsorger muss daher seine Sicht der Situation sistieren, um zunächst dem Hilfesuchenden selbst die Möglichkeit zu bieten, seine Angst in seinen Worten und auf seine Weise zur Sprache zu bringen. Erst das setzt den Seelsorger in die Lage, den konkreten Situationsbezug (das Angsterleben) des Hilfesuchenden so zu verstehen, dass er versuchen kann, diesen Bezug aufzubrechen, indem er den Hilfesuchenden auf die Gegenwart Gottes in seinem Leben aufmerksam macht, um ihm die Möglichkeit zu eröffnen, seine Situation anders zu sehen und zu verstehen und sein Leben im Blick auf Gott und von Gott her neu auszurichten. Das Ziel der seelsorgerlichen Interaktion ist also, die Situation eines hilfesuchenden Menschen dadurch zu verändern, dass der Seelsorger dessen Weise, seine eigene Situation zu sehen und zu erleben, mit der Ausrichtung auf Gottes Gegenwart so auf- und unterbricht, dass der Hilfesuchende in die Lage versetzt wird, sich im Blick auf Gott und im Licht von Gottes Gegenwart anders und neu zu sich selbst und zu seiner Situation zu verhalten, also andere Möglichkeiten zu sehen und sich an anderen Hoffnungen auszurichten als zuvor. Es wird ihm ein anderer Verstehenshorizont nahegelegt, der es ihm ermöglichen kann, sein Angsterleben anders zu kontextualisieren und sich und seine Situation anders zu verstehen.

Im praktisch-helfenden Umgang mit Menschen in Angstzuständen ist es die primäre Aufgabe der Angstseelsorge, einem von Lebens- und Daseinsangst gequälten Menschen aus der abgrundtiefen Isolierung von der Welt herauszuhelfen, dem Verlust der eigenen Selbstsicht und damit dem Verlust des Lebenstriebs und der Handlungsfähigkeit zu begegnen. Dazu ist ein Weg zu finden, die zusammengebrochene Beziehung zwischen dem Menschen und seiner Situationssicht neu und anders aufzubauen. Das ist nur möglich auf einem Umweg, der einen Menschen einerseits von der Unmittelbarkeit des Betroffenseins durch seine Situation distanziert und ihn andererseits in ganz bestimmter Weise wieder darauf bezieht, so dass er ein anderes Verständnis seiner Lebenssituation und ein anderes Bild seiner selbst in dieser Lebenssituation entwickeln kann.

So gesehen besteht die Aufgabe der seelsorgerlichen Interaktion darin, die angstbesetzte Sicht des Betroffenen auf seine Situation und die vom Seelsorger angebotene Möglichkeit, diese Situation im Licht der Gegenwart Gottes zu betrachten, so aufeinander zu beziehen, dass es dem Betroffenen möglich wird, eine neue und andere Sicht seiner Situation zu gewinnen. Dazu genügt es nicht, ihm Informationen mitzuteilen, die man zur Kenntnis oder auch nicht zur Kenntnis nehmen kann. Aber es ist auch verfehlt, diesen Sichtwechsel erzwingen oder herbeiführen zu wollen. Seelsorge ist nicht direktiv, sondern helfend und beratend, sie deklariert nicht, wie es ist, sondern bemüht sich, im gemeinsamen Suchen auf Möglichkeiten aufmerksam zu machen, die zeigen, dass es anders sein könnte, als man meint. Es geht um die Hilfe und Anleitung zu einer *konkreten Veränderung der Lebenssicht und Lebenseinstellung*, die der orientierungsunfähige und orientierungsbedürftige Betroffene *selbst* vollziehen muss. Eine solche konkrete Veränderung lässt sich weder einreden noch erzwingen, sie muss vom Betroffenen selbst kommen. Dafür kann man allenfalls Hilfestellung geben, und eben das ist die Aufgabe des Seelsorgers. Durch die Art und Weise, in der er dem Hilfesuchenden kommuniziert, wie man dessen Situation im Licht der Gegenwart Gottes sehen und verstehen kann, soll dieser dazu angeleitet und instand gesetzt werden, sich und seine Situation selbst im Licht dieser Gegenwart zu verstehen, um so eine andere Einstellung zu seinem Leben gewinnen zu können. Wie es zum Beten gehört, sich selbst über seine Situation vor Gott und den Menschen klar zu werden, so gehört es zur Seelsorge, anderen zu helfen, sich selbst über ihre Situation vor Gott und den Menschen klar zu werden.

15. Lehrt Angst beten?

So auf Gottes Gegenwart aufmerksam gemacht werden, ist ein erster Schritt, um aus dem Selbstverlust und der Weltgefährdung herauszufinden, die mit der Angst einhergehen. Wer beginnt, nicht mehr in den Abgrund seines eigenen verlorenen Ich und weggerutschten Selbst zu starren, sondern für Gottes wirksame Gegenwart sensibel wird, der wird auch wieder Augen für seine Lebenswelt und für andere in seiner Lebenswelt bekommen. Im

Sehen auf Gott wird der Blick stets über die eigene Gegenwart hinaus gerichtet – retrospektiv in die Vergangenheit des eigenen Lebens und prospektiv in dessen nicht absehbare Zukunft. Die Zeit eines Lebens wird von diesem Punkt her auf neue Weise aufgespannt und eben so daran gearbeitet, die Isolierung des abgründig gewordenen Jetzt ohne Horizont, Vergangenheit und Zukunft zu durchbrechen und in neue Beziehungen eintreten zu können. Menschen beginnen, über ihre Selbstbezogenheit hinaus zu blicken, wenn sie im Blick auf andere, im Rückblick auf die eigene Vergangenheit und im Ausblick auf die Zukunft ihres Lebens damit Ernst machen, mit Gottes wirksamer Gegenwart zu rechnen.

Das ist nicht das Ende der Fragen, sondern der Anfang vieler neuer: Wo und wie zeigen sich Spuren der Gegenwart Gottes im eigenen Leben oder bei anderen? Was zeigt sich jetzt, auch wenn man es damals nicht bemerkt hat? Welche Hoffnung gibt es für mich in meiner Angst: Ist Gott da und bleibt Gott bei mir? Gibt es in der totalen Isolierung einen, der nicht aufhören wird, sie zu durchbrechen, sich zu mir in Beziehung zu setzen, mich in sein Leben hineinzuziehen, damit ich in meinem Leben nicht verloren gehe? Ist Gott so, wie sein Name zusagt: *Ich bin der Ich-bin-Da*, der *Ich-werde-da-Sein*? Kann man auf diese Zusage setzen, auch wenn nichts im konkret erlebten Leben dafür zu sprechen scheint? Bemisst sich am eigenen Erleben und an der Erfahrung der anderen die Wahrheit eines Lebens, oder entscheidet darüber das Nahekommen Gottes, auch wenn es nicht erlebt, sondern im Namen Gottes erbeten und erhofft wird?

Es sind solche und ähnliche Fragen, die auf dem Umweg über Gott aus der Erstarrung des Lebens in der Angst bodenloser Sinnleere herausführen und neue Bewegung ins Leben bringen. Doch um so in Situationen der Angst beten, fragen, hoffen und denken zu können, hilft es, vorher schon beten, fragen, hoffen und denken zu können. Wer Angst hat und betet, ist ja nicht der erste, der das tut. Man steht in einer langen Reihe, auch und gerade wenn man sich ganz allein fühlt.

Das Angsterleben macht so eine grundlegende Lebenswahrheit deutlich, auch wenn sie in der Angst gerade nicht erlebt wird: Mensch ist man nur als Mensch unter Menschen. Menschen können nicht leben ohne Bezug auf andere und anderes. Sie leben nicht aus sich selbst, sondern mit anderen, von anderen her und auf andere hin. Das ist eine gleichermaßen grundlegende wie höchst gefährdete und gefährdende Beziehung, die jederzeit destruktiven Charakter annehmen kann. Die anderen werden dann nicht als gute Gaben gesehen, die ein Leben bereichern und seinen Horizont erweitern, sondern als Gefährdung und Beschränkung der eigenen Lebensmöglichkeiten. Man meint dann, nur leben zu können, wenn man sich ihnen entzieht, und gerät dadurch nur noch tiefer in die Einsamkeit der eigenen Lebensangst hinein.

Keiner muss deshalb anfangen zu beten. Aber im Gebet wird diese Perversionsgefahr zum Thema gemacht, wenn Menschen sich an Gott als Grund und Garanten der Menschlichkeit und des Gelingens ihrer Beziehungen zu anderen und zu sich selbst wenden: Gott wird gegen die Angst vor Selbstverlust und Weltverlust im Leben mit anderen auf den Plan und zur Hilfe gerufen. Beten ist so ein Sichöffnen bzw. Sichöffnenlassen für Gott (und damit auch für die anderen und die Welt) mit dem Ziel, einen anderen Blick auf sich und die eigene Lebenssituation zu gewinnen: ›Nicht wie ich will, sondern wie Du willst‹ ist die Grundformel des christlichen Gebets. Es bedarf des Bezugs auf den Dritten, der nicht wie man selbst und die anderen den Perversionsgefahren des Angsterlebens ausgesetzt ist.

16. Gottesbild und Menschenbild

Das setzt ein *bestimmtes Gottesverständnis* bzw. *Gottesbild* voraus: Gott ist derjenige, von dem man alles Gute erhofft und bei dem man Zuflucht sucht in allen Nöten. An ihn wendet man sich als Helfer in der Not, ihm dankt man für gelungenes Leben, an ihn richtet man Hilferufe und Klagen in Not- und Angstsituationen, an ihn adressiert man seine Bitten (für sich) und seine Fürbitten (für andere).

Grundlage dieses Gottesverständnisses ist die biblische Verheißungsgeschichte der immer wieder neuen *Zuwendung Gottes zum Menschen* trotz der immer wieder erfolgenden *Abwendung der Menschen von Gott*. Diese Verheißungsgeschichte wird in den Texten des Alten und Neuen Testaments als die aufeinander aufbauenden Geschichten menschlicher Lebenserfahrung mit und vor Gott in Israel, bei Jesus und in der (früh)christlichen Gemeinde überliefert. So kommt Gott in den Texten Israels zur Sprache als *Gott der* (immer wieder neu anfangenden) *Zuwendung*, als *Gott von …* (*ihr* Gott, *mein* Gott, *euer* Gott), als *Gott in Beziehungen*, in denen er steht, weil er sie von sich aus stiftet. Dieses Gottesverständnis Israels verdichtet sich in der Botschaft Jesu vom Anbrechen der guten Herrschaft Gottes: Gott kommt den Menschen, die ihn ignorieren, von sich aus nahe, ohne dass sie zuvor bestimmte Bedingungen erfüllen müssten. Deshalb wird er als *barmherziger Vater* verstanden, dem man in der Lebenshaltung des *Vertrauens*, der *Gelassenheit* und der *Geborgenheit* begegnet. Für Christen findet das in der Geist-Erfahrung der christlichen Gemeinde seinen vertieften und endgültigen Ausdruck: Jesu Kreuzestod ist nicht das Ende, sondern der Anfang eines gemeinsamen Lebens mit Gott, der Tod ist nicht die endgültige Trennung, sondern der Beginn der unbehinderten und unbeschränkten Lebensgemeinschaft mit Gott. Gott wird deshalb als *ewiger Vater, Sohn, Geist* verstanden und bekannt, und dem entspricht die Lebenshaltung der *Hoffnung* und der *Zuversicht*.

Diese Lebenshaltung wird in der christlichen Gemeinde (Kirche) und Theologie konkretisiert, indem Gott als Schöpfer, Erlöser und Vollender verstanden und bekannt wird. Alle drei Bestimmungen korrelieren mit typischen Lebenshaltungen.

a) Als *Schöpfer* ist Gott Anfang und Ende von allem. Das heißt im Blick auf das *Weltverständnis*: Nichts ist oder könnte sein ohne Gott, und im Blick auf das *Lebensverständnis*: Das Leben ist eine

Gott zu verdankende gute Gabe. Die damit sich nahelegende Lebenshaltung ist dementsprechend die *Dankbarkeit.*

b) Als *Erlöser* ist Gott der, der von sich aus immer wieder neu mit den Menschen anfängt. Das heißt im Blick auf das *Weltverständnis:* Die Welt ist nicht so, dass sie nicht in vielem für alle besser sein könnte und sollte, und im Blick auf das *Lebensverständnis*: Das Leben ist voller Chancen und Neuanfänge, die Gott eröffnet, auch wenn alle Möglichkeiten verspielt scheinen. Die dementsprechend sich nahelegende *Lebenshaltung* ist die *Zuversicht.*

c) Als *Vollender* schließlich beendet und überbietet Gott Übles durch Gutes, und die diesem Verständnis entsprechende *Lebenshaltung* ist die *Hoffnung.*

Insofern sind Dankbarkeit, Zuversicht und Hoffnung die Grundhaltungen, in denen sich christliches Leben in der Orientierung an Gottes wirksamer Gegenwart vollzieht.

Mitgesetzt in diesem Gottes- und Lebensverständnis ist ein bestimmtes Menschenverständnis.[38] Menschen sind primär Empfangende und erst dann auch Handelnde oder Akteure, ihr Leben ist durch eine grundlegende Passivität gekennzeichnet, die jeder Aktivität vorausgeht. Menschen werden damit in radikalem Sinn als *Wesen im Werden* verstanden. Sie werden, was sie empfangen, und sie leben von dem, was ihnen zugespielt wird. Sie verändern sich nicht nur in der Zeit (Werden *als* Mensch), sondern sie können sich in der Zeit nur verändern, weil und insofern sie zu Menschen werden, die menschlich oder nicht menschlich leben können (Werden *zum* Menschen). Menschsein ist dementsprechend nicht nur ein biologischer Sachverhalt, sondern eine ethische Aufgabe. Es heißt, das zu werden, was man als Mensch sein kann, aber von sich aus und ohne es von anderem her zu werden keineswegs ist: ein menschlicher Mensch.

---

[38] Vgl. I. U. Dalferth, Umsonst. Eine Erinnerung an die kreative Passivität des Menschen, Tübingen 2011.

Biologisches Menschwerden und ethisches Menschlichwerden sind daher nicht zu verwechseln. Das erste ist an der Differenz Tier/Mensch orientiert, das zweite an der Differenz menschlicher/unmenschlicher Mensch. Das erste stellt vor biologische Fragen, die auf die Erhellung der naturalen Wirklichkeit menschlichen Daseins zielen und wissenschaftlich zu beantworten sind, das zweite vor ethische Fragen, die den kulturellen Möglichkeiten menschlicher Daseinsgestaltung gelten und eine normative Antwort erfordern. Denn was heißt es, menschlich bzw. nicht-menschlich oder unmenschlich zu leben? An welchen Kriterien entscheidet sich das? Und warum gerade an diesen und nicht anderen Kriterien? Hier und nicht bei den biologischen Fragen kommen Glaube und Theologie ins Spiel, weil sie andere Antworten geben als andere.

In beiden Hinsichten, der biologisch-wissenschaftlichen (Natur) wie der ethisch-normativen (Kultur), gilt allerdings, dass sich das, was ein Mensch ist, nicht an seiner Vergangenheit ablesen lässt. Der Prozess der Menschwerdung ist weder biologisch (natürlich) noch ethisch (kulturell) abgeschlossen. Aber das heißt nicht, dass man beides vermischen oder verwechseln sollte: biologische Veränderung ist kein ethischer Fortschritt und die Antwort auf das, was Menschen menschlich macht, ist keine Antwort auf die Frage, wie sie sich von anderen Tieren unterscheiden.

17. Maximen des christlichen Umgangs mit Lebensangst

Dieses Gottesbild und dieses Menschenbild kommen ins Spiel im christlichen Umgang mit Angst. Im christlichen Glauben wird Angst nicht direkt thematisiert, sondern auf einem Verstehens- und Deuteumweg über Gott. Die Pointe dieses Umwegs ist der Versuch, Angst und Lebensangst zu verhindern, zu beenden oder das Leben trotz ihrer als lebenswert zu erweisen, indem daran erinnert wird, was trotz aller sich aufdrängenden gegenteiligen Lebenserfahrung durch Gott im Leben von Menschen Gutes geschieht. Gott wird dabei als der verstanden und zur Geltung gebracht, dem sich alles Leben verdankt und der aus allen Nöten helfen kann und will, der von sich aus aktiv wird und nicht erst auf menschliches Beachten reagiert und auf dessen Zuwendung man sich verlassen kann. In knapper Form wird dieses Verständnis im ersten Gebot zusammengefasst: ›Ich bin der Herr, dein Gott, du brauchst außer mir keinen anderen Gott‹.

Für den Umgang mit der Lebensangst vor *Selbstverlust, Weltverlust, Orientierungsverlust* bedeutet das konkret eine Umorientierung vom Selbstmachen auf das *Empfangen*, vom Sichverlieren zum *Sichgeschenktsein*, von der Selbstzentrierung auf das *Wahrnehmen der anderen*, von der Selbstfixierung auf die *Öffnung für das größere Ganze*, von reziprokem Verhalten zum *Vorschussverhalten*, von der Angst um sich selbst zur *Wahrnehmung zufallender Gaben*. Die dem entsprechende Lebenshaltung orientiert sich an folgenden Maximen: ›Achte auf das, was deinem Leben von Gott her Gutes zugekommen ist und täglich neu zugespielt wird‹; ›Achte nicht nur auf dich selbst, sondern engagiere dich auch für die anderen‹; ›Verenge den Blick nicht auf dein eigenes Ich, sondern achte auf die Zusammenhänge mit anderen und anderem‹; ›Lebe weder im Guten noch im Üblen nach der Regel: »Wie Du mir, so ich Dir«, sondern suche Gutem und Üblem mit Gutem zuvorzukommen‹; ›Nicht was dir fehlt, sondern was dir zufällt ist entscheidend‹. Allerdings darf die Maximenform dieser Hinweise das Entscheidende nicht verdunkeln: Die Umorientierung des Lebens ist nicht primär Resultat eigener Aktivität, sondern geschieht passiv als Gabe und Geschenk, als ein *Neu-ausgerichtet-Werden* im Aufbrechen des geschlossenen Zirkels von Selbst und Selbstsicht der eigenen Situation durch die Ausrichtung auf Gott, der sich im menschlichen Leben und in der ganzen Schöpfung als Liebe vergegenwärtigt, also als die Kraft, die aus Liebe das, was ist, zur Liebe umgestaltet und so Neues schafft.

In diesem Sinn besteht die christliche Antwort auf die *Angst vor Selbstverlust* nicht in der Aufforderung, sich um *Selbsterhaltung* zu bemühen, sondern im Offenwerden und Sichöffnenlassen für das Empfangen des Lebensdienlichen in einem Horizont neu eröffneter Möglichkeiten. Denn die Identität des Menschen liegt nicht in eigener Verfügungsgewalt, sondern in dem, was einem von Gott her zukommt. Entsprechend besteht die Antwort auf die *Angst vor Weltverlust* nicht in der Bemühung um die Erhaltung der Schöpfung (das ist Gottes Sache), sondern im Einsatz für eine menschenwürdige Gestaltung der Welt (das ist Sache der Menschen). Aber worin besteht die Antwort auf die *Angst vor Gottesverlust*?

IV. Der Abgrund der Angst und die Gewissheit des Glaubens

18. Angst und Anfechtung

Mit dieser Frage kommt die, theologisch gesprochen, abgründigste Angst in den Blick: dass Gott selbst verloren gehen könnte, also nicht nur ich mir in meinem Leben abhanden komme, sondern Gott meinem Leben verloren geht. Wo der Gottesverlust droht, scheint der Selbst- und Weltverlust im Rekurs auf Gott nicht mehr heilbar zu sein.

Es ist nicht von ungefähr, dass für viele Glaubende diese Möglichkeit die schlimmste aller denkbaren Lebensängste ist. Zum Leben des Glaubens gehört die *Gottesfurcht*, d.h. die Ehrfurcht vor Gott. Im Leben des Glaubens gibt es immer wieder auch die *Gottesangst*, die aus der Einsicht entspringt, Gottes Ansprüchen nicht zu genügen (Sündenangst). Doch diese Angst geht von der falschen Voraussetzung aus, dass Gott an die Menschen primär oder vor allem unerfüllbare Ansprüche stellt, anstatt zu sehen, dass er ihnen – wie das Evangelium klarstellt – in immer wieder unvorhersehbarer Weise überraschend und unerwartet lebenssteigernde Möglichkeiten zuspielt. Doch das ist ein aufklärbares Missverständnis, und deshalb ist nicht diese Gottesangst die tiefste Herausforderung des christlichen Lebens. Sie ist vielmehr das Missverständnis einer Wahrheit, die recht verstanden im Glauben als Rückseite der freien Zuwendung Gottes in der richtigen Weise zum Zuge gekommen ist: Die Sünde der Menschen im gedankenlosen Ignorieren oder ausdrücklichen Bestreiten Gottes als des Gebers aller guten Gaben ist nicht zu leugnen, aber sie trennt nicht von Gott, weil Gott sich auf die Seite der Sünder begeben hat. Gottes Verhältnis zu den sündigen Menschen ist kein unerfüllbarer Anspruch, der nur Angst einjagen kann (Sündenangst als Gottesangst), sondern die lebensermöglichende und lebenssteigernde Zuwendung zum Sünder, der unverdient und ohne Vorleistung in Gottes zurecht bringende Liebe hineingenommen und von seiner Sünde und ihren Folgen befreit wird (Rechtfertigung). Die Sünde gilt es in der Tat zu meiden und zu fürchten, aber für Angst vor Gott besteht kein guter Grund.

Die eigentliche Herausforderung des Glaubenslebens ist nicht die Gottesangst, sondern als drohender und alles verschlingender Abgrund die *Angst vor dem Gottesverlust*, die *Anfechtung* also, die Fähigkeit und Möglichkeit zu verlieren, sich an Gottes frei sich einstellender Gegenwart zu orientieren.[39] Nicht nur Mutter Theresa kannte diese bedrohliche Erfahrung: »Der Platz Gottes in meiner Seele ist leer. In mir ist kein Gott. [...] Er will mich nicht, er ist nicht da.«[40] Viele Mystiker kennen sie auf die eine oder andere Weise. Auch Luther wusste um sie und litt an ihr. Allerdings sah er in dieser Anfechtung keine tödliche Gefahr für den Glauben, sondern eines der stärksten Mittel zur Glaubensstärkung. Im Anschluss an Psalm 119 nennt er den Dreischritt von »Oratio, Meditatio, Tentatio« gar die »drei Regeln«, an die man sich halten müsse, um Theologie auf rechte Weise zu studieren. Die Anfechtung ist das Ende aller Selbstsicherheit in der Erfahrung, dass man

---

[39] Das Folgende schließt an Überlegungen an in I. U. DALFERTH, Leiden und Böses. Vom schwierigen Umgang mit Widersinnigem, Leipzig ^{2}2007, 206–219.

[40] B. KOLODIEJCHUK (Hg.), Mutter Teresa. Komm, sei mein Licht. Die geheimen Aufzeichnungen der Heiligen von Kalkutta, Pattloch 2000, 13.

nicht im eigenen Reden, Denken und Glauben Halt finden kann, sondern nur und ausschließlich in Gottes Wort, über das man in keiner Weise verfügt. Anfechtung ist »der Prüfstein, die lehrt dich nicht allein wissen und verstehen, sondern auch erfahren, wie recht, wie wahrhaftig, wie süss, wie lieblich, wie mächtig, wie tröstlich Gottes Wort sei, Weisheit über alle Weisheit. [...] Denn sobald Gottes Wort ausgeht durch dich, so wird dich der Teufel heimsuchen, dich zum rechten Doktor machen und durch seine Anfechtung lehren, Gottes Wort zu suchen und zu lieben.«[41] Nicht angefochten zu sein, kann so geradezu als die schlimmste Anfechtung ausgegeben werden.[42] Wer nicht angefochten wird, dem fehlt die Nötigung, sich ganz auf Gott zu werfen und mit allen Fasern seines Wesens um Gott zu kümmern. Wer nicht Angst hat, Gott zu verlieren, der steht in Gefahr, das Gespür dafür zu verlieren, an der Abwesenheit und Nichtzugänglichkeit Gottes zu leiden.

Anfechtung ist damit aber etwas anderes als Zweifel. Zweifel, der dieses oder jenes in Frage stellt, kann wenigstens momentan zur Sicherheit werden, wenn er zu begreifen beginnt, dass zumindest im Akt des Zweifelns die Wirklichkeit des Zweifelns nicht bezweifelt werden kann, wie Descartes erkannte. Anfechtung dagegen ist das Dunkelwerden der Gewissheit, dass Gott gegenwärtig ist, und damit der Abgrund, in dem alle Hoffnung versinkt. Anfechtung wird nicht etwa aufgehoben und beseitigt, sondern gesteigert und vertieft, wenn sie sich auf sich selbst richtet, wie Luther erlebte. Der an sich selbst zweifelnde Zweifler ist auf dem Weg aus dem Zweifel, der angefochtene Angefochtene dagegen gerät noch tiefer in die Anfechtung. Anders als Zweifel lässt sich Anfechtung durch Anwendung auf sich selbst nicht therapieren. Man kann hypothetisch zweifeln, aber nicht sich hypothetisch anfechten lassen. ›Angenommen, das wäre nicht so‹, ist ein Modus des Zweifelns.

---

[41] M. Luthers Vorrede zum ersten Band der Wittenberger Ausgabe der deutschen Schriften, 1539, WA 50; 658,29–661,8.

[42] M. Luther, Dictata super Psalterium. 1513–1516, WA 3; 424,11: »Nulla tentatio omnis tentatio« (im Original gesperrt).

›Angenommen, ich wäre angefochten‹ dagegen ist kein Modus der Anfechtung. Zweifel kann zum methodischen Zweifel werden, Anfechtung dagegen lässt sich nicht methodisieren. Anfechtung ist nichts, was man tun oder praktizieren könnte, sondern was über einen hereinbricht und die Lebensorientierung an Gott unmöglich macht, weil Gott selbst als Verursacher von Angst und Schrecken in Erscheinung tritt, weil der, an dem man sich auszurichten sucht, selbst dunkel, undurchschaubar, unfassbar und unzugänglich wird, weil Gott selbst zum Abgrund alles Sinns, zum Ursprung der Sinnlosigkeit wird.

In einer solchen Situation gibt es verschiedene Reaktionsmöglichkeiten. Man kann *sich der Anfechtung überlassen* und auf Orientierung an Gott verzichten. Dann ist das Leben wie es ist und nicht anders, und es wird auch nicht anders werden, sondern bleiben, wie es ist. Man kann sich in Klage und Protest *gegen die Anfechtung* zur Wehr setzen: »Wieso ich noch lebe? / Unsicherer Gott / Dich Dir zu beweisen.«[43] Man lebt das eigene Leben dann nicht in der Hoffnung auf Gott, sondern im Trotz gegen die verlorene Hoffnung in der Anfechtung: ein Leben, das sich der Verweigerung verweigert, ohne auf die Hoffnung noch zu hoffen. Schließlich kann man sich auch in Wut, Zorn oder Enttäuschung *gegen Gott* wenden – bis hin zum Gottesfluch.[44] Diese Wendung gegen Gott ist allerdings immer noch ein Sich-Ausrichten an Gott, auch wenn nicht mehr die Hoffnung auf ein Wahrwerden der Wirklichkeit seiner Gegenwart, sondern die Wut und Verzweiflung über das Sich-Verweigern Gottes und das Entziehen und Verbergen seiner Gegenwart das Leben bestimmt. Nicht irgendetwas anderes verstellt, sondern Gott selbst entzieht seine Gegenwart. Das Leiden der Anfechtung, dass der, auf den sich die Hoffnung richtet, selbst dunkel und unfassbar wird, wird in die Perversion hinein gestei-

[43] Y. Goll, 100 Gedichte, ausgewählt und mit einem Nachwort versehen v. Barbara Glauert-Hesse, Göttingen 2003, 123.

[44] Vgl. N. Kermani, Der Schrecken Gottes. Attar, Hiob und die metaphysische Revolte, München 2005.

gert, dass *dieser selbst* sich dunkel und unfassbar macht, dass Gottes sich entziehende Gegenwart also *selbst* der Grund für die Anfechtung und Verzweiflung an Gott ist. Nicht anderes, sondern Gott selbst verhindert die Wahrnehmung seiner Gegenwart. Das Geschöpf leidet, weil der Schöpfer es nicht nur leiden lässt, sondern selber sein Leiden bewirkt: Gott wird in der Anfechtung nicht nur für den Angefochtenen dunkel, sondern er selbst wird als derjenige erlebt, der diese Dunkelheit erzeugt.

Damit wird *Gott selbst dunkel*, und nicht nur das, was dem Menschen widerfährt. Das kann zur Abwendung von Gott führen oder umgekehrt dazu provozieren, Gott gegen Gott ins Feld zu führen. Das Erschrecken und die Angst vor Gott steigern sich dann dazu, Gott von Gott zu unterscheiden und den offenbaren Gott dem verborgenen Gott entgegenzusetzen. Steht in der Erfahrung der Anfechtung aber nicht nur etwas gegen Gott, sondern Gott selbst gegen Gott, dann ist der Umweg über Gott nicht nur faktisch nicht mehr gangbar, weil Gott dunkel wird, so dass man nicht mehr weiß, woran man sich zu orientieren hätte, sondern dieser Umweg wird *prinzipiell* ungangbar, weil es nichts mehr gibt, woran man sich orientieren könnte. Wo Gott gegen Gott steht, wo der Gott, auf den man hofft, der ist, der die Hoffnung auf ihn zerstört, gibt es niemanden mehr, auf den man hoffen, an dem man sich ausrichten, gegen den man protestieren oder den man anklagen könnte: Alles auf Gott bezogene Verhalten des Menschen geht ins Leere, wo das Gegenüber zum Selbstwiderspruch wird.

19. Gottesfinsternis und Glaubensgewissheit

Das ist der Punkt, an dem der christliche Glaube an Gott zerbricht oder seine Gewissheit gewinnt. Wie der Glaube aus der Überwältigung durch den Überfluss, das unerwartete Mehr und das Umsonst der Gabe und Gnade Gottes entsteht,[45] so bildet sich seine

---

[45] Vgl. DALFERTH, Umsonst, 124–131.

Gewissheit gerade in der Erfahrung eines *zu sich selbst in Widerstreit tretenden*, eines *sich selbst widersprechenden* Gottes, an dem alle menschliche Orientierung an Gott zu scheitern droht. Wer oder was sich selbst widerspricht, ist orientierungsuntauglich. Daran kann man sich nicht ausrichten. Man kann es nicht verstehen, nicht identifizieren, nicht widerspruchsfrei formulieren, nicht kohärent denken, nicht thematisieren. Jedes menschliche Gottesbild gerät hier in die Krise eines Selbstwiderspruchs, in der es zerfällt. Ohne ein kohärentes Gottesbild oder widerspruchsfreies Gottesverständnis aber kann man sich nicht an Gott orientieren. Gott ist nicht mehr als Gott ansprechbar und verstehbar, sondern verschwindet in der kalten Finsternis eines Selbstwiderspruchs. Wo Gott gegen Gott steht, geht der Umweg über Gott ins Leere und wird unmöglich.

Es sei denn, man macht *gerade diesen Widerstreit selbst* zum Bezugspunkt der Orientierung, indem man ihn als dynamische, von Gott selbst an sich vollzogene Fundamentalunterscheidung fasst, die zur Entscheidung nötigt: Entweder so (Gottesverständnis$_1$) oder so (Gottesverständnis$_2$), aber nicht beides, und nicht keines. Genau das ist der Ursprung der kontrafaktischen Gewissheit des christlichen Glaubens. Gott tritt in Widerstreit zu sich selbst und wird zum Selbstwiderspruch, an dem jedes einsinnige Gottesverständnis zerschellt. Aber das besagt nicht, dass es unmöglich wäre, sich an Gott zu orientieren, sondern dass das genau dadurch möglich ist, dass man sich an diesem Widerstreit ausrichtet, in dem Gott sich gegen Gott setzt: Nicht einfach Gott, sondern der *Widerstreit Gottes gegen sich selbst* wird zum maßgeblichen Bezugspunkt der Lebensorientierung des Glaubens. Denn indem Gott wider sich selbst streitet und sich selbst widerspricht, unterscheidet Gott sich so von sich selbst, dass es zu einem doppelten Effekt von nicht absehbaren Folgen kommt: Auf der einen Seite kann keine einsinnige menschliche Gottesvorstellung diesem Gott gerecht werden, sondern jede wird in den Strudel von Gottes Selbstwiderstreit hineingezogen, in dem sie untergeht: Gott ist *anders* als alles, was wir uns als Gott vorstellen oder denken (negative Konsequenz). Zum anderen etabliert Gott mit diesem Selbstwiderspruch eine Fundamentaldifferenz zwischen sich (im einen Sinn) und sich (im anderen Sinn), die es überhaupt erst möglich macht, uneingeschränkt und ohne Vorbehalt an Gott zu glauben: Gott ist *genau der*, der es möglich macht, an ihn zu glauben (positive Konsequenz).

Der Glaube an Gott ist dann aber *nicht* darauf angewiesen, Gott auf eine bestimmte Weise zu verstehen oder zu denken, mit der er selbst stehen und fallen würde. Er hängt nicht an einem Gottes*verständnis*, sondern an *Gott*, und er hängt so an Gott, dass er im Blick auf *jedes Verständnis Gottes* die Differenz zwischen Gott und Gottesverständnis einklagt und in Anspruch nimmt und deshalb nicht daran scheitert, dass ein bestimmtes Gottesverständnis zusammenbricht: Der Glaube an Gott setzt immer wieder Gottesverständnisse aus sich heraus, aber er hängt nicht von einem bestimmten Gottesverständnis ab. Er steht und fällt mit Gott, nicht mit einem Verständnis Gottes.

20. Glauben ist menschlich

Diese gewichtige Konsequenz von Gottes Selbstwiderstreit am Kreuz kann man sich folgendermaßen klar machen. Glauben können und müssen nur Menschen, keine anderen Lebewesen. Glauben ist menschlich, und zwar im besten Sinn.[46] Menschen haben als Menschen die Möglichkeit, menschlich oder unmenschlich zu leben, und sie können sich der faktischen Entscheidung zwischen beiden Möglichkeiten an keinem Punkt ihres Lebens entziehen. Das besagt nicht, dass diese Entscheidung immer bewusst vorgenommen wird: Wir tun vieles, weil ›man‹ es tut, ohne darüber nachzudenken, welche Auswirkungen für die Menschlichkeit oder Unmenschlichkeit menschlichen Lebens es hat. Und es besagt

---

[46] Vgl. I. U. Dalferth, Ist Glauben menschlich?, in: Denkströme. Journal der Sächsischen Akademie der Wissenschaften 8 (2012), 173–192.

auch nicht, dass Menschen sich normalerweise gegen die vielfachen Versionen des Unmenschlichen und für ein menschliches Leben entscheiden. Sie streben vielmehr im Gegenteil häufig danach, der Unmenschlichkeit, die sie erfahren und begehen, dadurch zu entkommen, dass sie mehr oder weniger zu sein versuchen, als sie sind und sein können, dass sie sich also um Übermenschliches bemühen oder sich mit Nicht- oder Untermenschlichem zufrieden geben. Doch so ist der Unmenschlichkeit kein Ende zu bereiten und ein menschliches Leben nicht zu gewinnen. Der Glaube weist hier einen anderen Weg. Im Glauben werden Menschen dazu befähigt, ganz und gar menschlich zu leben, also weder mehr (Übermenschliches) noch weniger (Nicht- oder Untermenschliches) sein zu wollen oder meinen sein zu müssen, als sie sind. Im Glauben können Menschen ganz und ausschließlich das sein, was sie als Menschen werden können und sollen: menschliche Menschen. Sie müssen ihr fragiles und fragwürdiges Menschsein nicht als etwas ansehen, das man übersteigen oder unterbieten müsste, um der Unmenschlichkeit zu entgehen, sondern sie können es als das gelten lassen, was es ist: der Ort und die Möglichkeit, menschlich unter und mit anderen Menschen zu leben.

Dass Glauben in diesem Sinn menschlich ist, heißt allerdings nicht, dass er auch möglich ist. Möglich ist Glaube nur, wenn er sich auf *Glaubwürdiges* richten kann. Das gilt auch im Blick auf Gott. Glaube an Gott ist nur möglich, weil und insofern Gott glaubwürdig ist. Dass Gott das ist, versteht sich nicht von selbst. Die biblische Tradition ist voller Erinnerungen, die das fragwürdig erscheinen lassen. Und die Lebenserfahrungen sind es auch. Nicht überall lässt sich Gott wahrnehmen oder auch nur erahnen. Und nicht überall, wo von oder zu Gott gesprochen wird, kommt er so zur Sprache, dass man an ihn glauben kann. Gott kann als dunkler, gefährlicher, unergründlicher Abgrund geschildert werden, als Tyrann und Despot, der hasst und zürnt, vernichtet und tötet, der Menschen willkürlich erhebt und stürzt, mit ihnen spielt und seine Lust hat an ihren Leiden.

Das nur dem menschlichen Reden von Gott in alten und längst überwundenen Zeiten anzulasten, wäre zu simpel. Wer so von Gott sprach, hat nicht einfach missverstanden, wer oder was Gott ist, oder für Gott gehalten, was eigentlich nicht Gott war. Dass Gott einer sein soll, an den sich glauben lässt, war nicht von Anfang an klar. Das musste in einer langen Geschichte mit Gott erst gelernt werden. Und in dieser Geschichte hat auch Gott selbst sich verändert. Auch wenn er schon immer Gott war, ist er zu einem Gott, an den man glauben kann, erst spät geworden. Abraham wird in der biblischen Tradition als einer der ersten geschildert, dem das aufging. Aber es dauerte lange, bis Gott das wirklich wurde, was Abraham ihm zugemutet hatte: ein glaubwürdiger Gott. Denn ganz und gar glaubwürdig ist Gott nur, wo er sich ganz und gar von allem abgrenzt, was ihn nicht glaubwürdig macht, weil es Menschen davon abhält oder daran hindert, im Vollsinn menschlich zu sein und zu leben. An einen unmenschlichen Gott, einen Gott, der Unmenschlichkeit fordert, fördert, in Kauf nimmt oder gelten lässt, kann man nicht glauben. Menschlich aber wird Gott nicht dadurch, dass Menschen ihn sich so zurecht legen, dass sie ihn zum lieben Vater im Himmel machen, der zu allem freundlich lächelt und niemanden stört. Nicht nur würde damit die Unmenschlichkeit unter den Menschen in keiner Weise eingedämmt oder in Frage gestellt. Sie würden auch nur an etwas glauben, was sie selbst fabriziert haben, und das wäre nicht Gott, sondern ein Idol. Seine Menschlichkeit kann Gott nur selbst erweisen, indem er Menschen dazu bringt, sich gegen das Unmenschliche und für das Menschliche im Zusammenleben der Menschen einzusetzen. Genau das aber ist eine Kurzformel für das Leben des Glaubens. Nur ein Gott, der sein ganzes Gottsein ausschließlich in das setzt, was uns ermöglicht, menschlich zu leben, ist ein Gott, an den man glauben kann. Dazu muss er sich überzeugend und verbindlich von allem unterscheiden, was Unmenschlichkeit befördern könnte, und zwar so, dass es für uns deutlich und verständlich wird. Nur ein Gott, der uns seine Gottheit uneingeschränkt als

Menschlichkeit erschließt, die uns zur Mitmenschlichkeit befähigt und bewegt, ist ein Gott, an den wir glauben können.

21. Gott im Widerstreit

Genau das ist nach christlicher Einsicht am Kreuz geschehen. Das Kreuz Jesu steht für den abgründigen Streit zwischen Gott und Gott um Gottes Göttlichkeit, dessen Ausgang das Wort vom Kreuz zur Sprache bringt, aus dem der christliche Glaube entsteht. Warum ist Gott überhaupt und nicht vielmehr nicht? Weil er sich definitiv dazu bestimmt, kein Teufel und kein Nichts, aber auch kein abgründig zweideutiger, sondern ein eindeutig menschlicher und menschenfreundlicher Gott zu sein. Am Kreuz erweist sich Gott als der, der ohne Wenn und Aber das Gute seiner Geschöpfe wirkt, auch wenn er dabei den unendlichen Widerspruch in sich selbst ertragen muss, nur und ausschließlich das eine zu sein, das er jetzt ist, und das definitiv nicht zu sein, was er auch hätte sein können. Niemand kann Gott zu dem machen, was er ist, sondern dazu macht Gott sich ganz allein selbst. Aber gerade deshalb kann sich Gott nur im Widerstreit mit sich selbst die Bestimmtheit geben, die seine Gottheit auszeichnet und von allem anderen unterscheidet. Ohne Unterscheidung gibt es keine Bestimmtheit, auch nicht für Gott. Aber nur in der Unterscheidung von sich selbst und nicht von irgendetwas anderem kann Gott sich die Bestimmtheit geben, die ihn als Gott auszeichnet. Der Widerstreit zwischen Gott und Gott ist daher unumgänglich, und es wäre kein Widerstreit, wenn es nicht auch anders hätte ausgehen können. In diesem Fall wäre nicht nur alles ganz anders, sondern es wäre nichts mehr: Gott hätte sich selbst vernichtet und mit ihm alles andere auch. Weil Gott sich am Kreuz aber gegen Selbstverdunklung und Selbstvernichtung und für die Selbstfestlegung auf seine Lebensverheißung für seine Schöpfung entscheidet, ist nicht der Tod Gottes, sondern die Liebe zum anderen das Resultat des göttlichen Selbst-Streites und der Inhalt des Wortes vom Kreuz. Keine Selbstverdunklung und

Selbstvernichtung, sondern unwiderrufliche Nächstenliebe entspringt dem Abgrund Gottes – unwiderruflich deshalb, weil sie zu widerrufen nichts anderes bedeuten würde als die Selbstvernichtung Gottes.

Weil es für dieses göttliche Grundgeschehen steht, hat Jesu Kreuz absolute Zentralbedeutung für den christlichen Glauben. Gott ist dort in der Identifikation mit dem am Kreuz getöteten Jesus in einen Widerstreit und Widerspruch zu sich selbst getreten, der ihn nicht etwa ins Nichts versinken ließ, sondern im Gegenteil seine Gottheit für ihn eindeutig bestimmt und für uns endgültig geklärt hat. In der Doppelbewegung der Einbeziehung des Todes Jesu in sein göttliches Leben (›Inkarnation‹) und der Hingabe seines göttlichen Lebens an den toten Jesus (›Auferweckung‹) hat Gott in definitiver Abgrenzung gegen das, was und wie er als Gott auch hätte sein können – ein göttliches Leben, das in ewiger Selbstbezogenheit mit der Unmenschlichkeit und Bösartigkeit der Menschen und dem Leid, Leiden und Tod der Geschöpfe nichts zu schaffen hat, sondern sich unendlich davon unterscheidet –, seine Gottheit als *schöpferische, erbarmende, rettende, tröstende, vollendende Liebe* zu seinen Geschöpfen bestimmt.

Mit dieser selbstgesetzten Wirklichkeit sind alle anderen, damit unvereinbaren Möglichkeiten definitiv ausgeschlossen – definitiv, weil das zu revidieren und die selbstgesetzte Wirklichkeit zu ändern zur Selbstaufhebung und Selbstauflösung Gottes führen würde. Gottes Gottheit ist nicht darin göttlich, dass sie sich unendlich vom Tod unterscheidet (und von allem, was im Leben zum Tod führt und den Tod befördert) und nichts mit ihm zu tun hat. Sie ist vielmehr gerade umgekehrt darin göttlich, dass sie mit Jesus bis in den Tod geht, ohne in ihm zu bleiben oder sich an ihn zu verlieren, und in diesem Mit- und Eingehen in den Tod des Geschöpfs sich als das erweist, was sie ist: kreative Liebe, die den Tod im Tod überwindet. Diese Überwindung geschieht nicht durch irgendetwas, was Gott mit dem Tod täte (der Tod ist kein ›etwas‹, mit dem oder dem man etwas tun könnte), sondern allein dadurch, dass Gott im

Tod da und in seiner unerschöpflichen Kreativität präsent ist. Gottes kreative Präsenz im Tod des Geschöpfs nimmt dem Tod den Charakter der endgültigen Trennung von Gottes Gegenwart und lässt ihn zum Ursprung von eschatologisch Neuem werden, das nicht mehr im Tod endet, sondern in der Gegenwart von Gottes ewigem Leben bleibt. Leid und Unmenschlichkeit des Lebens kommen im Tod definitiv zu einem Ende, aber nicht deshalb, weil der Tod ins Nichts führen würde, sondern weil im Tod Gott selbst präsent ist und den Toten in seinem Leben eine ewige, von Tod und Unmenschlichkeit freie Zukunft gibt. Gott geht mit in den Tod des Geschöpfs, um diesem eine Zukunft ohne Tod zu eröffnen.

V. Das Kreuz der Liebe

22. Gott, Tod und Liebe

Dass Gott bis zum Extrempunkt des Todes mitgeht, eröffnet eine neue Perspektive auf den Tod des Geschöpfs, auf sein zum Tod führendes Leben und auf Gott selbst. Weil Gott sich auch im Tod schöpferisch vergegenwärtigt, gibt es keinen Punkt, an dem Gott nicht präsent und schöpferisch wirksam wäre. Es gibt nichts Wirkliches und nichts Mögliches ohne Gottes Gegenwart. Nicht alles Wirkliche aber ist so, wie es in Gottes Gegenwart sein könnte (es ist immer auch von anderem bestimmt und durch anderes geworden), und nicht alles Mögliche ist so, dass es mit anderem kompossibel oder mit Gott kompatibel wäre. Es gibt Möglichkeiten, zu denen Gott sich in Widerspruch setzt (wie die eines unmenschlichen Gottes), und es gibt Wirklichkeiten, die Gott nicht so stehen lässt (wie den Tod). Gottes Schöpferkraft wirkt nicht blind und chaotisch. Sie bringt nicht alles Mögliche und Wirkliche wahllos und in wildem Sturz hervor. Sie schafft vielmehr unablässig Neues, indem sie zu Möglichem und Wirklichem in ein bestimmendes und ordnendes Verhältnis tritt. Nicht alles ist in Gottes Gegenwart möglich, nicht alles Mögliche wird wirklich und nicht alles Wirkliche ist gut, sondern nur das, was mit Gottes Gottheit und dem Charakter seiner Gegenwart vereinbar ist.

Was aber ist Gottes Gottheit und der Charakter seiner Gegenwart? Im Leben bleibt es vieldeutig, im Tod aber – das zeigt das Kreuz – wird es klar. Im Leben scheint Gott alles zu wirken, Gutes und Übles, Leben und Tod. Im Tod dagegen wirkt Gottes Schöpferkraft unmissverständlich nicht blind, dunkel oder mehrdeutig, sondern offenkundig nur und ausschließlich zugunsten seiner Geschöpfe. Denn Schlimmeres als der Tod kann für sie nicht kommen, und die Toten selbst sind zu gar nichts mehr in der Lage. Was ihnen geschieht, geschieht ihnen von anderswoher, und was ihnen Gutes geschieht, geschieht ihnen durch Gott. Nur Gottes schöpferisches Leben bietet einen Horizont, in dem Tote eine Zukunft haben können. Denn nur in ihm sind sie im Leben und nicht im Tod, nur in ihm sind sie in einem solchen Leben, das durch den Tod nicht begrenzt und beendet wird, und nur in diesem göttlichen Leben haben sie eine Zukunft, die ohne jeden Vorbehalt als etwas für sie ganz und gar Gutes bezeichnet zu werden verdient.

Dass sie in diesem Horizont sind und sein können, haben sie in keiner Weise sich selbst, sondern allein dem zu verdanken, dass Gott sich ihnen auch im Tod vergegenwärtigt. Das Kreuz widerspricht jeder Mystifizierung des Todes. Der Tod als solcher ist kein Tor zum Leben, er ist kein Durchgang aus der Zeit in die Ewigkeit, sondern das Ende. Wer tot ist, ist tot. Geschieht hier überhaupt noch etwas, dann muss es von anderswo her geschehen. Zum Anfang von Neuem wird der Tod für Tote daher nur, weil und insofern Gott sich ihnen im Tod vergegenwärtigt. Ohne die schöpferische Selbstvergegenwärtigung Gottes wäre vom Tod und den Toten nichts Weiteres zu sagen. Nicht sie kommen im Tod Gott, sondern Gott kommt ihnen nahe. Das müsste ganz und gar nicht sein. Dass es so ist, wird nach christlicher Überzeugung nicht am Tod von Menschen überhaupt ersichtlich, sondern allein an Jesu

Tod. Und es wird dort nur für die ersichtlich, denen Gottes Geist die Augen dafür öffnet und die Gott dementsprechend als den zu verstehen lernen, der selbst im Tod seinen Geschöpfen nahe ist. Wenn es geschieht, ist es daher ganz und ausschließlich Gott und in keiner Weise den Toten selbst zu verdanken.

Gerade weil sich Gott so aus freien Stücken und ohne alle Not denen vergegenwärtigt, die ganz und gar nichts mehr selbst zu tun vermögen, erschließt er den Charakter seiner Gegenwart und das Wesen seiner Gottheit als Liebe. Liebe heißt, ganz für den anderen da zu sein und sich ihm um seinetwillen hinzugeben, ohne dabei sich selbst aufzugeben und ohne damit eine andere Absicht zu verfolgen als die, dem Geliebten und sich selbst wohl zu tun. Es gibt keine Liebe ohne Selbstliebe, aber nur eine Liebe, die die Selbstliebe der Liebe zum anderen unterordnet, das Wohl des Geliebten also über das eigene Wohl stellt, verdient wahre Liebe genannt zu werden. Gottes ganz und gar nicht selbstverständliche schöpferische Präsenz im Tod (nichts und niemand nötigt Gott, im Tod des Geschöpfes da zu sein) und die ganz und gar nicht erwartbare Einbeziehung des Toten in sein ewiges Leben (mit nichts hat irgendjemand verdient oder ein Recht, in Gottes Leben einbezogen zu werden) werden daher zu Recht als seine Selbstbestimmung zur Liebe verstanden. Gott vergegenwärtigt sich den Toten, um ihnen in seinem göttlichen Leben eine Zukunft zu geben, die vom Tod und von allem, was den Tod befördert und auf den Tod hinführt, bleibend frei ist. Für sie bedeutet das nur Gutes. Und für Gott bedeutet es, dass seine Gottheit nichts als zum Wohl seiner Geschöpfe wirkende Liebe ist.

Wenn das Gottes Gottheit auszeichnet, dann kann man nicht nur, sondern dann muss man an Gott glauben, wenn man es überhaupt mit Gott zu tun haben will. Denn nur im Glauben ist das erschlossen, was Gott in Wahrheit ist: unerschöpflich schöpferische Liebe.

23. *Deus revelatus und deus absconditus*

Luther hat das verstanden. Er hat klar erfasst, dass sich im Widerstreits- und Widerspruchsgeschehen am Kreuz Gottes Wesen offenbart. Deshalb hat er die Unterscheidung zwischen *deus revelatus* und *deus absconditus* zur Leitdifferenz des christlichen Glaubens im Umgang mit Gott und im hermeneutischen Umgang mit der Schrift erklärt. »Anders ist über Gott oder den Willen Gottes zu disputieren, der uns gepredigt, offenbart, dargeboten und von uns verehrt wird, und anders über Gott, der nicht gepredigt, nicht offenbart, nicht dargeboten, nicht verehrt wird [...] Belassen werden muss also Gott in seiner Majestät und Natur, denn so haben wir nichts mit ihm zu schaffen, und er wollte nicht, dass wir so mit ihm zu schaffen haben. Vielmehr, insoweit er mit seinem Wort umkleidet und dargeboten ist, womit er sich uns darbot, haben wir mit ihm zu schaffen, was sein Schmuck und sein Ruhm ist, mit dem umkleidet ihn der Psalmist feiert.«[47] Die Differenz zwischen

---

[47] M. Luther, De servo arbitrio, WA 18, 685,3ff., zitiert nach: M. Luther, Lateinisch-Deutsche Studienausgabe, Bd. 1: Der Mensch vor Gott, unter Mitarbeit von M. Beyer hg. u. eingel. v. W. Härle, Leipzig 2006, 404f.: »Aliter de Deo vel voluntate Dei nobis praedicata, revelata, oblata, culta, Et aliter de Deo non praedicato, non revelato, non oblato, non culto disputandum est [...] Relinquendus est igitur Deus in maiestate et natura sua, sic enim nihil nos cum illo habemus agere, nec sic voluit a nobis agi cum eo, Sed quatenus indutus et proditus est verbo suo, quo nobis sese obtulit, cum eo agimus, quod est decor et gloria eius, quo Psalmista eum celebrat indutum.« Vgl. E. Jüngel, Quae supra nos, nihil ad nos. Eine Kurzformel der Lehre vom verborgenen Gott – im Anschluß an Luther interpretiert, in: ders., Entsprechungen: Gott – Wahrheit – Mensch. Theologische Erörterungen, München 1980, 202–252; A. Peters, Verborgener Gott – Dreieiniger Gott. Beobachtungen und Überlegungen zum Gottesverständnis Martin Luthers, in: P. Manns (Hg.), Martin Luther ›Reformator und Vater im Glauben‹. Referate aus der Vortragsreihe des Instituts für europäische Geschichte Mainz, Stuttgart 1985, 74–105; V. Leppin, Deus absconditus und Deus revelatus. Transformationen mittelalterlicher Theologie in der Gotteslehre von ›De servo arbitrio‹, in: Berliner Theologische Zeitschrift 22 (2005), 55–69.

deus revelatus und *deus absconditus* tritt zwar im Verhältnis Gottes zum Menschen auf, hat aber nicht primär in diesem Verhältnis, sondern im Verhältnis Gottes zu sich selbst und damit *in Gott selbst* ihren Ort. Gott selbst bringt sich so oder so zur Geltung, Gott selbst steht im Widerstreit mit Gott, Gott selbst lehnt sich gegen sich auf, Gott selbst leidet an sich, Gott selbst leidet mit seinem Geschöpf. Dafür steht das Kreuz. Am Kreuz unterscheidet Gott sich selbst als *deus revelatus* von sich als *deus absconditus*, indem er sich in der Identifikation mit dem am Kreuz getöteten Jesus den Menschen unwiderruflich als Liebe offenbart (*revelatus*) und damit rigoros von allem unterscheidet, was nicht Liebe ist und etwas anderes als Liebe sein könnte (*absconditus*). Die Entscheidung über die Bestimmung des Wesens der Gottheit Gottes (wer und was Gott als Gott in Wahrheit ist) fällt also nicht im Verhältnis Gottes zu den Menschen oder der Menschen zu Gott, sondern im Verhältnis Gottes zu sich selbst. Und nur weil es dort klar ist, kann es auch im Verhältnis zu den Menschen klar werden.

In der Beziehung der Menschen zu Gott herrscht eine unvermeidbare Ambivalenz und unaufklärbare Dunkelheit, ob und inwiefern die menschlichen Vorstellungen und Verständnisse von Gott wirklich auf diesen zutreffen und ob die Orientierung an Gott tatsächlich der Menschlichkeit menschlichen Miteinanderlebens dient oder eher die Unmenschlichkeit unter Menschen befördert. Diese Ambivalenz entsteht aus dem suchend-versuchsweisen Charakter aller menschlichen Gottesrede und Gottessymbolisierungen und der Vielzahl unvereinbarer Gottesbilder, Gottesvorstellungen und Gottesverständnisse in der menschlichen Geschichte. Keines kann für sich beanspruchen, Gott zu erfassen, wie Gott ist. Jedes ist ein mehr oder weniger gelingender Symbolisierungsversuch. Keines steht für sich allein, sondern alle stehen in Bezug aufeinander und Abgrenzung gegeneinander. In ihrer je kontingenten Partikularität sind sie stets anderen kontingenten Partikularitäten entgegengesetzt, ohne dass sie sich auf verlässliche und verbindliche Weise auf eine eindeutige Gemeinsamkeit zurückführen ließen. Gottesbilder gibt es nur im Plural, sie sind stets partikular, und diese Partikularität bietet angesichts fehlender unstrittiger Sachkriterien zur Bestimmung der Wahrheit des Gottesgedankens keine verlässliche Basis, vom differenten Besonderen zum identischen Gemeinsamen fortzuschreiten.

Der Konflikt der Gottesbilder wird deshalb immer wieder zum Machtkonflikt zwischen denen, die das eine oder das andere Gottesbild propagieren oder sich gegen jedes Gottesbild wenden. Dieser Konflikt wird auch dort, wo mithilfe monotheistischer Konzepte die Einheit und Einzigkeit Gottes betont wird, nicht etwa vermieden, sondern zugespitzt, wie der nicht endende Streit zwischen Judentum, Christentum und Islam, aber auch zwischen ihnen und der säkularen Moderne belegt. Auch der einzige Gott wird in partikularen Konzepten gedacht, die miteinander im Streit liegen. Jeder Ausgleich zwischen ihnen kann nur abstrakt sein, weil es keine verlässlichen Kriterien gibt, über ihre Adäquatheit zu urteilen, so dass trotz aller theologischen und philosophischen Vermittlungsversuche der Streit der Partikularitäten konkret immer wieder aufflammt und nicht zu beenden ist. Erreichbar scheint allenfalls die Einsicht zu sein, dass man übereinstimmt, nicht übereinzustimmen. Das ist vielen zu wenig. Und deshalb wählen sie den säkularen Ausweg und wenden den Religionen und der Gottesfrage den Rücken zu.

Damit ist das Problem freilich weder gelöst noch vermieden, sondern nur ausgeblendet. Doch das genügt nicht. Die Einsicht, es auf diesen Wegen nicht lösen zu können, ist eines. Es als Problem nicht ernst zu nehmen, sondern zu ignorieren, ein anders. Verdrängung und Ausblendung waren noch nie Strategien, mit denen sich dauerhafte Erfolge hätten erzielen lassen. Nicht von ungefähr meldet die Gottesfrage sich immer wieder zu Wort, auch wenn die säkulare Vernunft das nicht verstehen kann und wahrhaben will.

Der christliche Glaube gibt deshalb eine andere Antwort als die Versuche, sie auf dem Denkweg der Philosophie zu finden. Er sucht die Lösung nicht im Denken, sondern findet sie im Leben:

im Leben dessen, dem sich alles Leben verdankt. Seitens der Menschen ist die Ambivalenz in der Beziehung zu Gott nicht zu beenden und das darin angelegte Konfliktpotential nur mühsam unter Kontrolle zu halten. Um diese Ambivalenz zu beenden, verlagert Gott die Entscheidung vom Menschen in sein eigenes Leben. Indem Gott zu sich selbst in einen unüberbrückbaren Widerspruch tritt, macht er zwei Dinge deutlich: Er zeigt negativ, dass er es nicht bei der Zweideutigkeit belassen will, der Unmenschlichkeit der Menschen Vorschub zu leisten oder das Wort zu reden. Und er zeigt positiv, dass er die Pointe und das Wesen seiner Gottheit nur und ausschließlich in der Zuwendung zum Menschen sieht und damit in dem, was die Menschlichkeit der Menschen befördert (*deus revelatus*), alles andere aber als seine Gottheit verdunkelnde Finsternis von sich und seiner Beziehung zu seinen Geschöpfen ausschließt (*deus absconditus*). Durch seine Selbstentgegensetzung am Kreuz hebt Gott jede Ambivalenz auf, die den Charakter seines Verhältnisses zu seinen Geschöpfen verdunkelt hat und verdunkeln könnte, indem er sich unhintergehbar darauf festlegt, ein Gott der Liebe zu sein, dem es allein um die Menschlichkeit des Menschen geht. Dadurch wird Gott glaubwürdig. Seither kann man an Gott glauben.

24. Kreuz und Gott

Für Jesus selbst ist das vermutlich dunkel geblieben. Er ist der Ort, nicht der Adressat der Offenbarung von Gottes Liebe. Adressaten sind die Menschen, die Gott nicht als ihren guten Vater kennen und anerkennen. Für Jesus war das keine Frage. Ihm musste sich Gott nach dem Zeugnis des Neuen Testaments nicht als Liebe offenbaren. Wohl aber uns. Wenn Jesus nach dem Markusevangelium (Mk 15,34) mit dem Schrei verschied: ›Mein Gott, warum hast du mich verlassen?‹, dann ist durchaus damit zu rechnen, dass er dessen nicht gewahr war, was er für andere wurde: der Ort der Offenbarung Gottes als Liebe in der entschiedenen Selbstabgrenzung gegen alles, was in und außerhalb Gottes nicht Liebe ist. Seither gilt ohne Wenn und Aber: ›Gott ist Liebe‹.

Dieser Ausgang des Streits zwischen Gott und Gott scheint sich Jesus nicht erschlossen zu haben. Nach dem Zeugnis der ältesten Zeugen verstarb er am Kreuz enttäuscht und hoffnungslos. Gerade so ist er zum Ort der Offenbarung von Gottes Liebe geworden – für andere. Nicht er selbst, sondern erst andere konnten bekennen, dass er das ist. Nicht er, sondern erst sie konnten sagen, dass er auferweckt wurde. Nicht er konnte sich selbst, sondern sie erst konnten ihn ›Christus‹ und ›Sohn Gottes‹ nennen. Für sie wurde er zu einem, der er für sich selbst nicht war. Aber das war nur möglich, weil (einige wenige) andere im Bezug auf den Gekreuzigten überzeugt wurden, dort nicht nur mit Jesus, sondern mit Gott zu tun zu haben. Und nur diejenigen, die davon überzeugt wurden und das Kreuz nicht nur als Ende des Lebens Jesu, sondern als Ereignis im Leben Gottes wahrnahmen und verstanden, konnten im Kreuzestod Jesu mehr sehen als dieser selbst: das Ende des alten Lebens der Gottferne und Gottlosigkeit, und den Beginn des neuen Lebens in der Gegenwart Gottes, der von sich aus die Gemeinschaft mit den ihn ignorierenden Menschen gesucht hat.

Für Jesus – folgt man der Darstellung der Evangelien – traf das nicht zu, denn er war sich der Gegenwart Gottes in seinem Leben gewiss – bis diese Gewissheit am Kreuz für ihn zusammengebrochen zu sein scheint. Er starb wohl enttäuscht, aber nicht getäuscht. Denn dass diese Gewissheit dennoch wahr war, erschloss sich zwar nicht mehr ihm in seinem irdischen Leben, aber anderen im Blick auf ihn in ihrem Leben. Sie nahmen auch im Kreuzestod Jesu Gottes wirksame Gegenwart wahr, weil ihnen in ihrem Leben Gott selbst als Geist die Augen dafür öffnete, wie sie bekannten. Alles drehte sich damit um die Gegenwart Gottes – in ihrem eigenen Leben, in Jesu Leben, und in seinem Kreuzestod. Alles, was am Kreuz Jesu für sie wichtig wurde und sie in ihren Bekenntnissen zum Ausdruck brachten, hatte deshalb auch nicht nur mit diesem und seinem Leben und Sterben, sondern vor allem mit Gott zu tun. Nicht Jesus suchte den Tod am Kreuz, nicht nur die jüdischen Autoritäten wollten seinen Tod und nicht nur die Römer töteten ihn, sondern Gott machte diesen Gekreuzigten zum Ort, an dem er im Widerstreit mit sich selbst das Wesen seiner Gottheit als Liebe bestimmte und seine Gegenwart im Leben der Menschen als Gegenwart seiner Liebe zu ihnen erschloss. Entsprechend erhob sich auch nicht Jesus aus dem Grab oder die Jünger ließen seinen Leichnam verschwinden, sondern Gott erweckte ihn in sein göttliches Leben. So bekannten es die (später so genannten) Christen, weil sie nicht anders zu verstehen vermochten, was ihnen widerfuhr: Der am Kreuz Getötete erschien ihnen als Lebender.[48] Alle Aktivität – das ist die Grundeinsicht aller (ur)christlichen Bekenntnisse – liegt hier bei Gott, nicht bei Jesus, und diese göttliche Aktivität ist nicht auf Jesus, sondern in und durch den gekreuzigten Verkünder der anbrechenden Herrschaft von Gottes erbarmender Vaterliebe auf die Menschen gerichtet. Jesus ist nicht der Adressat, sondern der Ort und das Medium, an dem und durch das Gott den Menschen erschließt und vermittelt, dass er nichts anderes als wahre Liebe ist.

Die Suche nach einem göttlichen Selbstbewusstsein Jesu[49] ist deshalb irregeleitet und theologisch unnötig, weil sie zu meinen scheint, nur das könne im Blick auf Jesus wahr sein, was dieser selbst als wahr erlebt hat. Aber das Gegenteil ist richtig: Hermeneutisch gilt, dass es häufig nicht die Betroffenen selbst, sondern andere sind, die wahrnehmen, was sich wirklich abspielt. Eigenes Erleben ist keineswegs immer der richtige oder gar einzig richtige Maßstab, wenn es um die Wahrheit eines Lebens geht. Autobio-

---

[48] Vgl. I. U. Dalferth, Der auferweckte Gekreuzigte. Zur Grammatik der Christologie, Tübingen 1994; ders., Volles Grab, leerer Glaube? Zum Streit um die Auferweckung des Gekreuzigten, in: Zeitschrift für Theologie und Kirche 95 (1998), 379–402.

[49] Vgl. G. Baldensperger, Das Selbstbewusstsein Jesu im Lichte der messianischen Hoffnungen seiner Zeit, Straßburg ^{3}1903; G. Lohfink, Jesus von Nazareth. Was er wollte, wer er war, Freiburg 2011, 437–466.

graphische Zeugnisse sind nicht per se der Wahrheit näher als biographische Zeugnisse anderer. Beide können das Wesentliche verfehlen, vertuschen oder verdunkeln. Beide sind mit kritischer Vorsicht zu genießen, wenn man nach der Wahrheit sucht.

Doch theologisch kommt es nicht darauf an, was Jesus erlebte und wie er sich selbst verstand, und auch nicht darauf, wie andere ihn erlebten und ihn verstanden, sondern allein darauf, wie Gott ihn sah und wozu Gott ihn für uns machte, indem er ihn zum Ort der Selbstoffenbarung seiner Liebe zu uns werden ließ. Allein Gottes Urteil ist hier maßgeblich, nicht Jesu Erleben und Selbstverständnis, und auch nicht das irgendwelcher anderen, seien sie Apostel, Christen oder Verfolger von Christen und Aposteln. Das Offenbarungsdrama der Selbstentgegensetzung Gottes hat sich an Jesus und durch ihn abgespielt, aber nicht für ihn, sondern für uns. Mit dem Bekenntnis seiner Auferweckung wird sein Gottverlassenheitstod nicht rückgängig gemacht, sondern gerade umgekehrt unterstrichen, dass nicht der Gott verkündende Jesus, sondern ausschließlich der von ihm verkündete Gott selbst es ist, der ihn zum Ort der Gegenwart seiner uns sich erschließenden Liebe macht, und zwar für alle Menschen und für alle Zeiten. ›Der gekreuzigte Jesus ist auferweckt‹ sagt nicht, dass Jesus wie Lazarus in dieses Leben zurückgekehrt ist, sondern dass er ›als erster von allen‹ von Gott in Gottes Leben hineingenommen wird. Gott zeigt damit an, dass er nicht ohne Jesus Gott zu sein gedenkt, sich also für alle Zeiten selbst so bestimmt, dass er in und durch den am Kreuz getöteten Jesus den Menschen erschließt und vermittelt, was er in Wahrheit ist: nichts anderes als wahre Liebe.

25. Kreuz und Glaube

Insofern ihm Gott am Kreuz nicht hell, sondern dunkel wurde, blieb Jesus das verschlossen. Er konnte Gottes Widerstreit gegen Gott in seiner Not nicht als Aufhebung von Gottes Ambivalenz und Dunkelheit, sondern nur als deren hoffnungslose Steigerung erleben. Gott war nicht mehr nahe, sondern zum abgründigen Selbstwiderspruch und abwesenden Vater geworden. Am Kreuz erlebte Jesus nicht Gottes Liebe, sondern nur seine eigene Gottverlassenheit.

Seine Anhängerinnen und Anhänger dagegen haben das Geschehen am Kreuz unter Berufung auf das Wirken des Geistes Gottes zur Gewissheit von Gottes Liebe und zum Grund ihres Glaubens und ihrer Hoffnung erklärt. Für sie verknüpfte sich auf erhellende Weise, was bei Jesus unverbunden geblieben zu sein scheint: seine Botschaft vom Kommen der guten Herrschaft des himmlischen Vaters in seiner Verkündigung dieser Botschaft und sein Ende am Kreuz in der Einsamkeit der Gottverlassenheit. Indem sie in Jesu Botschaft von Gottes alles neu machendem Kommen auch den Horizont zum Verstehen seines Kreuzestodes erkannten, konnten sie die abgründige Selbstentgegensetzung von Gott und Gott, die Jesus nur als hoffnungslose Aporie zu erleben vermochte, als Gottes Selbstfestlegung seines göttlichen Wesens auf Liebe in der radikalen Selbstunterscheidung von allem, was in und außerhalb von Gott nicht Liebe ist, erkennen. Das hermeneutische Resultat dieser Verbindung von Jesu Botschaft und dem Verständnis von Jesu Kreuzestod im Licht seiner Botschaft ist das christliche Evangelium. Während Jesus die in seinem Tun und Lehren anbrechende Herrschaft des guten Vaters im Himmel in Israel verkündet hatte (Jesu Evangelium), haben die Christen seinen Kreuzestod im Licht seiner Gottesbotschaft als Anbrechen der alles neu machenden Herrschaft der Liebe Gottes über alle Welt verstanden und verkündet (christliches Evangelium).

Das war nur möglich, weil sie das Kreuz anders verstanden. Anders als Jesus sahen sie im Kreuz nicht das Scheitern Jesu und seiner Botschaft, sondern die endgültige Offenbarung der von ihm verkündeten Liebe Gottes: Gott ist so, wie Jesus verkündet hatte, denn genau so hat Gott sich am Kreuz Jesu verhalten. Jesus ist für Christen daher nicht nur der Verkündiger (Prophet), sondern der *Ort der Selbstoffenbarung Gottes für die Menschen*. Und Gott ist nicht nur der, den Jesus als erbarmende Vaterliebe verkündete, von dem also *gesagt* wird, er sei Liebe, sondern Gott *ist* diese Liebe, wie er selbst am Kreuz zum Ausdruck brachte. Deshalb hat Jesus ihn zu Recht so verkündet, auch wenn das, was er da tat, ihm selbst im Letzten verborgen geblieben sein mochte. In entscheidender Hinsicht geht es also nicht um Jesus, sondern um den, den er verkündet (Gott), und die, denen er das verkündet (die Menschen). Christen bekennen Gott nicht als Liebe, weil Jesus ihn so verkündet hat (das wäre ein wenig überzeugender Autoritätsglaube), sondern Jesu verkündet ihn so zu Recht, weil Gott Liebe ist. Nicht Jesu Botschaft ist es daher, die die Wahrheit des Kreuzes erschließt, sondern am Kreuz erschließt sich die Wahrheit von Jesu Botschaft, weil Gott sich am Kreuz so zeigt, wie er in Wahrheit ist: als wahre Liebe.

Das ist das alles verändernde Ereignis. Propheten und Verkünder gab es vor und nach Jesus viele, und viele konnten viele Anhängerinnen und Anhänger um sich versammeln.[50] Unter ihnen fällt Jesus kaum auf und kommt nur in der unendlichen Reihe von Mose und Zarathustra, Mohammed und Joseph Smith, Pythia und Sabbatai Zevi, Ellen G. White und Nakayama Miki, Michel Potay, David Koresh, Hong Xiuquan, Rashad Khalifa und vielen anderen zu stehen. Unter diesem Blickwinkel, der zweifellos möglich ist, ist das Christentum nur eine unter vielen religiösen Bewegungen, wenn auch eine besonders erfolgreiche. Aber das Christentum ist nicht zu verwechseln mit dem christlichen Glauben und dieser nicht zu reduzieren auf die Variationen des Christentums in der Geschichte. Die Geburtsstunde des christlichen Glaubens war nicht Jesu Botschaft oder die Botschaft der Apostel, sondern die Erschließung von Gottes Selbstbestimmung, wie sie in

---

[50] M. Riedl/T. Schabert, Propheten und Prophezeiungen, Würzburg 2005.

Kreuz und Auferweckung Jesu zum Ausdruck kommt. Kein *Gottesverständnis*, sondern *Gott* war am Kreuz glaubwürdig geworden. Damit ist die Partikularität auch der christlichen Gottesverständnisse nicht aufgehoben, aber sie gehen dem Glauben an Gott nicht voraus, sondern folgen ihm nach. Der Glaube hängt nicht an ihnen, sondern an dem, was sie mehr oder weniger erfolgreich und immer unzureichend zu artikulieren und zu verstehen suchen: dass Gott sich selbst zur Liebe bestimmt hat. Darauf setzt der Glaube, auch wenn er weiß, dass er noch nicht einmal angefangen hat, zu verstehen und auszuloten, was das heißt.

VI. Folgen im Leben und Denken

26. Gottesverstehen und Selbstverstehen

Dennoch zeichnen sich Konturen ab. Zweierlei möchte ich hervorheben: die Folgen für das Verstehen Gottes und für das menschliche Selbstverstehen.

Gott ist menschlichem Verstehen nicht gänzlich unzugänglich, wie eine lange Tradition im Licht der Unterscheidung unserer Endlichkeit von Gottes Unendlichkeit in falscher Frömmigkeit des Denkens meinte behaupten zu müssen. Im Glauben ist Gott vielmehr unzweideutig als Liebe verstehbar, weil er sein göttliches Wesen am Kreuz Jesu selbst so bestimmt und diese Selbstbestimmung im geistgeleiten Verstehen des Kreuzes in der christlichen Gemeinde erschlossen und verständlich gemacht hat, auch wenn der Gehalt und der Reichtum der Liebe Gottes für uns unauslotbar sind und jede erreichte Einsicht unendlich überschritten und vertieft werden kann. Dass Gott *semper maior* ist, heißt deshalb nicht, dass wir ihn nie zureichend verstehen können, sondern dass Gott sich völlig verlässlich als Liebe verstehen lässt, auch wenn diese stets noch reicher und tiefer ist, als wir verstanden haben. Gott ist nicht prinzipiell anders, als wir denken, sondern genau so, wie er sich am Kreuz selbst für uns bestimmt (verstehbar macht) und im Glauben erschließt (verstanden wird). Nicht das christliche Gottesverständnis (in irgendeiner seiner Versionen), sondern Gottes Selbstbestimmung als Liebe ist der permanente Anlass zur Korrektur, Vertiefung und Fortbildung aller menschlichen Versuche, Gott zu verstehen, auch der christlichen.

Das heißt nichts anderes, als dass nicht das menschliche Erleben, Erfahren und Denken der Schlüssel zum Verstehen Gottes ist, sondern dass dieser der Schlüssel ist, um das menschliche Erleben, Erfahren und Denken (oder Nichterleben, Nichterfahren und Nichtdenken) Gottes recht zu verstehen. Ist aber nicht unser eigenes Erleben (um nur davon zu sprechen) der Schlüssel zum rechten Verständnis dessen, was wir erleben oder nicht erleben, sondern das, was prinzipiell klärungsbedürftig ist und erst von Gott her recht verstanden werden kann, dann hat das Auswirkungen auf das Verstehen unseres Angsterlebens. Nicht wie wir es verstehen, ist es recht verstanden, sondern erst wenn es so verstanden wird, wie es sich von Gott her verstehen lässt. Das muss nicht anders sein, als wir es verstehen. Aber es hat seinen Maßstab nicht bei uns, sondern bei Gott. Es findet auch meist nicht in ein und demselben Akt statt, sondern zeitlich versetzt so, dass unser eigenes Verständnis durch das andere, spätere Verständnis korrigiert, bestätigt oder vertieft wird. In der Regel verstehen wir nicht im Erleben selbst, was wir erleben, sondern wir kommen seinem Sinn und seiner Bedeutung – wenn überhaupt – erst nachträglich auf die Spur. Häufig verstehen wir erst retrospektiv und im Nachhinein, was sich ereignet hat und wir erlebt haben, und manchmal verstehen andere es schneller und besser, während es uns selbst zunächst oder für immer dunkel bleibt. Man muss sich nicht selbst so erleben, wie man von anderen erlebt wird. Aber es ist nicht ausgemacht, dass man selbst nicht Recht hat und andere die Wahrheit sehen, die einem selbst verschlossen bleibt.

Die Bedeutung dieser Differenz für das Verständnis des christlichen Glaubens kann kaum überschätzt werden. Gegenüber Jesu

Todesangst am Kreuz haben seine – später Christen genannten – Anhängerinnen und Anhänger darauf bestanden, dass nicht die von Jesus erlebte Gottverlassenheit, sondern die von ihm nicht erlebte Gottesgegenwart die Wahrheit seines Kreuzestodes ist. Wäre es anders gewesen, wäre es nicht zum christlichen Glauben gekommen. Dieser lebt insofern von Anfang an aus einem Mehrwert, der durch das aktuelle Erleben nicht abgedeckt ist, sondern auf das setzt, was nicht erlebt wird und sich dennoch als das herausstellt, was eigentlich wahr ist.

Deshalb verweisen Christen von Anfang an nicht auf ihr eigenes Erleben, sondern auf Gott, wenn sie die Wahrheit ihres Glaubens bekennen. Das Kreuz demonstriert nicht aller Welt die Wahrheit, die das Wort vom Kreuz ausspricht. Es kann in allen möglichen und unmöglichen Weisen verstanden und missverstanden werden. Zur Geltung kommt seine Wahrheit erst im Wort vom Kreuz, und das spricht nicht davon, wie Menschen das Kreuz erleben oder erleben könnten und sollten, sondern von dem, was Gott am Kreuz für die Menschen tut. Gott ist der, der sich am Kreuz aus Liebe zum anderen seiner selbst dem Abgrund einer unendlichen Zweideutigkeit oder absoluten Selbstvernichtung verweigert und zu dem wird, der aus Freiheit liebt. Damit ist Gott für seine Geschöpfe nicht mehr derjenige, der ihnen in undurchdringlicher Zweideutigkeit als Quelle des Guten wie des Bösen begegnet, sondern der ihnen über alles Erforderliche, Erwartbare, Notwendige, Gewünschte und Gesuchte hinaus in einer Weise nahe kommt, die ihnen unmissverständlich *zugute* kommt, deren Guttun zugleich aber unausschöpflich ist und größer, als sie zu erfassen vermögen. Das besagt vor allem, dass Gottes Güte nicht von den Bedürfnissen des Menschen her konstruierbar ist, so dass diese definierten, was Gott leisten müsste, damit er gut genannt zu werden verdiente. Es ist vielmehr umgekehrt so, dass die kontingente Selbstfestlegung Gottes, dem Anderen seiner selbst in Liebe zu Gute zu kommen, das definiert und seinen Geschöpfen zuspielt, was diese in einer unvorhersehbaren und unerwartbaren Weise bereichert. Nicht sie definieren, was gut ist, sondern sie werden durch das definiert, was ihnen als Gutes zugespielt wird.[51]

27. *Hoffnung des Glaubens*

Für Christen kann daher in Sachen des Glaubens nie das eigene Erleben und Erfahren den letzten Ausschlag geben. Es kann in die Irre führen und die Sicht auf die Wahrheit verstellen. Das ist auch beim Erleben von Lebensangst in Rechnung zu stellen. In der Fixierung auf das eigene Erleben blicken wir in den Abgrund unserer Angst und sehen dabei immer nur uns selbst (Kierkegaard). Erst wenn wir von unserem Erleben weg- und über uns hinaus sehen, können wir auf Gottes Gegenwart in unserem Leben aufmerksam werden und so den Gesichtspunkt gewinnen, der uns eine ganz andere Wahrheit unseres Lebens erschließt. Wir erleben, wie wir leben. Aber erst wenn wir unser Erleben an dem kritisch messen, den wir nicht erleben, ohne den wir aber nicht leben und erleben könnten, beginnen wir das zu verstehen, was die Wahrheit unseres Lebens ist – ob es nun faktisch mit dem zusammenfällt, was wir erleben, oder kontrafaktisch zeigt, dass nicht unser Erleben, sondern Gottes Gegenwart die Wahrheit unseres Lebens erschließt.

In diesem Sinn gründet christliche Hoffnung nicht im Erlebten, sondern im nicht Erlebten, und sie richtet sich nicht auf eine noch nicht wirkliche, sondern auf eine kontrafaktische Wahrheit. Sie ist kein Fall von Erwartung, sondern ein Modus des Glaubens. Wer hofft, erwartet nichts Künftiges, was noch nicht ist, aber sein kann und sehr wahrscheinlich auch sein wird, sondern hofft auf etwas Gegenwärtiges, das nicht zu sein scheint und ganz und gar unwahrscheinlich ist. Während man Erwartungen sicherer machen kann, indem man die Wahrscheinlichkeit des Erwarteten steigert, kann man Hoffnungen nicht gewisser machen, weil alles, was man

---

[51] Vgl. Dalferth, Umsonst, 92–131.

tun kann, nur die Unwahrscheinlichkeit des Erhofften deutlicher hervortreten lässt. Christliche Hoffnung ist keine erfahrungsbasierte Erwartungsentscheidung unter hohem Risiko, die zu einem Leben des mehr oder weniger wahrscheinlichen Vielleicht oder Unter-Umständen führt, sondern eine kontrafaktische Lebenshaltung des zuversichtlichen Trotzdem und gewissen Dennoch, die wider alle Alltagserfahrung und gegen alles, was dagegen spricht, darauf setzt, dass sich ihre Hoffnung auf das richtet, was selbst der Grund und Ursprung dieser Hoffnung ist. Christliche Hoffnung steht und fällt nicht mit ihrer Wahrscheinlichkeit angesichts von anderem, sondern mit ihrer eigenen Gewissheit. Und diese verdankt sich nicht dem, dass anderes sie wahrscheinlicher macht als ihr Gegenteil, sondern der Gegenwart Gottes, auf die sie sich richtet, weil ohne diese nichts wäre, was wahrscheinlich oder unwahrscheinlich sein könnte.

Aus der Sicht des christlichen Glaubens ist Gott daher nicht nur nicht zu denken, ohne seine ganz und gar dysfunktionale Differenz zu allem menschlichen Wünschen, Wollen, Brauchen und Erklären zu beachten,[52] sondern er wird überhaupt nur gedacht, wenn er in seiner nicht auf Regeln zu bringenden *kontingenten Selbstvergegenwärtigung für und bei jedem Einzelnen* gedacht wird, die diesen gänzlich ›gratis‹ und in diesem Sinn ganz ›passiv‹ widerfährt, für diese und ihr Leben aber gerade so nicht beliebig, sondern wesentlich und folgenreich ist – bis hin zur Letztgültigkeit ihrer dadurch erfolgten kontingenten Bestimmung im Eschaton. Nicht Notwendiges, sondern nur Kontingentes individualisiert. Aber nichts Kontingentes individualisiert radikaler als die Kontingenz des Kreuzes, in der sich Gott für jedes einzelne Wesen, dessen Gegenwart er gegenwärtig wird, so passiv, empfänglich und empfindlich macht, dass er sich dessen Kontingenz zu eigen macht und dieses damit umgekehrt durch seine göttliche Präsenz

[52] Vgl. I. U. Dalferth, Gott. Philosophisch-theologische Denkversuche, Tübingen 1992, 2f.

als unverwechselbares Selbst individuiert und ihm so als prinzipiell Anderem als Gott in freiem Gegenüber zu Gott zu existieren ermöglicht. Die Andersheit des Anderen wird von Gott so nicht nur respektiert, sondern konstituiert und gefördert, indem er seine Kontingenz forciert. Ist Gottes Verhältnis zu Welt und Mensch aber die Geschichte seiner kontingenten Individuationen von Anderen als selbständigen Gegenüber seiner selbst und zugleich die Geschichte der Einschreibung der individuellen Kontingenz dieser Anderen in sein eigenes Leben, dann ist auch sein göttliches Selbstverhältnis geschichtlich strukturiert und sein eigenes Leben von den Spuren der Kontingenz in unüberschaubarer Vielfalt gezeichnet. Nichts, was geschieht, ist gleichgültig, weil es Spuren der Kontingenz in Gottes Leben hinterlässt und damit in seine göttliche Identität eingeht. Deshalb gründet für christliche Eschatologie die Hoffnung auf eine göttliche Zukunft nach dem kontingenten Ende jeden individuellen Lebens auch eben darauf, dass Gott in der Prägung durch die Kontingenz des Kreuzes auch in der Vollendung diese Spuren der Kontingenz in seinem Leben nicht tilgen wird, durch die er sich in der Geschichte mit seinen Geschöpfen prägen ließ.

Weil sich all das einzig Gottes absolut kontingenter Entscheidung gegen Zweideutigkeit und Selbstzerstörung und für das Leben des Anderen verdankt, kann nicht nur nichts, was von Gott verschieden wäre, das in Frage stellen, sondern Gott selbst kann es nicht revidieren, ohne sich selbst zu negieren. Das ist der Grund, auf den der Glaube seine Hoffnung gründet: So und nicht anders ist Gott, weil Gott selbst sich so und nicht anders bestimmt hat. Diese Gewissheit gründet in nichts von Gott Verschiedenem, sondern einzig in Gott selbst. Er ist Gott für seine Geschöpfe und zu ihren Gunsten, weil er nur so und nicht anders Gott sein will. Seine Göttlichkeit besteht nicht in abstrakter Allmacht, Gerechtigkeit und Güte, sondern konkret darin, dass er seine Schöpfung ohne den dunklen Hintergrund des ›Vielleicht doch ganz anders‹ uneingeschränkt liebt, und zwar einzig und allein um ihrer selbst willen: Es ist gut, dass sie ist, und sie wäre besser als sie ist, wenn sie wirklich so würde, wie sie in und durch Gottes Gegenwart ist und sein kann.

Nicht das eigene Erleben also, sondern das Geschehen am Kreuz gibt der christlichen Hoffnung ihren Grund und ihren Sinn. Deshalb kann man auch dort, wo ein Mensch ganz in der Angst zu versinken droht, mit gutem Grund von Gott sprechen und auf Gottes gute Gegenwart verweisen: Gott ist mehr, als wir erleben, und das gilt auch und gerade dann, wenn wir ihn nicht erleben. Er ist mehr, weil er als Liebe auch dann wirksam ist, wenn uns das im eigenen Leben verschlossen bleibt. Wir erleben, wie wir leben, aber wir erleben unser Leben so, wie wir es erleben, und nicht, wie Gott es sieht. Gott Sehen ist, anders als unser Erleben, nicht rezeptiv, sondern kreativ, es nimmt nicht nur zur Kenntnis, was ist, sondern es wirkt, was es sieht. Und weil Gott als Liebe wirkt, die – wie das Kreuz klarstellt – das, was sie liebt, nicht im Tod belässt, sondern in das göttliche Leben aufnimmt, kann man seine Hoffnung darauf setzen, dass das auch für das eigene Leben gilt. Wir sehen seine Wahrheit nicht, wenn wir auf unser eigenes Erleben blicken, sondern was Gott in uns sieht und wozu er uns macht, das sehen wir nur ›indirekt‹ im Blick auf den, in dessen Leben und Tod Gott sein Wesen als Liebe zu den Menschen deutlich gemacht hat. Deshalb ist die christliche Hoffnung keine wahrscheinlichkeitsbasierte Erwartung, sondern ein christusorientiertes Vertrauen wider alle Erwartung darauf, dass Gott nicht nur im eigenen Leben, sondern im Leben eines jeden Menschen so wirkt, wie er dort gewirkt hat: als Kraft der alles neu machenden göttlichen Liebe.

C. Vom Zorn Gottes. Grundlinien einer Gottesmetapher

I. Biologie und Kultur

Wer zornig ist, zeigt das, und wer es nicht zeigen will, muss erhebliche Energie aufwenden, um seinen Zorn zu unterdrücken. Den wenigsten gelingt das, und noch weniger schaffen es, nicht nur ihren Zorn nicht zu zeigen, sondern erst gar nicht zornig zu werden.

1. Biologie des Zorns und kulturelle Zornsemantik

Das hat tief in unserer Biologie verwurzelte Gründe. Menschen sind Gefühlswesen. Wir können Gefühle nicht entweder haben oder auch nicht, sondern wir können uns zu den Gefühlen, die wir haben, nur so oder anders verhalten. Gefühle sind erlebte Emotionen, die auf Ausdruck drängen. Wir können sie zum Ausdruck kommen lassen oder ihren Ausdruck unterdrücken. So oder so aber haben wir sie. Ja man muss noch schärfer sagen: Wir haben nicht nur Gefühle, sondern wir *sind*, wie wir fühlen. Und weil sich das, was wir sind, immer auch in unserem Verhalten zeigt, können wir gar nicht anders, als unsere Gefühle auszudrücken: Sie kommen in unserem Verhalten zum Ausdruck – direkt, indem sie sich in bestimmten Verhaltensweisen manifestieren, und indirekt auch dann noch, wenn wir das durch unser Verhalten ausdrücklich verhindern bzw. zu verhindern suchen. Nicht nur wer rot anläuft und brüllt, ist wütend, sondern auch, wer keine Miene verzieht, aber innerlich kocht.

Zwischen unseren Gefühlen und ihrem Ausdruck besteht daher eine wesentliche, aber keine einfache Beziehung. Auch wo es biologisch einigermaßen stabile Muster gibt, variieren die kulturellen Ausdrucksformen erheblich: Wer wütend ist, reißt fast überall die Augen weit auf oder verengt sie umgekehrt zu schmalen Schlitzen, aber keineswegs überall schlägt man auch mit der Faust auf den Tisch oder stampft mit den Füßen auf den Boden. Der Ausdruck von Gefühlen ist an semiotische Fähigkeiten und Möglichkeiten gebunden, und die sind bei Lebewesen nicht nur recht verschieden, sondern bei Menschen wesentlich sprachlich kodiert und damit kulturell geprägt. Unter *semiotischen Fähigkeiten* verstehe ich dabei die anthropologischen Bedingungen des Ausdrucks von Gefühlen, die von Mensch zu Mensch variieren können, auch wenn es biologische Muster und Regularitäten gibt, die sich durch verschiedene Kulturen hindurch beobachten lassen. Mit *semiotischen Möglichkeiten* dagegen meine ich die kulturellen Muster des Ausdrucks und der Darstellung von Gefühlen, die von Kultur zu Kultur variieren. Gefühle wie Zorn kann man nur denen zuschreiben, die über die entsprechenden anthropologischen Ausdrucksfähigkeiten und kulturellen Ausdrucksmittel verfügen. Wer Zorn nicht fühlen kann, hat keinen Zorn. Und wer ihn nicht manifestieren kann, fühlt ihn nicht. Zornforschung kann sich daher nicht auf eine Verhaltens- und Neurobiologie des Zorns beschränken,[1] sondern muss auch als Kultursemantik der Zornmanifestationen, der Zornbändigung und der Zornkultivierung betrieben werden.[2]

Es sind gerade die semiotischen Ausdrucksmittel, anhand derer man zwischen menschlichen *Affekten* (*affectus*) und biologischen *Instinkten* oder Trieben (*impulsus*) unterscheiden kann. So notiert Seneca in der Kommentierung einer Stelle aus Ovids *Metamor-*

---

[1] Vgl. A. PAUL, Von Affen und Menschen. Verhaltensbiologie der Primaten, Darmstadt 1998, 33–69; M. LÜCK u.a. (Hg.), Psychobiologische Grundlagen aggressiven und gewalttätigen Verhaltens, Oldenburg 2005.

[2] Vgl. W.V. HARRIS, Restraining Rage. The Ideology of Anger Control in Classical Antiquity, Cambridge, Mass. 2001.

phosen, in der davon die Rede ist, dass der Eber nicht daran denke zu zürnen (»Non aper irasci meminit«): »›Zürnen‹ nennt der Dichter Trieb und Erregung. Doch zürnen können Tiere ebenso wenig wie verzeihen. Sprachlose Lebewesen haben keine menschlichen Affekte, haben aber bestimmte, diesen ähnliche Instinkte. Andernfalls wären, wenn es bei ihnen Liebe und Hass gäbe, auch Freundschaft und Feindseligkeit, Zwist und Eintracht vorhanden. Davon finden sich auch bei ihnen einige Spuren, im Übrigen aber sind es für den Menschen typische gute und schlimme Seelenregungen.«[3] Seneca macht nicht nur deutlich, dass menschliche Affekte als soziale Tugenden und Laster nicht isoliert und einzeln auftreten, sondern in einem Zusammenhang, der keinen einzelnen Affekt zu thematisieren erlaubt, ohne auch von anderen zu sprechen. Er unterstreicht auch, dass es sich um Lebensäußerungen handelt, die bei aller Ähnlichkeit zu dem, was sich auch bei Tieren finden lässt, für Menschen typisch sind. Damit spricht er eine grundsätzliche Schwierigkeit der Beschäftigung mit Affekten, Emotionen und Gefühlen an: Es geht um Lebensphänomene, die Menschen einerseits mit anderen Lebewesen teilen und die andererseits eine spezifische Manifestation des menschlichen Lebens sind. Eine Neurobiologie des Zorns ohne eine Kultursemantik der Zornmanifestationen ist daher ebenso unzureichend wie umgekehrt. Es sind beide Wege in Bezug aufeinander zu verfolgen, und das aus verschiedenen Gründen.

In der Regel werden Gefühle nicht geäußert, sondern äußern sich. Nicht nur die kulturellen Ausdrucksformen unserer Gefühle variieren daher, sondern auch ihre Ausdrucksintensität. Sie kön-

---

[3] L. ANNAEUS SENECA, De ira. Liber 1, III, 5f. Übers. v. G. FINK: L. Annaeus Seneca, Die kleinen Dialoge, Bd. 1, München 1992, 104f.: »Irasci dicit incitari, impingi; irasci quidem non magis sciunt quam ignoscere. Muta animalia humanis affectibus carent, habent autem similes illis quosdam impulsus: alioquin, si amor in illis esset et odium, esset amicitia et simultas, dissensio et concordia; quorum aliqua in illis quoque exstant vestigia, ceterum humanorum pectorum propria bona malaque sunt«.

nen fast unmerklich bleiben, so dass man sie kaum wahrnimmt, wenn man nicht besonders darauf achtet. Sie können sich aber auch auf so heftige Weise manifestieren, dass man von seinen Gefühlen – wie wir dann sagen – ›überwältigt‹, ›mitgerissen‹ oder ›weggespült‹ wird. Unsere Sprache ist voll von derartigen Bildern, gerade, wenn es um den Zorn geht. Uns »packt die Wut«,[4] wir werden ›rot vor Wut‹ oder ›bleich vor Zorn‹, uns ›platzt der Kragen‹, wir ›verlieren die Nerven‹ oder ›die Kontrolle über uns‹, wir ›geraten außer uns‹, wir sind nicht mehr wir selbst, sondern erleben uns in der Hand einer Macht, die über uns hereinbricht und uns zu Worten und Taten veranlasst, die wir bei klarem Kopf nicht gesagt und getan haben würden und die wir uns selbst nicht wirklich zuschreiben können: Wir nehmen uns in solchen Situationen nicht als Akteure wahr, die etwas tun, was sie wollen, sondern als Instrumente, mit denen etwas geschieht, dem sie sich ausgeliefert finden.

2. *Europäische Zornkultur*

Jeder kennt solche Situationen, und jede Kultur gewinnt ihre Gestalt in der Auseinandersetzung mit solchen Erfahrungen. Gerade

---

[4] Im Deutschen unterscheiden sich ›Wut‹ und ›Zorn‹ vor allem darin, dass ›Wut‹ im Unterschied zu ›Zorn‹ neben der emotionalen auch eine nicht-emotionale Bedeutungskomponente besitzt, also einen vehementen, nicht-normgerechten Eifer, die Intensität eines Tuns oder Verhaltens zum Ausdruck bringt. In diesem Sinn reden wir von der Wut des Verstehens, von Sammelwut, Lesewut, Bauwut, Reformwut, Arbeitswut u. ä. Vgl. N. Fries, ›Gefühle, Emotionen, Angst, Furcht, Wut und Zorn‹, www2.rz.hu-berlin.de/linguistik/institut/syntax/docs/gef%FChle%20emotionen%20wut%20und%20zorn.pdf, 9. In vielen emotionalen Zusammenhängen können beide Wörter aber auch austauschbar verwendet werden, wobei mit Wut in der Regel die größere Unkontrollierbarkeit des Gefühls gegenüber dem Zorn zum Ausdruck gebracht wird: Wir kennen den Wutanfall, aber keinen Zornanfall, einen Wüterich, aber keinen Zürnerich, jemand ist wutschäumend, aber nicht zornschäumend, sondern allenfalls zornentbrannt oder zornschnaubend. Vgl. ebd., 11. Aber auch Zorn geht als Zorn *über etwas, auf jemanden* oder *wegen etwas* nicht in seiner emotionalen Bedeutung auf.

die europäische Kultur ist von ihren Anfängen an zentral geprägt durch die permanente Bemühung um die Kultivierung des Zorns.[5] Schon das erste große literarische Werk Europas, Homers *Ilias*, ist ein abgründiges Epos vom Zorn: »Singe, Göttin, den Zorn des Peleussohnes Achilleus«, so beginnt die *Ilias*, und sie erzählt, wie Achilleus in maßlosem Zorn entbrennt, weil Agamemnon ihm zu Unrecht seine rechtmäßige Beute Briseis wegnimmt, um sie selbst zu behalten (»Er hat mich entehrt, denn er hat das Ehrgeschenk selbst, nachdem er es mir genommen hat«); wie Achilleus in blinder Wut seine Unterstützung der Griechen vor Troja einstellt und so beinahe deren Untergang heraufbeschwört. Sein Zorn beginnt berechtigt, weil er betrogen wird, aber weil er sich von diesem Zorn hemmungslos übermannen lässt, führt dieser ihn ins Unrecht und die Griechen beinah ins Verderben.

Der Zorn des Achilleus ist das Muster, das Aristoteles bei seiner Definition des Zorns (ὀργή) vor Augen hat:[6] »Es soll also Zorn ein mit Schmerzen verbundenes Streben nach einer vermeintlichen Vergeltung sein für eine vermeintliche Kränkung (Herabsetzung) unserer selbst oder eines der unsrigen von jemandem, dem das Kränken nicht zusteht. Wenn man also das als Zorn bezeichnet, so folgt daraus notwendig, dass der Zürnende immer einem Einzelnen zürnt [...] und zwar deshalb, weil dieser ihm selbst oder einem

---

[5] Dass der Zorn der vergessene Schlüssel zum Verständnis der politisch-psychologischen Geschichte des Abendlands und insbesondere der Katastrophengeschichte des 20. Jahrhunderts sei, sucht Peter Sloterdijk, Zorn und Zeit. Politisch-psychologischer Versuch, Frankfurt a.M. 2006, plausibel zu machen. Auch wenn die semantische Verschlingung affektiv-emotionaler und ökonomischer Metaphern immer wieder aus dem Ruder läuft, trifft der Hinweis auf die ›Zornbewirtschaftung‹ als ein Grundphänomen europäischer Kultur einen richtigen und wichtigen Punkt.

[6] Andere Begriffe für Zorn mit teilweise unterschiedlichen Konnotationen sind bei Homer und in der frühen griechischen Literatur: μῆνις (mit kultischem Beiklang und für Götter gebraucht), θυμός (Mut), χόλος (häufig bei Frauen), κότος oder ὀργή (seit der attischen Tragödie auch von Göttern verwendet).

der Seinigen etwas angetan hat oder antun wollte; und weiter, dass jedem Zorn eine gewisse Lust folgt, die aus der Hoffnung auf Vergeltung herrührt.«[7] Folgende Punkte sind an dieser Definition bemerkenswert:

a) Der Zorn ist eine negative Emotion, die auf negative Handlungen (»Vergeltung«) aus ist.

b) Zorn richtet sich gegen eine bestimmte Person, die sich dem Zürnenden gegenüber nach dessen Meinung (»vermeintlich«) normwidrig verhalten hat, der das Zufügen dieser Kränkung also nicht zugestanden hätte.[8] Man ist *auf jemanden* zornig, und man ist *wegen etwas* auf jemanden zornig.

c) Die Art und Abweichung von der geltenden kulturellen (ethischen) Norm sind Grund und Anlass für den Zorn. Bei Achilleus ist es der Ehrenkodex der Adelsgesellschaft, der seiner Meinung nach verletzt wurde.

d) Das Motiv des Zürnenden ist, dass in seiner Sicht der Adressat seines Zorns ihm oder einem der Seinen etwas angetan hat oder antun wollte.

e) Der Zorn manifestiert sich im Zürnenden als nicht (oder kaum) zu unterdrückende Emotion (θυμός). Diese starke, nicht zu zügelnde Emotion ist bei Homer nicht die Manifestation einer inneren psychischen Spannung, sondern sie überfällt den Menschen gleichsam von außen: Sie packt ihn und nimmt ihn in Gewalt, so dass er nicht das tut, was er will, sondern das, was er muss.

f) Das aus dem Zorn resultierende Verhalten ist bestimmt vom Streben nach Vergeltung für die vom Betroffenen so erlebte Herabsetzung. Und dieses Streben ist begleitet von einem Lustgefühl, das auf der Hoffnung beruht, sich für die vermeintliche oder wirkliche

---

[7] ARISTOTELES, Rhet. II 1, 1378 a.

[8] Ein Angestellter, der von seiner Chefin wegen verbotenen Rauchens am Arbeitsplatz zur Rede gestellt wird, hat demnach keinen Grund zum Zorn. Auf die Sekretärin, die sich bei der Chefin darüber beklagt hat, ohne zuvor mit ihm gesprochen zu haben, kann er aber zornig sein.

Kränkung oder Schädigung rächen zu können. Es tut gut, zornig zu werden und seine Wut nicht in sich hinein zu fressen.

In Aristoteles' Definition und in Homers großem Epos vom Zorn lassen sich Unterscheidungen finden, die in der europäischen Denkgeschichte im Umgang mit solchen Erfahrungen immer wieder eine wichtige Rolle spielen.[9] So wird zwischen dem *Zorn* (θυμός) und seinem *Ausdruck* unterschieden. Es wird unterstellt, dass sich Zorn zwar nicht prinzipiell verbergen, sich also nicht nicht ausdrücken lässt, dass man ihn aber sehr wohl verantwortlich oder aber eben nicht verantwortlich zum Ausdruck bringen kann. Und es wird betont, dass es Zorn zu Recht eigentlich nur in einem normativen Kontext gibt und geben kann, in dem ein kultureller Standard verletzt wird: Zorn ist ein kulturelles Phänomen. Fehlt der normative kulturelle Kontext, ist das entsprechende menschliche Verhalten vielleicht Wut oder Ärger, aber kein Zorn.

Nicht nur im Denken der griechischen Antike, sondern auch im Alten Orient ist Zorn daher eine ethische und eine politische Kategorie. Herrscher haben das Recht und sogar die Pflicht, zornig zu werden, wenn die von ihnen repräsentierten Regeln verletzt werden. Gewöhnliche Menschen mögen verletzt oder wütend sein, aber Zorn kommt ihnen nicht zu. Zorn ist eine Tugend des Herrschers, dem es zusteht, sich über Kränkungen zu erregen, die Missachtungen der von ihm repräsentierten Ordnung sind. In diesem Sinn schreibt noch im 4. Jahrhundert n. Chr. Lactantius in der Tradition der römischen politischen Theologie: »Wo also kein Zorn war, da wird auch keine Herrschaft sein. Gott hat aber die Herrschaft; darum muss er notwendig auch den Zorn haben, auf dem die Herrschaft beruht.«[10]

---

[9] Vgl. Harris, Restraining Rage, 5.

[10] Laktanz, De ira Dei 23, 14, in: Vom Zorne Gottes, eingel., hg., übertr. u. erl. v. H. Kraft/A. Wlosok, Darmstadt 1957 (^{4}1983): »ubi ergo ira non fuit, imperium quoque non erit. deus autem habet imperium, ergo et iram, qua constat imperium, habeat necesse est«.

Im Licht dieser Überlegungen kann man analytisch genauer sagen, dass bei der Analyse von Emotionen zwischen dem *kulturellen Kontext* des Auftretens und des Ausdrucks von Emotionen (Ehrenkodex), den *Emotionen* (Zorn), dem *Fühlen von Emotionen* (Erleben: Zorngefühl oder *Wut*) und dem *Verhalten auf der Basis von Emotionen* (Handeln: Wutausbruch) zu unterscheiden ist. Das, was wir zum Ausdruck bringen, ist nicht die Emotion (also der Zorn), sondern die Art und Weise, wie wir diese Emotion erleben oder fühlen (also unser Zorngefühl bzw. unsere Wut). Wir sind (in bestimmten Situationen) zu Recht zornig; wir fühlen unseren Zorn und werden wütend; und wir bringen unsere Wut zum Ausdruck, indem wir die anderen anschreien oder auf den Tisch hauen.

Solches Ausdrucksverhalten ist nur selten ein Akt, der einem Willensentschluss entspringt,[11] auch wenn er häufig durch einen Willensentschluss unterlassen werden könnte. Griechen und Römer jedenfalls waren weithin der Überzeugung, dass wir unseren Emotionen und Gefühlen nicht einfach ausgeliefert sind, sondern sie durch entsprechendes Verhalten kontrollieren und gestalten können. So kann Homer in der *Ilias* Achills Zorn und Wut über das ihm von Agamemnon zugefügte Unrecht einerseits als etwas darstellen, das ihn unwiderstehlich und wie ein von außen hereinbrechendes Verhängnis überwältigt. Auf der anderen Seite aber kann er es als etwas schildern, für das Achill selbst die Verantwortung trägt, weil er sich seinem ihn blendenden θυμός hätte entgegenstellen und ihn unter Kontrolle bringen können. Die Götter mögen dafür gesorgt haben, dass Achill sich seinem Zorn hemmungslos überlassen hat. Er selbst ist dafür verantwortlich, dass er das tat.

---

[11] Vgl. R.M. Adams, »Involuntary Sins«, in: Philosophical Review 94 (1985), 3–31, hier 3: »anger is rarely voluntary«.

II. Götter und Gefühle

3. Manifestationsweisen des Göttlichen

Mit dieser Darstellung bringt die *Ilias* zugleich zum Ausdruck, wie Homer sich das Wirken der Götter dachte: Sie greifen nicht äußerlich in das Geschehen der Welt und das menschliche Handeln ein, sondern sie wirken, indem sie den Geist oder das Gemüt der Menschen so verdunkeln, dass diese von ihren Emotionen bestimmt werden und nicht mehr vernunftgeleitet handeln können.[12] Die Menschen werden zum Spielball ihrer Gefühle und hören auf, verantwortliche Akteure ihres Handelns zu sein. Wen die Götter vernichten wollen, den verblenden sie vorher, so dass er unfähig wird, seinen Emotionen und Gefühlen Widerstand entgegenzusetzen oder sie richtig einzuschätzen. Statt zornig zu sein und überlegt zu handeln, wird man vom Zorn übermannt und tut blind vor Wut genau das, was in der anstehenden Situation nicht hätte getan werden sollen. So wichtig daher die Emotionen sind als Weisen unmittelbarer Situationswahrnehmung, so wichtig ist es, sich ihnen nicht unkontrolliert zu überlassen, wenn man situationsadäquat handeln will. Sie erschließen Situationen für ein Selbst, aber sie allein sind keine zureichende Grundlage, um auch situationsgerecht zu handeln, also die Situation zielgerichtet fortzugestalten.

Die homerische Theologie wäre allerdings missverstanden, wollte man die Götter naturalistisch für Symbolisierungen menschlicher Vernunft oder Gefühle halten. Weder in der Vernunft noch in den Emotionen noch im Gefühl, sondern im Umgang mit ihnen kommt das Sein der homerischen Götter zum Ausdruck. Vernunftsinn und Emotionsgefühl sind Medien der Wahrnehmung des Göttlichen, und im Gebrauch ihrer Vernunft und ihrer Gefühle, im Umgang mit den Einsichten ihrer Vernunft und dem Affektpotential ihrer Emotionen zeigt sich, ob Menschen von

[12] Vgl. H. Lloyd-Jones, The Justice of Zeus, Berkeley u. a. ²1983, 9ff. und passim.

einem Gott unterstützt oder verblendet werden. Die Darstellung des Umgangs der Menschen mit ihren Verstandeseinsichten, Emotionen und Gefühlen ist damit aber immer zugleich auch ein Ausdruck der Wahrnehmung der Wirksamkeit und Wirklichkeit der Götter in ihrem Leben. Wer die Wirklichkeit der griechischen Götter verstehen will, muss sich an die Manifestationen der menschlichen Vernunft und Gefühle halten – und zwar sowohl im Blick auf das, was *sie* manifestieren (aktiv), als auch im Blick auf das, was sich *in ihnen* manifestiert (passiv).

Dieser Zusammenhang von Gefühlsausdruck und Götterdarstellung prägt das gesamte religiöse Denken der Antike. Er begründet nicht nur die enge Verknüpfung der Ausdrucksgestalten von *Kunst* und *Religion*, sondern auch innerhalb der Religion die von *Mythos* und *Kult*, erzählendem Wort und darstellendem Vollzug. Im Mythos wird in zeitlosen Schlüsselszenen erzählt, wie die Götter das menschliche Leben bestimmen. Im Kult wird in der Zeit regelmäßig vollzogen, was niemals geschehen ist, aber immer gilt. Sprachlicher Ausdruck und darstellender Mitvollzug der unter den Göttern, zwischen Göttern und Menschen und unter den Menschen geltenden Ordnungen sind die beiden Seiten religiöser Praxis, in der auf menschliche Weise Göttliches zur Darstellung kommt.

Die entscheidende Frage ist deshalb nicht, ob der Mythos gegenüber dem Kult oder der Kult gegenüber dem Mythos Priorität besitzt: Das kann im einen Fall so, im anderen anders sein. Die Frage ist auch nicht, welche religiösen Gefühle auf welche Weise manifestiert werden: Es geht nicht um die Manifestationen besonderer *religiöser Gefühle*, die neben anderen Gefühlen im menschlichen Leben auftreten, sondern es geht um die *religiöse Manifestation* von Gefühlen, die sich anderen Manifestationsweisen gegenüber dadurch auszeichnen, dass sie als Ausdrucksgestalten des Göttlichen (göttlicher Gegenwart und göttlichen Wirkens) zur Darstellung kommen. Nicht die Gefühle sind religiös, sondern diese werden in religiöser Weise zum Ausdruck gebracht, insofern sie als Darstellung von Göttlichem zum Ausdruck kommen.

4. Dargestellte Gefühle und Gefühle als Darstellungsmedien

Das wirft das hermeneutische Problem auf, wie diese Darstellungsprozesse des Göttlichen im religiösen Ausdruck menschlicher Gefühle von den Beteiligten und von ihren Beobachtern verstanden werden. Sind diese kulturellen Artefakte Belege dafür, dass und wie Menschen das Göttliche darstellen (wie es die wissenschaftliche Sichtweise der Moderne nahe legt), oder zeigen sie umgekehrt, dass und wie sich das Göttliche in und durch Menschen zur Darstellung bringt (wie es der Sichtweise der homerischen Theologie entspricht)? Die gesellschaftliche Ausdifferenzierung von Kunst und Religion hat sich am Leitfaden dieser Frage vollzogen. Denn das Erste führt zur ästhetischen Sicht der Religion als einer bestimmten Ausdrucksgestalt von Kunst, das Zweite dagegen zur religiösen Sicht der Kunst als Manifestationsweise von Religion.

Die Differenz zwischen Antike und Neuzeit lässt sich unter diesem Gesichtspunkt präzis benennen, weil ›Darstellung‹, ›Ausdruck‹ und ›Manifestation‹ in markant verschiedener Weise verstanden werden. In der Neuzeit werden die Ausdrucksgestalten von Religion auf ein *expressives Handeln von Menschen* zurückgeführt, die ihre religiöse Innerlichkeit in öffentlichen Zeichen- und Kommunikationsprozessen zugänglich machen und zur Darstellung bringen. Sie sind die Subjekte der Darstellung, und erst in der kulturellen Gestaltung dieser Darstellung werden diese Gefühle so symbolisiert, dass sie als Phänomene einer bestimmten geschichtlichen Religion (›Götter‹) greifbar und bestimmbar werden. Expressive Religiosität ist Ausdruck menschlicher Innerlichkeit in kontingenten kulturellen Darstellungsformen: Menschen sind die Subjekte der Darstellung, das Göttliche ist das Objekt, Vernunft und Gefühle in ihren kulturellen Ausdrucksweisen sind die Medien der Darstellung des Göttlichen.

Die Antike sah das anders. Wo Göttliches zur Darstellung kommt, ist das nicht Resultat expressiven menschlichen Handelns, sondern *expressiven göttlichen Seins*: Die Götter sind hier nicht die kontingenten kulturellen Symbolisierungen menschlicher Gefühlszustände, sondern sie sind selbst die Subjekte ihrer Darstellung. Götterdarstellungen sind kein symbolischer Ausdruck menschlicher Innerlichkeit, sondern zeichenhafte Vergegenwärtigung einer äußeren göttlichen Wirklichkeit. Nicht eine religiöse Innerlichkeit wird hier von Menschen symbolisch ausgedrückt, sondern in ihren Ausdrucksformen kommt ein göttliches Sein zeichenhaft zur Darstellung: Das Göttliche ist Subjekt und Objekt der Darstellung, seine Darstellung ist *Selbstdarstellung.* Vernunft und Gefühle der Menschen in ihren kulturellen Ausdrucksweisen sind dementsprechend die Medien der Selbstdarstellung des Göttlichen. Und die Manifestation von Vernunft und Gefühlen im Verhalten, Reden und Handeln ist *menschliche Darstellung* der *göttlichen Selbstdarstellung.*

Die entscheidende Frage an religiöse Ausdrucksphänomene ist deshalb nicht, ob und wie ihre äußere Darstellung den inneren Gefühlen der Menschen gerecht wird, sondern wie in diesen Darstellungen zwischen der Darstellung von Weltlichem (in seinen physischen und psychischen Dimensionen) und der Darstellung von Göttlichem unterschieden werden kann. In der Neuzeit wird das Problem am Leitfaden der Differenz von *innen/außen* konstruiert und in der Unterscheidung von Psychischem und Physischem angesiedelt: Die inneren Gefühle der Menschen (Innerlichkeit, Subjektivität) kommen in *äußeren Zeichenprozessen* (Kultur) zur Darstellung (Äußerlichkeit, Objektivität), das Gottesgefühl entsprechend in kulturellen Symbolisierungen (Gottesvorstellungen, Gottesbildern, Gottesgedanken). In der Antike dagegen wird die Differenz *innen/außen* überlagert von der Differenz *weltlich/göttlich*: Menschen sind die Orte der Selbst-Darstellung des Göttlichen. Ort der Selbst-Darstellung des Göttlichen ist das menschliche Gemüt bzw. der menschliche Geist, die das Verhalten der

Menschen bestimmen. Diese bringen in ihrem Verhalten (Reden, Tun) zur Darstellung, wie das Göttliche sich ihnen zur Darstellung bringt. Nicht die Götter werden dargestellt, sondern *wie das Göttliche erlebt wird*, wird in Gestalt von Göttern zum Ausdruck gebracht.

Das dadurch aufgeworfene Folgeproblem ist, wie in den Symbolisierungs- und Zeichenprozessen der Menschen zwischen der Darstellung von (erlebtem) Weltlichem (Physischem und Psychischem) und der Darstellung von (erlebtem) Göttlichem mit weltlichen Mitteln unterschieden werden kann.

Das antike Denken antwortet darauf mit der Unterscheidung von *Begriff* (Idee) und *Kult*. Im *Begriff* wird das Wirkliche und Mögliche, das Veränderliche, Vergangene, Gegenwärtige und Zukünftige der Welt still gestellt und fixiert, indem von den veränderlichen Besonderheiten abgesehen wird und das unveränderliche Allgemeine herausgestellt wird: Der Begriff einer Sache sagt, was immer und überall gilt, auch wenn es im Medium des Veränderlichen immer nur näherungsweise zur Darstellung kommen kann.

Im *Kult* dagegen geht es um etwas anderes. Hier wird nicht ein veränderlicher Aspekt des Weltlichen in seiner unveränderlichen Allgemeinheit fixiert, sondern es kommt Göttliches so zur Darstellung, dass immer wieder neu mitvollzogen werden kann, was nie geschehen ist oder geschehen wird, aber immer gilt. Nicht die begriffliche Idee, wie bei der Darstellung des Weltlichen, ist das maßgebliche Darstellungsmittel, sondern die gelebte Gestalt und der gemeinsame kultische Handlungsvollzug. Diese Darstellungspraxis hat ihre Pointe nicht darin, dass Menschen in ihrem Handeln die Innerlichkeit ihrer Gefühle oder Einsichten zum Ausdruck bringen, sondern darin, dass in den Vollzügen von Kult und Mythos die Äußerlichkeit des Göttlichen zum Zug und zur Darstellung kommt. Die Mythologie der Griechen ist in deren Verständnis keine theoretische Kopfgeburt der Verarbeitung komplexer Erfahrungen und Gefühle, sondern der tradierte und immer wieder bestätigte Ausdruck überwältigenden Erlebens von Göttergegenwart. Nicht die Menschen symbolisieren Gefühle als Götter, sondern die Götter bringen sich in den menschlichen Gefühlssymbolisierungen zur Erfahrung und Darstellung.

5. *Götterdarstellungen*

Das zeigt sich nicht zuletzt daran, wie die Götter in der griechischen Religion dargestellt werden: in perfekter menschlicher Gestalt und Bewegung. Die menschliche Gestalt (die Statue), in der sich der vom Göttlichen geprägte menschliche Geist in idealer Weise sichtbar ausprägt, und die gestaltete menschliche Bewegung (der Kult-Tanz) sind die vorzüglichen Darstellungsmittel des Göttlichen: die aufrechte, zum Himmel gerichtete Haltung, das Erheben der Arme zum Himmel, das Sich-Niederwerfen oder Niederknien angesichts der Gegenwart des Göttlichen, das gemessene Schreiten der Tanzbewegung in der Gegenwart des Heiligen. In all dem werden nach antikem Verständnis nicht nur Emotionen zum Ausdruck gebracht, sondern es wird Anlass geschaffen für den Selbstausdruck des Göttlichen.

Hier von Anthropomorphismus zu sprechen, ist zumindest fragwürdig. Nicht die Menschen nehmen sich hier als Modell für die Darstellung des Göttlichen, sondern sie sind die Modelle für die Selbstdarstellung der Götter. Die Götter treten deshalb nicht neben den Menschen auf, sondern sie wirken in und durch diese, in deren Empfinden und Wahrnehmen, Sprechen und Handeln, Denken und Verhalten. Der Mensch ist sozusagen durchgehend ein Gespräch mit Gott, der Ort, an dem in dieser Welt das Göttliche im menschlichen Geist oder Gemüt zur Erfahrung kommt (religiöse Selbst-Erfahrung) und in den davon bestimmten Götterdarstellungen mit den Mitteln einer Kultur zum Ausdruck gebracht wird (kulturelle Manifestation). Nicht außerhalb der Menschenwelt ist das Göttliche zu finden, sondern nur in ihr und durch sie. Noch Michelangelo kann so die Menschengestalt in der Darstellung der Erschaffung Adams in der Sixtina als Erhebung des Menschen zu Gott und als Ausdrucksgestalt des Göttlichen präsentieren: Menschengestalt und Gottesgegenwart sind unlöslich aufeinander bezogen. Das Erkennen des Göttlichen ist für die Antike daher kein Akt mystischer Innenschau, sondern eher ein Vorgang äußerer Wahrnehmung und Selbstbeobachtung im Medium der Reaktionen anderer. Der Kult manifestiert den Mythos, und der Mythos ist älter als die Mystik.[13]

Wie werden die (olympischen) Götter in Mythos und Kult, Skulptur und Literatur dargestellt? Die wichtigsten Punkte sind: Als *göttliche Personen*, die zu einer *Götterfamilie* gehören, die als *Adelsgemeinschaft unter dem Göttervater und Herrscher Zeus* organisiert ist. Als *Personen* sind die Olympier makellos schöne Urbilder personalen Seins. Ihre *vollkommene Schönheit* ist das Kennzeichen ihrer Göttlichkeit. Nur sie sind in sich selbst selig, unbekümmert, sorglos und sorgenfrei, nicht dem Wechsel der Zeiten unterworfen, sondern ewig jung und schön. Die Grunddifferenzen ihrer Charakterisierung sind als Gegensatzpaare organisiert und damit immer zugleich auch Grunddifferenzen zur Charakterisierung der Menschen: unsterblich/sterblich, leidensfrei/leidend, unvergänglich/vergänglich. Dabei muss man auf beides achten: Auf der einen Seite sind sie für Menschen erkennbar *aufgrund ihrer menschlichen Gestalt:* Wer die Götter direkt sehen will, wie sie an sich sind, dem ergeht es wie Semele, die Zeus sichtbar zu sehen begehrte und daraufhin von ihm als Blitz getroffen wurde. Griechische Götter haben ein menschliches Antlitz, weil sie sich so den Menschen erkennbar machen. Auf der anderen Seite sind sie von den Menschen grundsätzlich unterschieden durch ihre Vollkommenheiten: Sie sind von perfekter Schönheit, unsterblich, sorgenfrei, die »leicht lebenden«,[14] unberührt und unberührbar vom

---

[13] W.F. Otto, Theophania. Der Geist der altgriechischen Religion, Frankfurt a.M. ³1993, 60.

[14] Homer, Ilias 6,138; Odyssee 4,805; 5,122.

Leid: »so fügen die Götter es für die armen Sterblichen, im Jammer zu leben; sie selbst aber rührt kein Leid an«, wie Achill am Ende der *Ilias* desillusioniert feststellt.[15]

In *Hyperions Schicksalslied* hat Hölderlin diesen grundsätzlichen Kontrast zwischen Unsterblichen und Sterblichen klassisch zur Darstellung gebracht:

Ihr wandelt droben im Licht
Auf weichem Boden, selige Genien!
Glänzende Götterlüfte
Rühren euch leicht,
Wie die Finger der Künstlerin
Heilige Saiten.

Schicksallos, wie der schlafende
Säugling, atmen die Himmlischen;
Keusch bewahrt
In bescheidener Knospe,
Blühet ewig Ihnen der Geist,
Und die seligen Augen
Blicken in stiller
Ewiger Klarheit.

Doch uns ist gegeben,
Auf keiner Stätte zu ruhn,
Es schwinden, es fallen
Die leidenden Menschen
Blindlings von einer
Stunde zur andern,
Wie Wasser von Klippe
Zu Klippe geworfen,
Jahr lang ins Ungewisse hinab.

Die selige Entrücktheit der Götter und Göttinnen ist nun aber nicht etwa Ausdruck ihrer Abwesenheit, sondern gerade umgekehrt die Weise ihrer Allgegenwart: Sie sind die Immernahen, Allwirkenden. Alles Geschehen ist gotterfüllt, alles menschliche Handeln, Tun und Entscheiden Wirkfeld göttlicher Gegenwart.

---

[15] Ilias 24,525 f.

Die Wirkfelder der Göttinnen und Götter sind ihre Machtsphären, die Menschen kennen und beachten müssen, wenn sie sich die Unsterblichen nicht zu Feinden machen wollen. Für alle Bereiche menschlichen Lebens gibt es die entsprechenden Göttinnen und Götter, an die man sich wenden kann und deren Rechte zu berücksichtigen sind.[16] Die Zuordnungen der griechischen und römischen Religion sind bekannt:

Griechischer Gott	*Römisches Äquivalent*	*Wichtigste Machtbereiche*
Zeus	Jupiter	Himmel, Wetter, Recht
Hera	Juno	Haus, Besitz,
Poseidon	Neptun	Meer, Erdbeben,
Demeter	Ceres	Getreide, Fruchtbarkeit
Apollon	Apollon	Weissagung, Recht, Musik
Artemis	Diana	Jagd, wilde Tiere
Athene	Minerva	Städte, Kriegskunst, Klugheit
Aphrodite	Venus	Liebe, Fruchtbarkeit
Hephaistos	Vulcanus	Schmiede, Handwerker
Ares	Mars	Krieg, Kampf
Dionysos	Bacchus	Wein, Ekstase, Mysterien
Hermes	Merkur	Wege, Hirten, Kaufleute, Diebe

Die Willens-, Entscheidungs- und Handlungskonflikte der Menschen können so als Streit der Götter um die Macht über diese Personen zur Darstellung gebracht werden. Dabei werden keine Abstriche an der Verantwortlichkeit der Menschen gemacht: Sie müssen für ihr Tun und Lassen einstehen und die Konsequenzen tragen. Aber Handeln und Entscheiden findet nicht in einem psychischen Innenleben statt wie bei neuzeitlichen Subjekten, sondern in aller Öffentlichkeit, und zu dieser gehören auch die Machtsphären der Götter, in denen sich die Menschen bewegen. In den Göttern kommen die Willens-, Erfahrungs-, Handlungskonflikte der Menschen objektiv und real zur Darstellung, aber nicht so, dass diese ihre Konflikte in den Göttern objektivieren, sondern so, dass die menschlichen Konflikte als Folgen der realen Macht-

[16] Vgl. H. Lloyd-Jones, Ancient Greek Religion, in: Proceedings of the American Philosophical Society 145 (2001), 456–464.

ordnungen in der Welt gesehen werden, unter deren Bedingungen und in deren Rahmen sich menschliches Leben vollzieht. »Hier sind die Mächte des Menschenlebens, die wir als Stimmungen, Neigungen, Entzücken kennen«, nicht die Basis und das Material für anthropomorphe Scheinprojektionen in Göttern, sondern umgekehrt »Seinsgestalten göttlicher Natur, die als solche nicht nur den Menschen angehen, sondern mit ihrem unendlichen und ewigen Wesen in der ganzen Erdenwelt und im Kosmos walten«:[17] Aphrodite bringt die Liebesbezauberung zur Darstellung, Hera die eheliche Liebe, Eros die Zeugungskraft, Aidos die zarte Scheu und Scham, Eris die Zwietracht. »Was den Menschen im Innern erregt, ist das Ergriffensein von ewigen Gewalten, die als göttliche überall wirksam sind.«[18] Moralische Gesinnungen und Haltungen sind keine Sache subjektiven Empfindens und Wollens, sondern Realitäten, die man objektiv erkennen und verstehen kann.

Die dem zugrunde liegende Erfahrung ist deutlich genug: Menschen leben in Machtsphären, denen sie ausgeliefert sind, wie sie immer wieder erleben. Sie wollen etwas nicht, und tun es doch. Sie sind Stimmungen und Gefühlen ausgeliefert, die sie nicht kontrollieren und gegen die sie sich nicht wehren können. Sie mit dem Namen eines Gottes anzusprechen, heißt, ihre Wirklichkeit als Machtsphären ernst zu nehmen, mit denen im Leben zu rechnen ist. Es gibt keinen Bereich menschlichen Lebens und Erlebens, der nicht Wirkbereich göttlicher Mächte wäre. Diese Mächte liegen häufig miteinander im Streit und bedürfen des Ausgleichs. Der ist nicht immer leicht zu finden, aber im Prinzip möglich. Das belegt das Eingebundensein aller Unsterblichen in den großen Familienclan der Olympier. Dieser repräsentiert die soziale Ordnung des Kosmos, der voller Streit und Konflikt ist, aber diese sind insgesamt eingebunden in eine umfassende Ordnung des Kosmos, die als Gerechtigkeitsordnung der olympischen Göttergemeinschaft

---

[17] Otto, Theophania, 46.

[18] Ebd.

unter der Herrschaft des Zeus, dem Beschützer der Könige, Städte, Fremden und Reisenden, verstanden wird. Wie daher jeder einzelne Gott das ganze Sein der Welt in einer bestimmten Hinsicht darstellt, so repräsentieren alle Götter zusammen die bewegliche, konfliktreiche, aber letztlich harmonische Ordnung des Kosmos im Ganzen.

Auch die Unsterblichen haben also Emotionen (Zorn, Begehren, Liebe), die sie zum Handeln treiben, wenn ihre Macht- und Ehrordnung nicht respektiert wird. Aber anders als die Sterblichen sind sie immer Herr ihrer Emotionen, und die Spannungen zwischen ihnen währen nicht lange, sondern lösen sich – wie am Ende des ersten Buches der *Ilias* – beim Mahl am Abend im göttlichen Gelächter. Im Bereich der Sterblichen dagegen hilft der Rekurs auf die Emotionen der Götter, anders kaum Verständliches wie Wutanfälle oder kopfloses Verhalten von sonst vernünftigen Menschen verständlich zu machen, oder das so verschiedene Schicksal von Menschen durch die Gunst oder Missgunst von Göttern zu erklären. Darüber hinaus kann durch Verweis auf den drohenden Zorn der Götter als unvermeidlicher Sanktion menschlichen Fehlverhaltens die Geltung menschlicher Normen und Gesetze gestützt werden. Und es wird Menschen möglich, das Unfassliche und Undurchschaubare des menschlichen Schicksals im Leben mit den Göttern in eine Lebensform einzubinden, die mit dem Unverständlichen und Rätselhaften zu leben erlaubt, ohne es erklären zu können.[19]

[19] Vgl. I. U. Dalferth, Leben angesichts des Unverfügbaren. Die duale Struktur religiöser Lebensorientierung, in: W. Stegmaier (Hg.), Orientierung. Philosophische Perspektiven, Frankfurt a. M. 2005, 245–266.

III. Mythenkritik und Monotheismus

6. Philosophische Kritik

Es liegt auf der Hand, dass das die Kritik der aufkommenden Philosophie und Wissenschaft auf sich ziehen musste. Sie setzte an verschiedenen Punkten an:

a) *Darstellungskritik:* Xenophanes (570–470) verwies auf die anthropomorphe Darstellung der Götter: Die Menschen, sagt er, haben die Götter geschaffen und ihnen nach Menschenart Kleider, Sprache und Gestalt gegeben. Die Äthiopier stellen ihre Götter schwarz und stumpfnasig dar, die Thrakier blauäugig und rothaarig. Wenn Ochsen, Pferde oder Löwen Hände hätten, wenn sie malen und Bildwerke ausführen könnten wie die Menschen, so würden sie Bilder der Götter malen nach ihrer Gestalt, die Pferde solche mit einem Pferdeleib, die Ochsen solche mit einem Ochsenleib, jeder so, wie er selbst aussieht.[20] Nicht die Götter sind also fragwürdig, sondern ihre menschlichen Darstellungsweisen.

b) *Vorstellungskritik:* Weiter gingen Sokrates (469–399) und Platon (427–347). Die Götter werden falsch dargestellt, weil man sie sich falsch vorstellt. Man darf die Mythendichter nicht sich selbst überlassen, sie brauchen Grundrisse rechter Gottesdarstellungen, und die können ihnen nur die Philosophen geben, die nicht nur sagen, wie Menschen sich das Göttliche denken, sondern wie und was das Göttliche ist. Ohne rechte Gotteslehre keine brauchbaren Götterdarstellungen. Die Grundregel rechter Gotteslehre aber ist: »Das Gute darf man auf keine andere Ursache zurückführen als auf Gott, für Böses aber muss man alle anderen Ursachen sonst aufsuchen, nur nicht Gott.«[21] Denn in Wahrheit ist Gott einer, zugleich transzendent und immanent wirksam, jenseits allen Seins

---

[20] Xenophanes, fr. 14–15, in: H. Diels/W. Kranz (Hg.), Die Fragmente der Vorsokratiker, Bd. 1, Hildesheim u. a. [6]2004, 113 ff.

[21] Platon, Politeia 379 c 5–7.

und allen Begreifens, reine Aktivität und von jeder reaktiven Passivität ausgenommen.

c) *Relevanzkritik:* Während Platon und Aristoteles das Göttliche so überall am Werk sahen, weil nichts sein kann, ohne dass Göttliches ist, nahm die epikuräische Kritik eine andere Wendung. Epikur (341–270) zufolge gibt es Götter, aber diese sind völlig irrelevant für das menschliche Leben. Sie leben in seliger Abgeschiedenheit in den Intermundien zwischen den Wirklichkeitsfeldern des Kosmos, ohne Einfluss auf irgendetwas, was Menschen tun oder leiden. Mit ihren Problemen müssen die Menschen selbst fertig werden. Auf das Eingreifen von Göttern können sie nicht hoffen.

Den Göttern oder Gott Emotionen zuzuschreiben, wird in dieser Sicht absurd, aber aus verschiedenen Gründen. Für die Platoniker ist Gott ganz und ausschließlich der Grund alles Guten, alles Schlechte dagegen muss auf einen anderen Grund als Gott zurückgeführt werden. Ganz und gar gut aber ist Gott, weil er das, was er sein kann, vollständig ist und verwirklicht. Er könnte nicht besser und anders sein als er ist. Und deshalb kann man ihm nicht widerstreitende Emotionen zuschreiben: Weder Liebe noch Zorn sind von Gott prädizierbar. Sie können nur von endlichen Wesen ausgesagt werden, die durch Liebe auf das Göttliche hin bezogen sind und durch Zorn sich in diesem Bezug behindern. Das Göttliche ist immer und unter allen Umständen das, was es ist, und so, wie es ist. Es kann deshalb nicht lieben, sondern allenfalls geliebt werden. Allerdings – wie Aristoteles klarstellt – nicht im Sinne der Liebesemotion, sondern im Sinn des Strebens des Unvollkommenen nach der Vollkommenheit des Göttlichen. Als Zielursache (τέλος) setzt das Göttliche die veränderungsfähigen Realitäten des Kosmos durch sein bloßes Dasein in Bewegung, das wirklich zu werden, was sie sein können.

Die Epikuräer dagegen verzichten auf den Schritt vom mythologischen Polytheismus zum philosophischen Monotheismus. Für sie sind die Götter genau deshalb selig, weil sie emotionsfrei und damit auf unveränderliche Weise existieren.[22] Sie sind nicht hin- und hergerissen zwischen Furcht und Freude, sondern leben in seliger Selbstgenügsamkeit und Autarkie. Sie haben keine Emotionen, weil sie mit unserer veränderlichen Welt nichts zu tun haben. Nur wo man sich an sich ändernde Zustände anpassen muss, sind Emotionen lebensrelevant. Wo man immer und unter allen Umständen ist, was man ist, braucht es das nicht: Liebe und Zorn von den Göttern auszusagen, ist absurd und ein Selbstwiderspruch.

Der mythologische Polytheismus der Volksfrömmigkeit und der Dichter und der theoretische Monotheismus der Philosophen treten damit in einen wachsenden Gegensatz. Die anthropologische Folge davon ist, dass die Emotionen im Allgemeinen und der Zorn im Besonderen zu einem therapeutischen Problem, zu einer Frage des rechten psychischen Haushaltens werden. In Platons Analogie von Staat und Seele in der *Politeia* war das Muster für die Behandlung und Lösung des Problems vorgegeben. Die drei politischen Stände der Philosophen (Herrscher), des Wehrstands (Krieger, Polizei) und des Nährstands (Gewerbetreibende) entsprechen den drei psychologischen ›Teilen‹ der Seele: dem vernünftigen (τὸ λογιστικόν), dem muthaften (τὸ θυμοειδές) und dem begehrenden (τὸ ἐπιθυμητικόν) Seelenteil. In der Tugendlehre entsprechen diesen Seelenteilen die Tugenden der Weisheit (Vernunft), der Tapferkeit bzw. des Muts und der Mäßigung, Besonnenheit und Genügsamkeit. Wird der θυμός vom Begehren und nicht von der Vernunft bestimmt, dann wird die Tapferkeit zur kopflosen Dummheit, werden er und die Begierden dagegen von der Vernunft bestimmt, dann stellt sich das Verhältnis im Leben des Einzelnen und in der Gemeinschaft ein, das Platon »gerecht« nennt. Denn nur wenn die Begierden durch die Vernunft so kontrolliert werden, dass nicht sie, sondern die Vernunft den θυμός

---

[22] Vgl. H. Essler, Glückselig und unsterblich. Epikuräische Theologie bei Cicero und Philodem, Basel 2011, bes. 212–245.

bestimmen, kann ein Leben davon bewahrt werden, den Unkontrollierbarkeiten der Emotionen ausgeliefert zu werden. Emotionskontrolle durch vernünftiges Leben wird damit zur ethischen Grundmaxime der dominierenden hellenistischen Philosophenschulen der Stoiker und der Epikuräer.[23] So hat der Stoiker Chrysippos (gest. ca. 205 v. Chr.) mit seiner Schrift *Peri Pathon/Über die Emotionen* eine weit wirkende Anleitung zur Therapie der Emotionen gegeben. Und auch die Epikuräer stellten die Überwindung der menschlichen Abhängigkeit von Emotionen und die Vermeidung von Schmerzen in das Zentrum ihrer ethischen Lebensorientierung. Nicht nur bei Gott oder den Göttern, sondern auch bei den Menschen wurde die Emotionslosigkeit zum Ideal. Übel (*malum*) ist das, was leiden macht, gut (*bonum*) dagegen das, was Leiden verhindert oder beendet. Leidenschaft aber führt zu Leiden, und zwar unabhängig davon, ob es gute oder schlechte Leidenschaften, Affekte oder Emotionen sind. Deshalb ist es gut, Emotionen zu meiden, zu kontrollieren und zu unterdrücken, um nicht den Unwägbarkeiten des Leidens ausgeliefert zu werden.

7. Emotionslose Götter

Nicht von ungefähr wird von Epikur die folgende, bis in die Gegenwart wirkende Argumentation tradiert: »Gott will entweder die Übel nicht beseitigen oder kann es nicht; oder er kann es, will aber nicht; oder er will es weder noch kann er es; oder er will es und kann es. Wenn er es will, aber nicht kann, ist er schwach, was bei Gott nicht der Fall ist. Wenn er es kann und nicht will, so ist er neidisch, was Gott ebenso fremd ist. Wenn er es weder will noch kann, so ist er sowohl neidisch als auch schwach und daher auch kein Gott. Wenn er es aber will und kann, was allein Gott zukommt, woher stammen dann die Übel oder warum beseitigt er

---

[23] Vgl. M. C. Nussbaum, The Therapy of Desire. Theory and Practice in Hellenistic Ethics, Princeton, New Jersey 1994.

sie nicht?«[24] Epikur spielt hier eine Reihe von Kombinationsmöglichkeiten von *mala* und *deus* durch, die alle in Aporien führen. Aber er spricht mit dem Ausdruck ›Gott‹ bzw. *deus* nicht von dem, den etwa Christen als Gott bekennen, und er hat auch eine andere Pointe im Sinn als die, zu der sein Argument in späteren Theodizeekontexten in der Regel herangezogen wird.[25] Ihm geht es darum, den religiösen Rekurs auf die Götter angesichts der bedrängenden Wirklichkeit des Bösen als unbrauchbar zu problematisieren, nicht aber darum, die Existenz von Gott bzw. Göttern in Frage zu stellen: Mit dem Bösen müssen die Menschen selbst fertig werden, der Rekurs auf Gott bzw. Götter kann ihnen dabei nichts helfen. Epikurs Argument ist weniger eine Gotteskritik oder ein Theodizeeargument, als vielmehr ein *Protest gegen den Kosmosgedanken der griechischen Tradition*: Angesichts der Wirklichkeit unserer *malum*-Erfahrungen ist der Gedanke des Kosmos als eines wohlgeordneten guten Ganzen nicht aufrecht zu erhalten.[26] Es gibt kein sinnvoll geordnetes Weltganzes. Für Epikur ist das All

---

[24] Fragment 374, in: H. Usener, Epicurea, Leipzig 1887 (Nachdruck Stuttgart 1966), 253: »deus, inquit, aut uult tollere mala et non potest, aut potest et non uult aut neque uult neque potest, aut et uult et potest. si uult et non potest, inbecillis est, quod in deum non cadit. si potest et non uult, inuidus, quod aeque alienum a deo. si neque uult neque potest, et inuidus et inbecillis est, ideo nec deus. si et uult et potest, quod solum deo conuenit, unde ergo sunt mala? aut cur illa non tollit?«. Der Text ist überliefert bei Laktanz, De ira dei, 13,19 ff. Vgl. R. F. Glei, Et invidus et inbecillus. Das angebliche Epikurfragment bei Laktanz, De ira dei 13,20–21, in: Vigiliae Christianae 42 (1988), 47–58. Laktanz verändert das Argument in zwei wichtigen Hinsichten. Zum einen ersetzt er die plurale Rede von den Göttern bei Epikur durch das singularische *deus*, zum anderen identifiziert er diesen Gott mit dem Gott des Alten und Neuen Testaments, der gerade nicht emotionslos ist, wie das platonische Gute, sondern eine durch und durch pathosbestimmte Gottheit.

[25] Vgl. I. U. Dalferth, The Contingency of Evil, in: Archivio di Filosofia/ Archives of Philosophy 75 (2008), 251–274.

[26] Vgl. Th. Schumacher, Theodizee. Bedeutung und Anspruch eines Begriffs, Frankfurt a. M. 1994, 71 ff.

aus Körpern zusammengesetzt, die von Leere umgeben sind, ohne die es keine Bewegung der Körper geben könnte.[27] Dieses All kennt weder Anfang noch Ende, es ist fortlaufender Strom von Bewegung und Stoff, von Neuorganisation der Atome und Auflösung ihrer Verbindungen. Die Existenz der Götter wird nicht bestritten, aber sie haben keine Einflussmöglichkeit auf den tatsächlichen Lauf der Dinge oder das Leben der Menschen. Sie wohnen ewig in den körper- und ordnungsfreien Räumen zwischen den Welten (den Intermundien), ohne sich um die Welt und die Menschen zu kümmern.

Vor dem Hintergrund seiner Kosmologie (das Werden der Welt vollzieht sich als permanente Aggregation atomarer Elemente und Wiederauflösung dieser Aggregate) und Erkenntnistheorie (alle unsere Vorstellungen sind irgendwie wahr, sonst hätten wir sie nicht) formuliert das zitierte Fragment keine »Anklage gegen die Gottheit wegen der Übel überhaupt«,[28] sondern eine nicht aufzulösende Aporie, die sich ergibt, wenn man alles aus einem einzigen Prinzip erklären will: Ist dieses Prinzip ein *bonum*, auf das sich das Gute und Schöne in der Welt zurückführen lässt, dann muss es alles ihm widersprechende *malum* ausblenden, und damit »bleibt ein wesentlicher Bestandteil von *Welt* und wichtiger Anstoss für das Denken unerkannt«.[29]

Die von Epikur nahegelegte Antwort ist daher, dass man die Götter zur Erklärung der Weltwirklichkeit überhaupt nicht ins Spiel bringen sollte. Dadurch wird nichts klarer, es ergeben sich nur neue Probleme: »Sinnlos ist es, von den Göttern zu erbitten, was einer sich selbst zu verschaffen imstande ist«,[30] ja es ist sinnlos,

---

[27] Vgl. C.-F. Geyer, Leid und Böses in philosophischen Deutungen, Freiburg 1983, 54f.

[28] F. Billicsich, Das Problem des Übels in der Philosophie des Abendlandes. I. Band: Von Platon bis Thomas von Aquino, Wien [2]1955, 70.

[29] Schumacher, Theodizee, 72.

[30] Epikur, »Weisung 65«, in: G. Arrighetti (Hg.), Epicuro, Opere, Turin [2]1973, 155.

überhaupt irgendetwas Gutes oder Übles von ihnen zu erwarten. Sie sind nicht nur faktisch nicht verantwortlich für die Übel, sondern »so groß sind ihre Mängel«,[31] dass sie für überhaupt nichts verantwortlich sein können. Damit entfällt nicht nur die Furcht vor den Göttern als Grund menschlichen Leidens, sondern auch der Tod verliert seinen Schrecken, weil er ja für die Betroffenen kein Leiden, sondern das Ende allen Leidens ist. Mangel, Unglück, Altern, Krankheit und Angst entspringen alle der konkreten Verfasstheit des Menschen und lassen sich in der Haltung der ἀταραξία ertragen: Wer so lebt, der lebt »wie ein Gott unter den Menschen«,[32] nämlich unberührt von allem.

Nicht die Eudämonie (εὐδαιμονία), die Aristoteles als »etwas Göttliches« galt,[33] sondern die Hēdonē (ἡδονή) in der es um die menschlichen Belange geht und vor allem um das, was dem Grundübel des Schmerzes entgegenwirkt, ist deshalb das Leitprinzip der epikuräischen Ethik.[34] Die Menschen sind irdische, nicht göttliche Wesen. Die guten Götter haben mit dem Bösen der Welt schlechterdings nichts zu tun – sie verursachen es nicht, sie verhindern es nicht, sie sind nicht damit befasst. Sie so zu denken, als ob sie das wären oder auch nur sein könnten, ist ein Irrtum. So sind Götter nicht.

8. *Gottesaffekte*

An diesem Punkt setzt der christliche Philosoph Lactantius in seinem Werk *De ira dei* an, in dem er die Einheitlichkeit der Welterklärung im Rekurs auf Gott verteidigt, und zwar sowohl gegen die Aporien des Monismus, der das Böse zu negieren oder zu ignorieren gezwungen scheint (also der Wirklichkeit der Welt nicht ge-

---

[31] USENER, Epicurea, 60.

[32] EPIKUR, Brief an Menoikeus, in: Opere, 135.

[33] ARISTOTELES, Ethica Nicomachea, hg. v. I. BYWATER, OCT, Oxford 1984, 1101 b 35–1102 a 4.

[34] SCHUMACHER, Theodizee, 72 f.

recht wird), als auch des Dualismus, der das Böse anerkennt, aber auf Dauer stellt (also der Macht Gottes nicht gerecht wird). Gegen Epikur und die Epikuräer wendet er ein, es sei falsch, wenn dieser für Gott Unwandelbarkeit und Sorglosigkeit fordere,[35] denn dann könne dieser nicht für die Belange des von ihm Geschaffenen zuständig sein: »Wer Gott alle Kraft, alles Wesen wegnimmt, was sagt der anderes als: es gibt keinen Gott?«[36] Gott, so folgert er gegen die Platoniker und Stoiker, kann nur Prinzip sein, wenn er als Erste Ursache mit *allen* Wirkungen verbunden bleibt und zu beiden Seiten in Beziehung tritt: »Denn bei gegensätzlichen Dingen wird man notwendig entweder zu beiden Seiten hin bewegt oder zu keiner. Wer also die Guten liebt, haßt auch die Bösen, und wer das Böse nicht haßt, liebt auch die Guten nicht.«[37] Gott muss daher – gegen Epikur und den gnostischen Dualismus – in umfassender Weltbeziehung gedacht werden, die *göttliche Vorsehung* gehört wesentlich zum Gottesgedanken hinzu.[38] Und da es »im menschlichen Leben Gutes und Böses gibt, [...] so muss Gott nach beiden Seiten hin angeregt werden, zur Gnade, wenn er Gerechtes geschehen sieht, und zum Zorne, wenn er ungerechte Werke schaut«.[39]

Dieser Bezug auf das Gute *und* das Böse gilt aber nicht nur für Gott, sondern auch für den Menschen, wie Lactantius gegen die Stoiker betont. Ist der Mensch doch gegenüber allen anderen Geschöpfen dadurch ausgezeichnet, dass Gott ihm Weisheit (*sapientia*) gab, deren ganzer Sinn darin liegt, Gutes und Böses zu unterscheiden.[40] Das Böse hat damit die anthropologisch entscheidende Funktion, das menschliche Erkenntnisvermögen zu konstituieren: Gäbe es kein Böses, wäre nichts Gutes und Böses zu unterscheiden,

---

[35] Laktanz, 4,2.

[36] Ebd., 4,6.

[37] Ebd., 5,9 f.

[38] Ebd., 10,41–53.

[39] Ebd., 15.

[40] Ebd., 13,13: »Deus [...] sapientiam dedit, cuius omnis ratio in discernendis bonis ac malis sita est.«

und damit gäbe es auch keine menschliche Weisheit. Entsprechend wird Epikur entgegengehalten, er habe nicht gesehen, dass das Böse aufgrund seiner elementaren Funktion im Erkenntnisgegensatz in die Nähe Gottes rückt: Nicht nur durch das Gute, sondern auch durch das Böse wird das Prinzip Gott erkannt. Deshalb sei es kein Widerspruch zu sagen, dass Gott das Böse aufheben kann, aber nicht will.[41] Denn indem Gott das Böse zulässt, gewinnt der Mensch seine Fähigkeit zur Erkenntnis und darin sich selbst. Lactantius folgert: »Somit würden wir wegen des kleinen Vorteils, daß das Böse aufgehoben wäre, unser größtes, wahres und eigentliches Gut entbehren.«[42]

Das heißt – darauf läuft der Gedankengang von Lactantius hinaus – die antike Philosophie hat den Begriff des Prinzips nicht zu Ende gedacht.[43] Es ist genau der *Zorn* Gottes, der sicherstellt, dass wirklich *alles* mit dem ersten Prinzip zusammenhängt: Das Prinzip ist das *Wirkende*, der Widerspruch zwischen Gut und Böse auf Seiten des Menschen und der Welt das *Bewirkte*.[44] Die Rückfrage *cur malum?* kann dementsprechend mit dem Hinweis beantwortet werden, es sei »alles wegen des Menschen eingerichtet, das Böse wie auch das Gute«.[45] Der Mensch sei mit der Unterscheidungsfähigkeit zwischen Gut und Böse ausgestattet, weil er zur Gerechtig-

---

[41] Ebd., 13,23.

[42] Ebd., 13,25.

[43] Vgl. Schumacher, Theodizee, 77.

[44] Zum Problem des Zornes Gottes vgl. M. Pohlenz, Vom Zorne Gottes. Eine Studie über den Einfluß der griechischen Philosophie auf das Christentum, Göttingen 1909; zur Aufnahme des Gedankens in der Theologie des Mittelalters vgl. L. Pinomaa, Der Zorn Gottes. Eine dogmengeschichtliche Übersicht, in: Zeitschrift für Systematische Theologie 17 (1940), 587–614; zur gegenwärtigen Debatte vgl. W. Härle, Die Rede von der Liebe und dem Zorn Gottes, in: Zeitschrift für Theologie und Kirche, Beiheft 8 (1990), 50–69; R. Miggelbrink, Der Zorn Gottes. Geschichte und Aktualität einer ungeliebten biblischen Tradition, Freiburg u. a. 2000; S. Volkmann, Der Zorn Gottes. Studien zur Rede vom Zorn Gottes in der evangelischen Theologie, Marburg 2004.

[45] Laktanz, 13,25.

keit berufen sei, wie sie auch der Schöpfer selbst übt, also dazu, angesichts des Gegensatzes von Gut und Böse das Rechte und Gerechte und nicht das Böse und Üble zu tun.

9. Apathischer und pathischer Monotheismus

Die ganze Argumentation zeigt die fundamentale Veränderung des Weltverständnisses, die sich im Übergang vom antiken zum christlichen Denken vollzieht. Die Welt wird nicht mehr epikuräisch als mechanischer Bewegungsprozess oder stoisch als von der Vernunft determinierter Ereigniszusammenhang verstanden, aber auch nicht gnostisch als Kampfplatz sich unaufhebbar widerstreitender Grundprinzipien des Guten und Bösen,[46] sondern als Feld göttlichen und menschlichen Handelns. Alles Handeln vollzieht sich als Entscheiden zwischen Gutem und Bösem und verfolgt das Ziel, die gegenwärtige ambivalente Welt in die gute Schöpfung Gottes zu verwandeln. Um die so als Handlungszusammenhang verstandene Welt zu erklären, genügt es nicht mehr, auf das Göttliche als letztes Prinzip von allem zu rekurrieren und es mit der platonischen Tradition als ganz und gar gut zu deklarieren. Wenn das Göttliche bzw. Gott als einziges Letztprinzip der Welt gedacht werden können soll, dann – so Lactantius – darf es nicht ohne Bezug auf das Böse gedacht werden. Das Verhältnis von Gott und Bösem muss anders bestimmt sein als durch einen bloßen sich wechselseitig ausschließenden Gegensatz. Es muss eine dynamische Überwindung des Bösen durch das von Gott beabsichtigte Gute geben, und diese erfordert, im Blick auf Gott zu sagen, dass er nicht nur anders ist als das Böse, sondern das Böse hasst und durch Gutes überwindet. Gott ist nicht gut, weil er nicht böse ist, sondern weil er sich gegen das Böse wendet und ihm Wi-

[46] Vgl. Th. Baumeister, Montanismus und Gnostizismus. Die Frage der Identität und Akkomodation des Christentums im 2. Jahrhundert, in: Trierer Theologische Zeitschrift 87 (1978), 44–60.

derstand leistet. Gottes Gutsein ist sein Widerstreit gegen das Böse, und weil Gott der eine und einzige Schöpfer der Welt ist, ist der göttliche Widerstreit gegen das Böse dessen Überwindung durch das Gute.[47]

Wer sich daher auf Gottes Liebe, Erbarmen und Zuneigung berufen will, der muss auch von Gottes Zorn reden. Denn die positiven und negativen Affekte und Emotionen lassen sich nicht auf verschiedene Instanzen verteilen wie im mythischen Polytheismus, der gute und böse Götter kennt, oder im kosmologischen Dualismus, der dem guten Prinzip ein böses Prinzip entgegensetzt, sondern sie sind von ein und demselben Gott auszusagen, und das geht nur, wenn der Monotheismus anders konzipiert wird: nicht mehr als Gegenentwurf einer pathosfreien Gottheit zu den pathosbestimmten mythischen Göttern, sondern als Pathos-Gott, der sein Gottsein erst in der Passion für sein Geschöpf verwirklicht und zum Ziel führt.

Der Prozess der kritischen Absetzung des philosophischen Monotheismus vom mythischen Polytheismus spielt sich daher in der Begegnung von Christentum und hellenistisch-römischer Kultur unter umgekehrten Vorzeichen noch einmal ab. Die philosophische Kritik des mythischen Polytheismus *und* des philosophischen Monotheismus werden in der Perspektive der biblisch begründeten christlichen Praxis der Gottesverehrung aufgenommen, modifiziert, umgebaut und neu gestaltet.

Damit treten sich – übervereinfachend gesagt – zwei Monotheismuskonzeptionen gegenüber, die zu verschiedenen Weltbildern gehören:

Kosmotheologischer Monotheismus

1. Es gibt nur einen Gott
2. Gottes Beziehung zur Welt ist Korrelation oder Emanation

---

[47] Man kann geradezu definitorisch sagen: *Böse* ist, was Gott durch Gutes negiert, und *Gott* ist derjenige, der Böses durch Gutes beendet.

3. Übel ist eine notwendige Tatsache
4. Gott ist apathisch

Biblischer Monotheismus

1. Es gibt nur einen Gott
2. Gottes Beziehung zur Welt ist Schöpfung
3. Übel ist eine kontingente Tatsache
4. Gott ist pathisch

Während im kosmologischen Monotheismus keine Welt ohne Gott und kein Gott ohne Welt gedacht werden kann, ist im biblischen Monotheismus die Welt so, dass sie auch nicht hätte sein können. Ist sie aber kontingent, obwohl sie auch nicht hätte sein können, dann verdankt sich die Tatsache, dass sie ist, einer Entscheidung Gottes, der (aus der Perspektive der Welt gesagt) nicht nicht sein kann, wohl aber ohne Welt sein könnte: Die Welt ist, weil sie von Gott gewollt ist. Ist Gott aber absolut gut, weil er nur Gutes will und tut, dann wirft die Gründung der Faktizität der Welt allein in seiner Entscheidung das Problem auf, wie es dann Übel und Böses in der Welt geben könne. Denn anders als im kosmologischen Monotheismus ist das Übel keine notwendige Tatsache, da es als Mangel an Gutem (*privatio*) in jeder pluralen Welt auftreten muss, wo eines das andere begrenzt und in seiner Entfaltung beschränkt. Es ist vielmehr eine kontingente Tatsache, die so geworden ist, obwohl die Welt nicht so hätte werden müssen. Gottes Verhältnis zur Welt ist deshalb im christlichen Denken nicht nur dann unzureichend gedacht, wenn man wie der kosmologische Monotheismus von einer Korrelation von Gott und Welt ausgeht, sondern auch dann, wenn man sie nur als Schöpfung denkt und nicht darüber hinaus auch als Widerstreit Gottes gegen das, was in der geschaffenen Welt nicht sein müsste und sollte: das Übel und das Böse. Und das hat zur Folge, dass auch Gott nicht so vorgestellt und gedacht werden kann, dass er emotionslos das apathische Jenseits alles Seienden ist, sondern dass er pathisch in Liebe und Zorn auf die Welt bezogen ist: in Liebe, um das zu fördern, was die Welt zu seiner Schöpfung macht, und im Zorn, um das zu beenden, was sie zu einer pervertierten Schöpfung macht.

IV. Biblische und christliche Theologie

Das ist der systematische Problemhintergrund, vor dem die christliche Rezeption der Rede vom Zorn Gottes in der biblischen Tradition zu verstehen ist. Dabei ist nicht nur die Tatsache relevant, *dass* dort von Gottes Zorn gesprochen wird, sondern vor allem, *wie* die Rede von ihm ist.[48]

10. Gottes Zorn in der biblischen Tradition

Die Rede vom Zorn Gottes gehört zu den zentralen Theologumena des Alten Testaments.[49] 375 Mal ist im überlieferten Textbestand davon die Rede. Bezeichnenderweise werden Jahwe/Gott aber nicht Emotionen wie Wut, Entrüstung oder Empörung zuge-

[48] Nur wenn man das nicht beachtet, kann man wie SLOTERDIJK, Zorn und Zeit, bes. Kap. 2, die religiöse Lehre des antiken Judentums und die des daran anknüpfenden Christentums auf die Herrlichkeit und Hölle eines zürnenden Gottes reduzieren und das letzte Gericht als finale Straf- und Folterveranstaltung missverstehen, die sich auf das Fundament eines göttlichen Unrechtsgedächtnisses und entsprechender Rachekompetenz stützt. Vgl. P. SLOTERDIJK, Gottes Eifer. Vom Kampf der drei Monotheismen, Frankfurt a. M. 2007. Dass es diesen Denkstrang in Judentum, Christentum und Islam gibt, ist nicht zu bestreiten. Die eigentliche Pointe der theologischen Auseinandersetzung mit dem Thema des Zornes Gottes ist damit aber nicht getroffen.

[49] W. GROSS, Zorn Gottes – ein biblisches Theologumenon, in: ders., Studien zur Priesterschrift und zu alttestamentlichen Gottesbildern, Stuttgart 1999, 199–238; DERS., Keine Gerechtigkeit Gottes ohne Zorn Gottes – Zorn Gottes in der christlichen Bibel, in: G. KRUCK/C. STICHLER (Hg.), »Deine Bilder stehen vor dir wie Namen«. Zur Rede von Zorn und Erbarmen Gottes in der Heiligen Schrift, Mainz 2005, 13–29.

schrieben, sondern Zorn. »Gottes Zorn verfolgt das Ziel, menschliches Verhalten zu regulieren: Gottes Zorn ist kein unkontrollierter Wutausbruch, sondern steht für die kontrollierte, strafende Gerechtigkeit, für die Reaktion auf die Verletzung göttlicher Ordnungen. Gottes Zorn ist keine Empörung, da Gott nicht über die Verletzung seiner Gebote zu diskutieren beabsichtigt; Gottes Zorn ist keine Entrüstung, da es nicht nur um die Verletzung sittlich-moralischer Gesetze geht. [...] Das Zornmotiv ist in der Bibel vielmehr mit der Durchsetzung des Alleinverehrungsanspruches Jahwes und seiner Gebote allgemein verbunden. [...] Entsprechend ist Zorn das beherrschende Thema des Alten Testaments und in seiner Distribution im deutschsprachigen Text nicht gegen Wut, Entrüstung, Empörung (oder andere Wörter) austauschbar.«[50]

Dieser sprachliche Befund entspricht dem theologischen Sachverhalt. Der Zorn Gottes wird nicht als Gegensatz zu Gottes Liebe oder Barmherzigkeit verstanden, sondern als Ausdruck seiner Gerechtigkeit: Gott ist *in* seinem Zorn gerecht, denn dieser Zorn richtet sich gegen die Störung und Missachtung seiner gerechten, guten, lebensdienlichen Ordnung. Das gilt zentral für die Grunddifferenz zwischen Schöpfer und Geschöpf, die nicht gewahrt wird, wo man den Alleinverehrungsanspruch Jahwes missachtet, und das gilt ebenso für die übrigen Gebote der Tora, die das Leben des Bundesvolkes als ein Leben mit und vor Gott orientieren. So heißt es im Deuteronomium: »Ihr sollt nicht anderen Göttern nachgehen, von den Göttern der Völker rings um euch her. Denn ein eifersüchtiger Gott ist der Herr, dein Gott, in deiner Mitte – , dass nicht der Zorn des Herrn, deines Gottes, wider dich entbrenne und er dich vertilge von der Erde« (Dtn 6,14–15). Dieser Zorn Gottes gehört zu seinem Herrsein in Israel, und weil dieses in der Verheißung seines ewigen Bundes mit Israel gründet, kann man gegen Gottes Zorn an Gottes Erbarmen appellieren: »Blicke herab vom Himmel und schaue hernieder von deiner heiligen, herrlichen

[50] Fries, ›Gefühle, Emotionen, Angst, Furcht, Wut und Zorn‹, 12.

Wohnstatt! Wo ist dein Eifer und deine Stärke? das Wallen deiner Liebe und deines Erbarmens? Halte dich doch nicht zurück, denn du bist unser Vater!« (Jes 63,15 f.)

Eben so nimmt auch das Neue Testament die Rede vom Zorn Gottes auf[51] und setzt sie universalisierend fort, insofern Gottes Zorn nicht vor allem den ungehorsamen Mitgliedern des Bundesvolks, sondern allen gottlosen und Gott ignorierenden Menschen gilt. »Denn geoffenbart wird Gottes Zorn vom Himmel her über alle Gottlosigkeit und Ungerechtigkeit der Menschen, die die Wahrheit in Ungerechtigkeit niederhalten« (Röm 1,18; vgl. Joh 3,36; Apk 16,1 u. ö.). Gottes Zorn trifft die Gottlosigkeit, aber nicht, so stellt Paulus klar, den Gottlosen. Diesen macht Gott in seiner Gerechtigkeit und Liebe gerecht und entzieht ihn damit dem Zorngericht. Gottes Liebe und Gerechtigkeit ist daher die eigentliche Wirklichkeit, Gottes Zorn dagegen nichts als ihre Rückseite und Wirkweise, die sich dann zeigt, wenn Gottes Liebe ignoriert wird und man sich ihr zum eigenen Schaden verschließt.

Das ist keine neutestamentliche Entschärfung der Rede vom Zorn Gottes, die zu einer marcionitischen Scheidung eines neutestamentlichen Liebesgottes und eines alttestamentlichen Gesetzes- und Zornesgottes Anlass geben könnte. Die enge Verbindung von *Zorn* und *Eifer(sucht)*, die für die alttestamentliche wie neutestamentliche Rede vom Zorn Gottes gilt, belegt das deutlich. Gottes Eifersucht verweist nicht auf die dunklen und unergründlichen Abgründe eines wütenden Willkürgottes, da *Eifer* sowohl den *Zorn* als auch die *Barmherzigkeit* oder *Liebe* Gottes kennzeichnen kann. Im Deutschen hat sich das Wort ›Eifer‹ eingebürgert durch Luthers Bibelübersetzung als ein, wie Luther sagt, *nuperum vocabulum*, als ein erst kürzlich aufgekommenes neues Wort. Seine sachliche Pointe ist, dass »*Zelus relative se habet ad amorem.*

---

[51] Vgl. J. Becker, Jesus von Nazaret, Berlin/New York 1996, 59–99.

Zelus est invidia amoris: Vom Eifer ist die Rede, wo es um Liebe geht; Eifer ist der Neid, die Eifersucht der Liebe«.[52]

Das gilt mit gewissen Akzentverschiebungen für das Alte wie für das Neue Testament. In den alttestamentlichen Zusammenhängen ist Gottes Zorn seine herrschaftliche Reaktion auf die Verletzung der göttlichen Ordnung und insbesondere seines Bundes mit Israel. Wie in der griechischen Kultur ist es der Zorn dessen, der für das gute Zusammenleben der Menschen die Verantwortung trägt. Es geht beim Zorn Gottes nicht um Wut, Entrüstung oder Empörung, sondern um den Zorn des Herrschers über die Missachtung der von ihm repräsentierten Ordnung. Zorn ist auch hier eine ethische und politische Kategorie.[53]

Im Neuen Testament wird diese Sicht grundsätzlich festgehalten, aber der Fokus verlagert sich von der Gemeinschaft (Volk) auf den Einzelnen vor Gott. So wird das Zornmotiv zentral mit Gottes Gericht über die Welt der Sünde verbunden. Aber Gottes Zorn richtet sich gegen die *Gottlosigkeit* und *Ungerechtigkeit* der Menschen, nicht gegen die Menschen, seine Geschöpfe. Deshalb besteht auch die Rettung vor dem Zorn Gottes in der Unterscheidung und Distanzierung eines Menschen von seiner Gottlosigkeit und Ungerechtigkeit: Wer Buße tut und glaubt, sich also ganz Gott überlässt, der den Sünder von seiner Gottlosigkeit befreit und von seiner Ungerechtigkeit freispricht, der wird Gottes Zorngericht entgehen.

---

[52] M. Luther, Deuteronomium-Vorlesung 1523–1524, WA 14, 596.

[53] Das zu sagen, ist etwas anderes, als mit Augustinus unter platonischem Einfluss darauf zu beharren: »Ira porro et zelus Dei, non sunt perturbationes Dei [...] nomine irae intellegitur vindicta iniquitatis« (›Zorn und Eifersucht Gottes sind keine Gemütsbewegungen Gottes [...] unter dem Ausdruck Zorn ist Vergeltung für Ungerechtigkeit zu verstehen‹ (Enarrationes in psalmos zu Ps 78,8, (http://www.augustinus.it/latino/esposizioni_salmi/index2.htm).

11. Der Zorn der Liebe

Die christliche Theologie der Folgezeit hat das so aufgenommen, dass sie den Zorn Gottes der Liebe Gottes nicht beigeordnet, sondern untergeordnet und eingezeichnet hat, indem sie die *Liebe Gottes* durch ihren *Eifer*, und den Ausdruck des Eifers der göttlichen Liebe in bestimmten Situationen als *Zorn* bestimmt hat.[54] Die ›Grammatik des Zorns Gottes‹ in der christlichen Theologie lässt sich daher knapp folgendermaßen umreißen: Grundbestimmung des christlichen Gottesgedankens ist im Anschluss an Johannes und Paulus die *Liebe* Gottes, die sich nicht deshalb auf die Menschen richtet, weil diese liebenswert wären, sondern die sie überhaupt erst liebenswert macht: Gottes Liebe ist kreative Liebe. *Eifer* ist die Weise und Intensität, in der diese Liebe wirkt, und *Zorn* ist die Ausdrucksgestalt dieses Eifers der Liebe, wenn diese auf selbstschädigende Nichtbeachtung bei den Geschöpfen stößt. Angesichts der Gottlosigkeit und Gottesignoranz der Menschen wird der Eifer von Gottes Liebe zum Zorn auf das, was die Menschen von der Wahrnehmung und Würdigung der Güte und Zuwendung Gottes in ihrem Leben abhält. Ziel des Zorns ist es, diese Nichtbeachtung zu beenden und Gottes Liebe zum Menschen in der Gegenliebe des Menschen zu Gott zum Ziel zu bringen. Deshalb richtet sich Gottes Zorn *nicht gegen die Person*, sondern gegen *das Gottes Liebe ignorierende Verhalten* der Menschen, und zwar

---

[54] Liebe und Zorn Gottes sind systematisch also nicht auf derselben Ebene zu verorten. ›Gott ist die Liebe‹ ist ein zentraler Satz des neutestamentlich-christlichen Gottesbekenntnisses. Dass Gott Zorn sei, lässt sich so dagegen nicht sagen, sondern nur, dass Gott zürnt. Und wenn alle von Gott zu Recht ausgesagten Prädikate als Näherbestimmungen und Konkretionen seiner Wesensbestimmung zu verstehen sind, dann ist das Zürnen Gottes eine Konkretionsform seiner Liebe. Vgl. Härle, Die Rede von der Liebe und dem Zorn Gottes, 55. Das heißt aber nicht, dass Gottes Zorn auch so erfahren und als Manifestationsweise seiner Liebe erlebt wird: »sonst wären Klage und Bitte überflüssig«, wie O. Bayer, Art. Eigenschaften Gottes (V), in: RGG[4], Bd. 2, Tübingen 1999, 1141, betont.

so, dass diesen die Möglichkeit eröffnet wird, sich frei für Gott zu entscheiden und aus freien Stücken Gott zu lieben. Liebe lässt sich nicht erzwingen, auch nicht von einem allmächtigen Gott. Man kann einen anderen nur aus freien Stücken lieben, aber niemals gezwungen.

Die theologische Tradition hat das zugespitzt zur These: Gott hasst die Sünde und liebt den Sünder. Sein *Zorn* richtet sich auf die Nichtbefolgung seines guten Willens für die Schöpfung, und seine *Liebe* befreit Menschen zur freiwilligen Befolgung von Gottes gutem Willen: Sie zwingt nicht, sondern sie überzeugt, sie bittet und sie lockt. Insofern manifestiert sich Gottes Liebe als *Geduld und Erbarmen* gegenüber dem *Geschöpf* und als *Zorn* gegenüber der *Verfehlung* des Geschöpfes: Gottes Zorn ist *Manifestation seiner Liebe*, nicht das Gegenteil seiner Liebe.

12. Affektbestimmtes Leben

Dass dies Folgen für die Gottesverehrung hat, liegt auf der Hand. Christen verehren in ihrer Ausrichtung auf Gott keine dunkle Schicksalsmacht, sondern den ›Vater Jesu Christi‹, der die Menschen liebt und das will, was für sie gut ist – indem er sie als ihr Schöpfer ins Sein ruft, sie als Erhalter instand setzt, ihr Leben gut zu gestalten, und sie als Retter aus einem gottfernen (dem Tod verfallenen) zu einem gottnahen (hoffnungsoffenen) Leben befreit. In der Lebensorientierung an diesem so verstandenen Gott werden daher drei Grundfragen menschlichen Lebens auf bestimmte Weise beantwortet: Warum bin ich/sind wir und nicht vielmehr nicht? Wie kann ich/können wir gut und richtig leben? Wie komme ich/kommen wir aus einem verfehlten Leben zu einem guten und richtigen Leben? Auf alle drei Fragen antworten Christen mit Verweis auf Gottes Liebe, und auf diese Liebe richtet sich auch ihre Gottesverehrung.

Die Rede von Gottes Liebe ist im christlichen Leben also nicht nur eine freundliche Gottesmetapher, sondern Ausdruck der Einsicht, dass Gottes Zuwendung zum Menschen Pathos und Passion, Leidenschaft und Leiden einschließt. Gottes Liebe ist nicht affektlos, sondern äußert sich in Gottes Erbarmen und Gottes Zorn. Sie kann deshalb auch nicht affektlos, sondern nur *in Furcht und Liebe* verehrt werden. Furcht meint hier nicht Angst vor Gott, sondern Ehrfurcht, und Liebe meint nicht bloß ein situationsbedingtes Gefühl, sondern eine aktive Haltung der Dankbarkeit, die das ganze Leben bestimmt und sich darin konkret äußert, dass alles *liebend*, in der Orientierung an Gottes Liebe und in der Hinordnung auf Gottes Liebe, getan wird. Die Ehrfurcht richtet sich auf Gott als den Herrn des Lebens, Liebe und Dankbarkeit gelten Gott dem Vater. Die Liebe zu Gott dem Vater ist der Grund, dass Gottesfurcht nicht als Angst, sondern als Ehrfurcht gelebt werden kann, denn weil sie Gott mit Jesus als guten und nicht despotischen Vater kennt, setzt sie auch darauf, dass Gott ein guter und nicht despotischer Herr ist.

Die Verehrung Gottes in Furcht und Liebe ist das, was das christliche Glaubensleben kennzeichnet und von anderen Lebensweisen unterscheidet. Der Glaube kann dementsprechend als umfassende *Affektbestimmung* des ganzen menschlichen Lebens verstanden werden, und sein Gegenteil, der Unglaube, ebenso: *Glaube* ist die Bestimmung des Lebens durch die Affekte der Gottesliebe und Gottesfurcht, *Unglaube* dagegen die Nichtbestimmung eines Lebens durch diese Affekte bzw. seine Bestimmung durch andere Affekte. Jedes menschliche Leben, sei es ein Leben des Unglaubens oder des Glaubens, manifestiert, wie es durch die Affekte der Gottesliebe und Gottesfurcht bestimmt wird – nicht notwendig intentional, aber faktisch, indem es dankbar gelebt wird oder eben nicht.

D. Mehr als Zwei. Von der Logik der Relation zur Hermeneutik des Dritten

I. Paarwesen

Two's company, three's a crowd lautet ein verbreiteter Irrtum, nicht nur in der Ethik. Emmanuel Levinas sagte es korrekter: »On s'amuse mieux a deux«.[1] Das war gegen die irregeleiteten Versuche gerichtet, die Beziehung zum anderen vom einzelnen Subjekt her zu konstruieren. Wird Alter von Ego nur als alter Ego gesehen, dann wird nicht nur richtig betont, dass auch Alter ein *Ego* mit eigener Initiativkraft und nicht anzutastender Würde ist, sondern er wird als *alter* Ego auf problematische, seine Andersheit unterschätzende Weise nach dem Bild von Ego konzipiert: Wie ich, so er. Das lässt, ist man kein exzessiver Narzisst, nur beschränktes Amüsement erwarten. Man vergnügt sich besser zu zweit, wie Levinas zu Recht meinte. Denn nur zwischen Zweien kann es so funken, dass jeder sich durch den anderen auf neue Weise versteht.

1. Ego, Alter und das Dritte

Unausgesprochen vorausgesetzt wird dabei allerdings, dass zwischen Ego und Alter ein Unterschied besteht, andernfalls wäre schlecht von einer Beziehung zwischen ihnen zu reden. Dieser Unterschied ist weder nach der Regel ›Wie Ego, so Alter‹ noch nach deren Umkehrung ›Wie Alter, so Ego‹ zu erfassen, weil er dabei immer schon in Anspruch genommen wird. Um zu verstehen, worin er besteht und wie er zustande kommt, bedarf es der Beziehung

[1] Face to Face with Levinas, hg. v. R. A. Cohen, Albany, N. Y. 1986, 22.

auf ein Drittes, von dem aus Ego und Alter *als* Ego und *als* Alter in den Blick treten. Unterschiede sind keine bloßen Gegebenheiten, sondern Resultate von Unterscheidungs- und Bestimmungsprozessen, in denen Unterschiedenes zu dem wird, was es in Kontrast und Beziehung zueinander ist.[2] *Das Dritte* meint ganz formal das, auf das wir hermeneutisch rekurrieren, um solche Unterscheidungsprozesse und ihre Resultate zu thematisieren und zu verstehen.[3]

Damit zeichnet sich allerdings ein Problem ab: Wenn der Unterschied zwischen A und B nur im Rekurs auf ein Drittes C verstanden werden kann, gilt das dann nicht entsprechend auch für das Verstehen des Unterschieds zwischen A und C bzw. B und C? Und wie kann man dann überhaupt jemals etwas verstehen? Offenkundig hängt die Antwort auf diese Frage daran, wie man das Verhält-

---

[2] In natürlichen Evolutionsprozessen geschieht das durch nichtintentionale und nicht teleologisch gerichtete Mutation und Selektion, in kulturellen Entwicklungsprozessen auch durch intentionale Ausdifferenzierung und zielgerichtete Komplexitätsreduktion. Im ersten Fall sind die erklärungsheischenden Fragen *Wie?*, *Wodurch?* und *Wozu?* kausal und funktional zu beantworten, im zweiten Fall dagegen werden auch intentionale Antworten im Rekurs auf Ziele, Werte und Motive von Akteuren gegeben werden müssen.

[3] Ein solcher Rekurs auf Drittes ist für das Verstehen natürlicher Evolutionsprozesse wie kultureller Entwicklungsprozesse gleichermaßen unabdingbar. Man kann die Vielfalt und Verschiedenartigkeit der Lebewesen ebenso wenig verstehen wie die Vielfalt und Verschiedenartigkeit der politischen Systeme oder religiösen Traditionen, wenn man sie nicht mittels einer bestimmten Sprache und Begrifflichkeit thematisieren und beschreiben kann. Das besagt aber auch, dass die – im weitesten Sinn verstandenen – Zeichenzusammenhänge, auf die dabei hermeneutisch rekurriert wird, nicht als die Ursache dessen verstanden werden dürfen, was mit ihrer Hilfe zu verstehen gesucht wird: Was Bäume von Menschen unterscheidet, ist nicht mit Verweis auf die Wörter ›Baum‹ oder ›Mensch‹ zu erklären, aber eine Erklärung kann nur gesucht und gefunden werden, weil und insofern diese oder andere Wörter oder Zeichen gebraucht werden, um das Problem zu formulieren und Lösungen vorzuschlagen. Der Rekurs auf Drittes erklärt nichts, aber ohne ihn lässt sich auch nichts erklären.

nis des Dritten zu A und B bestimmt, deren Unterschied und Beziehung es verständlich machen soll.

Zeichentheoretisch gibt es zwei mögliche Strategien zur Beantwortung dieser Frage: Man kann das Verhältnis des Dritten zu A und B *semantisch* (also auf der Ebene der Zeichen und ihres Sinns) oder *pragmatisch* (also auf der Ebene sinnstiftenden Zeichengebrauchs) zu bestimmen suchen. Das erste führt zu *relationslogischen*, das zweite zu *kommunikationstheoretischen* Konzeptionen des Dritten.

Wird das Dritte *relationslogisch* verstanden, also als das, zu dem Ego und Alter in einer solchen Beziehung stehen, dass sie dadurch als Ego und Alter unterschieden werden, dann werden in die Relation zwischen Ego und Alter weitere Relationen zwischen Ego und dem Dritten bzw. Alter und dem Dritten eingezeichnet. Da sich dasselbe Unterscheidungsproblem aber auch für diese Relationen stellt, ergibt sich die Aporie, dass mit der Einführung des Dritten kein Problem gelöst, sondern eine sich potentiell ins Unendliche fortsetzende Reihe von Problemen geschaffen wird: Ist A von B dadurch unterschieden, dass beide zu einem C in Beziehung stehen, von dem her sie als A und B unterschieden werden, dann stellt sich die entsprechende Frage auch für die Unterschiede zwischen A und C und B und C, und wird darauf strukturell in der gleichen Weise geantwortet, ergibt sich eine aporetische Iteration. Wie ist das zu vermeiden?

Die Antwort lautet: *Indem das Dritte nicht relationslogisch als ein weiteres Anderes in Fortsetzung der Reihe von Ego und Alter gedacht wird, sondern strikt hermeneutisch verstanden wird als das, von dem her Ego und Alter auf der Basis konkreter Kommunikationsprozesse in bestimmter Weise unterschieden und aufeinander bezogen werden*. Das Dritte ist kein weiteres Glied einer Reihe, sondern das, von dem her ein bestimmter Blick auf die ganze Reihe fällt. Um es am Beispiel der Liebe zu sagen: Die Liebe zwischen A und B wird durch den Rekurs auf ein Drittes C nicht dadurch verständlich, dass C seinerseits als Objekt oder Subjekt dieser Liebe fungiert, sondern insofern dadurch das Verhältnis zwischen A und B *als Liebe* einsichtig wird. Nicht ›A liebt B und beide lieben C‹ ist die adäquate Weise, ihr Verhältnis zum Dritten zu symbolisieren, sondern ›C ist der Gesichtspunkt, von dem her die Beziehung zwischen A und B als Liebe bestimmt werden kann‹. Das ist die Antwort, die ich im Folgenden plausibel machen will, und dazu muss ich zunächst einmal die Attraktivität und Problematik der relationslogischen Antwort verdeutlichen.

2. Monaden, Dyaden und Triaden

Formal ist der beschriebene Sachverhalt so simpel wie systematisch folgenreich. Dass Ego *verschieden ist* von Alter (oder *gleich* oder *ähnlich*), kann nur konstatiert werden, indem diese Relation thematisiert wird. Um das tun zu können, ist der Gesichtspunkt eines Dritten einzunehmen, und zwar auch dann, wenn Ego oder Alter diese Thematisierung vornehmen. Denn wenn Ego sagt – und Entsprechendes gilt auch für Alter –, dass er von Alter verschieden ist oder Alter von ihm, dann muss Ego sich nicht nur von Alter, sondern auch *von sich selbst* symbolisch unterscheiden: Ohne diese Selbstunterscheidung nicht nur *von Alter*, sondern auch *von sich selbst*, lässt sich die Differenz zwischen Ego und Alter weder von der einen noch von der anderen Seite thematisieren.

Selbstunterscheidung heißt nun aber nicht notwendig, dass Ego selbst diese Unterscheidung an sich vornimmt (das so zu verstehen ist das permanente Missverständnis subjektivitätstheoretischer Entwürfe), sondern dass die Differenz *zwischen* Ego und Alter *am Ort von Ego* (bzw. im entsprechenden Fall am Ort von Alter) *noch einmal auftritt:* ›Ich bin mir selbst ein anderer‹. Ego (und Alter) sind keine Monaden, die in einer dyadischen Beziehung stehen, sondern sie *sind selbst* jeweils Dyaden von Ego und Alter. Nur weil sie das sind, können sie sich (psychologisch) *als* solche wahrnehmen, sich also selbst *als von sich selbst* unterschieden erleben (›ich stehe neben mir‹) und sich (sozialpsychologisch) als von Alter unterschiedene Andere in die Position von Alter versetzen (also ›sich mit anderen identifizieren‹). Damit wird die Differenz zu Alter nicht etwa aufgehoben, sondern gerade umgekehrt für Ego überhaupt erst etabliert. Nicht von ungefähr wird anthropologisch genau in dieser Fähigkeit, sich an die Stelle des anderen setzen zu können, der entscheidende Übergang vom Primaten zum *homo sapiens* gesehen, der entscheidende Schritt zur Menschwerdung des Menschen.[4]

Das hat systematische Konsequenzen, denn damit tritt am Ort von Ego wie am Ort von Alter eine *Differenzierung* zwischen Ego_1 und Ego_2 (ich/mich) und zwischen $Alter_1$ und $Alter_2$ (er/sich) auf: *Ich* versetze *mich* an die Stelle des anderen, der *andere* versetzt *sich* an meine Stelle. Dieser Differenzierungsprozess führt nur deshalb nicht in eine formal mögliche Iteration und Vervielfachung ins Unendliche, weil das Verhältnis zwischen Ego und Alter nicht nur keine Beziehung zwischen Monaden ist, sondern weil es auch nicht bloß ein dyadisches Verhältnis, sondern eine *Triade* ist: Das Paar von Ego und Alter ist eine *Triade*, weil beide sich von einander und damit auch von sich selbst nur unterscheiden können, weil und insofern sie *ihre Differenz* und *ihre Beziehung* jeweils von sich selbst noch einmal unterscheiden und damit als etwas ihnen gegenüber Drittes thematisieren, ohne das sie in ihrer Bezogenheit und Differenz nicht das wären, was sie sind.

3. *Fellmanns These: Der Mensch als Paarwesen*

Ferdinand Fellmann hat das in seiner phänomenologischen Anthropologie *Das Paar. Eine erotische Rechtfertigung des Menschen* folgendermaßen auf den Punkt gebracht: Der Mensch ist niemals

---

[4] Vgl. M. TOMASELLO, The Cultural Origins of Human Cognition, Cambridge, Mass. 1999, bes. 56–93. (Deutsch: Die kulturelle Entwicklung des menschlichen Denkens. Zur Evolution der Kognition, Frankfurt a. M. 2002).

»Einzelgeschöpf«, sondern stets ein »Paarwesen«.[5] »Das Paar« aber »ist keine Dyade, sondern eine Triade: Jeder der beiden Partner hat den Mittelpunkt seines Denkens und Fühlens aus sich heraus verlegt, aber nicht in den Anderen, sondern in die Beziehung zu ihm, in den Eros, der beide verbindet.«[6] Hat man erst einmal durchschaut, dass sich die Beziehung zwischen Menschen nicht als Interaktion von Monaden konstruieren lässt, weil Monaden nur Abstraktionen von einer basalen Dyade (›Paarwesen‹) sind, dann kann man dabei nicht stehen bleiben. Man muss vielmehr weiter gehen, weil es sich nicht um irgendeine, sondern eine *ganz bestimmte* Dyade handelt, nämlich eine solche, die sich als Triade entwirft, indem sie als *in bestimmter Weise verbundene* Dyade lebt.

Paarwesen sind Menschen nicht in dem bloß formalen Sinn, dass sie in einer *irgendwie* bestimmten Dyade leben (Freundschaft, Verwandtschaft, Arbeitskollegen usf.), sondern insofern ihre Dyade grundlegend und konkret *durch Liebe* definiert ist – *grundlegend*, weil alle anderen Beziehungen zum Partner und zu anderen an dieser Bestimmung gemessen werden und mit ihr kompatibel sein müssen, wenn es nicht zur Zerstörung der Liebesbeziehung kommen soll, und *konkret*, weil diese Bestimmung den praktischen Lebensvollzug prägt, also nicht nur gedacht, sondern gelebt wird.

In dieser praktischen Wirksamkeit der Liebe liegt ihre Kraft, Menschen zu dem zu machen, was sie von sich aus nie hätten werden können. Wer geliebt wird, dem widerfährt etwas, was sich rational weder zureichend begründen noch rechtfertigen lässt. Sexuelle Begierde lässt sich biologisch erklären, der Eros aber übersteigt das rational Einsichtige und geht weit »über den Sexus hinaus. Seine die Sexualität überdauernde Bindungskraft macht ihn zum Sozialkapital, das vielen anderen lebensweltlichen Ressourcen

---

[5] F. Fellmann, Das Paar. Eine erotische Rechtfertigung des Menschen, Berlin 2005, 287 ff.

[6] Ebd., 308.

überlegen ist.«[7] Gerade weil sie sich nicht zureichend aus den eigenen Begierden und Bedürfnissen erklären lässt, verleiht die Erfahrung, geliebt zu werden, dem Menschen »die Gewissheit seiner Existenz, die von keiner Reflexion eingeholt werden kann«.[8] In einer Liebesbeziehung zu leben »prägt das menschliche Selbstverständnis in einer Weise, die über die Gewissheit des Selbstbewusstseins hinausgeht [...] Der Grund, aus dem jemand eine andere Person liebt, mag der rationalen Einsicht unerfindlich bleiben, aber die Grenzen des objektiven Wissens zerstören die subjektive Gewissheit nicht.«[9] Liebe erweist sich als ein Überschussphänomen, dem gegenüber alle rationalen Rechtfertigungen immer zu spät kommen. Sie gehört »zur alternativen Ökonomie des Überflusses«, da sie sich umso stärker vermehrt, je mehr sie in Anspruch genommen und je mehr von ihr ausgegeben wird.[10]

Deshalb, so muss man Fellmanns Überlegungen zuspitzen, gibt es Liebe nur, *wo geliebt wird*, und man kann nur lieben, *wo man geliebt wird*. Die Existenz der Liebe hängt an ihrem Vollzug, und ihr Vollzug an der Passivität, in der ein Mensch geliebt und eben dadurch Mensch wird. Denn der Mensch ist Mensch, insofern er anderen Menschen liebend verbunden ist, sich also so in ihre Lage hinein versetzt, dass er ihre Interessen zu seinen macht, ohne seine Differenz zu ihnen dabei aufzuheben oder aufzugeben: Nur wer geliebt wird, ist Mensch, und nur wer liebt, lebt als Mensch. Ohne die Liebe als das Dritte lässt sich weder die Beziehung zwischen Menschen noch das Menschsein der so aufeinander Bezogenen verstehen.

---

[7] Ebd., 15.
[8] Ebd., 21.
[9] Ebd., 16f.
[10] Ebd., 16.

II. Liebe als Relation

4. Meinongs These

Der Eros bzw. die Liebe ist bei Fellmann das Dritte, das zwei Menschen zu einem Paar verbindet. Sie sind eine Triade, insofern beide Partner den Mittelpunkt ihres Denkens und Fühlens in die Liebesbeziehung zueinander verlegen. Damit scheint Fellmann Aussagen wie ›a liebt b‹ als dreistelligen Komplex aRb (›a hat die Relation der Liebe zu b‹) zu verstehen.

Genau so hatte es Alexius Meinong verstanden. In seiner Theorie der *Gegenstände höherer Ordnung*[11] hatte er 1899 die These vertreten, dass sich wahrnehmungspsychologisch komplexe Gegenstände wie ›rot ist verschieden von grün‹ oder ›Hans liebt Hanna‹,[12] dadurch von bloßen Kollektionen oder Mengen von Elementen (›Hans, Hanna, lieben‹) unterscheiden, dass ihre Konstituenten strukturell verknüpft und aufeinander bezogen sind. Die Konstituenten dieser Komplexe (›Hans, Hanna, lieben‹) müssten dabei allerdings vorausgesetzt werden, sonst könnten sie nicht in bestimmter Weise in ihnen verbunden werden. Nur wo es Hans, Hanna und Liebe gibt, kann es den Komplex ›Hans liebt Hanna‹ geben und eine entsprechende Aussage wahr oder falsch sein.

Bertrand Russell wies in seiner kritischen Diskussion dieser Theorie Meinongs in einer Reihe von Artikeln zwischen 1904 und 1907 nach, dass diese Auffassung zu logisch unhaltbaren Konsequenzen führt. Komplexe können nicht in dieser Weise in Konstituenten zerlegt werden, aus denen sie aufgebaut sind, sie müssen vielmehr als nicht-analysierbare Relationen verstanden werden, die ihre Terme zu einer Einheit verbinden. ›Hans liebt Hanna‹ ist kein Komplex von drei konstituierenden Elementen (Hans, Han-

---

[11] A. Meinong, Über Gegenstände höherer Ordnung und deren Verhältnis zur inneren Wahrnehmung, in: Zeitschrift für Psychologie und Physiologie der Sinnesorgane 21 (1899), 182–272.

[12] Das letzte ist mein Beispiel.

na, Liebe), sondern eine nicht weiter analysierbare zweistellige Relation ›x liebt y‹, an deren Leerstellen Terme wie ›Hans‹ und ›Hanna‹ treten können. Zwar hatte Russell selbst noch 1904 in seinen *Principles of Mathematics* die These vertreten: »Whatever may be an object of thought, or may occur in a true proposition, or can be counted as *one*, I call a *term* [...] Every term has being, i. e. *is* in some sense. A man, a moment, a number, a class, a relation, a chimera, or anything else that can be mentioned, is sure to be a term; and to deny that such a thing is a term must always be false.«[13] Aber die Beschäftigung mit Meinong machte ihm deutlich, dass das bei der Analyse von Komplexen zu absurden Konsequenzen führt. Wenn ein Komplex aRb (›a steht in der Relation R zu b‹) in drei konstituierende Terme a, b und R analysiert wird, kann man immer fragen, wie a mit R und R mit b verbunden ist; und wird darauf wieder mit dem Verweis auf eine Relation geantwortet, iteriert sich das Problem *ad infinitum*. Sollen Komplexe nicht gänzlich unverständlich bleiben, können *Hans*, *Hanna* und *Liebe* nicht die Konstituenten von ›Hans liebt Hanna‹ sein.

5. *Russells Gegenthese*

Russell sucht daher nach einem Verständnis solcher Relationsaussagen, das diese Aporie vermeidet. Er findet es, indem er nicht wie die Tradition ontologisch *partikulare Gegenstände* (Hans, Hanna) und *generelle Gegenstände* oder *Universalien* (Liebe) unterscheidet, sondern semiotisch Terme verschiedener Funktion, nämlich *singuläre Terme* (Namensterme) wie ›Hans‹ oder ›Hanna‹, die für bestimmte Entitäten stehen, und *allgemeine Terme* (Relationsterme[14]) wie ›Liebe‹, die das nicht tun, »because in fact there are no

---

[13] B. Russell, The Principles of Mathematics, section 47, London 1903, ^{2}1937, 43.

[14] Prädikationsterme (rot, grün, Haus, Mensch usf.) sind keine besondere Klasse allgemeiner Terme, sondern einstellige Relationsterme (›x ist rot‹, ›x ist ein Mensch‹ usf.).

such entities as relations«.[15] Das heißt, Relationsterme benennen keine Entitäten, sondern dienen dazu, von Entitäten etwas Wahres oder Falsches auszusagen. Russell zufolge gibt es neben Einzeldingen nicht auch noch Universalien, sondern Relationsterme sind rein sprachlich-funktional zu verstehen. Wer ›aRb‹ sagt, benützt eine Sprachmatrix für eine zweistellige oder dyadische Relation der Form ›xRy‹, mit deren Hilfe etwas Wahres (oder Falsches) über a und b gesagt werden kann, nämlich *dass* sie in der Relation R (z. B. Liebe) zueinander stehen. Anders gesagt: Meinongs komplexe ›Gegenstände höherer Ordnung‹ sind gar keine Gegenstände, sondern verkappte Aussagen oder *Propositionen*, und als solche müssen sie auch verstanden werden.

Eben das ist der Vorschlag, den Russell 1905 in *On Denoting* vorträgt und in der Relationentheorie der *Principia Mathematica* ausarbeitet. Allerdings versteht er Relationen dabei als »relations in *extension*‹ und nicht als »relations in *intension*«,[16] genauer: als etwas zwischen beidem, »for even if p/a und p'/a' define the same class, they can still be distinguished if p is different from p' or a from a'.«[17] In *On Denoting* erklärt er das so, dass ›a liebt b‹ dann und nur dann eine Entität denotiert, wenn es ein a und ein b gibt, so dass gilt: a liebt b. »If ›aRb‹ stands for ›a has the relation R to b‹, then when aRb is true, there is such an entity as the relation R between a and b; and when aRb is false, there is no such entity.«[18] Anders gesagt: Wir müssen semiotisch zwischen unseren *Aussagen* (Propositionen) und *dem, worüber wir mit ihnen sprechen* (Sachverhalten), unterscheiden. ›Hans liebt Hanna‹ sagt etwas von Hans und Hanna aus: dass Hans Hanna liebt und Hanna von Hans ge-

---

[15] B. RUSSELL, On the Substitutional Theory of Classes and Relations (1906), in: ders., Essays in Analysis, hg. v. D. LACKEY, London, 1973, 165–189, hier 174.

[16] Ebd., 174 f.

[17] Ebd., 175.

[18] B. RUSSELL, On Denoting, in: ders., Essays in Analysis, 103–119, hier 116.

liebt wird. Es sagt nichts über eine von beiden verschiedene Relationsuniversalie *Liebe* aus, vielmehr ist die Aussage ›Hans liebt Hanna‹ die Konkretion einer logisch nicht weiter analysierbaren dyadischen Sprach-Matrix ›xRy‹.

Russell unterscheidet damit systematisch (1) zwischen *Sprachebene* (Propositionen) und *Sachebene* (Sachverhalten) und (2) zwischen der *grammatischen Struktur* (deutscher Satz) und der *logischen Syntax von Sprache* (logischer Satz). Mit Hilfe dieser Unterscheidungen kann er Meinongs Verwirrung stiftenden Schritt vermeiden, allen Sprachausdrücken bis hin zum viereckigen Kreis dadurch eine Bedeutung zu geben, dass man auf der Sachebene nach Konstituenten sucht, aus denen sie aufgebaut sind. Für Russell ist das Darstellungspotential der Sprache reicher als die Wirklichkeit, über die gesprochen wird, weil Wirkliches sprachlich immer auf verschiedene Weise dargestellt werden kann und sich auch Fiktionales, Irreales und Kontrafaktisches darstellen lässt, das gar nicht wirklich, sondern nur möglich ist (Differenz zwischen *Sprache und Wirklichkeit*). Aber auch die grammatische Struktur einer bestimmten Sprache ist reicher als die logische Syntax der *Principia Mathematica*, da in dieser nur das ausgedrückt wird, was wahr oder falsch sein kann (Differenz zwischen *Grammatik und Logik* bzw. *Sprache und Wahrheit*).

Allerdings besteht zwischen beiden Differenzen ein wichtiger Unterschied. Die Differenz zwischen *Sprache und Wirklichkeit* wird *in der Sprache* gemacht (*in der Sprache* – also *sprachlich* – wird zwischen Sprache und Wirklichkeit unterschieden), findet als Unterscheidung aber *in der Wirklichkeit* statt (*in der Wirklichkeit* treten Sprache und Wirklichkeit auseinander: Auch die Sprache und ihre Darstellungsmöglichkeiten gehören zur Wirklichkeit). Das ist bei der Differenz zwischen *Sprache und Wahrheit* nicht so. Zwar kann auch nur *in der Sprache* – also *sprachlich* – zwischen Sprache und Wahrheit unterschieden werden, aber Sprache und Wahrheit treten nicht in der Wahrheit, sondern eben nur *in der Sprache* auseinander: Wahrheit ist sprachgebunden, aber Sprache nicht wahrheitsgebunden.

6. *Zur Kritik Russells*

Man wird Russell zugestehen müssen, dass seine Überlegungen einem zentralen Problem auf der Spur sind. Wer spricht, spricht zwar immer in der Wirklichkeit, aber keineswegs immer auch die Wahrheit. Alles Reden ist wirklich, aber nicht alles, was gesagt wird, ist wahr. Sprachkritische Rückfragen sind daher stets angebracht. Nicht alles, was wir in grammatikalisch korrekten Sätzen im Deutschen (oder einer sonstigen Sprache) sagen bzw. sagen können, ist wahrheitsrelevant, sondern nur das, was sich in logischer Syntax ausdrücken lässt, und nur das, was so ausgedrückt werden kann, lässt erkennen, wie hier Wirklichkeit zur Sprache kommt. Ein Satz wie ›Hans liebt Hanna‹ sagt nur dann etwas Wahres oder Falsches, wenn die beiden Namen ganz bestimmten Personen zugeordnet sind, und ›Es regnet‹ ist erst dann wahr oder falsch, wenn nicht nur klar ist, dass das damit Gesagte im Prinzip möglich (also nicht selbstwidersprüchlich) ist, sondern ob es hier und jetzt gelten soll. Jede Sprache braucht daher Indexzeichen wie ›hier‹, ›jetzt‹, ›heute‹, ›morgen‹, ›ich‹, ›du‹, ›er‹ etc., um Äußerung konkret situieren und etwas Bestimmtes und Wahrheitsrelevantes sagen zu können. Diese Zeichen fungieren aber nur in der Sprache und dürfen nicht repräsentierend wie Namen verstanden werden: ›hier‹ benennt keinen Ort, ›jetzt‹ keine Zeit, ›ich‹ kein sprachunabhängiges Ich. Diese Zeichen sind sprachliche Orientierungsmittel, mit deren Hilfe wir uns in der Wirklichkeit orientieren, aber sie bezeichnen keine Momente der Wirklichkeit, in der wir uns orientieren.

Nur *weil gesprochen wird*, gibt es also ein ›hier‹ und ›jetzt‹ und ›ich‹ in der Welt, und nur *weil geliebt wird*, gibt es Liebe. Liebe ist keine Universalie, die (im Deutschen) durch das Wort ›Liebe‹ bezeichnet würde, sondern Kurzformel der Tatsache, dass geliebt wird. Eine relationale Aussage wie ›a liebt b‹ (›aRb‹) verknüpft keine drei Terme (a, lieben, b), die Wirkliches in der Welt benennen, sondern nur zwei (a und b), die durch den Relationsausdruck ›lieben‹ (›x liebt y‹) zu einer Proposition über eine nicht weiter analysierbare Wirklichkeit verknüpft sind, die Tatsache, dass der Sachverhalt aRb besteht. *Sachverhalte* sind dabei mögliche Lagen von Gegenständen oder Zustände der Welt, *Tatsachen* dagegen alle und nur die Sachverhalte, die wirklich bestehen. Ludwig Wittgenstein bringt das im *Tractatus* auf die Formel: »Die Welt ist alles, was der Fall ist«.[19] Er verabschiedet damit wie Russell jeden Universalienrealismus und kennt nur *Sachverhalte* – also Gegenstände (Sachen), ihre möglichen Lagen (Sachverhalte) und Tatsachen – als basale ontologische Kategorie. Das ist semiotisch ein Fortschritt. Aber bei beiden, Russell und Wittgenstein, bleibt Wichtiges unbedacht.

Zum einen erlaubt nicht nur die Grammatik unserer Alltagssprache, sondern auch die logische Syntax der *Principia Mathematica* keine unmittelbare Darstellung der ontologischen Struktur der Welt. Beide, Normal- und Formalsprache, stehen im Prinzip vor demselben Problem, dass das, was gesagt wird, nicht mit dem, wovon gesprochen wird, gleichgesetzt werden kann. Die Differenz von Sprache und Wirklichkeit kann immer nur *in* der Sprache und damit sprachrelativ gemacht werden: Wir kennen Wirklichkeit nur in sprachlicher Erschlossenheit.

Zum anderen sind eben deshalb auch *Sachverhalte* ontologisch nicht einfach gegeben, sondern werden im Rahmen von Kommunikationsprozessen semiotisch durch Thematisierungen konstituiert, die sich auf eben diese und keine anderen Aspekte konzentrieren: *Dass* aRb der Fall ist, ist zwar nur dann wahr, wenn a und b durch R verbunden sind, und ob das der Fall ist, hängt nicht an der Sprache, in der das formuliert wird. Aber *welcher* Sachverhalt das

---

[19] L. Wittgenstein, Logisch-philosophische Abhandlung. Tractatus logico-philosophicus. Kritische Edition, Frankfurt a. M. 1998, 4.

ist und dass es gerade um *diesen Sachverhalt* geht, ist nicht unabhängig von dem *Medium*, in dem dieser Sachverhalt als Proposition zur Darstellung kommt (mediales Drittes), von der *Position und Perspektive*, von der aus bzw. in der dieses Medium zur Darstellung dieses Sachverhalts gebraucht wird (positionales Drittes) und von dem *Kommunikationsvorgang*, in dem dieser Sachverhalt von jemandem mit Hilfe dieses Mediums für jemanden zur Darstellung gebracht wird (kommunikatives Drittes).

Kurz: Ein Sachverhalt p ist kein komplexes Objekt in der Welt, sondern das, was eine Proposition *p* wahr oder falsch macht, Propositionen aber sind stets Resultate komplexitätsreduzierender Selektion, in denen etwas *von jemandem von einem bestimmten Standpunkt aus mit Hilfe bestimmter Darstellungsmittel* als etwas thematisiert wird. Als Wahrheitsbedingungen oder Wahrmacher[20] von Propositionen sind Sachverhalte damit auf Drittes verschiedener Art bezogen, das ihre Propositionen *zeigen*, aber nicht sagen, weil es nicht zu ihrer Semantik, sondern (im weiten Sinn) zu ihrer Pragmatik gehört: das *Zeichenmedium*, in dem sie dargestellt sind, die *Kommunikationsposition*, von der aus sie dargestellt sind, den *Kommunikationsvorgang*, in dem sie fungieren. Sie gehören zu Kommunikationsprozessen, von denen man zwar absehen kann, um sich nur auf den interessierenden Sachverhalt zu konzentrieren, aber eben um den Preis, *abstrahierend* genau die sprachlichen und situativen Hinweise auf das mediale, positionale und kommunikative Dritte auszublenden, ohne das der Sachverhalt einer Proposition nicht ist, was er ist.

Russells Logik der Relation lebt so von einem unterdrückten (nicht expliziten) Verweis auf Drittes, von dem her seine Grundunterscheidungen zwischen Sprache und Wirklichkeit (bzw. Dargestelltem) bzw. Grammatik und Logik überhaupt erst plausibel

---

[20] Vgl. zu dieser Differenz D.H. Mellor, Wahrmacher, in: I.U. Dalferth/Ph. Stoellger (Hg.), Wahrheit in Perspektiven. Probleme einer offenen Konstellation, Tübingen 2004, 103–118.

werden. *Jede Unterscheidung ist Resultat eines Unterscheidens; jedes Unterscheiden wird von jemand an etwas durch etwas im Blick auf etwas vollzogen; aber während alle sprachlichen Unterscheidungen* in *der Wirklichkeit stattfinden, finden nicht alle* an *der Wirklichkeit statt*: was in der Sprache unterschieden wird, ist nicht allein deshalb auch in der Welt zu unterscheiden.

Deshalb kann man bei einer relationalen Analyse von Liebesaussagen *à la* Russell nicht stehen bleiben. Zweifellos trifft es zu, dass es zwar Menschen gibt, die nicht lieben, aber es gibt keine Liebe, ohne dass geliebt wird. Aussagen wie ›a liebt b‹ sind deshalb keine dreistelligen, sondern zweistellige Relationsaussagen, mit denen nicht triadisch von a, b und ihrer Liebe gesprochen wird, sondern der dyadische Sachverhalt ›a liebt b‹ ausgesagt wird. Aber wie ist der zu verstehen? Nur logisch zu analysieren, was man damit sagt, ist kaum genug. Man muss auch erhellen, was *getan* oder *erlitten* wird, wenn man liebt. Russell hat das nicht bestritten, aber er delegierte Fragen dieser Art nach der logischen Klärungsarbeit der Philosophie zur Beantwortung an die Empirie: Dass sich a und b lieben heißt, dass sie auf je ihre Weise in eine Menge von Aktivitäten, Emotionen und Verhaltensweisen verwickelt sind, die sich wissenschaftlich (neurobiologisch, verhaltensbiologisch, psychologisch, soziologisch usf.) erforschen lassen und zusammengenommen das sind, was wir mit ›Liebe‹ meinen.

Trotz der unbestreitbaren Erkenntnisse, die auf diesem Weg gewonnen werden können, hält Fellmann das aus methodischen Gründen für einen unbefriedigenden Zugang zum Verständnis von Liebe.[21] »Das Schema des Eros, das zugleich bindet und frei macht«,[22] kommt so gar nicht in den Blick, weil die empirischen Verfahren monadisch und abstrakt am isolierten Individuum orientiert sind und daher das Entscheidende verfehlen: dass es sich bei der Liebe von Paaren nicht um zwei Monaden handelt, die in

---

[21] Vgl. FELLMANN, Das Paar, 209–246.
[22] Vgl. ebd., 228.

bestimmte Aktivitäten, Emotionen und Verhaltensweisen verwickelt sind, sondern um ein dyadisches Paarwesen, das sich selbst triadisch entwirft, indem jeder der beiden Partner den Mittelpunkt seines Lebens in die Beziehung zum anderen verlegt.[23]

Fellmann verweist für diese Sicht der Liebe auf die »Eros-Lehre Platons«, der erstmals klar gemacht habe, dass »Liebe keine Substanz, sondern eine Relation« sei.[24] Was allerdings damit gemeint sein könnte, dass sie das Dritte ist, in dem liebende Partner außerhalb ihrer selbst ihren Mittelpunkt finden, das hat keiner klarer gesehen und bis in seine komplizierten Verästelungen hinein analysiert als der von Fellmann zu Unrecht ignorierte Kierkegaard. Ich gehe den Spuren beider Sokratiker nach, zuerst denen Platons, dann denen Kierkegaards.

III. Liebe als Partizipation

7. Platons unklare Einsicht: Liebe als Partizipation

Die platonische Tradition hat menschliche Liebe nicht nur logisch als Relation, sondern ontologisch *als Partizipation* gedacht. Alle Liebe zwischen Menschen ist eine phänomenale Konkretion der Idee der Liebe und damit bleibend bestimmt von der Differenz zwischen deren vollkommener Wahrheit und ihrer immer unvollkommenen Wirklichkeit. Bei Platon wird das in epistemologisch-ontologischer und in dynamischer Hinsicht entfaltet. Einerseits konkretisiert sich in der Liebe zwischen Menschen ein Drittes, das von ihr unterschieden ist wie das Urbild vom Abbild. Andererseits vollzieht sich die Liebe zwischen Menschen in einem Dritten, das nie erreicht, wonach es strebt. Wie das Objekt der Liebe nicht der Mensch ist, auf den sich diese *prima facie* richtet (sondern das, was ihn zum Geliebten macht), so ist das Subjekt der

---

[23] Ebd., 308.

[24] Ebd., 16.

Liebe nicht der Mensch, der *prima facie* liebt (sondern das, was ihn zum Liebenden macht). An beiden systematischen Orten von ›a liebt b‹ ist so eine konstitutive Differenz zu beachten, die den Rekurs auf ein (jeweils anderes) Drittes im platonischen Liebesdiskurs unausweichlich macht.

8. *Das Dritte als Urbild*

Modell für das ontologische Verständnis des Dritten im Blick auf das Objekt der Liebe (›a liebt b‹) ist die platonische Lösung des Problems der Erkenntnis: Wahr ist Wissen, wenn es die Ursachen kennt, warum etwas das ist, was es ist, und nichts anderes, also das Wahre und Allgemeine erfasst, das nicht dem Werden und Vergehen unterliegt. Solches Wissen ist nicht auf dem Weg sinnlicher Wahrnehmung zu erreichen, sondern nur auf dem Weg der Seele durch die geistige Schau der Ideen. Diese sind die Urbilder im Geist für alles, was ist, und damit die wahren Ursachen dessen, was sinnliche Gegenstände wirklich sind. Auch Liebe ist dementsprechend nur zu erkennen, wenn man nicht auf die phänomenalen Aspekte der Liebe zwischen Menschen achtet, sondern auf die Idee der Liebe, die menschliche Liebe zu dem macht, was sie ist.

Solches Erkennen ist möglich, weil zwischen Idee(n) und Einzelphänomenen eine Ursachenbeziehung besteht, die Platon mit Begriffen wie ›Teilhabe‹ (μέθεξις), ›Abbild‹ (εἰκών), ›Nachahmung‹ (μίμησις), ›Anwesenheit‹ (παρουσία) oder ›Gemeinschaft‹ (κοινωνία) umschreibt. Jedes Ding ist, was es ist, aufgrund der Ideen, die es mehr oder weniger vollkommen repräsentiert. Ideen besitzen dabei keinen höheren Grad der Existenz als die Einzelphänomene, sondern die Idee der Liebe ist in vollkommenerem Grade Liebe als die einzelne Menschenliebe, weil diese nicht nur aufgrund ihrer Teilhabe an der Liebe ist, was sie ist, sondern aufgrund ihrer Teilhabe an anderen Ideen immer zugleich auch noch etwas anderes (z. B. schwankende, schwache, starke usf. Liebe). Die Ideen sind so das Prinzip der Einheit für den jeweiligen Bereich von Vielheit, die Idee der Liebe etwa das Prinzip der Einheit der vielfältigen und unterschiedlichen Weisen menschlichen Liebens, also das, was diesen bei aller Verschiedenheit gemeinsam ist und sie zu Liebesweisen macht.

Alle Phänomene unserer Erfahrungswelt werden so von Platon als Wirkungen von Ursachen verstanden und damit nach zwei Seiten hin betrachtet: Als zusammengesetzte, damit auch wieder auflösbare, veränderliche und sichtbare Erfahrungsphänomene sind sie, was sie sind, weil und insofern sie in je bestimmter Weise an den nicht zusammengesetzten, sondern unzerstörbaren, unveränderlichen und unsichtbaren Ideen teilhaben. So wenig es Phänomene ohne Ideen gibt, so wenig gibt es Ideen unabhängig von Phänomenen. Von Ursachen zu reden, ohne dass es Wirkungen gäbe, wäre sinnlos, und von Wirkungen zu reden, ohne dass es dafür Ursachen gäbe ebenso.

Man verfehlt daher Platons Pointe, wenn man ihm eine Zwei-Welten-Theorie unterstellt. Der Chorismos zwischen unveränderlichen Ideen und veränderlichen Phänomenen markiert keine Differenz zwischen einer intelligiblen und phänomenalen Welt, sondern zwei Seiten an den Gegenständen unserer Erfahrungswelt: das, was sie sind (Ideen), und das, wie sie uns erscheinen (Phänomene). Diese Seiten sind so aufeinander bezogen, dass sich die Ideen zu den entsprechenden Einzelphänomenen verhalten wie das Urbild (παράδειγμα; ἰδέα; εἶδος) zum Abbild (εἰκών; εἴδωλον).[25]

Unklar bleibt dagegen, wie dieses Abbildverhältnis genauer zu bestimmen ist. Wie partizipieren Einzelphänomene an ihren Ideen? Wenn zwischen Urbild und Abbild eine Ähnlichkeit bestehen soll, scheint es etwas geben zu müssen, das sie verbindet. Doch eine solche über ein Drittes vermittelte Ähnlichkeit kann es nur zwischen Gegenständen desselben Typs geben, und genau das ist hier nicht der Fall: die Menschheit ist kein Mensch, die Weisheit

[25] Timaios 29 b.

nicht weise, die Liebe nicht liebend. Ideen sind ein anderer Typ von Gegenstand als die durch sie konstituierten konkreten Einzelphänomene.

Platon gelingt es nicht, diesen Punkt wirklich zu klären, da er jedes Verhältnis zwischen zwei Größen nur als (die Typendifferenz verwischende) Partizipation an einem dritten Gemeinsamen zu verstehen vermag. Setzt man aber voraus, dass die Idee F und das Phänomen F nur aufgrund eines gemeinsamen Dritten F sind, dann führt das offensichtlich in einen infiniten Regress. Interpretiert man die Teilhabe-Relation dagegen nicht als Ähnlichkeit, sondern als Element-Klasse-Relation (Der einzelne Mensch ist Element der Klasse der Menschen), dann ist die Idee (Menschheit) ein abstrakter Gegenstand, aber keine allgemeine Wesenheit, da Klassen auch, wie konkrete Einzelgegenstände, Individualitäten sind, nur eben abstrakte. In Platons Idee-Begriff laufen so ungeklärt zwei Differenzverhältnisse zusammen: der Gegensatz zwischen *Einzelnem und Allgemeinem* (prädizierbares Sein) und der Gegensatz zwischen *Konkretem und Abstraktem* (ideales Sein). Genau deshalb bleibt die Art des Zusammenhangs zwischen Idee und Einzelphänomen im Dunkeln.

9. *Die Seele als dynamisches Drittes*

Die Folge ist ein unklarer Wissensbegriff. Wissen ist für Platon immer Wissen des Universalen, Allgemeinen, Unveränderlichen, Wahren, Zeitlosen und Notwendigen, also Ideen-Wissen. Doch zu wissen, dass etwas wahr oder falsch ist, ist etwas anderes, als einen Gegenstand wahrzunehmen. Wahrnehmung ist gegenstandsbezogen (›ich nehme etwas als etwas wahr‹), Wissen propositional (›ich weiß, dass p‹). Wird Wissen als eine nichtsinnliche Art der Wahrnehmung (θεωρία) verstanden, müssen Ideen (abstrakte) Gegenstände und können keine (in Urteilen prädizierbaren) Allgemeinbegriffe sein. Durch den Rekurs auf Ideen wird deshalb nicht nur das Wahrheitsproblem bei der Erkenntnis konkreter

Einzelphänomene nicht gelöst, sondern es wird zusätzlich und in anderer Form auch noch für die Erkenntnis abstrakter Einzeldinge aufgeworfen.

Wissen ist aber nicht nur Ideen-Wissen, sondern jedes Wissen impliziert eine Instanz, die weiß, nämlich die *Seele*. Diese gehört weder zu den Phänomenen noch den Ideen, sondern ist ihnen gegenüber ein Drittes. Da sie ihr Wissen nicht durch Wahrnehmung erwirbt, sondern durch Erkenntnis der jeweils relevanten Ideen, kann die Seele nur entweder immer schon oder überhaupt nichts wissen. Dass wir manches wissen, kann Platon unter diesen Voraussetzungen nur durch seine Anamnesislehre erklären. Der Seele wird damit nicht nur eine Geschichte zugeschrieben, sondern auch ein bestimmter Charakter. Wenn alles Lernen und Erkennen darin besteht, einst Gewusstes dem Vergessen wieder zu entreißen, dann muss die Seele zwar etwas anderes sein als die Ideen, diesen ewigen, unzerstörbaren Größen aber irgendwie auch ähnlich sein, da sie diese sonst überhaupt nicht erkennen könnte. Wie daher für Platon der Körper den vergänglichen Phänomenen ähnlich ist, so die Seele den unvergänglichen Ideen, und daraus folgt deren Unsterblichkeit und Ewigkeit unmittelbar, wie die Argumente des *Phaidon* zu zeigen suchen.

Das verleiht der Seele einen Zwischen-Charakter, der dem des Eros entspricht.[26] »Der Eros ist kein Gott, denn alles Göttliche ist in sich selbst vollendet, so dass es keines anderen bedarf; aber ebenso wenig gehört er der bloß sterblichen Natur an, da ihm das Hinausgreifen über alles Sterbliche, über alles bloß Endliche und Bedingte wesentlich ist. So ist er ein großer Dämon: denn alles Dämonische ist zwischen Gott und dem Sterblichen. Als Dolmetscher und Mittler geht er zwischen Göttern und Menschen hin und her. So hat jede menschliche Seele am Eros teil: denn ohne ihn wäre sie nicht Seele, sie würde ins bloß Physische, Bewusstlose zu-

---

[26] Vgl. FELLMANN, Das Paar, 65–69.

rücksinken und ihrer geistigen Natur verlustig gehen.«[27] Der Eros verkörpert so das Streben nach dem, was er selbst nicht ist und nicht sein kann: das vollkommene Erfassen der Idee der Schönheit, der Liebe, des Guten. Er ist – wie es im *Symposion* heißt – nicht nur Liebe zu etwas, sondern Liebe zu dem, woran er selbst Mangel leidet. Er liebt, was ihm fehlt.

Eben das macht ihn zum Motor und Logos der Seele. Er ist nicht das dunkle Andere des Logos, sondern das, was das Erkenntnisstreben der Seele begründet. Liebe ist nicht bloß Teilhabe an den Ideen (*etwas* lieben), sondern sie ist die Dynamik des Strebens nach ihnen (etwas *lieben*). Im Blick auf ihr Objekt unterscheidet sie zwischen Phänomen und Idee, als Vollzug strebt sie danach, aus dem Wechsel der Phänomene in die ewige Gegenwart der Ideen zu gelangen. Wer liebt, sucht etwas zu erlangen, was sich nicht erreichen lässt, indem man liebt: die ewige Gegenwart der Liebe als Koinzidenz von Lieben (Vollzug), Geliebtem (Objekt) und Liebendem (Subjekt). Wer liebt, lebt auf diese Gegenwart zu, ist aber nicht da, denn wäre er da, liebte er nicht mehr. Das verleiht der Liebe der Menschen ihren ambivalenten Charakter: Sie ist Bewegung auf etwas hin, was sie nicht ist. Sie leidet daran, dass sie nicht ist, wonach sie strebt. Sie ist Indikator der Endlichkeit und Vergänglichkeit der Liebenden, zugleich aber auch ihrer Suche nach ewiger Gegenwart, die sie anstrebt und nie erreicht, solange sie strebt.

Platon entfaltet das Dritte, auf das man sich zum Verstehen erfahrbarer Liebe beziehen muss, also auf zwei Gedankenlinien, die aufeinander bezogen, aber nicht ineinander überführbar sind: auf der einer logisch-ontologischen Analyse der Liebe als Objekt des Wissens (Was heißt ›a liebt b‹?) und auf der einer erotisch-dynamischen Analyse des Liebens als Projekt des Lebens (Was heißt es,

---

[27] E. Cassirer, Die Philosophie der Griechen von den Anfängen bis Platon, in: M. Dessoir (Hg.), Lehrbuch der Philosophie, Berlin 1925, 7–139, hier: 110.

jemanden oder etwas zu lieben?). Beides zusammen macht deutlich, dass es ihm um die Klärung des Sinns gelebter Liebe geht. Dieses Interesse teilt der Sokratiker Platon mit dem Sokratiker Kierkegaard. Kierkegaards Sicht der Liebe kann aber nicht nur als *hermeneutische Version* des platonischen Versuchs verstanden werden, Liebe ontologisch als Partizipation zu bestimmen. Sie bietet auch eine originelle Analyse dessen, was Fellmann als Grundvollzug gelebter Liebe beschreibt: dass Liebende den Mittelpunkt ihres Denkens und Fühlens nicht in sich haben, sondern aus sich heraus verlegen in die Liebesbeziehung, die sie verbindet.

IV. Liebe als Zwischenbestimmung

10. Kierkegaards hermeneutische Wende: Liebe als Verhältnis zwischen Mensch-Gott-Mensch

In seinen *Taten der Liebe* hat Kierkegaard nachdrücklich die fast immer missverstandene These vertreten: »*Die weltliche Weisheit meint, Liebe sei ein Verhältnis zwischen Mensch und Mensch; das Christentum lehrt, Liebe sei ein Verhältnis zwischen Mensch-Gott-Mensch, das heißt Gott sei die Zwischenbestimmung*«.[28] Das scheint zu besagen, die weltliche Sicht der Liebe als einer zweistelligen Relation sei christlich zu einer dreistelligen Relation zu erweitern, jedes Liebesverhältnis zwischen zwei Menschen also als eine Dreierbeziehung zwischen diesen Menschen und Gott zu verstehen. Aussagen der Form ›a liebt b‹ wären dann zu analysieren als ›a liebt Gott‹ und ›b liebt Gott‹, oder ›a liebt Gott und nur so auch b‹ und ›b liebt Gott und nur so auch a‹, also nicht als Aussagen über eine direkte Beziehung zwischen a und b, sondern über eine indirekte, über Gott vermittelte Beziehung zwischen ihnen. Das scheint

[28] S. Kierkegaard, Der Liebe Tun. Etliche christliche Erwägungen in Form von Reden, übers. v. H. Gerdes, in: Sören Kierkegaard, Gesammelte Werke, 19. Abteilung, Düsseldorf/Köln 1966, 119.

Kierkegaard zu bestätigen, wenn er betont, selbst in der Ehe gelte es zu entdecken, »daß nicht der Mann der Geliebte der Ehefrau ist, sondern Gott« und umgekehrt, weil Gott »in jedem Liebesverhältnis [...] eigentlich der einzige geliebte Gegenstand wird«.[29]

Doch das ist nicht nur moralisch absurd, sondern logisch ein Irrtum und hermeneutisch ein Missverständnis Kierkegaards. Es wäre moralisch abwegig, wenn in der Liebe zu einem Partner nicht dieser, sondern die Liebe zu ihm der eigentliche Gegenstand der Liebe wäre. Dann wäre Liebe immer nur eine Version von Selbstliebe, und die könnte es gar nicht geben, ohne dass sie sich in irgendeiner Weise von der Liebe zum anderen unterschiede. Doch Partnerliebe ist nicht Liebe der Liebe, sondern Liebe des Partners: Wer liebt, liebt nicht das Lieben (selbst wenn das dazukommen mag), sondern den, den er oder sie liebt. Das ändert sich auch nicht, wenn man Gott ins Spiel bringt. Gott ist nicht das Schwert, das Siegfried zwischen sich und Brünhilde legt, um ihr nicht zu nahe zu kommen. Gott ist nicht das, was sich zwischen Liebende drängt und sie voneinander abhält, sondern gerade das, was sie als Liebende bestimmt und als solche in ganz bestimmter Weise aufeinander bezieht: »die Liebe selbst«.[30] Man liebt immer den anderen und nicht etwa die Liebe, aber nur indem man das Verhältnis zum anderen am Gottesverhältnis misst, kann man es überhaupt *als Liebe* bestimmen. Das Verhältnis Gott-Mensch ist nach Kierkegaard kein Fall der Reihe, die durch Mensch-Mensch-Verhältnisse gebildet werden, weil Gott ja »kein Gegenstand ist, da er die Liebe selbst ist«.[31] Es geht im Verhältnis Gott-Mensch um dasjenige singuläre Verhältnis, ohne das die ganze Reihe der Mensch-Mensch-Verhältnisse nicht sein könnte und daher auch nicht verstanden werden kann.

---

[29] Ebd., 134.
[30] Ebd., 293.
[31] Ebd., 293.

Das ist keine unbegründete religiöse Sicht menschlicher Wirklichkeit. Wie Kierkegaard zeigt, ist es ein Irrtum zu meinen, die Verhältnisse zwischen Menschen würden erst dann erfasst, wie sie wirklich sind, wenn man vom Gottesverhältnis absieht und sie ›rein empirisch‹ erforscht, wie es nicht nur Russell nahe legt. Sie werden dann nicht ethisch neutral, sondern gerade umgekehrt im Licht anderer ›Zwischenbestimmungen‹ verstanden, in der bestimmte Forschungsinteressen oder die »Selbstherrlichkeit von Trieb und Neigung«[32] dominieren und nicht die prinzipielle Gleichheit der Liebenden das Maß für den Umgang mit ihren unaufhebbaren Verschiedenheiten abgibt.

Doch Menschen sind wesentlich verschieden, und alle ihre Beziehungen sind von diesen Verschiedenheiten geprägt. Ihr Wesen besteht geradezu darin, dass sie kein sie festlegendes Wesen haben. Der eigentliche, die Menschen vor den Tieren auszeichnende Vorzug besteht Kierkegaard zufolge nicht in ihrer empirischen Zugehörigkeit zum menschlichen Geschlecht, sondern in der »Tatsache, daß jeder einzelne innerhalb des Geschlechts das wesentlich Verschiedenartige oder Eigentümliche ist«.[33] Kein Mensch ist wie ein anderer, jeder kann vielmehr »unter den gleichen Umständen genau das Gegenteil dessen tun […], was ein anderer Mensch tut«.[34] Wird die Gleichheit der Menschen auf der Basis dieser Verschiedenheiten postuliert, indem man – philosophisch, anthropologisch oder biologisch – einen »allgemein gegebenen Maßstab« des »Allgemein-Menschliche[n]« konstruiert,[35] führt das faktisch zu nichts anderem als dazu – wie Kierkegaard lange vor der Erfindung einer kritischen ›Hermeneutik des Verdachts‹ beobachtet –, dass die Mächtigeren ihre Interessen, Triebe und Neigungen gegenüber den anderen durchsetzen und diese unter ihre Sicht von Gleichheit zwingen.

---

[32] Ebd., 155.
[33] Ebd., 255.
[34] Ebd.
[35] Ebd.

Diese Selbstherrlichkeiten hält Kierkegaard allein dadurch für vermeidbar, dass man die essentielle Verschiedenheit der Menschen akzeptiert und ihre Gleichheit nicht im Konstrukt eines allgemein-menschlichen Wesens zu fundieren sucht, sondern auf die einzige »allen Menschen gemeinsame [...] Gleichheit« rekurriert, die »göttliche Gleichheit«,[36] diejenige also, in der Gott die maßgebliche »Zwischenbestimmung« ist, von der her das Verhältnis der Menschen zueinander verstanden und beurteilt wird.

Das ist selbstverständlich eine durchaus bestreitbare religiöse Sicht menschlicher Gleichheit. Aber sie ist nicht von der Art, dass der Streit um sie wissenschaftlich auf der Ebene neuer und neuester empirischer Forschungen über den Menschen ausgetragen werden könnte. Recht verstanden konkurriert sie mit keinen empirischen Fakten und Theorien, weil sie nicht von dem spricht, was der Mensch im Gesamtzusammenhang der Evolution des Lebens ist, sondern davon, wie wir angesichts und unter Berücksichtigung alles verfügbaren faktischen Wissens über den Menschen uns und unsere Mitmenschen verstehen und behandeln wollen: Wir sind nicht nur, was wir biologisch wurden, sondern immer und entscheidend auch das, als was wir uns selbst verstehen und wozu wir uns und andere machen. Was Menschen sind, entscheidet sich nicht in der Biologie, sondern darin, wie wir angesichts unseres biologischen (und sonstigen) Wissens miteinander umgehen wollen.

In diesem Sinn ist Kierkegaards Aussage über die »göttliche Gleichheit« der Menschen keine Tatsachenfeststellung, sondern Ausdruck der *freien Entscheidung für eine Lebensorientierung*: Wer die Gleichheit der Menschen so versteht, vertritt sie in einem absoluten, durch keine empirischen, historischen oder kulturellen Fakten bedingten, beschränkten oder revidierbaren Sinn. Genau das – und deshalb ist es eine *freie* und keine willkürliche Orientierungsentscheidung – kann der entscheidende Grund sein, sich für

---

[36] Ebd., 139.

diese Sicht menschlicher Gleichheit und nicht für eine andere zu entscheiden. Auf Drittes der einen oder anderen Art müssen auch andere Sichtweisen des Menschseins rekurrieren. Aber die von Kierkegaard vertretene Sicht der ›göttlichen Gleichheit‹ der Menschen ist – recht verstanden – mit sich verändernden Erkenntnislagen über das menschliche Leben vereinbar, und sie bietet angesichts sich ständig verändernder wissenschaftlicher Erkenntnislagen verlässliche Orientierungssicherheit im Umgang der Menschen miteinander. Das schließt nicht aus, dass Menschen dennoch nicht gleich, sondern ungleich, ungerecht, unfair oder unmenschlich behandelt werden. Aber das ist kein Versagen dieser Lebensorientierung, sondern ein Versagen derer, die versäumen, ihr entsprechend zu leben und zu handeln.

Der entscheidende Punkt dieser christlichen Lebensorientierung ist, dass die Gleichheit der Menschen nicht in irgendwelchen biologischen, anthropologischen oder kulturellen Fakten gründet, die sich empirisch oder historisch erheben ließen, sondern allein darin, dass Gott sich zu den Menschen in der ganzen Vielfalt und Verschiedenheit ihrer empirischen und historischen Realität so verhält, dass er sie *als Gleiche* betrachtet und behandelt, indem er sich zu ihnen als ihr Nächster verhält und sie so zu Nächsten all derer macht, zu denen er sich als Nächster verhält. Menschen sind aus Kierkegaards christlicher Sicht nicht deshalb gleich zu behandeln, weil sie irgendwelche empirisch oder historisch aufweisbaren gemeinsamen Züge besäßen, andernfalls dagegen nicht (das wäre nur eine stets prekäre *bedingte* Gleichheit), sondern allein deshalb (und eben daher ganz unbedingt), weil Gott sich in gleicher Weise zu ihnen verhält, einer Weise, die Christen ›Gottes Liebe‹ nennen.

So verstanden ist die Gleichheit der Menschen weder ein wissenschaftlich erweisbares Faktum noch ein absolutes moralisches Postulat, sondern das Korrelat einer lebensorientierenden Selbstfestlegung der Christen, alle, denen Gott so zum Nächsten wird wie ihnen selbst, als Nächste Gottes zu betrachten und zu behandeln. Nächstenliebe ist kein erstaunlicher emotionaler Sonderzustand der Christen und kein unmöglich einlösbares Gefühlspostulat, sondern die mit der christlichen Lebensorientierung gesetzte ganz unselbstverständliche Selbstverständlichkeit, alle Menschen gleichermaßen als Nächste Gottes zu betrachten und zu behandeln – nicht nur die, die man selbst nett findet, sondern auch die Fernsten und selbst die Feinde, und zwar aus keinem anderen Grund als dem, dass Gott sie in gleicher Weise betrachtet und behandelt wie man selbst von Gott betrachtet und behandelt wird: als Menschen, die er zu seinen Nächsten und damit auch untereinander zu Nächsten macht, indem er ihr Nächster wird.

In dieser *hermeneutischen* Sicht wird das Liebesverhältnis »zwischen Mensch und Mensch« nicht deshalb als »Verhältnis zwischen Mensch-Gott-Mensch« verstanden, weil die Liebe zu Gott zur Liebe zu den Menschen hinzuträte oder die Dyade der Liebenden durch den Bezug auf Gott als Drittes zu einem triadischen Verhältnis zwischen Mensch-Gott-Mensch erweitert würde oder im Sinn eines religiös-moralischen Postulats erweitert werden sollte. Damit wird vielmehr eine Lebensorientierung zum Ausdruck gebracht, die im Verständnis Gottes als kreativer Liebe, die den auf sich selbst fixierten Menschen zur Liebe zu anderen befreit, den maßgeblichen Gesichtspunkt sieht, um Verhältnisse zwischen Menschen als Liebesbeziehungen zu beschreiben und ihr Gelingen oder Misslingen zu beurteilen. Gott ist das Dritte nicht als ein weiterer Term der Liebesrelation, der diese von einer zweistelligen zu einer dreistelligen erweiterte, sondern als der maßgebliche Orientierungsgesichtspunkt, von dem her diese überhaupt als Liebesrelation bestimmt und beurteilt werden kann.

11. *Die Liebe als Drittes*

Man kann menschliche Liebe beschreiben und analysieren, ohne von Gott zu sprechen. Man kann einen Menschen lieben, ohne Gott zu lieben. Man kann lieben, ohne den Gedanken der Gottesliebe auch nur zu erwägen. Nicht bloß dyadisch, sondern triadisch muss menschliches Lieben aber immer dann beschrieben werden, wenn man fragt, warum und in welchem Sinn das entsprechende Verhalten *als Liebe* gelten soll. Dann muss man nicht nur die Phänomene nennen, sondern auch den Standpunkt, die Kriterien und den Horizont, von dem aus, nach denen und innerhalb dessen man diese Phänomene als Liebe beschreibt. Die Antworten können verschieden lauten, aber jede hat praktische Folgen im Vollzug sich so orientierenden Lebens. Verstehen, was ›Liebe‹ meint, ist eines; wissen, was Liebe ist, ein anderes; jemanden zu lieben ein Drittes; und einzusehen, was es möglich macht, lieben oder nicht lieben zu können, ein Viertes. Auf keine dieser Fragen gibt es nur eine Antwort. Aber wie immer man sie beantwortet: Wenn man von Liebe redet, geht es um mehr als nur um zwei.

E. Wahre Liebe ist kein Gefühl. Liebe als Grundmuster menschlicher Lebensorientierung

I. Das Paradox der Liebe

Wahre Liebe ist »*nicht Sache des Triebes und der Neigung, oder Sache des Gefühls*«,[1] stellt Kierkegaard klar, nachdem er ausführlich dargelegt hat, inwiefern Liebe nicht nur Tat und Tun,[2] sondern eben auch Gefühl, ja »die Leidenschaft des Gefühls« ist.[3] Er ist nicht der einzige, der bestreitet, dass Liebe ein Gefühl sei. Aber nicht jeder tut es, indem er wie er die Differenz zwischen *Liebe* und *wahrer Liebe* betont. Ist also *Liebe* ein Gefühl, *wahre Liebe* aber nicht?

1. Gefühle und Emotionen

Auch das ist strittig. Zwar wird Liebe häufig und geradezu paradigmatisch als Gefühl oder Emotion angesehen. Aber zum einen sind Emotionen nicht dasselbe wie Gefühle, und zum anderen wäre Liebe, wenn sie eine Emotion wäre, ein hoch wechselhaftes, temporäres und situationsabhängiges Phänomen. *Gefühle* – so

---

[1] Vgl. S. KIERKEGAARD, Der Liebe Tun. Etliche christliche Erwägungen in Form von Reden, übers. v. H. GERDES, in: SÖREN KIERKEGAARD, Gesammelte Werke, 19. Abteilung, Düsseldorf/Köln 1966, 159.

[2] Liebe ist schiere Tätigkeit und Aktivität, »lauter Handeln« (ebd., 110), kein »untätiges Gefühl [...] oder eine Stimmung, die sich selbst genug ist« (ebd., 111), und kein bloßer Vorsatz oder ein bloßes Versprechen, etwas zu tun (ebd., 102–106). Eben deshalb kann Kierkegaard sagen: »Was Liebe tut, das ist sie; was sie ist, das tut sie – und zwar in ein und demselben Augenblick« (ebd., 309).

[3] Ebd., 125.

werde ich im Folgenden sagen[4] – sind *erlebte Emotionen*, und *Emotionen* sind Körperzustände, genauer: *Dispositionen zu bestimmten Körperreaktionen*, die sich einstellen, wenn die Wahrnehmung einer Situation die entsprechenden Reaktionsmuster auslöst, und die abklingen, wenn die Situation sich wieder anders darstellt. In Emotionen erschließen sich uns Situationen so, dass wir uns schnell und ohne sie zunächst kognitiv zu strukturieren in ihnen orientieren können. Evolutionsbiologisch haben sich für bestimmte Situationstypen spezifische Reaktions- oder Affektmuster entwickelt, die sich auch neuronal identifizieren lassen. Aber deren Aktivierung und damit die konkrete emotionale Bestimmtheit unseres Lebens variiert mit unseren Lebenssituationen und trägt gerade dadurch zu unserer Orientierung bei, dass sie nicht stabil bleibt, sondern sich mit dem Wechsel der Situationen auch selbst permanent ändert.

Gerade deshalb wird Liebe emotionspsychologisch meist nicht als Gefühl, sondern als eine *emotionale Einstellung zu einer anderen Person* beschrieben. Emotionen wie Freude, Ärger, Wut, Ekel sind dynamische Dispositionen zu bestimmten Körperreaktionen, sie flammen auf, wenn der entsprechende Anlass eintritt, und ebben ab, wenn dieser abklingt.

Das gilt auch für die Verliebtheit, aber nicht für die Liebe. Liebe ist keine bloß momentane Reaktion auf einen situativen Anlass. Umgekehrt ist der Versuch, Verliebtheit auf Dauer stellen zu wollen, so abwegig, wie in ständigem Schrecken oder Ekel zu leben. Es geht nicht, weil diese Emotionen gerade darin ihre Orientierungsleistung haben, dass sie Situationen so oder so strukturieren, also nahe legen, auf diese so oder anders zu reagieren. Keine Situation aber ist permanent, sondern jede Situation geht permanent in andere über. Deshalb sind auch Emotionen keine dauerhaften, son-

---

[4] Zu dieser terminologischen Festlegung vgl. I. U. DALFERTH, Das Spiel der Zeit. Konturen einer theologischen Lebensmetapher, in: Zeit Geben. Hans Weder zum 60. Geburtstag, Hermeneutische Blätter 1/2 (2006), 5–20, hier 5ff.

dern situationsbedingt auftretende und abklingende Körperzustände.

2. Liebe ist kein Gefühl

Dass Liebe ein Gefühl oder eine Emotion sei, wird daher immer wieder mit Gründen bestritten. Vier häufig genannte Gründe sind die folgenden:[5]

a) Im Rahmen der psychoanalytischen Sexual- und Triebtheorie wurde und wird Liebe auf die Libido zurückgeführt, damit einerseits ganz unspezifisch als Lebensenergie charakterisiert, andererseits »als kulturell überformte Gestalt eines letztlich sexuellen Strebens begriffen«.[6] Evolutionsbiologisch wird das durch die Vermutung unterstrichen, Liebesgefühle könnten im Zusammenhang der Sexualität entstanden sein, weil sie es ermöglicht hätten, die erfolgte Partnerwahl über einen längeren Zeitraum zu stabilisieren. Und auch neurobiologisch werden Liebesgefühle dadurch erklärt, dass verschiedene Botenstoffe für Aufregung (Adrenalin), Euphorie (Dopamin), Glücksgefühle und Wohlbefinden (Endorphin und Cortisol) sorgen und so die sexuelle Lust erhöhen, indem das Testosteron bei Männern sinkt und bei Frauen steigt. So oder so wird Liebe mit Sexualität in eine enge Beziehung gebracht und damit nicht als Gefühl oder Emotion, sondern als *Ausdrucksgestalt sexueller Begierde und Lust* verstanden.

b) Auch soziologisch wird bestritten, dass Liebe ein Gefühl sei. In entscheidender Hinsicht sei sie ein Kulturmuster (Luhmann), das dazu beitrage, Sozialformen wie ›Paar‹ oder ›Familie‹ zu stabilisieren, sie also trotz ihrer hohen Unwahrscheinlichkeit wahrscheinlich zu machen. So verstanden ist Liebe eine *institutionelle*

---

[5] Vgl. zum Folgenden Chr. Demmerling/H. Landweer, Philosophie der Gefühle. Von Achtung bis Zorn, Stuttgart 2007, 127–130.

[6] Ebd., 128.

Praxis, aber damit auch dann noch kein Gefühl, wenn Gefühle im Zusammenhang solcher Praktiken eine wichtige Rolle spielen.[7]

c) Ein dritter Einwand lautet, Liebe sei kein Gefühl, sondern eine Art *Metagefühl*, das andere Affekte und Emotionen steigere und auf eine andere Person hin ausrichte. So verstanden ist Liebe »dasjenige sekundäre ›Gefühl‹, das eine andere Person aus der persönlichen Umgebung des Liebenden heraushebt und ihr im positiven Spektrum der Gefühle eine emotionale Dichte wie kaum jemand anderem entgegenbringt.«[8] Liebe wird so zum Grund und Auslöser für Gefühle der Zuneigung und des Glücks, aber auch der Eifersucht, Angst oder Wut, aber sie ist nicht selbst ein besonderes Gefühl unter diesen Gefühlen. Wer liebt, liebt nicht so sehr den anderen Menschen, sondern seine guten Gefühle dem anderen gegenüber. Und wer an der Liebe leidet, leidet nicht daran, dass der Geliebte nicht mehr da ist, sondern dass die mit ihm verbundenen und auf ihn gerichteten Gefühle nicht mehr da sind. So verstanden gibt es Liebe daher nicht ohne Gefühle, aber sie ist selbst kein Gefühl.

d) Das gilt schließlich auch dann, wenn man Liebe als eine bestimmte *Verhaltensdisposition* versteht, also eine Haltung, sich unter bestimmten Umständen dem anderen gegenüber entsprechend zu verhalten.[9] Liebe wird dann als *Sorge oder Fürsorge* (*care*) verstanden, und das sind keine Emotionen oder Gefühle, sondern Einstellungen anderen gegenüber, die in bestimmtem Verhalten und Handeln resultieren. Liebe besteht nicht in dem, was man fühlt, sondern in dem, was man für den anderen tut bzw. zu tun disponiert ist.

---

[7] Vgl. N. Luhmann, Liebe als Passion. Zur Codierung von Intimität, Frankfurt a. M. ^{4}1984; ders., Liebe. Eine Übung, Frankfurt a. M. 2008; K. Lenz, Soziologie der Zweierbeziehung. Eine Einführung, Opladen 1998, bes. 255 ff.

[8] Demmerling/Landweer, Philosophie der Gefühle, 129.

[9] Vgl. H. G. Frankfurt, Gründe der Liebe, Frankfurt a. M. 2005.

Wird Liebe so als Manifestation von Sexualität und Erotik, als Kulturinstitution, als Metagefühl oder als Verhaltensdisposition verstanden, dann wird sie nicht als Gefühl in den Blick gefasst und es stehen auch nicht die mit ihr verbundenen Gefühle und Emotionen im Vordergrund, sondern sie wird als kulturelle und personale Orientierungsleistung im Umgang mit Gefühlen und Emotionen in Sozialbeziehungen begriffen. Liebe ist dann kein Gefühl, sondern ein Orientierungsmuster zum Umgang mit Gefühlen anderen und sich selbst gegenüber.

3. *Versionen der Liebe*

In diesen Argumenten prägt sich aus, was im philosophischen Diskurs über Liebe schon lange bekannt ist: dass von Liebe nur gesprochen werden kann, wenn man verschiedene Versionen von Liebe unterscheidet, die nicht aufeinander oder auf ein gemeinsames Drittes zurückgeführt werden können. So gibt es umgangssprachlich nicht nur eine Liebe zu Personen, sondern auch zu Sachen. Es gibt Musik-, Natur- und Fußballliebhaber, es gibt Eltern-, Geschwister- und Tierliebe, aber auch Philosophen, also Weisheitsfreunde, und Bibliophile, also Bücherliebhaber. All das lässt sich nicht auf einen einzigen Begriff von Liebe bringen, sondern nötigt, sich an bestimmten Unterscheidungen zu orientieren. Drei sind besonders relevant.

a) Eros, Philia, Agape. Seit der Antike wird in der europäischen Tradition nicht nur zwischen Eros, Philia und Agape, also dem Begehren und Drang nach dem anderen, der Freundschaft und Vertrautheit mit dem anderen, und der geschwisterlichen Gemeinschaft untereinander unterschieden, sondern Eros und Philia – allerdings nicht Agape! – wurden auch jeweils im Blick auf Personen und Sachen ausdifferenziert. Sexuelles Verlangen kann so bestimmte Formen der Liebe begleiten, gehört aber nicht wesentlich zur Liebe hinzu, und zwar nicht nur im Blick auf Personen, die man lieben kann, ohne sie sexuell zu begehren, sondern auch im Blick auf ideale Gegenstände, die man begehren kann, ohne dass dieses Begehren sexuell wäre.

b) Empfindung, Gefühl, Haltung. Liebe und Verliebtheit sind daher auch dann zu unterscheiden, wenn es Versionen der Liebe gibt, die mit Verliebtheit zusammenzufallen scheinen. Denn während Verliebtheit ein episodisches Gefühl ist, das in der Regel nach drei bis vier Jahren zu verschwinden beginnt, kann Liebe zwar auch episodisch auftreten, aber ihr phänomenaler Charakter ist anders als der von Verliebtheit, und ihre neuronalen Korrelate sind es auch.[10] Nicht alles, was umgangssprachlich oder in der wissenschaftlichen Literatur ›Liebe‹ genannt wird, ist daher nach demselben Muster zu verstehen. *Liebesempfindungen* wie die Verliebtheit sind stärker sinnlich (visuell, olfaktorisch, taktil) und sexuell konnotiert als *Liebesgefühle*, in denen sich im Erleben eines Menschen die Hinwendung, Wertschätzung oder Aufmerksamkeit gegenüber einer Sache oder Person manifestiert, ohne dass dies von sinnlich-erotischen Empfindungen begleitet sein müsste. Und beides unterscheidet sich von der Liebe als Tugend oder *ethischen Haltung*, in denen es um die Achtung und Würde der Person geht – der anderen Person in der Nächstenliebe und der eigenen in der Selbstliebe.

Diese Liebeshaltung ist nicht mit Altruismus im Unterschied zu Egoismus zu verwechseln, weil sie weder allein aus der Animalität noch der Rationalität des Menschen entwickelt werden kann, sondern seiner Personalität gilt, in der ein Mensch nicht nur als Tier unter Tieren (Lebewesen) oder als Vernunfttier (vernunftfähiges Lebewesen) in den Blick tritt, sondern als Person unter Personen (verantwortungsfähiges Lebewesen).[11] Liebe kann so als *animalisches Lebensphänomen* (Empfindung), *spezifisch menschliches*

[10] Die Verliebtheit kommt und geht, aber die Liebe – die wahre Liebe – bleibt, wie Kierkegaard betont. Vgl. KIERKEGAARD, Der Liebe Tun, 331–346.

[11] Vgl. I. KANT, Religion innerhalb der Grenzen der bloßen Vernunft, B 15 f., der zwischen dem Menschen als *Lebewesen* (Tierheit), *vernunftfähigem*

Gefühl oder als *ethische Haltung* betrachtet werden, und diese Sichtweisen lassen sich nicht in einen kontinuierlichen Zusammenhang bringen, sondern stellen irreduzibel verschiedene Zugänge zum Phänomenfeld menschlicher Liebe dar.

c) Selbstliebe, Nächstenliebe, Gottesliebe. Diese Unterscheidungsnotwendigkeit setzt sich in der näheren Beschreibung menschlicher Liebe fort. So kann man nicht nur *Selbstliebe* von der *Liebe zum anderen* unterscheiden, sondern man muss Selbstliebe ebenso in *selbstsüchtige* und *selbstlose* Selbstliebe differenzieren wie die Liebe zum anderen in selbstzentrierte *Präferenzliebe* und am anderen ausgerichtete *Nächstenliebe*. Um diese Differenz machen zu können, ist auf das Motiv zu rekurrieren, das die Liebe zu sich oder zum anderen bestimmt, denn an ihm entscheidet sich, wie das beobachtbare Verhalten zu verstehen und ob es als Ausdruck von Liebe zu beschreiben ist. Motive aber können variieren, können selbstsüchtig oder selbstlos, auf die eigenen Bedürfnisse gerichtet oder an denen der anderen orientiert sein. Und auch die am Wohl der anderen orientierten Motive können sehr verschieden sein: Man kann andere lieben, weil sie zur Familie gehören, Freunde sind, dieselben Interessen vertreten, zur gleichen Gruppe gehören. Manche scheinbar selbstlose Liebe zu anderen stellt sich so unter Umständen als durchaus selbstische Gruppenpräferenz heraus.

Aber nicht jede. So betonte nicht nur Nietzsche: »Den Menschen zu lieben *um Gottes Willen* – das war bis jetzt das vornehmste und entlegenste Gefühl, das unter Menschen erreicht worden ist.«[12] Auch Kierkegaard zufolge ist der Bezug auf die *Gottesliebe* unabdingbar, um diese kritische Unterscheidung zwischen selbstloser und selbstsüchtiger Selbst- bzw. Nächstenliebe zu machen. Aber

---

Lebewesen (Menschheit) und *der Zurechnung fähigem* Lebewesen (Persönlichkeit) unterscheidet.

[12] F. Nietzsche, Jenseits von Gut und Böse, Nr. 60, in: ders., Sämmtliche Werke, hg. v. G. Colli/M. Montinari, KSA Bd. 5, Berlin/New York 1980, 79.

anders als Nietzsche zieht er die Konsequenz, diese Liebe nicht mehr *Gefühl* zu nennen: Gefühle *sondern*, sie beziehen sich auf einige, aber nicht auf alle. Liebesgefühle insbesondere richten sich auf eine Person, zielen darauf, »dass es nur einen einzigen Geliebten gibt«, wie Kierkegaard zuspitzt. »Die christliche Liebe [dagegen] lehrt, alle Menschen zu lieben, unbedingt alle. [...] Will man in Bezug auf die christliche Liebe eine Ausnahme machen mit einem einzigen Menschen, den man nicht lieben will, dann ist eine solche Liebe nicht ›auch christliche Liebe‹, sondern sie ist unbedingt nicht christliche Liebe.«[13] Erst diese ausnahmslos universale Liebe aber ist wahre Liebe, und diese ist eben deshalb kein Gefühl. Oder, wie Kierkegaard auch sagen kann, sie ist zwar, wie alle Liebe, *Leidenschaft*, aber nicht wie die sinnlichen Gefühle eine Leidenschaft für Endliches, sondern eine *Leidenschaft für das Unendliche*.[14] Sie richtet sich nicht wie Zuneigung auf *diesen* Menschen, den sie eben dadurch von allen anderen als den *Geliebten* oder den *Freund* unterscheidet, sondern sie richtet sich auf *alle* Menschen und unterscheidet damit im Blick auf *jeden* zwischen dem, was er oder sie im Vergleich zu anderen ist und hat und tut, und dem, dass er oder sie für sie als *Nächster* bzw. *Nächste* in den Blick kommt. Alle lieben zu sollen, heißt nicht, die unmögliche Forderung aufzustellen, allen Menschen Liebes- oder Freundschaftsgefühle entgegenzubringen, sondern in jedem Menschen, wie immer er sein und beschaffen sein mag, einen Nächsten zu sehen, zwischen seinem Attraktiv- oder Nichtattraktivsein auf der einen Seite und seinem Nächstersein auf der anderen Seite also zu unterscheiden.

Dazu ist Kierkegaard zufolge der Rekurs auf Gott nötig, nicht – wie bei Nietzsche – um ein unmögliches Gefühl allen Menschen gegenüber möglich zu machen. Die christliche Liebe wird geboten (›Du sollst lieben‹), und es wäre, wie Kierkegaard wohl weiss, »die größte Torheit und die ungereimteste Rede, Liebe zu befehlen«,

[13] KIERKEGAARD, Der Liebe Tun, 57.
[14] Vgl. ebd., 56–69.

wenn es dabei um Zuneigung, erotische Liebe oder Freundschaft ginge.[15] Aber darum geht es nicht, sondern allein um das ganz andere, den anderen – *allen* anderen – Menschen gegenüber eine bestimmte Haltung und Einstellung einzunehmen: in ihnen Nächste (und nicht nur andere) zu sehen und sich ihnen gegenüber als Nächster zu verhalten.

Eben dazu genügt es nicht, nur von *Selbstliebe* (einem Selbstverhältnis) und von der *Liebe zum anderen* (einem Fremdverhältnis) zu sprechen, sondern es muss von einem von beidem verschiedenen Drittverhältnis, von *Gottes Liebe* die Rede sein. Denn erst im Horizont dieses Drittverhältnisses lässt sich der Nächste *als Nächster* bestimmen (und nicht nur als anderer oder als Objekt meiner Begierden und Gefühle) und kann *selbstlose* Selbstliebe von selbstsüchtiger unterschieden werden: *Selbstlos* ist nicht diejenige Liebe, die sich altruistisch verhält, in der man also im Umgang mit anderen eigene Nachteile in Kauf zu nehmen bereit ist, sondern diejenige, in der man sich und jeden anderen unter demselben Gesichtspunkt sieht und behandelt. Negativ heißt das, dass man den anderen und sich selbst nicht aufgrund attraktiver liebenswerter Qualitäten liebt (keine gefühlsbasierte Präferenzliebe), sondern auch und gerade dann, wenn diese nicht vorliegen (wie bei der Feindesliebe). Und positiv heißt das, dass man allen, den anderen und sich selbst, trotz aller unbestreitbaren Unterschiede in derselben Einstellung begegnet, sich also an der frei akzeptierten Regel orientiert, sich den anderen und sich selbst gegenüber in prinzipiell gleicher Weise zu verhalten, nämlich – christlich gesagt – sie als solche zu sehen und zu behandeln, denen Gott sich zum Nächsten macht.

Das Programm dieser von Kierkegaard beschriebenen *wahren Liebe* ist *Selbstwerdung*, und Selbst wird man in dem Maß, in dem man durch die Orientierung an Gottes Liebe vom egoistisch oder altruistisch agierenden Menschen unter Menschen zu einem Ein-

---

[15] Ebd., 58f.

zelnen vor Gott wird. Denn Mensch ist jeder, der als Mensch geboren wird. Jeder als Mensch Geborene ist auch Mitmensch und verhält sich seinen Mitmenschen gegenüber prosozial oder antisozial. Aber nur der Mensch, der als Mensch unter Menschen vor Gott zum Einzelnen und damit jedem anderen Einzelnen zum Nächsten wird, wird zu einem wahren Selbst, und wahres Selbst wird nur, wer zum Einzelnen unter Einzelnen vor Gott und damit zum Nächsten unter den Nächsten Gottes wird. Oder anders gesagt: Nur wo das sinnliche Liebesempfinden von Menschen (ästhetische Liebe) durch das freundschaftlich-sympathische Liebesgefühl für andere und beide zusammen durch die Liebeshaltung der Achtung der fremden und eigenen Personwürde bestimmt werden (ethische Liebe), da bekommt Liebe jene Orientierungskraft, die sie als Grundhaltung menschlichen Lebens auszeichnet.

Eine menschliche Grundhaltung kann Liebe nur sein, weil sie mehr ist als nur das. Ästhetische und ethische Liebe gründen nicht in sich selbst, sondern entstehen aus anderer Liebe, und das heißt immer auch: der Liebe anderer. Nur wo man geliebt wird, kann man lieben. Liebe ist eine Beziehungswirklichkeit, die von der Differenz der Liebenden lebt. Auch wo sie einseitig und nicht reziprok vollzogen wird, ist sie nicht auf einen Menschen allein beschränkt, sondern eine Beziehung oder Beziehungsweise zu anderen. Sie ist dementsprechend (sprach)logisch nicht als Attribut oder Prädikat eines Subjekts, sondern als Relation bzw. als Modus einer Relation zwischen Verschiedenen zu verstehen. Wird diese Verschiedenheit nicht gewahrt, wird Liebe nicht etwa auf Selbstliebe reduziert, weil es auch diese nicht geben kann ohne den Kontrast (zur Liebe) zu anderen. Sie wird vielmehr vernichtet, weil sie als Relation zerstört wird. Liebe ist nicht darauf ausgerichtet, die Differenz zwischen den Liebenden aufzuheben und zur Verschmelzung beider zu führen. Das wäre nicht die Erfüllung, sondern das Ende der Liebe. Liebe lebt vielmehr von der Differenz und der Eigenständigkeit der Differenten. Nur wo es Differenz und wechselseitige Eigenständigkeit gibt, gibt es Liebe, und wo es Liebe gibt, muss es Differenz und die Eigenständigkeit des Differenten geben. Nur so kann Liebe als Ermöglichung von Freiheit und Gleichheit und Freiheit und Gleichheit als Folge von Liebe gedacht werden.

II. Liebe und Gleichheit

In dieser Sicht Kierkegaards laufen Grundlinien philosophischer und theologischer Liebesanalyse zusammen, die ihn veranlassen, die Wirklichkeiten sinnlicher Liebe (ästhetische Liebe), der Freundschaftsliebe und der Achtungsliebe (ethische Liebe) unter Menschen aus einer vorgängigen Liebe zu verstehen, die er ›Gottesliebe‹ nennt und die als Liebe Gottes in der Mehrfachbestimmung des *Genetivus subiectivus* (die Liebe, die Gott ist), des *Genetivus auctoris* (die Liebe, die sich Gott verdankt) und des *Genetivus obiectivus* (die Liebe, die sich auf Gott richtet) der Möglichkeitsgrund aller menschlichen Liebe ist. Wahre Liebe gibt es erst dort, wo sinnliche Liebesempfindungen, sympathische Liebesgefühle und ethische Liebesachtung durch die Liebe Gottes und Liebe zu Gott transformiert, vertieft, neu bestimmt und so in einem neuen Modus auf neue Weise gelebt werden. Wahre Liebe ist also keine weitere besondere Form von Liebe neben den anderen, sondern dasjenige, was diese wahr macht, also in der Weise bestimmt und gestaltet, dass sie auf ihren eigenen Grund hin durchsichtig werden. Denn wahr ist diese Liebe, weil sie deutlich macht, was immer schon wahr war: dass es ohne Gottes Liebe keine Liebe unter Menschen geben könnte und geben würde. Deshalb sind nicht eigene Interessen oder eigener Nutzen (egoistische Selbstliebe), aber auch nicht fremde Interessen und fremder Nutzen (altruistische Liebe), sondern allein die Liebe Gottes und damit die Nächstenliebe das Maß der Wahrheit menschlicher Liebe in all ihren Gestalten und Gestaltungen.

4. Liebe als Gott zu verdankendes Verhältnis

Was das besagt, hat Kierkegaard in seinen *Taten der Liebe* detailliert analysiert: »Man sollte glauben und man meint wohl zumeist, Liebe zwischen Mensch und Mensch sei ein Verhältnis zwischen zweien. Das ist auch wahr, ist aber unwahr, sofern dies Verhältnis zugleich ein Verhältnis zwischen dreien ist. Zuerst ist da der Liebende, dann derjenige oder diejenigen, die der Gegenstand sind; aber zum dritten ist die Liebe selbst mit zugegen.«[16] Wir haben gesehen, dass das missverstanden wird, wenn man die Liebe zwischen zwei Menschen in realistisch-relationalem Sinn tryadisch als eine Beziehung nicht zwischen zwei, sondern drei Gliedern versteht. Zwar ist Liebe eine *Beziehung*, weil sie nicht allein und für sich, sondern nur in Beziehung zu einer anderen Person gelebt werden kann: Selbstliebe allein für sich ist unmöglich, weil sich selbst zu lieben voraussetzt, dass man sich von anderen unterscheidet, die man ebenfalls lieben oder nicht lieben kann, so dass nur in Kontrast zur Liebe oder Nichtliebe zu anderen von Selbstliebe gesprochen werden kann. Diese Beziehung ist auch *real*, weil Liebe nur ist, wo und insofern sie aktiv gelebt wird: Nur gedachte und mögliche und nicht wirklich gelebte Liebe ist keine Liebe. Aber der Verweis auf die Gegenwart der Liebe in dieser realen Beziehung ist kein Verweis auf das dritte Relat einer dreistelligen Relation Ra,b,c, wobei a der/die Liebende, b der/die Geliebte und c die Liebe bzw. – da die Liebe Gott ist und Gott die Liebe – Gott wäre. Das würde die Relation R, um die es geht, gerade unbestimmt lassen und kein Beitrag zu ihrer Klärung sein. Der Verweis auf die Gegenwart der »Liebe selbst« in diesem Verhältnis ist vielmehr der Hinweis auf das, was die Beziehung zwischen zwei Menschen zur Liebesbeziehung macht und dem ihr Dasein (dass sie ist) und ihre Bestimmtheit (was sie ist) zu verdanken ist. Ohne die Gegenwart der Liebe, die Gott ist, sind Menschen nicht Liebende oder Geliebte und lassen sich so auch nicht verstehen.

---

[16] Kierkegaard, Der Liebe Tun, 332 f.

In diesem Sinn bestimmt Kierkegaard Gott nicht als ein weiteres Relat der Liebesrelation, sondern als das Maß, das die Relation zwischen Liebenden als Liebesrelation bestimmt, und den Grund, dem das Bestehen dieser Beziehung zu verdanken ist. Man liebt immer den anderen oder sich selbst und nicht etwa die Liebe, aber man könnte das nicht tun, wenn »die Liebe selbst«,[17] also Gott, nicht »mit zugegen« wäre, so dass man im Vollzug der Liebe stets mehr in Anspruch nimmt als man meint. Allerdings ist die Beziehung von Liebendem und Geliebtem nicht einfach mit der »Liebe selbst« gleichzusetzen, sondern kritisch an dieser zu messen und von ihr her zu beurteilen. Nur im Rekurs auf das Gottesverhältnis kann man das Verhältnis zum anderen wahrhaft *als Liebe* bestimmen und kritisch auf empirische Verkürzungen und Verkehrungen aufmerksam werden. Wie aber Gottes Liebe kein Fall der Liebe zwischen Menschen ist, sondern deren Maß, so ist auch das Verhältnis Gott-Mensch kein Fall in der Reihe der Mensch-Mensch-Verhältnisse, sondern dasjenige Grundverhältnis, ohne das die ganze Reihe der Mensch-Mensch-Verhältnisse nicht sein könnte und nicht verstanden werden kann.

Das heißt ein Doppeltes. Zum einen ist die Gottesliebe kein Fall zwischenmenschlicher Liebe und auch nicht in deren Verlängerung oder als deren Inbegriff zu fassen. Zum anderen ist keine zwischenmenschliche Liebe ohne Gottesliebe möglich: Gottesliebe ist die Bedingung der Möglichkeit bzw. der Ermöglichungsgrund der zwischenmenschlichen Liebe. Das heißt: Unter allen empirischen Konkretionsformen der Liebe, die nach dem Muster aRb verstanden werden können, gibt es keine, in der ›Gott‹ als Einsetzungsfall von ›a‹ oder ›b‹ fungieren würde oder könnte. Umgekehrt gibt es aber auch keine Beziehung dieser Art, die Gottes Liebe nicht faktisch voraussetzen und in Anspruch nehmen würde, und zwar als Realgrund und nicht als Ursache oder Erklärung ihrer kontingenten Tatsache. Gottes Liebe ist weder eine Erfahrungstatsache,

[17] Ebd., 293.

die man erklären müsste, noch eine Erklärung von Erfahrungstatsachen. In Erklärungen wird dasjenige als Ursache einer Tatsache angeführt, was diese als Wirkung jener Ursache wahrscheinlicher macht als sie ohne diese Ursache wäre. Geht man davon aus, dass alles, was ist, aber auch nicht sein könnte (also alle kontingenten Tatsachen), die Wirkung einer Ursache bzw. eines Ursachenkomplexes ist, dann wird eine Tatsache dadurch erklärt, dass man sie als Wirkung der Ursache oder Ursachen bestimmt, ohne die es sie nicht gäbe bzw. ohne die sie unwahrscheinlicher wäre als sie mit ihnen ist. Aber nur das, was wirklich ist, kann Ursache von etwas sein, und nur eine wirkliche Ursache kann wirkliche Wirkungen haben. Doch nichts ist wirklich, was nicht möglich wäre, und nicht ist möglich, ohne die Möglichkeit einer Wirklichkeit zu sein. Es gibt nichts Mögliches ohne ein Wirkliches, in dem es gründet, sei es, weil es dessen Möglichkeit ist (›möglich für …‹, ›Möglichkeit von …‹), sei es, weil es durch dieses möglich ist (›möglich durch …‹). Alles Mögliche gründet in einem Wirklichen, und die ultimative Wirklichkeit, ohne die nichts anderes möglich und daher auch nichts anderes wirklich sein könnte, ist *Gott*, die »Wirklichkeit des Möglichen«.[18] Gott ist die *Wirklichkeit* des Möglichen – also nicht die Ursache eines oder alles Wirklichen, sondern der *Grund* oder *Ursprung alles Möglichen*: Ohne Gott gäbe es nichts Mögliches und daher auch nichts Wirkliches. Nichts, was wir erfahren können, ist daher Gott, aber wir können auch nichts erfahren ohne Gott. Ohne Gott gäbe es weder etwas, was sich erfahren ließe, noch jemanden, der etwas erfahren könnte. Alles ist vielmehr Gott zu verdanken, ohne den es nicht nur nicht wirklich, sondern nicht einmal möglich wäre.

---

[18] S. Kierkegaard, Journal AA:22 (1837), in: Søren Kierkegaards Skrifter, Bd. 17: Journalen AA – Journalen DD, Kopenhagen 2000, 41,21.

5. ›Gott‹ als Mittelbegriff

Deshalb spricht Kierkegaard von Gott als einem ›Mittelbegriff‹ bzw. einer ›Zwischenbestimmung‹ von allem, was ist bzw. erfahrbar ist.[19] Um zu verstehen, was er damit meint, muss man auf seine Charakterisierung des Rekurses auf Gott als eines ›Mittelbegriffs‹ bzw. einer ›Zwischenbestimmung‹ achten, die der syllogistischen Logik entlehnt ist.[20] Mittelbegriffe sind die Terme, die in beiden Prämissen, aber nicht in der Konklusion eines kategorischen Syllogismus auftreten. Der Terminus ›Mensch‹ fungiert so als Mittelbegriff in dem bekannten Schulbuchsyllogismus:

Maior:	Alle Menschen sind sterblich.
Minor:	Sokrates ist ein Mensch.
Conclusio:	Sokrates ist sterblich

In entsprechender Weise fungieren Termini wie ›Gottes Geschöpf‹ oder ›Liebe Gottes‹ als Mittelbegriffe in Syllogismen wie

Maior:	Alle Geschöpfe Gottes sind sterblich.
Minor:	Sokrates ist ein Geschöpf Gottes.
Conclusio:	Sokrates ist sterblich.

oder

Maior:	Alle, die Gott liebt, leben.
Minor:	Sokrates wird von Gott geliebt.
Conclusio:	Sokrates lebt.

Die Konklusionen konstatieren jeweils einen Sachverhalt, der im Prinzip der empirischen Forschung zugänglich ist. Dass dagegen Gott der Schöpfer von Sokrates und allen anderen Lebewesen ist bzw. dass Gott Sokrates und die übrigen Geschöpfe liebt, wird in der Konklusion nicht ausdrücklich konstatiert und ist auch kein möglicher Gegenstand empirischer Forschung, obwohl die Wahr-

---

[19] Vgl. Kierkegaard, Der Liebe Tun, 119 und passim.

[20] Vgl. I. U. Dalferth, In God We Trust: Trust, Mistrust and Distrust as Modes of Orientation, in: A. Grøn/C. Welz (Hg.), Trust, Sociality, Selfhood, Tübingen 2010, 135–152.

heit dieser Prämissen über die Wahrheit bzw. Falschheit der entsprechenden Konklusionen entscheidet. Diese Prämissen bringen zum Ausdruck, inwiefern Sokrates, dessen Leben und Sterben wir in gewissem Rahmen historisch und empirisch erforschen können, nicht nur eine empirische Tatsache, sondern eine schöpferische Tat-Sache ist, und das wiederum stellt klar, wie wir uns zu Sokrates (und entsprechend zu allen übrigen Menschen) zu verhalten haben: Sie sind nicht nur Zufallsprodukte der Evolution, sondern Geschöpfe des Schöpfers, der sie liebt.

Verallgemeinert man diese Überlegung, dann legt Kierkegaard nahe, alle empirischen und historischen Tatsachen in einer doppelten Perspektive zu betrachten: nicht nur als Wirkungen der Ursachen, als die sie empirisch bzw. historisch erklärt werden können (Kausalperspektive), sondern immer zugleich auch als Konklusionen syllogistischer Argumente, in denen ›Gott‹ oder ein Derivativ von ›Gott‹ als ›Zwischenbestimmung‹ bzw. ›Mittelbegriff‹ fungiert (Modalperspektive). Die Kausalperspektive erklärt, was der Fall ist, die Modalperspektive dagegen legt dar, was das, was der Fall ist, in Wahrheit ist und wie man sich ihm gegenüber dementsprechend in angemessener Weise zu verhalten hat. In der ersten Perspektive gibt es nur Ursachen und Wirkungen, keinen Sinn und damit auch keinen Anhaltspunkt, an dem sich menschliches Leben orientieren könnte. In der zweiten dagegen gibt es nicht nur Sinn und Wahrheit, sondern eben damit immer auch eine Anleitung dazu, was es heißt, als Mensch unter Menschen menschlich in dieser Welt zu leben.

Der Ausdruck ›Gott‹ tritt dabei weder in der ersten noch in der zweiten Perspektive dort auf, wo Erfahrungen und Tatsachen beschrieben werden. Er fungiert vielmehr ausschließlich als ›Zwischenbestimmung‹ bzw. ›Mittelbegriff‹, wenn wir über unser Leben und unsere Erfahrungen sprechen. Er tritt niemals in der Konklusion eines Arguments auf, die eine empirische oder historische Tatsache konstatiert, und er bezeichnet niemals eine Ursache, die eine solche Tatsache erklären könnte. Gott ist weder eine

Tatsache der Welt noch die Tatsache, dass es die Welt gibt, sondern der, ohne den es weder Tatsachen gäbe noch die Möglichkeit, das wahre Wesen der Welt zu erkennen, noch ein Leben, das durch diese Wahrheit bestimmt und in der Orientierung an ihr geführt werden könnte.

Kierkegaard zufolge wird mit dem Ausdruck ›Gott‹ also nicht auf ein Wesen in der Welt oder jenseits der Welt Bezug genommen, so dass es physisch (empirisch oder historisch) oder metaphysisch erforscht oder zum Gegenstand von Erkenntnisbemühungen gemacht werden könnte. Der Ausdruck ›Gott‹ fungiert vielmehr als Index oder Anzeige der schöpferischen Perspektive, in der sich die Wahrheit der Welt als Schöpfung erschließt und der Ort des Menschen in der Schöpfung im Horizont der Beziehungen Gottes zu seiner Schöpfung und zum Menschen bestimmt werden kann. Damit wird nicht nur eine Sichtweise der Welt als Schöpfung entfaltet, sondern zugleich eine bestimmte Orientierung menschlichen Lebens ermöglicht und nahegelegt, in der nicht nur zwischen ›weltlichen‹ und ›christlichen‹ Perspektiven auf die Welt unterschieden wird, sondern innerhalb der christlichen Perspektive zwischen dem Alten und dem Neuen, dem Unwahren und dem Wahren, dem Bösen und dem Guten, dem, was zum Vergehen bestimmt ist, und dem, was in der kommenden Zukunft Bestand haben wird. Die ganze Welt und damit alles Wirkliche und Mögliche wird so nicht nur empirisch und historisch als faktisch-kontingenter Wirklichkeitsprozess verstanden, sondern im Horizont der Gegenwart Gottes als das Wirkungsfeld dessen, der sich als Wirklichkeit des Möglichen in der Welt in immer wieder Neues wirkender Weise vergegenwärtigt und zur Geltung bringt. Gott ist allem Wirklichen und Möglichen gegenwärtig, indem er es als schöpferische Liebe in das transformiert, was es aus seiner Sicht sein kann und sein soll.

So verstanden ist Kierkegaards syllogistische Metapher von ›Gott‹ als ›Zwischenbestimmung‹ bzw. ›Mittelbegriff‹ keine abwegige und irreführende metaphysische Analogie zu einer logischen

Denkfigur, sondern eine hermeneutische Anweisung, wie man menschliches Leben verstehen und leben kann und soll, damit es wirklich als *menschliches* Leben gelebt wird: in der Orientierung an Gott als der ›Zwischenbestimmung‹ von allem, was ist, insofern es wird, was es von Gott aus werden kann, und nicht vielmehr vergeht, insofern es das verfehlt, was ihm von Gott an Möglichkeiten zugespielt wird.

Diese Sichtweise konkurriert mit keinen empirischen Fakten und Theorien. Was Menschen sein können und wie sie als Menschen leben wollen, entscheidet sich nicht allein daran, was sie biologisch oder kulturell wurden und sind, sondern immer und entscheidend auch daran, wie sie sich selbst verstehen und wie sie angesichts ihres biologischen und sonstigen Wissens miteinander umgehen wollen. Diese Frage lässt sich nicht an die Wissenschaften delegieren, sondern muss selbst beantwortet werden, weil sie sich nicht mit der Feststellung von Tatsachen, sondern allein durch eine freie, begründbare und auskunftsfähige Entscheidung für eine Lebensorientierung beantworten lässt.

Die Gültigkeit und Vertretbarkeit dieser Entscheidung zeigt sich nicht allein, aber in entscheidender Hinsicht an den Konsequenzen, die sie zeitigt. Wer sich in der Beantwortung dieser Frage nur an seiner partikularen Geschichte orientiert, auf welcher Beschreibungsebene auch immer, wird zwangsläufig partikularisieren, also immer nur einige andere in seine Sicht einbeziehen und andere aus ihr ausschließen. Will man das vermeiden, muss man sich auf das beziehen, was nicht nur in der eigenen, sondern auch in jeder anderen Geschichte so präsent ist, dass es alle Partikularitäten unterläuft und in unhintergehbarer Weise *universal* ist. Christen sehen das im Bezug auf den, den sie ›Gott‹ nennen. Ihre Antwort auf die Frage danach, wie sie sich im Horizont der Gegenwart Gottes als Menschen unter Menschen verstehen wollen, ohne andere davon auszuschließen, bringen sie daher mit dem Liebesgebot auf die denkbar kürzeste Formel: ›Wie Gott sich uns gegenüber verhält, so verhalten wir uns Gott, anderen und uns selbst gegenüber‹.

6. *Gleichheit der Menschen*

Die Gleichheit der Menschen ist so gesehen nichts, was die Wissenschaften empirisch oder historisch erweisen könnten. Diese Gleichheit gründet christlicher Überzeugung zufolge in entscheidender Hinsicht nicht in irgendwelchen biologischen, anthropologischen oder kulturellen Fakten, die das Menschsein von Menschen definierten, sondern allein darin, dass der, den Christen ›Gott‹ nennen, die Menschen in ihrer Vielfalt und Verschiedenheit *als Gleiche* betrachtet und behandelt, indem er sich zu ihnen als ihr Nächster verhält und sie so zu Nächsten all derer macht, zu denen er sich als Nächster verhält. Mensch ist, wem Gott Nächster wird, und menschlich lebt, wer sich so zu anderen und zu sich selbst verhält, wie Gott sich zu ihm verhält: als Nächster. Nicht das Menschsein definiert daher die Menschlichkeit, sondern die Menschlichkeit ist eine Möglichkeit, die sich daraus ergibt, dass Gott den Menschen zum Nächsten wird. Normativ betrachtet sind Menschen nicht aufgrund bestimmter empirischer oder historischer Gemeinsamkeiten gleich und gleich zu behandeln, und falls diese nicht oder nicht in genügender Stärke oder Ausprägung vorliegen, dann eben nicht. Damit würde ihre Gleichheit und Gleichbehandlung auf gefährliche Weise von der Erfüllung empirischer Bedingungen abhängig gemacht, die stets gefährdet und nur in Ausnahmefällen voll gegeben ist. Menschen sind vielmehr allein deshalb und daher auch ganz unbedingt gleich, weil Gott sich in gleicher Weise zu ihnen verhält, einer Weise, die Christen ›Gottes Liebe‹ nennen und die den Menschen die Möglichkeit zuspielt, auf liebende Weise und damit menschlich miteinander zu leben.

Die Gleichheit der Menschen ist damit – wie gesagt – weder ein empirisches Faktum noch bloß eine moralische Forderung. Sie ist für Christen das, was in der bedingungslosen Zuwendung Gottes zu den Menschen mitgesetzt ist und auf dessen unbedingte Achtung sie sich festlegen, wenn sie von Nichtchristen zu Christen werden. Weil Gott ihnen unbedingt und unverdient zum Nächsten wird, wäre es für sie ein existenzieller Selbstwiderspruch, nicht sich selbst und alle, denen Gott so zum Nächsten wird, wie ihnen selbst, als Nächste Gottes zu betrachten und zu behandeln. Und weil Gott nicht nur ihnen, sondern auch allen anderen unbedingt und unverdient zum Nächsten wird, ob sie das anerkennen oder nicht, ist es für Christen ausgeschlossen, nicht gleichermaßen alle Menschen als Nächste Gottes zu betrachten und zu behandeln – wenn sie ihrer eigenen Einsicht entsprechend leben würden.

Es genügt daher nicht, diese Auffassung der Gleichheit der Menschen als eine die Wahrheit verzeichnende religiöse Sicht menschlicher Wirklichkeit zu kritisieren und zurückzuweisen. Wie Kierkegaard klarstellt, ist es ein Irrtum zu meinen, eine realistische Sicht des menschlichen Lebens müsse vom Gottesverhältnis absehen und dieses ›rein empirisch‹ erforschen. Liebesverhältnisse werden dann nicht neutral, sondern gerade umgekehrt im Licht *anderer* ›Zwischenbestimmungen‹ verstanden, in denen bestimmte Forschungsinteressen, Machtfragen oder die »Selbstherrlichkeit von Trieb und Neigung«[21] dominieren und nicht – wie im Fall des christlichen Rekurses auf Gott – die prinzipielle *Gleichheit* der Liebenden das Maß für den Umgang mit ihren unaufhebbaren Verschiedenheiten abgibt. Will man fragwürdige und ausgrenzende Partikularisierungen vermeiden, dann muss man Kierkegaard zufolge mit der wesentlichen Verschiedenheit der Menschen rechnen und ihre Gleichheit nicht aus einem stets interessengeleiteten und damit problematischen Konstrukt eines allgemein-menschlichen Wesens ableiten wollen. Universal gleich kommen die Menschen vielmehr allein dann in den Blick, wenn auf die einzige »allen Menschen gemeinsame [...] Gleichheit«, ihre

---

[21] Ebd., 155.

»göttliche Gleichheit«[22] geachtet wird. Diese partikularisiert nicht, weil sie keine zwischen Menschen bestehenden Besonderheiten generalisiert und damit immer nur für einige und nicht für alle gilt. Sie verdankt sich vielmehr ganz und ausschließlich dem göttlichen Verhalten den Menschen gegenüber, das sie zu Nächsten Gottes und damit zugleich zu Nächsten aller Nächsten Gottes macht. Eben das, und damit die Universalität dieser Sichtweise, bringt Kierkegaard zum Ausdruck, indem er ›Gott‹ zur maßgeblichen »Zwischenbestimmung« erklärt, in deren Licht die Verhältnisse der Menschen zu verstehen und zu beurteilen sind. ›Gott‹ ist dabei kein weiterer Term der Liebesrelation, der diese von einer zweistelligen zu einer dreistelligen erweiterte, sondern der maßgebliche Orientierungsgesichtspunkt, der diese als Liebesrelation zu verstehen und ihre Qualität als Liebesrelation zu beurteilen erlaubt, indem er sie an dem misst, was sie zu sein beansprucht: eine Beziehung der Liebe.

Der Rekurs auf Gottes kreative Liebe, die den auf sich selbst fixierten Menschen zur rechten Liebe zu anderen und zu sich selbst befreit, bietet dementsprechend keine pseudowissenschaftliche Erklärung menschlicher Liebesverhältnisse, sondern stellt den maßgeblichen Gesichtspunkt zur Beurteilung ihrer Menschlichkeit bereit. Sie ermöglicht es, die Verhältnisse zwischen Menschen als Liebesbeziehungen zu beschreiben und ihr Gelingen oder Misslingen kritisch zu beurteilen, ohne die Bedeutung der Präferenzliebe, die es immer nur zwischen bestimmten und nicht irgendwelchen oder allen Menschen gibt, zu negieren oder absolut zu setzen, aber auch ohne mit dem Rekurs auf Liebe zwischen Menschen Barrieren zu errichten, indem alle Liebe auf Präferenzliebe reduziert wird, damit die einen von den anderen abgegrenzt und einige immer auch ausgrenzt werden. Vor Gott sind alle Menschen gleich, nicht weil sie empirisch belegbare Gemeinsamkeiten hätten, die sie gegenüber anderen Lebewesen auf eindeutige Weise

[22] Ebd., 139.

auszeichnen, oder weil alle zu allen in denselben (oder zumindest in einer hinreichenden Anzahl von gleichen) empirischen Beziehungen leben müssten, sondern weil sie durch Gottes Beziehung zu ihnen zu seinen Nächsten und damit zu Nächsten untereinander werden. Sie sind das nicht, wenn sie es nicht werden. Sie werden es, indem ihnen die Möglichkeit zugespielt wird, als Menschen unter Menschen auf menschliche Weise zu leben. Aber sie sind nur, wozu sie damit werden, wenn sie das auch tun, also nicht nur als Tiere unter Tieren, sondern als Nächste unter Nächsten leben.

Man muss dieser Sichtweise nicht zustimmen. Man kann menschliche Gleichheit und Liebe beschreiben und analysieren, ohne von Gott oder Gottes Liebe zu sprechen. Wenn man aber von Liebe spricht, dann muss man auch sagen können, in welchem Sinn das zu verstehen ist, und dazu genügt es nicht, nur die Phänomene aufzuzählen und zu beschreiben, sondern man muss auch den Standpunkt, die Kriterien und den Horizont seiner Beschreibungen verdeutlichen,. Kierkegaard hat das getan, indem er auf Gottes Liebe als die ›Zwischenbestimmung‹ verwiesen hat, an der sich die Wahrheit der Menschlichkeit von Liebesbeziehungen aller Art entscheidet. Damit ist jedenfalls eines klargestellt: Wenn man von Liebe redet, geht es um mehr als nur um ein Gefühl.

III. Konkrete Liebe

7. Wahre Liebe

Eben das ist die Pointe von Kierkegaards These über die wahre Liebe. Gefühle sind biologische Phänomene, die von ästhetischen Differenzen zwischen Selbst und Organismus (Selbstgefühl), Selbst und Situation (Weltgefühl) und Selbst und Anderem (Moralgefühl) leben. Als erlebte Emotionen gibt es sie nur, wo die Selbstrepräsentation eines Organismus im Gehirn zur Wahrnehmung der Differenzen zwischen Selbst und Leib, Leib und Umgebung, personalen und nichtpersonalen Umgebungen führt. Wo diese Differenzen in der Entwicklung eines Lebewesens noch nicht aufgebaut oder wieder abgebaut sind, gibt es auch keine emotionalen Dispositionen zu bestimmten Körperreaktionen (mehr) und dementsprechend auch keine erlebten Emotionen oder Gefühle.

Biologisch basierte Moralkonzeptionen setzen die normative Geltung dieser ästhetischen Differenzen voraus. Ihnen zufolge kann kein Verhalten geboten oder empfohlen werden, das ihnen zuwiderläuft und nicht als Intensivierung oder Vertiefung dieser biologischen Sachverhalte verstanden werden kann. Alles Sollen muss sich als Fortsetzung sinnlichen Seins ausweisen lassen und in ästhetisch fassbarem Sein verwirklichen. Nicht das Selbst, sondern der *Organismus* (und seine Situationen) ist der maßgebliche Anknüpfungspunkt aller Moral. Das Normative hat seine Wahrheit im Faktischen.

Ethisch basierte Moralkonzeptionen dagegen gehen von der Erfahrung aus, dass zwischen Sein und Sollen keine Kontinuität, sondern eine Kluft besteht, da nicht nur das gewollt, geboten oder getan werden kann, was der faktischen Wirklichkeit des Menschen entspricht, sondern auch das, was sich an seinen Möglichkeiten orientiert. Sollen ist keine Fortsetzung des Wirklichen, sondern ein Gegenentwurf des Möglichen. Nicht der Organismus, sondern das *Selbst* wird hier als maßgeblicher Anknüpfungspunkt aller Moral verstanden. Das Normative hat seine Wahrheit nicht im Faktischen, sondern im Kontrafaktischen.

Beide Konzeptionen gehen von der Grunddifferenz von Selbst und Organismus aus, akzentuieren aber jeweils eine der beiden Seiten: Im ersten Fall wird das Selbst neurobiologisch im Wirklichkeitshorizont des Organismus verstanden, im zweiten Fall der Organismus freiheitstheoretisch im Möglichkeitshorizont des Selbst. Damit stehen zwei eng verknüpfte Probleme zur Debatte.

Zum einen wird unter dem ›Selbst‹ nicht dasselbe, sondern Verschiedenes verstanden. Geht es im einen Fall um ein neuronales Epiphänomen der Gehirnaktivität des menschlichen Organismus, so im anderen um eine Größe, die auch davon noch einmal zu unterscheiden ist, weil sie erst im Kommunikations- und Interaktionsverhältnis zu anderen (Fremdverhältnis) und zu sich selbst (Selbstverhältnis) aufgebaut wird: Das Selbst gibt es nicht, es *wird* vielmehr, insofern Menschen zu einem Selbst unter Selbsten werden. Man wird als Mensch geboren, und manche werden, was jeder werden könnte: ein Selbst.

Zum anderen macht es einen entscheidenden Unterschied aus, ob man Liebe faktisch als phänomenale Wirklichkeit menschlichen Lebens zu bestimmen sucht, oder kontrafaktisch als ethische Möglichkeit menschlichen Lebens – die Möglichkeit, sich an Verhaltensmustern zu orientieren, die ihre Geltung nicht den biologischen Gegebenheiten verdanken, sondern dazu anleiten, mit diesen so umzugehen, dass nicht sie das Verhalten bestimmen, sondern dass Menschen ihr Verhalten selbst bestimmen, indem sie lernen, sich kritisch dazu zu verhalten, wie ihre biologische Wirklichkeit ihr Verhalten bestimmt. Unsere biologische Ausstattung legt nicht fest, wie wir leben, sondern wir können festlegen, wie wir angesichts und im Umgang mit unserer biologischen Ausstattung leben wollen.

Aber man kann noch weiter gehen und versuchen, Liebe so zu verstehen, dass der Weg des Faktischen und der Weg des Kontrafaktischen in einem Dritten aufgehoben wird. Eben das ist bei Kierkegaard der Fall. Ihm zufolge wird wahre Liebe nicht im Horizont des Ästhetisch-Sinnlichen (Emotion, Gefühl), sondern erst in dem des Ethischen (Norm) fassbar: Nicht das faktische Können entscheidet über das ethische Sollen (›Du sollst, denn du kannst‹), sondern das ethische Sollen weist den Weg zum kontrafaktischen Können (›Du kannst, weil du sollst‹).

Allerdings kann man sich auf die Wahrheit der Regel ›Wer soll, der kann‹ nur verlassen, wenn das Faktische und das Kontrafaktische nicht so weit auseinander treten, dass sie nicht mehr zu derselben Welt gehören, das Kontrafaktische also schlicht zum (hier und jetzt) Unmöglichen wird: Wenn es unmöglich ist, etwas zu tun, dann wird es nicht dadurch möglich, dass es geboten oder verboten wird. Die Faktizität der Liebe und die Normativität wahrer Liebe müssen vielmehr so aufeinander bezogen bleiben, dass beide mit Recht und von beiden Seiten her als *Liebe* angesprochen werden können. Wir lieben nicht alle Menschen in gleicher emotionaler Intensität. Wir können es auch nicht. Aber wir sollen uns zu allen Menschen so verhalten, dass wir sie als solche behandeln, die wie wir selbst andere lieben und von anderen geliebt werden. Und das können wir auch. ›Liebe jeden Menschen‹ heißt deshalb nicht ›*Habe für jeden Menschen warme Gefühle*‹, sondern ›*Verhalte dich zu jedem so, dass du ihn als Menschen würdigst, den jemand liebt und der jemanden liebt*‹.

8. *Einzelfall versus Einzelner*

Diese Universalisierung ist nur möglich, wenn man Liebe nicht als Gefühl versteht. Gefühle sind immer situationsbedingt, also besonders, partikularisierend und wechselnd, nicht universal, permanent und konstant. Das Gefühl der Liebe ist wesentlich an der Differenz von ›Mein‹ und ›Dein‹ orientiert. Wahre Liebe dagegen – so betont Kierkegaard – bringt den Unterschied zwischen ›Mein‹ und ›Dein‹ zum Verschwinden: »Der wahrhaft Liebende sucht nicht sein Eigenes. Er versteht sich nicht auf die Forderung des strengen Rechtes oder der Gerechtigkeit, nicht einmal auf die der Billigkeit in Bezug auf das ›Eigene‹; auch versteht er sich nicht auf einen Tausch, wie es die erotische Liebe tut [...], auch versteht er sich nicht auf die Gemeinsamkeit, wie es die Freundschaft tut [...]. Nein; der wahrhaft Liebende versteht sich nur auf eines: [...] alles hinzugeben, ohne das geringste wiederzubekommen [...]. *Denn der wahrhaft Liebende liebt nicht seine Eigentümlichkeit, er liebt hingegen jeden Menschen nach dessen Eigentümlichkeit.*«[23] Und das

[23] Ebd. 297 f. (mit eigenen Verbesserungen der Übersetzung).

zu tun, heißt den anderen als *unverwechselbaren Einzelnen* zu würdigen.

Wahre Liebe zielt auf die Würdigung des einzelnen Menschen in seiner unverwechselbaren Eigentümlichkeit, richtet sich auf ihn also streng *als Einzelnen* und nicht nur als *Einzelfall*, also als besonderen Fall eines Allgemeinen, der im Prinzip immer gegen andere entsprechende Fälle austauschbar ist. Einzelfälle der Liebe kann man als realisierte bzw. instantiierte (∃x) Konjunktionen allgemeiner Eigenschaften ($F_1 \ldots F_n$) beschreiben (›Es gibt ein x, das $F_1 \ldots F_n$ ist‹: $\exists x(xF_1 \ldots F_n)$), die man (empirisch) untersuchen und als Struktur der Liebe charakterisieren kann, die immer vorliegt und vorliegen muss, wenn jemand liebt oder geliebt wird.

Genau so wird in der empirischen Liebesforschung vorgegangen, wenn Liebe biologisch als Emotion oder Gefühl, aber auch ethisch als Einstellung oder Haltung beschrieben und untersucht wird: Man eruiert die Menge der (behavioralen, physiologischen, neuronalen usf.) Eigenschaften, die vorliegen müssen, um das Verhalten eines Menschen zu Recht ›Liebe‹ nennen zu können, fragt nach deren neuronalen Korrelaten und sucht sie von dort her kausal zu fundieren. Dieser methodische Zugang hat drei wichtige und folgenreiche Konsequenzen.

Zum einen müssen die erhobenen Eigenschaften bzw. die gesuchte Eigenschaftsstruktur *distinkt* (also von anderen verschieden) und *beschränkt* sein, also so, dass sie nicht von allen Menschen immer und überall exemplifiziert werden. Wäre das der Fall, könnte Liebe nicht von anderen Emotionen oder Haltungen unterschieden werden und ließe sich damit nicht als eigentümliches Phänomen menschlichen Lebens untersuchen.

Zum anderen ist das, was man von der Liebe von Menschen sagen oder erwarten kann, durch zwei Grenzpunkte markiert: Nur wer diese Struktur erfüllt, kann tatsächlich ein Liebender oder Geliebter genannt werden, und wer diese Struktur nicht erfüllt, von dem kann man auch nicht sagen oder fordern, dass er lieben oder geliebt werden soll. Das macht Liebe zu einem wesentlich *son-*

dernden Lebensphänomen von *beschränkter* Reichweite (Präferenzliebe): Niemals können alle in derselben Weise emotional lieben, und niemals alle in derselben Weise emotional geliebt werden.

Zum dritten schließlich liegt es eben deshalb in der Konsequenz dieses methodischen Zugangs, dass er Liebende nur als besondere Fälle eines Allgemeinen in den Blick bekommt, die als solche im Prinzip gegen andere ausgetauscht werden können: Nicht *dieser ganz bestimmte einzelne Mensch* wird geliebt, sondern derjenige, der hier und jetzt die Eigenschaftsstruktur der Liebe erfüllt – und das kann sich bekanntlich schnell ändern.

Um einen Menschen nicht nur als austauschbaren Einzelfall, sondern wirklich als unverwechselbaren Einzelnen zu lieben (konkrete Liebe), um ihn nicht nur in situativer Bedingtheit und Wechselhaftigkeit, sondern verlässlicher Konstanz zu lieben (verlässliche Liebe) und um Liebe so verstehen zu können, dass sie sich wirklich nicht nur auf einige, sondern auf jeden einzelnen Menschen richtet (universale Liebe), muss man nach Kierkegaard zum Verständnis der Liebe nicht nur vom Ästhetischen zum Ethischen, sondern darüber hinaus auch vom Ethischen zum Religiösen weitergehen, und zwar so, dass im Horizont des Religiösen die Wahrheit sowohl des Ästhetischen (Sein) als auch des Ethischen (Sollen) einsichtig wird. Das wird ihm zufolge möglich, wenn man das Religiöse seinerseits auf seine Wahrheit hin vertieft, die er im Christlichen ausgesprochen findet: Wahre Liebe ist kein Gefühl, sondern die dem Menschen zugespielte Befähigung, als wahrhaft Geliebter ein wahrhaft Liebender zu werden, also als Einzelner einen Einzelnen zu lieben bzw. einen anderen so zu lieben, dass man dabei selbst zum Einzelnen wird, indem man dem anderen dazu verhilft, Einzelner zu werden. Keiner kann uneingeschränkt sagen, dass er ein wahrhaft Liebender *ist*. Aber jeder soll zu einem wahrhaft Liebenden *werden*. Denn man *ist* ein wahrhaft Liebender nur, indem man es *wird*, und kein Mensch ist davon ausgeschlossen, es werden zu können.

9. *Nächstenliebe*

Kierkegaard geht es um die unaustauschbare Konkretheit und Individualität (*dieser ganz bestimmte Mensch*), die absolute Verlässlichkeit (dieser bestimmte Mensch *in allen Situationen und unter allen Umständen*, also egal, ob er sich als liebenswert oder nicht liebenswert verhält und erweist) und die uneingeschränkte Universalität der Liebe (*jeder Mensch in gleicher Weise*). Zu einer solchen Liebe kommt man nicht auf dem aporetischen Weg einer Generalisierung der ästhetischen und ethischen Gestalten der Liebe: Man kann nie alle sinnlich auf die gleiche Weise lieben, und man kann sich auch nie zu allen so verhalten, wie man sich zu seinen Eltern, Geschwistern oder Freunden verhält oder verhalten sollte. Kierkegaard schlägt daher den umgekehrten Weg ein, nicht vom Einzelfall auf andere Fälle hin zu generalisieren, sondern in jedem Fall von Liebe das zu identifizieren, was diesen zu einem Fall von *Liebe* macht, Liebe also als das zu verstehen, was im konkreten Fall (hier und jetzt) und in jedem konkreten Fall (immer und überall) als die lebenssteigernde Veränderungskraft präsent ist, die eine Beziehung zwischen Menschen zu einer liebend gelebten Beziehung umgestaltet, verändert und vertieft.

Diese Liebe nennt Kierkegaard *Nächstenliebe*, und deren Pointe ist, in jedem anderen Menschen einen Nächsten Gottes zu sehen, zu dem man sich so verhalten soll, dass er in seiner unverwechselbaren Eigentümlichkeit und Andersheit ernst genommen und nicht an einem vorgegebenen Maß gemessen oder den eigenen Erwartungen und Wünschen unterworfen wird. Wer immer einen anderen ästhetisch oder ethisch liebt, liebt ihn aufgrund von Eigenschaften, die ihn liebenswert machen. Ändern sich die, endet auch die Liebe – wenn sie nicht so ist, dass sie den anderen nicht wegen seiner liebenswerten Eigenschaften, sondern – zugespitzt gesagt – trotz seiner nicht liebenswerten Eigenschaften liebt, sich also auf ihn als Selbst bzw. als *Person* und nicht bloß als Person *mit diesen oder jenen Eigenschaften* richtet. Die Person im anderen aber muss man zuerst entdecken, und man entdeckt sie, indem man vom Verliebtsein zur Liebe fortschreitet, den anderen also nicht mehr nur als emotionale Attraktion wahrnimmt, sondern als Einzelnen unter Einzelnen sieht und liebt.

Damit tritt kein neues Verhältnis an die Stelle des alten, sondern die Verhältnisse zum anderen werden *in einem anderen Modus gelebt* und bekommen so *eine neue Qualität*: sie werden *liebend gelebt*. Den anderen als Einzelnen zu lieben, heißt sein Verhältnis zu ihm oder ihr so zu gestalten, dass es ihm bzw. ihr die Freiheit gibt, als Einzelner zu leben und zu lieben – also nicht einem vorgegebenen Erwartungsmuster von Liebe zu entsprechen, sondern selbst zu bestimmen und zu entscheiden, wie er oder sie sich konkret als Einzelne bzw. Einzelner zu anderen liebend verhalten können und wollen. *Wahre Liebe* ist *frei sich selbst zur Liebe bestimmende Liebe*, die nicht nur als eine besondere Beziehung neben andere Lebensverhältnisse tritt, sondern alle Lebensverhältnisse so umzugestalten sucht, dass sie *liebend* gelebt werden. Kierkegaards Konzept der *wahren Liebe* heißt, dass man nicht nur lieben, sondern *liebend* lieben, ja mehr: *liebend leben* soll, also alles, was man im Zusammenleben mit anderen Menschen in der gemeinsamen Welt tut und lässt, *auf eine bestimmte Weise*, nämlich *liebend* tun und lassen soll. Und *liebend* lebt man genau dann, wenn man sein Augenmerk im Blick auf den anderen und im Blick auf sich selbst nicht auf all die Partikularitäten richtet, die jeden Menschen als Fall von verschiedenem Allgemeinen auszeichnen, sondern auf die Individualität, die jeden Menschen bei aller noch so großen Unterschiedenheit von jedem anderen Menschen im Blick auf Gott in ein und derselben Weise charakterisiert – als Einzelnen unter Einzelnen. Wahre Liebe richtet den Blick auf den Einzelnen im Menschen, und sie hilft eben so jedem, vom so oder so bestimmten Menschen zum sich selbst bestimmenden Einzelnen zu werden.

Das geht nicht, ohne am Ort des eigenen Lebens und am Ort des anderen eine Differenz zu machen, die lebensorientierende Funktion erhält: Der Liebende muss im Blick auf den anderen zwischen seinen *zuneigungs-* oder *abneigungsbasierten Beziehungen* zu diesem als besonderem, mehr oder weniger liebenswerten Menschen und seiner *ethischen Beziehung* zu ihm als einzelnem Selbst unterscheiden, das nicht weniger und nicht mehr, sondern in eben derselben Weise Selbst und Einzelner ist wie er selbst. Und er muss im Blick auf sich selbst zwischen *selbstischer* (*egoistischer*) und *selbstloser* (*nächstengerichteter*) Liebe unterscheiden, also darauf achten, dass er im Verhältnis zum anderen nicht nur oder primär auf sich und seine eigenen Vorteile achtet (selbstische Liebe), aber auch nicht ausschließlich nur auf den anderen und nicht auch auf sich selbst (selbstverachtende Liebe), sondern im Blick auf sich und den anderen das Werden zum Einzelnen und damit das Selbst- oder Personwerden fördert. Wahrhaft liebt nur, wer als Liebender selbstlos, aber nicht sich selbst negierend liebt (also ganz auf das Selbstwerden des anderen ausgerichtet ist, aber gerade so auch sein eigenes Selbstwerden fördert), und wer als Geliebter ganz passiv, aber ganz und gar nicht untätig liebt (sich also als Selbst ganz vom anderen her empfängt, aber eben dabei selbst ganz aktiv ist).

Wahre Liebe ist so eine Selbstlosigkeit, die nicht selbstvergessen ist, weil sie auf Seiten des Liebenden und des Geliebten ein wahres Selbst überhaupt erst hervorbringt: Der Liebende lernt, sich kritisch von sich selbst zu unterscheiden (also sein Selbst kritisch zu bestimmen), indem er sich nicht selbstisch-egoistisch, sondern als selbstloses Selbst auf den anderen bezieht, um diesen zum wahren Lieben zu befähigen. Und der Geliebte lernt, sich selbst kritisch zu verstehen, indem er sein Bestimmtsein durch die Liebe des anderen nicht als Abhängigkeit, sondern als Bestimmung und Befähigung zum eigenen Lieben begreift und praktiziert – nicht nur dessen, der ihn liebt, sondern auch der anderen. Wer dem anderen so dazu verhilft, ein wahrhaft Liebender zu werden, wird damit selbst zu einem solchen. Wahre Liebe ist deshalb keine bestimmte Art der Liebe, sondern eine *bestimmte Weise, liebend zu leben*: diejenige, die alles daran setzt, dem anderen dazu zu verhelfen, selbst wahrhaft zu lieben und damit wirklich zu leben, also das zu werden, was man als Mensch werden kann und werden soll: ein einzelnes Selbst und damit ein wahrer, nämlich menschlicher Mensch.

10. Menschwerdung

In diesem Sinn ist wahre Liebe Kierkegaard zufolge kein Gefühl, sondern das Projekt, zu einem wahren, nämlich *menschlichen* Menschen zu werden, indem man sich bemüht, dem anderen zu ermöglichen, ein wahrer, also menschlicher Mensch zu werden. Wahre Liebe ist kein Gefühl, weil sie einerseits – als *Liebe* – nicht im Horizont des Ästhetischen (also als natürlich-faktisches Phänomen) zureichend verstanden werden kann, sondern als Sollen im Horizont des Ethischen verstanden werden muss, andererseits – als *wahre* Liebe – aber dasjenige Sollen ist, dessen Verwirklichung darauf zielt, das ästhetische Lieben (Sein) und das ethische Lieben (Sollen) *wahr zu machen*, also darauf hinzuwirken, dass Menschen das werden, was sie sein können: menschliche Menschen.

So verstandene wahre Liebe lässt sich nicht im Horizont der ästhetischen Verhältnisse (also der *Präferenzliebe* oder der *Freundschaftsliebe*) zureichend verstehen, sondern stellt eine ethische Orientierung dar, die alles Sein als Sollen übersteigt: Was man ohnehin tut (Präferenzliebe, Freundschaft), braucht nicht geboten zu werden, aber auch nur, was zu tun nicht unmöglich ist, kann geboten werden. Liebe zu gebieten ist daher nur sinnvoll, wenn sie nicht gelebt wird, obwohl sie gelebt werden könnte (also ein *faktischer Mangel* vorliegt: ›*Liebe* – du kannst es!‹), oder wenn man nicht so lebt, wie man leben sollte (also ein *modaler Mangel* besteht: ›Was immer du tust, du sollst es *liebend* tun‹). Das erste kann immer nur in bestimmten Situationen der Fall sein: Man liebt immer *bestimmte* Andere, oder man liebt sie nicht; deshalb besagt das Liebesgebot in faktischer Hinsicht: ›Liebe hier und jetzt!‹. Das zweite dagegen kann immer und überall gelten, und deshalb hat das Liebesgebot in modaler Hinsicht die generelle Form: ›Was immer du tust, tue es *liebend*!‹ Das heißt, es ist nicht mehr auf die besonderen Lebensformen des Liebens beschränkt, sondern eine Anweisung, *alle* Lebensvollzüge *in bestimmter Weise*, eben *liebend* zu leben. Was das konkret besagt, liegt nicht vorab und unveränderlich fest, sondern ist in jedem Fall kreativ zu bestimmen, indem man fragt: ›Wie muss ich mich hier verhalten, um mich wirklich *menschlich* zu verhalten?‹

Es versteht sich nicht von selbst, diese Frage zu stellen. Sie ist auch nicht generell als verbindlich zu begründen (›Jeder muss so fragen‹), weil sie Ausdruck einer freien Entscheidung ist, sich so und nicht anders im Leben zu orientieren, also als Mensch nicht nur irgendwie oder möglichst gut, sondern dezidiert *menschlich* leben zu wollen. Faktisches und modales Lieben sind also durchaus verschieden zu begründen. Um das faktische Sollen zu begründen, ist auf die Besonderheiten der konkreten Situation Bezug zu nehmen: ›*Diese* Person solltest Du lieben!‹ – aus den und den Gründen. Das modale Sollen dagegen kann so nicht begründet werden, weil es eine Maxime ist, die für alle Situationen gelten soll: ›*Stets* sollst du liebend leben!‹ Die Begründung dafür kann nicht aus konkreten Situationen, sondern allein aus einer Norm gewonnen werden, die für alle konkreten Situationen gilt. Und deshalb kann sie nicht faktisch oder ästhetisch (biologisch, psychologisch, soziologisch), sondern nur ethisch begründet werden.

Dieses uneingeschränkte modale Sollen ist nun aber seinerseits nur dann nicht ethisch ganz abstrakt, wenn es auf ein Können bezogen ist, das zu praktizieren nicht unmöglich ist. Eben das ist garantiert, wenn das ethische Sollen im Horizont des Religiösen kontrafaktisch an das Faktische gebunden erscheint, nämlich als die gesollte Umgestaltung des Faktischen im Licht der Wahrheit, die zu einem Neuwerden auch des Ästhetischen führt. Allerdings gilt auch das nur dann, wenn das Religiöse seine eigene Wahrheit konkret realisiert, die Gegenwart des Unendlichem im Endlichen also nicht nur als kontrafaktische Orientierungsnorm vertritt, sondern von ihrer paradoxen Verwirklichung her das Faktische als noch unentfaltete und unvollendete Form des Kontrafaktischen begreift. Nicht die Wirklichkeit wird dann zum Maßstab des Möglichen, sondern das in Gott fundierte Mögliche zum Maßstab des Wirklichen gemacht.

Kierkegaard zufolge ist eben das die Pointe des Christentums. Dieses hat keine neuen Lebensphänomene in die Welt gebracht, auch keine neuen Liebesphänomene, sondern einen neuen *Modus* des Lebens: das *liebend vollzogene* Leben, das dem anderen zu einem wahren Selbst verhelfen will und eben so bewirkt, selbst ein wahres Selbst zu werden. Diese Selbstwerdung hat das Ziel, dass Menschen *menschlich* werden. Denn jeder Mensch lebt als Mensch, aber nicht jeder Mensch lebt als solcher auch schon menschlich. Das muss man wollen, und man tut es, wenn man dafür eintritt, Unmenschlichkeit unter Menschen abzubauen und Menschlichkeit zu befördern, also Verhältnisse zu schaffen, in denen sich Menschen frei zu einem menschlichen Leben bestimmen können, indem sie auch anderen ermöglichen, menschlich zu leben.

F. Freiheit und Liebe. Selbstwerdung nach Levinas und Rosenzweig

Freiheit kann man bestreiten. Aber gerade das belegt sie. Man muss das ja nicht tun. Aber man kann es, und man tut es. Was aber bestreitet man, wenn man Freiheit bestreitet?

1. Das Paradox der Freiheit

Offenkundig Verschiedenes, wie die Variationsbreite der Freiheitsbegriffe von der *Willensfreiheit* über die *Entscheidungs-* und *Handlungsfreiheit* bis zum Begriff der *Autonomie* belegt. Wer bestreitet, dass Menschen Handlungswesen sind, die sich selbst in eigener Verantwortung Ziele setzen und Mittel zu ihrer Verwirklichung wählen, muss damit nicht bestreiten, dass man unter identischen Umständen auch anders hätte handeln können. Wer bezweifelt, ob wir wirklich tun, was wir wollen, muss nicht auch bezweifeln, ob wir überhaupt wollen können, was wir tun, und nicht vielmehr nur tun, was wir tun müssen – nicht nur, weil die Umstände so sind, wie sie sind, sondern weil wir nicht anders sind, als wir sind.

Nicht jede Bestreitung von Freiheit bestreitet also jede Art von Freiheit. Immer aber wird etwas bestritten, das sich nur aporetisch beschreiben lässt, wenn man unsere Erfahrung ernst nimmt. Denn einerseits erfahren wir uns als solche, *die selbst von sich aus etwas anzufangen vermögen*. Unsere Freiheit zeigt sich in der Fähigkeit, etwas anzufangen, das vorher nicht oder nicht so war. Andererseits aber erfahren wir uns als solche, *die sich nicht selbst angefangen haben und anfangen können*. Wir alle sind nicht durch uns selbst, sondern durch anderes und von anderem her geworden.

Wäre ich nicht da, könnte ich nicht frei sein. Aber ich bin nicht da, weil ich frei bin, und dass ich da bin, verdankt sich nicht meiner eigenen Freiheit. Unsere Freiheitserfahrung verweist uns also nicht nur auf das, was wir können (etwas neu anfangen), sondern auch auf das, was wir prinzipiell nicht können (uns selbst anfangen). Unserer Freiheit geht zeitlich und sachlich jeweils anderes voraus.

Sofern das etwas ist, was *keine Freiheit* ist, stellt sich die Frage, wie Freiheit aus etwas entstehen kann, was selbst nicht Freiheit ist. Sofern das zwar nicht meine, aber doch eine *andere Freiheit* ist, stellt sich die Frage, wie meine Freiheit aus fremder Freiheit entstehen kann. Wie kann Freiheit *aus keiner Freiheit* oder *aus fremder Freiheit* entstehen?

Das ist eine alte Frage. In der Moderne ist sie zum klassischen Leitfaden für die Thematisierung der Gottesfrage geworden. Das gilt auch für Emmanuel Levinas und Franz Rosenzweig. Auch wenn sie sich gerade an diesem Punkt gegen die Entwürfe der klassischen Moderne im 19. Jahrhundert abgrenzen, bearbeiten sie auf ihre Weise deren Probleme und bewegen sich in deren Denkspuren. Beide geben auf die aufgeworfene Freiheitsfrage zudem Antworten, die nicht nur in den großen Linien, sondern auch in den Details mannigfache Übereinstimmungen haben. Immer wieder kann man den durchaus nicht falschen Eindruck gewinnen, Levinas habe Rosenzweig für sich um- und fortgeschrieben. Das möchte ich im Folgenden an einigen Punkten zeigen. Ich beginne mit Levinas.

I. Levinas als Leser Rosenzweigs

2. Neues Denken und Denken des Neuen

Zu den vielen Berührungspunkten zwischen Rosenzweig und Levinas gehört das Insistieren auf einem *neuen Denken*. Rosenzweig umriss es als ein Denken, das »im Bedürfen des anderen und, was dasselbe ist, im Ernstnehmen der Zeit« seine Pointe hat.[1] Es ist kein »für niemanden denken und zu niemandem sprechen«, sondern denkt konkret im Bezug auf Zeit und Personen im Lebensvollzug. Der aber ereignet sich wesentlich sprachlich, und deshalb ist das neue Denken für Rosenzweig wesentlich »Sprachdenken«,[2] das aus dem »wirklichen Gesprochenwerden der Sprache« entspringt.[3]

Levinas greift dieses Konzept mit einer bezeichnenden Akzentverschiebung auf. Aus Rosenzweigs ›neuem Denken‹ wird bei ihm ein »Denken des Neuen«.[4] Das ist gegenüber dem überkommenen assimilierenden, immanenzverhafteten und totalitätsbezogenen Denken ein »andere[s] Denken«, das das Neue aufnimmt, ohne es »durch eben die Aufnahme seiner Neuheit« zu berauben.[5] Das kann es nur leisten als ein streng absichtsloses Denken, »das des Des-inter-esses«,[6] das Neues »nicht auf ›schon Bekanntes‹ zurückführen« will, so dass »die Neuheit des Neuen [...] beeinträchtig[t] würde, indem es dem Neuen in der vom Denken eingerichteten Korrelation zwischen Denken und Sein seine Frische des Neuen nähme«.[7] Es ist vielmehr ein »vom Bewußtsein losgelöstes Denken«,[8] »das sich in seiner Phänomenologie nicht restlos auf den Bewußtseinsakt eines Subjektes, auf die thematisierende reine In-

---

1 F. ROSENZWEIG, Das neue Denken, in: DERS., Der Mensch und sein Werk. Gesammelte Schriften 3. Zweistromland. Kleinere Schriften zu Glauben und Denken, hg. v. R. A. MAYER, Dordrecht u. a. 1984, 139–161, hier 152.

2 Ebd., 151.

3 F. ROSENZWEIG, Der Stern der Erlösung, hg. v. A. RAFFELT, Freiburg 2002, 194.

4 E. LEVINAS, Einleitung, in: DERS., Wenn Gott ins Denken einfällt. Diskurse über die Betroffenheit von Transzendenz, Freiburg/München 1985, 17.

5 Ebd., 15.

6 Ebd., 17.

7 Ebd., 15.

8 Ebd., 17.

tentionalität reduzieren läßt«,[9] sondern »Beziehung ohne Einwirkung auf ein Seiendes, ohne Antizipation von Sein, vielmehr reine Geduld«, strikte »Passivität«, »Unter-werfung« und »Hingabe« an das ist, was in der »aller Aktivität des Bewußtseins« vorgängigen »Dia-chronie« der Zeit schon auf es zugekommen ist.[10]

Diese Diachronie, das ist nun freilich entscheidend, kann und darf nicht die einer »thematisierenden und inter-ess-ierten Bewegung des Bewußtseins« sein, keine sich in »Erinnerung«, »Hoffnungen« und »Gleichzeitigkeiten« vollziehende Bewusstseinsbefindlichkeit.[11] Es muss eine reale Vor-Geschichte des Bewusstseins sein, eine, in der dieses wird, was es ist, durch das, was ihm von anderem her geschieht, in der es, bevor es sich zur Subjektivität entfaltet, die ›ich‹ und ›mein‹ und ›dein‹ zu sagen und als Selbst zu leiden und zu handeln vermag, »umgewendet wird hin zum anderen Menschen, für den ich verantwortlich zu sein habe«.[12] Aller Subjektivität ist diese reale Vorgeschichte immer schon eingeschrieben: Niemand fängt mit sich und bei sich selbst an, jeder verdankt sich einer vorgängigen realen (biologischen, geschichtlichen, kulturellen) »Beziehung ohne Wechselbeziehung oder« – wie Levinas auch sagen kann – »Liebe zum Nächsten, die Liebe ohne Eros ist«.[13]

3. *Das vorgängige Andere der Subjektivität*

Was ist diese Liebe und wie ist sie zu verstehen? Das vorgängige Andere, dem wir uns immer schon verdanken, wird von Levinas in mehrfacher Hinsicht präzisiert. Ich fasse es in drei Schritten zusammen.

---

[9] Ebd., 16.
[10] Ebd., 17.
[11] Ebd., 20.
[12] Ebd., 20.
[13] Ebd., 20 f.

a) Zum ersten stellt Levinas klar: »Das Andere als das absolut Andere ist *der Andere*«,[14] der *andere Mensch*, der mich betrifft und angeht, ehe ich entscheiden kann, ob ich mich betreffen oder nicht betreffen lassen will. Ehe ich mich dazu bestimmen kann und will, finde ich mich in der »Verantwortung für eine fremde Freiheit«,[15] der ich mich nicht entziehen kann, weil selbst dieser Versuch bedingt wäre durch sie und deshalb bezogen bliebe auf sie.

b) *Der Andere* ist zwar immer der andere Mensch, aber in seiner Andersheit zeigt sich nicht nur die Andersheit eines anderen Endlichen, sondern zugleich die des Unendlichen. »Mein tiefstes Denken, das alles Denken trägt, mein Denken des Unendlichen, das älter ist als das Denken des Endlichen, ist die eigentlich Diachronie der Zeit«.[16] Ich verdanke mich nicht nur der einseitigen Beziehung des endlichen Anderen, sondern des unendlichen Anderen zu mir. Nicht als ob hier *zwei* Vorgeschichten des Selbst zu erzählen wären, sondern in und durch die diachrone Vorgeschichte endlicher Andersheit vollzieht sich die der unendlichen Andersheit. Wie für meine Verantwortung gilt: »Für-den-anderen-Menschen und dadurch Zu-Gott!«,[17] so gilt für mein Werden: ›Von und mit Gott durch den anderen Menschen‹. Mein »konkreter Ursprung« ist deshalb die »Ursituation, in der das Unendliche sich in mich einläßt«.[18] Gottes Ankunft eröffnet mir Zukunft, aber sie vollzieht sich in, mit und unter der Andersheit des Anderen.

c) Das aber hat zur Folge, dass ich nicht nur als ein Anderer von Anderen unterschieden werde, sondern dass ich *in mir selbst* durch Andersheit konstituiert bin. Subjektivität ist nicht nur Selbstwerden durch die Beziehung eines anderen Menschen zu mir, der ich mich nur hingeben und unterwerfen kann, ohne dass dieses ›Kön-

[14] E. Levinas, Ideologie und Idealismus, in: ders., Wenn Gott ins Denken einfällt, 22–43, hier 41.

[15] Ebd.

[16] E. Levinas, Wenn Gott ins Denken einfällt, 19f.

[17] Ebd., 21.

[18] Ebd.

nen‹ anders als retrospektiv ›mein‹ Können genannt werden könnte. Subjektivität ist in und mit diesem diachron-endlichen Selbstwerden immer und wesentlich auch »Empfangen des Unendlichen, Unterwerfung unter einen sowohl innerlichen als auch transzendenten Gott.«[19]

4. *In sich Befreiung von sich*

Auch wenn Levinas die Unentrinnbarkeit meiner »Verantwortlichkeit-für-den-Anderen« zugespitzt als ›Geiselhaft‹[20] und als »meine Verantwortlichkeit als Geisel […] in Furcht für den Nächsten« bezeichnet,[21] beschreibt er die darin angelegte und dabei sich auch abspielende »Unterwerfung unter einen sowohl innerlichen als auch transzendenten Gott«[22] gerade *nicht*, wie etwa Schleiermacher, als schlechthinnige Abhängigkeit, sondern versteht sie umgekehrt als *ursprüngliche Befreiung*: Subjektivität ist in ihrem tiefsten Kern »*In sich* Befreiung *von sich*. Freiheit des Erwachens: freier als die Freiheit des Anfangs, die sich als Prinzip festlegt.«[23] Mit dieser Befreiung wird eine Fundamentaldifferenz etabliert, der sich die Subjektivität verdankt. Drei Momente sind hier hervorzuheben.

a) Zum einen wird das *Ich* vom *Sich* befreit und damit überhaupt erst fähig zum Ich. Von einem ›vor-reflexiven Ich‹ kann ja immer nur retrospektiv, von der Position des reflektierenden Ich aus gesprochen werden. Das Ich hat eine Herkunftsgeschichte, in der es noch nicht war. Es *wird*, und es *ist* sein *Werden aus anderem*.

---

[19] E. Levinas, Vom Bewußtsein zur Wachheit. Im Anschluß an Husserl, in: ders., Wenn Gott ins Denken einfällt, 44–78, hier 65.

[20] Levinas, Ideologie und Idealismus, 35.

[21] E. Levinas, Vom sorg-losen Versagen zum neuen Sinn, in: ders., Wenn Gott ins Denken einfällt, 79–95, hier 95.

[22] Levinas, Vom Bewußtsein zur Wachheit, 65.

[23] Ebd.

b) Zum anderen kann das Ich deshalb nicht durch sich selbst, sondern nur durch ein oder etwas anderes werden. Die Unterscheidung zwischen Ich und Sich, in der das Ich wird, ergibt sich nicht von allein, und sie kann auch nicht vom Ich selbst vollzogen werden, da dieses dadurch ja überhaupt erst wird. Es kann sich aber auch nicht um ein beliebiges Unterscheidungsereignis handeln, das zwischen Ich und Sich differenziert, wenn es eine *Befreiung* des Ich von sich sein soll. Als *Befreiung* kann das nur Werk und Wirkung einer *fremden Freiheit* sein, die sich für mich entscheidet und engagiert. Aber soll diese Befreiung nicht nur als äußerliches Geschehen gedacht werden, sondern den von Levinas betonten Charakter »*In sich* Befreiung *von sich*« haben, dann kann diese fremde Freiheit nicht bloß mir gegenüber stehen, sondern muss *in mir selbst* wirksam sein: *Ich selbst* muss mich einer *mir fremden Freiheit* verdanken, die *mich* von *mir* befreit und damit zum Ich-Selbst-Werden befähigt.

c) Die Befreiung des Ich vom Sich setzt daher eine fremde Freiheit voraus, ohne die sie nicht zustande kommen kann. Diese fremde Freiheit ist *kein Gegenüber* des Ich, denn das Gegenüber des Ich ist immer die Welt als das Feld seiner Aktivitäten und Wechselwirkungen. Sie vollzieht sich vielmehr am Ort des Ich in der Unterscheidung von Sich und Ich als die Konstitution eines zur Aktivität befähigten Ich vor dem Hintergrund eines schlechterdings passiven Sich.

Diese Passivität des Sich – und hier zeigt sich der idealistische Zug der Levinasschen Analysen – ist nicht die neurobiologische Materialität eines sich zum Selbst organisierenden Organismus. Das Ich entsteht ihm zufolge nicht als Emergenz- und Epiphänomen einer biologischen Gegebenheit, deren Selbstorganisation zur Unterscheidung eines Ich-fähigen Selbst von der Basis der zugrunde liegenden neurobiologischen Prozesse führt. Das wäre allenfalls eine relative, aber keine schlechthinnige Unterscheidung von Ich-Aktivität und Sich-Passivität.

Doch die »Passivität des *Sich*« ist Levinas zufolge »passiver [...] als alle Passivität, passiver als jene, die in der Welt als Gegenstück zu einer beliebigen Aktion bleibt«.[24] Sie ist kein Minimum auf einer Skala der Aktivitäten, sondern die Möglichkeitsbedingung der Wirklichkeit einer solchen Aktivitäts-Passivitäts-Skala. Nur vor diesem absoluten Passivitätshintergrund wird die relative Aktivität und Freiheit des Ich überhaupt möglich und wirklich.

Diese Fundamental-Passivität ist damit aber schlechterdings »anarchisch«, ohne in einer Ordnung zu gründen, »ohne Ursprung in einer Gegenwart«, wie Levinas sagt. Positiv wird sie von ihm als »Herrschaftsbereich einer unvordenklichen Freiheit« charakterisiert, »älter als das Sein, als die Entscheidungen und die Taten«.[25] Jenseits der Freiheit des Ich, »au-delà de la liberté«,[26] liegt nicht die Heteronomie biologischer Natur, sondern die Andersheit unvordenklicher fremder Freiheit.

Nicht die Natur, sondern – letztlich – göttliche Freiheit ist für Levinas damit der Horizont zum Verstehen der menschlichen Fundamental-Passivität. »Durch diese Freiheit bedeutet die Menschlichkeit in mir, das heißt die Menschlichkeit als Ich, in ihrem Zu-Gott und trotz ihrer ontologischen Kontingenz der Endlichkeit, trotz des Rätsels ihrer Sterblichkeit, ein Erstgeburtsrecht und, in der unablässigen Verantwortung, die Einmaligkeit des Erwählten. Das genau ist die Einmaligkeit des Ich. Erstgeburtsrecht und Erwählung.«[27] Meine Freiheit verdankt sich nicht dunkler Natur, sondern unvordenklicher fremder Freiheit. Sie ist nicht sich selbst, sondern anderem geschuldet. Gerade das macht sie einzigartig und gewiss: Ich kann sie in Frage stellen, aber nur, indem ich

---

[24] E. LEVINAS, Bemerkungen über den Sinn, in: DERS., Wenn Gott ins Denken einfällt, 195–228, hier 225.

[25] Ebd., 226.

[26] E. LEVINAS, Quatres lectures talmudiques, Paris 1968, 88; Vier Talmud-Vorlesungen, übers. v. F. MIETHLING, Frankfurt a.M. 1993, 77.

[27] LEVINAS, Bemerkungen über den Sinn, 226.

dabei in Anspruch nehme, was ich in Frage stelle. Der Beleg der Freiheit ist ihre Bestreitbarkeit.

5. Jenseits aller Gegenwart

Verdankt sich Selbstwerdung dem Vorgang der Befreiung des Ich in sich von sich durch fremde Freiheit, dann liegt dieser Vorgang nicht nur jenseits des Ich, sondern auch jenseits aller Gegenwart. Selbstwerdung ist »ohne Ursprung in der Gegenwart«,[28] weil Gegenwart als »Ver-gegenwärtigung« eine »Synchronisierung« darstellt, »die eine der Funktionen der Intentionalität ist: [...] Das Bewußtsein macht und macht von neuem die *Gegenwart* – es ist das *Leben* der Gegenwart.«[29] Ohne Bewusstsein, nicht nur Selbst-Bewusstsein, aber doch Bewusstsein eines Selbst, gibt es keine Gegenwart, aber ohne Befreiung des Ich von sich gibt es kein Selbst, das sich etwas bewusst machen und damit vergegenwärtigen könnte.

Konsequent betont Levinas daher: »Der Sinn des Menschlichen wird nicht durch die Gegenwart bemessen, nicht einmal durch die Selbst-Gegenwart. Die Bedeutung der Nähe überschreitet die ontologischen Grenzen, das menschliche *Sein* und die Welt. Sie bedeutet durch die Transzendenz und durch das Zu-Gott-in-mir, das die Infragestellung meiner selbst ist.«[30] Die Ur-Befreiung des Ich (*moi*) vom Sich (*soi*) findet zwar am Ort des Ich, aber nicht durch das Ich statt, sondern durch eine fremde Freiheit, die dem Ich eine *immer fremde bleibt*, nie zum Gegenstand und Gegenüber seiner Tätigkeit wird, weil sie ihm *immer im Rücken liegt.*

[28] Ebd., 225.

[29] LEVINAS, Hermeneutik und Jenseits, in: DERS., Wenn Gott ins Denken einfällt, 132–149, hier 135.

[30] LEVINAS, Bemerkungen über den Sinn, 222.

6. *Nächstenliebe als Offenbarung*

Der Rekurs auf diese fremde Freiheit, dem sich die Befreiung des Ich vom Sich verdankt, ist daher niemals der Rekurs auf eine verlorene Einheit, Ordnung, Gewissheit. Sie ist Rückgang in die Differenz und Diachronie.

Alles kommt nun freilich darauf an, *wie* hier zurückgegangen wird. »Bedeutet das Denken, welches das Absolute denkt, lediglich Bedürfnis, Fehlen und Heimweh oder Befriedigung, Erfüllung und Genuß? Bedeutet die Diachronie der Zeit lediglich Mangel an Gegenwart und Sehnsucht nach dem Vergangenen? Kann das Denken sich dem Absoluten nicht anders nähern als durch das Erkennen und folglich durch ebendiese Annäherung hervorragen, die *besser* ist als die Rückkehr zum *Einen* und die Übereinstimmung mit der Einheit«?[31] Die Fragen zu stellen heißt, sie zu verneinen. Nicht der Rückgang in eine unvordenkliche *Einheit* steht an, sondern die Einweisung in – wie Levinas mit Rosenzweig sagt – »*Offenbarung*«.[32] Die Offenbarung aber ist »Liebe zum anderen Menschen«, die sich »unwiderstehlicher als eine Gegenwart« ereignet – nicht als Hinweis auf »irgendeine Hinterwelt«, sondern »*in* der Nähe des anderen Menschen [...], *in* seinem Antlitz, das mich fordert, in dem unabweisbar mir zugewandten Antlitz, das mich in Frage stellt«.[33] Der Rückgang des Ich in die Diachronie seiner Selbstwerdung ist also nicht die Entdeckung eines unendlichen Mangels, Bedürfnisses, Fehlens oder Heimwehs, sondern Befriedigung, Erfüllung, Genuss des *Besseren*, des *Mehr-als-Nötigen*, des *Liebens weil Geliebt-Werdens*. »Nächstenliebe heißt, Liebe ohne Konkupizenz [sic!], die jedoch ebenso unabweisbar ist wie der Tod.«[34]

---

[31] E. Levinas, Vom Einen zum Anderen. Transzendenz und Zeit, in: ders., Wenn Gott ins Denken einfällt, 229–265, hier 242.

[32] Levinas, Bemerkungen über den Sinn, 222.

[33] Ebd.

[34] Levinas, Vom Einen zum Anderen, 258.

Nicht weniger unabweisbar ist, dass zu solcher Nächstenliebe nur befähigt ist, wer selbst sich ihr verdankt – in seinem *Dasein*, das unabweisbar in den Tod führt, und in seinem *Freisein*, das unabweisbar vor den Nächsten stellt: Aus *freier Liebe fremder Freiheit* entsteht die Fähigkeit, Möglichkeit und Unabweisbarkeit, sich auf die Liebe zum Nächsten einzulassen. Vor jeder und unwiderstehlicher als jede Gegenwart, wie Levinas meint, weil er Gegenwart nur als Vergegenwärtigung von Bewusstsein zu denken vermag. Aber auch in einer Weise, in der Gott nicht Gegenstand, sondern Movens und Richtung ist: Liebe zum Nächsten ist Liebe »Für-den-anderen-Menschen und dadurch Zu-Gott! In dieser Weise denkt ein Denken, das mehr denkt, als es denkt.«[35] Und auf diese Weise vollzieht sich ein Lieben, das mehr liebt, als was es konkret liebt. Geliebt wird ja immer der konkrete Nächste, der andere Mensch, der meine Verantwortung herausfordert. Aber in und mit ihm wird der geliebt, »›der den Fremden liebt‹ eher, als daß er sich zeigt«.[36] Gott zeigt sich nicht als Gott, er wird nicht Erscheinung in der Welt, aber er macht die Welt der Erscheinungen zum Ort seines Lebens, indem durch sein befreiendes Einfallen ein Mensch – jenseits von Erinnerung, Hoffnung und Vergegenwärtigung – »umgewendet wird hin zum anderen Menschen«.[37] Gott macht mich zum Mitmenschen, indem er mich befreit zur Nächstenliebe – einer Nächstenliebe, die gleichermaßen ganz und gar *frei* und damit *meine*, und ganz und gar *mich fordernde* und *nötigende* und damit für mich unabweisbare *Nächstenliebe* ist.

7. Am Leitfaden Rosenzweigs

Das umrissene Geflecht von Freiheit, Liebe und Gegenwart bei Levinas verdankt sich in der Anlage und in wesentlichen Details dem

---

[35] LEVINAS, Wenn Gott ins Denken einfällt, 21.
[36] Ebd., 20.
[37] Ebd.

Denken Rosenzweigs. Das wird besonders deutlich an Levinas Rosenzweig-Vortrag *›Zwischen zwei Welten‹. Der Weg Franz Rosenzweigs* von 1959.[38] Ich nenne die vier wichtigsten Punkte:

a) Wie bei Rosenzweig steht auch bei Levinas nicht die Religion, sondern *Gott* philosophisch im Zentrum. »Das Wort ›Religion‹«, so meint Levinas fälschlicherweise mit Rosenzweig, »kommt im *Stern der Erlösung* nicht vor. Rosenzweig rühmt sich, es nicht gebraucht zu haben, denn, so sagt er, ›Gott hat eben nicht die Religion, sondern die Welt geschaffen‹. Die Religion ist nicht eine gesonderte Wirklichkeit, die zur Wirklichkeit noch hinzukäme. Ihr erstes Wesen besteht für Rosenzweig in der *Art und Weise selbst, in der das Sein ist.*«[39] Man kann Menschen deshalb nicht in religiöse und nichtreligiöse einteilen, weil es sich hier »gar nicht um eine besondere Beanlagung« handelt, »die man hat oder nicht hat, sondern um Fragen, die an jeden Menschen gerichtet werden«.[40]

b) Entsprechend sind auch Judentum und Christentum nach Rosenzweig eigentlich keine Religionen, sondern dazu allenfalls im Verlauf der Geschichte geworden. »Sie waren ursprünglich nur etwas ganz ›Unreligiöses‹«.[41] In ihnen geht es nicht um einen Teilbereich des menschlichen Lebens, sondern um dieses insgesamt in allen Hinsichten in seiner Aufgespanntheit zwischen Gott, Welt und Mensch. Alle Versuche, das auf nur einen dieser Aspekte (›Elemente‹) als Ansatzpunkt einer systematischen Totalisierung zu reduzieren, müssen daher scheitern, sei das die Welt (wie in der antiken Kosmologie), sei es Gott (wie in der mittelalterlichen Theologie), sei es der Mensch (wie im modernen Idealismus) oder

---

[38] E. Levinas, ›Zwischen zwei Welten‹. Der Weg Franz Rosenzweigs, in: G. Fuchs/H.H. Henrix (Hg.), Zeitgewinn. Messianisches Denken nach Franz Rosenzweig, Frankfurt a.M. 1987, 31–66.

[39] Ebd., 40.

[40] Rosenzweig, Oktober 1913 an seine Mutter, Gesammelte Schriften, Bd. 1: Briefe und Tagebücher: 1900–1918, hg. v. U. Rosenzweig, Dordrecht u.a. 1979, 132. Vgl. Levinas, ›Zwischen zwei Welten‹, 40.

[41] Rosenzweig, Gesammelte Schriften, Bd. 3, hg. v. U. Rosenzweig/R. Bat-Adams, Dordrecht u.a. 1984, 154.

sei es der alles Vorhergehende überbietende Versuch Hegels, das alles in einen notwendigen Entwicklungsablauf im »Ganzen der Geschichte« einzubinden.[42]

c) Rosenzweigs *Neues Denken* sucht diese einseitigen Totalisierungen zu überwinden, indem es sich an die Fülle der Erfahrung hält, diese als Ineinander der »drei große[n] irreduzierbare[n] Wirklichkeiten: Mensch, Gott und Welt«[43] beschreibt und methodisch die religiösen Begriffe der Theologie in ontologische Begriffe der Philosophie überführt. Genau das tut Levinas ihm nach, indem er sie im Ausgang vom *Ort* dieser Erfahrung, dem konkreten einzelnen Menschen, nicht in Begriffe der Ontologie, sondern der Ethik zu überführen sucht. Aus seiner Sicht ist es Rosenzweig gelungen, anstelle »der Totalisierung der Elemente, die sich unter dem synoptischen Blick des Philosophen vollzieht, [...] das In-Gang-Kommen der Zeit selbst, des Lebens« in den Blick zu fassen und eben damit das Leben als Religion und Religion als Leben zu begreifen: »Bevor sie Bekenntnis ist, ist die Religion das pulsierende Leben selbst, in dem Gott zum Menschen in Beziehung tritt und der Mensch zur Welt. Religion als die Grundstruktur des Seins, vorgängig zur Totalität des Philosophen.«[44]

d) »Das Leben oder die Religion« wird damit zum Grundphänomen, in dem sich die basalen Wirklichkeiten von Gott, Welt und Mensch bilden und zur konkreten Einheit eines je unaustauschbaren bestimmten Lebens vereinigen.[45] Was das besagt, führt Ro-

---

[42] Levinas, ›Zwischen zwei Welten‹, 42.

[43] Ebd., 43.

[44] Ebd., 44f.

[45] »Ich betone: die Einheit ist hier nicht die formale Einheit von Gott, Mensch und Welt, die unter dem Blick des Philosophen zustande käme, der addiert und dabei reduziert, durch das synthetische Denken eines Philosophen, der außerhalb dieser Wirklichkeiten bliebe. [...] Die Einheit ist die Einheit eines Lebens. *Die Beziehungen zwischen den Wirklichkeiten sind vollendete Beziehungen und nicht Spezifizierungen einer Beziehung im allgemeinen.* Jede Beziehung ist irreduzierbar, einzigartig, unwiederholbar.« (ebd., 45)

senzweig im *Stern* vor, und Levinas macht es auf seine Weise nach. Ich konkretisiere es an zwei Punkten, am Verständnis des *Menschen* und *Gottes*.

8. Mensch und Gott

So ist der *Mensch* für Rosenzweig »nicht eine bloße Vereinzelung des Menschen im allgemeinen, denn er stirbt für sich.«[46] An diesem Tod muss das Denken ansetzen, wenn es vom konkreten Leben ausgehen will, denn der »Tod läßt sich nicht reduzieren.«[47] Bekanntlich beschreitet der ganze Denkweg des *Stern der Erlösung* diesen Weg: »Vom Tod, von der Furcht des Todes, hebt alles Erkennen des All an.«[48] Und am Ende »öffnen sich die Flügel des Tors [...] Du weißt es nicht? Ins Leben.«[49] Denn ›Stärker als der Tod ist die Liebe‹, und die Liebe ist die Weise des Lebens, die den Tod auf das Leben hin öffnet.

Der Mensch wird also vom Tod her und damit im Horizont des Lebens gedacht. Genau das greift Levinas im Anschluss an Rosenzweig und Heidegger auf, aber so, dass er beide korrigiert bzw. zuspitzt. So versteht er im Unterschied zu Heidegger den Sinn des Todes nicht existentiell als das jemeinige Sein-zum-Tode, das mich mit dem Nicht-Sein bedroht[50] und bei »der abstrakten Dialektik des Seins und seiner Negation«[51] stehen bleibt. Er versteht den Tod vielmehr in ethischer Perspektive von der ursprünglichen »Verantwortung für den Tod des Anderen«[52] her: »Diese Weise, mich zu beanspruchen, mich vor Gericht zu stellen und an mich zu appellieren, an meine Verantwortung für den Tod des Anderen, stellt

---

46 Ebd., 43.

47 Ebd., 42.

48 F. Rosenzweig, Der Stern der Erlösung, Frankfurt a. M. ³1988, 3.

49 Ebd., 472.

50 Levinas, Vom sorg-losen Versagen zum neuen Sinn, 86.

51 Levinas, Bemerkungen über den Sinn, 214.

52 Ebd.

eine derart irreduzierbare Bedeutung dar, daß der Sinn des Todes eben von daher verstanden werden muß [...] Der Sinn dieses Todes beginnt im Zwischenmenschlichen«.[53]

Damit zieht Levinas aber eine Unterscheidung ein, die er bei Rosenzweig ausdrücklich notiert. Rosenzweig denke den Menschen zwar konkret von dem Tod her, den jeder für sich stirbt. Doch »[a]ls Teil der Natur, als Vereinzelung des Begriffs ›Mensch‹, als Träger einer Kultur, als ethisches Wesen kann der Mensch den Tod verachten, nicht aber als ›Selbstheit‹, in der er ›metaethisch‹ ist.«[54] Levinas konzentriert das konkrete Denken des Menschen ganz auf diese ›Selbstheit‹, und bestimmt eben diese ganz ethisch als ›meine Verantwortung für den Tod des Anderen‹. Was bei Rosenzweig im Blick auf den Menschen noch ›metaethisch‹ heißt und neben das ›Metalogische‹ der Welt und das ›Metaphysische‹ Gottes tritt, wird bei Levinas ganz auf das ›Ethische‹ konzentriert und als solches der maßgebliche Sinnhorizont all dessen, was als Welt (›Für-den-anderen-Menschen‹) und als Gott (›Zu-Gott‹) in den Blick kommt.

Denn im Blick auf *Gott* geht es Rosenzweig Levinas zufolge »nicht darum«, den »Gott der Erfahrung auf das zu reduzieren, was Er *im Grunde* ist, sondern Ihn so zu sagen, wie Er erscheint, hinter den Begriffen, in denen Er, selbst in den frömmsten, immer schon entstellt und verraten ist.«[55] Nicht ›Gott *und* Mensch‹ wird von Rosenzweig gedacht, sondern »Gott *für* den Menschen oder der Mensch *für* Gott«,[56] nicht ›Gott und Welt‹, sondern ›Gott *für* die Welt‹ (als Schöpfer) und die ›Welt *für* Gott‹ (als Geschöpf),[57] nicht ›Mensch *und* Welt‹, sondern der ›Mensch *für* die Welt‹ (als *Erlösung* für den *Anderen*) und die ›Welt *für* den Menschen‹ (als

[53] Levinas, Vom Einen zum Anderen, 252.

[54] Levinas, ›Zwischen zwei Welten‹, 43.

[55] Ebd.

[56] Ebd., 46 (meine Hervorhebung).

[57] So verstanden ist die »Schöpfung [...] keineswegs Begrenzung des Seins, sondern seine Grundlage. Ganz das Gegenteil der Heideggerschen *Geworfenheit*.« (ebd.)

Herausforderung zur Erlösung des Anderen). Und Levinas notiert ausdrücklich als jüdisches Erbe bei Rosenzweig, dass er die »Idee der Erlösung durch den Menschen und nicht durch Gott« denke: »Obschon die Erlösung von Gott ausgeht, bedarf sie unbedingt dieser Vermittlung durch den Menschen.«[58]

Entsprechend versteht auch Levinas selbst Gott auf dieser Spur nicht als ein Phänomen, das auch nur möglicherweise in Erscheinung treten oder gegenwärtig sein könnte, sondern als etwas, das »unwiderstehlicher als eine Gegenwart« ins Leben und Denken einfällt.[59] Gott wird nicht als Phänomen, aber auch nicht als Grund, Ursprung oder Herkunft der Phänomene gedacht, sondern Gott kommt bei Levinas durchgängig in der Form des »l'à-Dieu«, des »Zu-Gott« zur Sprache,[60] als das, auf das hin die Phänomene erschlossen werden und für das sie ›erweckt‹ werden, wenn und indem Gott in sie einbricht und einfällt.

Genau das aber geschieht nicht am Ort der Phänomene als solchem, sondern dort, wo Phänomene *als* Phänomene in Erscheinung treten: am Ort des *gelebten Daseins*. Wie Heidegger das Dasein als den Ort bestimmt, an dem das Sein da ist und sich als Sein in der Zeit des Daseins erschließt und zu erkennen gibt, so fasst Levinas das gelebte Dasein als den Ort, an dem sich Gott erschließt und die Phänomene »Zu-Gott« hin geöffnet werden. Weil dieser Ort des gelebten Daseins ihm zufolge aber fundamental durch die ethische Verantwortung für den anderen Menschen bestimmt ist, erschließt sich Gott nicht irgendwie, sondern wesentlich im Vollzug dieses ethischen »Ursituation«: in der »Liebe zum Nächsten, die Liebe ohne Eros ist. Für-den-anderen-Menschen und *dadurch* Zu-Gott!«[61]

---

[58] Ebd., 50f.

[59] Levinas, Bemerkungen über den Sinn, 222.

[60] Levinas, Hermeneutik und Jenseits, 145. Vgl. 92, 165, 175, 220.

[61] Levinas, Einleitung, ebd., 20f. (meine Hervorhebung).

»*Offenbarung*« ist für Levinas daher nichts anderes als »Liebe zum anderen Menschen«.[62] Levinas' Nähe zu Rosenzweig wird hier zur Ununterscheidbarkeit: Die »Beziehung der Liebe, die von Gott zum einzigartigen Menschen geht, nennt Rosenzweig Offenbarung. Nicht daß zuerst die Liebe da wäre und dann die Offenbarung oder zuerst die Offenbarung und dann die Liebe; die Offenbarung ist diese Liebe.«[63]

9. *Gottesliebe und Nächstenliebe*

Für Rosenzweig wie für Levinas ist das Selbst damit nicht wie in der Tradition der Moderne über die Fähigkeit zur Freiheit und autonomen Selbstbestimmung, sondern über die Liebe bestimmt. Der Einzelne ist der von Gott Geliebte. »Gott liebt den Menschen als Selbstheit. Alles, was er in seiner Beziehung zum Menschen ist, besteht in dieser Liebe. Und Gott kann den Menschen nur lieben, insofern dieser einzigartig ist.«[64]

Bezeichnenderweise wird Levinas' Rosenzweig-Rekonstruktion hier uneindeutig: Liebt Gott den Menschen, weil er einzigartig ist, oder ist der Mensch einzigartig, weil Gott ihn liebt? Bei Rosenzweig ist das Argumentationsgefälle eindeutig ›theologisch‹: Gottes Liebe macht den Menschen zum Nächsten anderer Menschen und damit einzigartig. Nur als Moment der Welt betrachtet, ist das geschaffene Dasein »das ständig erneuerte Geschaffenwerden«,[65] aber noch kein Individuum. »Erst die Vielheit gibt allen ihren Gliedern das Recht, sich als Individuen, als Einzelheiten zu fühlen.«[66] Genau die aber verdankt sich Gottes schöpferischer Liebe. Gottes Liebe schafft permanent eine Vielheit von Einzelnen, die sich gegenseitig Nächste und damit Individuen sind, sterblich

---

62 Levinas, Bemerkungen über den Sinn, 222.
63 Levinas, ›Zwischen zwei Welten‹, 47.
64 Ebd.
65 Rosenzweig, Stern der Erlösung, 134.
66 Ebd., 143.

und begrenzt durch den Tod. Gott selbst dagegen »lebt weder noch ist er tot, aber er belebt das Tote, er – liebt. Er ist der Gott der Lebendigen wie der Toten, gerade weil er selber weder lebendig noch tot ist; sein Dasein erfahren wir unmittelbar nur darin, daß er uns liebt und unser totes Selbst zur *geliebten und wiederliebenden* Seele weckt.«[67] Das Gefälle ist also eindeutig: Erst von Gott *geliebt*, dann andere *wiederliebend*. Weil Gottes Liebe sich kreativ offenbart, also erschließt und entäußert, indem sie uns liebt, gibt es Einzelne in ihrer unverwechselbaren Einzigartigkeit mit dem Auftrag, wiederzulieben.

Für Levinas dagegen ist Einzigartigkeit von Anfang an *ethisch* fundiert: Die Beziehung der Liebe Gottes zu den Menschen geht »von Gott zum einzigartigen Menschen«.[68] Sie setzt »unersetzbare Einzigartigkeit« schon voraus, denn »sie allein ist der Liebe fähig, sie allein kann geliebt werden, sie allein versteht zu lieben, sie allein kann eine religiöse Gemeinschaft bilden.«[69] Nur das einzelne und einzigartige Selbst kann lieben und geliebt werden. Einzeln und einzigartig ist das menschliche Selbst aber nicht als »bloße Vereinzelung des Menschen im allgemeinen«, sondern weil es für sich stirbt.[70] Als sterbliches Selbst kann es geliebt werden, aber dass es von Gott geliebt wird, zeigt sich allein daran, dass und wie es den Nächsten liebt: Eros-frei und in unbedingter »Verantwortung ohne Sorge um Gegenseitigkeit«.[71]

Weil er die unersetzbare Einzigartigkeit des Einzelnen ethisch konstruiert, rekonstruiert Levinas das Rosenzweigsche Zwei-Stufen-Argument nicht als Gefälle von der von Gott geliebten zur wiederliebenden Seele, sondern als Gottes Liebe zum Menschen, der einzigartig ist, weil er sich der Liebe zum Nächsten nicht entziehen kann: Gott liebt den Menschen, und »die Antwort auf die

---

[67] Ebd., 423 f. (meine Hervorhebung).
[68] Levinas, ›Zwischen zwei Welten‹, 47.
[69] Ebd., 50.
[70] Ebd., 43.
[71] Levinas, Einleitung, 20.

Liebe Gottes zum Menschen ist die Liebe zum Nächsten.«[72] Der antwortende Mensch ist derjenige, der Gottes Liebe zu ihm eigenständig aufnimmt und mit der Liebe zum Nächsten beantwortet. Damit wird nicht nur die Eigenständigkeit des Menschen nicht mehr strikt als Geliebtwerden von Gott verstanden, wie bei Rosenzweig. Von hier aus ist es auch nur noch ein kleiner Schritt zu Levinas' eigener Position: »Wir meinen, daß die Idee-des-Unendlichen-in-mir – oder meine Beziehung zu Gott – mir in der Konkretheit meiner Beziehung zum anderen Menschen zukommt, in der Sozialität, die meine Verantwortung für den Nächsten ist«;[73] »ich habe für den Anderen verantwortlich zu sein, ohne mich um die Verantwortung des Anderen für mich zu kümmern.«[74] Aus der kreativen Liebe Gottes zu mir, die mich als unverwechselbaren Einzelnen unter Einzelnen schafft (Rosenzweig), wird so die Liebe zu einem Einzelnen, der durch die Herausforderung des Anderen einzigartig ist (Levinas' Rekonstruktion von Rosenzweig), und schließlich der begründungsfrei-absolute Vollzug und Charakter einer Nächstenliebe, die sich, ohne sich um Gegenseitigkeit zu kümmern, für den Anderen verantwortlich weiß (Levinas). An die Stelle der »Liebe Gottes zum Menschen, die die Liebe des Menschen zum Nächsten hervorruft«,[75] tritt die Liebe zum Nächsten, in der und als die sich die Liebe ›Zu-Gott‹ vollzieht. Setzt bei Rosenzweig Gottesliebe zum Menschen dessen Liebe zum Mitmenschen in Gang, so vollzieht sich bei Levinas die Liebe zu Gott als Liebe zum Mitmenschen.

Die Verschiebungen scheinen subtil, doch sie haben weit reichende Konsequenzen. Ich greife eine heraus: den Verlust der Gegenwart in der Nächstenliebe, und gehe abschließend dem damit angezeigten Konnex von Liebe, Gegenwart und Freiheit noch einmal genauer nach.

---

[72] Levinas, ›Zwischen zwei Welten‹» 48 f.

[73] Ebd., 18.

[74] Ebd., 20.

[75] Levinas, ›Zwischen zwei Welten‹, 55.

II. Liebe als Geheimnis der Gegenwart

10. Augustin: Genuss und Gegenwart

Es ist alte theologische Tradition, *Liebe* und *Gegenwart* zu verbinden. »Was«, so fragt Augustin in *De Trinitate*,[76] »heißt sich lieben anderes, als sich gegenwärtig sein wollen, um sich zu genießen?«[77] Er hält das für eine Grundbestimmung göttlicher wie menschlicher Liebe: Sie sucht die Gegenwart des Anderen, um diesen genießen und sich von ihm genießen lassen zu können.

Man wird dieser Art, Gegenwärtigkeit und Liebe zu verbinden, freilich nicht unbesehen folgen dürfen. Denn ist diese augustinische Auffassung nicht Ausdruck einer fundamentalen Instrumentalisierung des Anderen als Genussobjekt? Bei Augustin selbst ist das dadurch abgemildert, dass er dazu anhält, zwischen *uti* und *frui* zu unterscheiden, und das letztere auf Gott allein zu beschränken: Nur Gott ist letztlich zu genießen und zu lieben. Umgekehrt heißt das freilich, dass Nichtgöttliches letztlich nicht geliebt werden soll, sondern nur Anlass und Anreiz zur Gottesliebe darstellen darf. Und das scheint eine kaum weniger problematische Instrumentalisierung darzustellen.

Soll das vermieden werden, muss man das augustinische Prinzip präzisieren, indem man es beschränkt: Liebe und Gegenwärtigkeit sind so zusammen zu denken, dass der/die Andere in der Gegenwart der Liebe nicht instrumentalisiert wird. Das kann etwa dadurch erreicht werden, dass die Liebe durch ein anderes Prinzip konkretisiert, beschränkt und präzisiert wird. Wie das geschehen kann, lässt sich bei Kant beobachten.

---

[76] AUGUSTIN, De Trinitate, IX, 2,2.

[77] Vgl. CHR. TÜRCKE, Vermittlung als Gott. Metaphysische Grillen und theologische Mucken didaktisierter Wissenschaft, Lüneburg 1986, 76.

11. Kant: Liebe und Achtung

In der Tugendlehre der *Metaphysik der Sitten* beschreibt Kant in § 23 ff. die *Liebespflicht gegen andere Menschen*.[78] Die Ausübung von Pflichten gegen andere, so sagt er, ist immer von zwei Gefühlen begleitet: der *Liebe* und der *Achtung*. Beide lassen sich nur abstrakt trennen. Man könne zwar sagen ›Liebe den Nächsten, ob dieser gleich wenig Achtung verdienen möchte‹. Andererseits aber gelte, dass jeder notwendig geachtet werden müsse, da er sonst kaum der Liebe wert zu sein beurteilt werden würde.

Dieses Beieinander zweier Gefühle erklärt Kant folgendermaßen: In Analogie zum Verhältnis physischer Gegenstände nach dem Prinzip der Wechselwirkung stehen auch vernünftige Wesen in einer Beziehung, die durch Anziehung und Abstoßung geprägt wird. So sind sie durch das Prinzip der Wechselliebe daran »gewiesen, sich einander beständig zu nähern«. Andererseits sind sie »durch das [Prinzip] der Achtung, die sie einander schuldig sind«, angehalten, »sich im Abstande von einander zu erhalten«.[79] Denn die »Pflicht der Achtung meines Nächsten ist in der Maxime enthalten, keinen anderen Menschen bloß als Mittel zu meinen Zwecken abzuwürdigen«,[80] die Pflicht der Liebe dagegen besteht in der »Maxime des Wohlwollens [...], welche das Wohltun zur Folge hat«,[81] also in *praktischer Menschenliebe*, und nicht etwa in einem Gefühl »des Wohlgefallens«, »denn Gefühle zu haben, dazu kann es keine Verpflichtung durch andere geben«.[82]

Kant beschreibt hier einen Sachverhalt im Zusammensein, in der Beziehung von Personen, der für deren *Freiheit* und damit auch für die *Struktur der Gegenwart freier Personen beieinander* entscheidend ist: das Zusammenwirken von *Nähe und Distanz*,

---

[78] I. Kant, Metaphysik der Sitten, A 116 ff.
[79] Ebd., A 118.
[80] Ebd., A 120.
[81] Ebd., A 119.
[82] Ebd.

Liebe und Achtung. Das eine sollte es nicht ohne das andere geben. Wird Liebe ohne Achtung praktiziert, artet sie in Besitznahme der anderen Person aus. Ohne Liebe dagegen ist wirkliche Achtung des anderen unmöglich. Sie wird zur Missachtung des anderen als eines auf mein praktisches Wohlwollen, also meine für ihn hilfreichen Taten angewiesenen Wesens. Andere durch Hilfeleistungen von sich abhängig zu machen, ist bekanntlich eine subtile, aber wirksame Form, Superiorität auszuüben.

Kants Analyse erweist Liebe und Achtung als anthropologische Manifestationen der Struktur von Gegenwart freier Personen als Ineinander von Distanz und Nähe. Auch sie setzen freilich voraus, dass da und vorhanden ist, was sich in Nähe und Distanz liebt und achtet. Aber sie machen deutlich, dass es ohne Distanz und damit ohne die Unterscheidung von Liebendem und Geliebtem keine Liebe gibt. Zielte Liebe ihrem Wesen nach daher auf die Aufhebung dieser Distanz, auf die differenzüberwindende Verschmelzung beider, wäre das gleichbedeutend mit der Aufhebung der Liebe. Nur wo es Differenz und wechselseitige Eigenständigkeit gibt, gibt es Liebe, und wo es Liebe gibt, muss es Differenz und die Eigenständigkeit des Differenten geben. Nur so kann Liebe als Ermöglichung von Freiheit und Freiheit als Folge von Liebe gedacht werden.

12. Rosenzweig: Ereignis und Dauer

Das wird noch deutlicher bei Rosenzweig. Im zweiten Teil seines *Stern der Erlösung* präsentiert er eine Analyse von Gegenwart am Leitfaden der Liebe. Das, »was Liebe erst zur Liebe macht« ist ihm zufolge »Gegenwart, reine, unvermischte Gegenwart«.[83] »Liebe [ist] keine Eigenschaft, sondern ein Ereignis«,[84] und das ereignet sich, wenn überhaupt, immer *jetzt.* Das gilt für alle Liebe, zuvör-

---

[83] Rosenzweig, Stern der Erlösung, 184.

[84] Ebd., 183.

derst aber für die Liebe Gottes. »›Gott liebt‹ ist reinste Gegenwart – was weiß Liebe selber, ob sie lieben wird, ja selbst, ob sie geliebt hat? Genug, sie weiß das eine, daß sie liebt.«[85] Sie interessiert sich nicht für das Vergangene und das Zukünftige, sondern allein für das Hier und Jetzt: Gottes »Liebe ist immer im Heute und ganz im Heute, aber alles tote Gestern und Morgen wird in dieses sieghafte Heute einmal verschlungen, diese Liebe ist der ewige Sieg über den Tod«.[86]

Die Liebe wird hier also als das grundlegende, alle Gegenwart konstituierende Phänomen beschrieben. Das ist sie als *Liebe Gottes*, die immer nur Ereignis ist und gerade damit für uns Gegenwart konstituiert. Denn wir werden in die Gegenwart der Liebe Gottes gestellt, indem er uns liebt.

Dabei gilt es nach Rosenzweig aber eine *Asymmetrie* zu beachten. »Was dem Liebenden ein immer zu erneuernder Augenblick ist, das Geliebte weiß es als ewig, immer und ewig«.[87] Das heißt: Liebe konstituiert *Gegenwart* für den, der liebt, *Dauer* dagegen für den, der geliebt wird. »Die Liebe des Liebenden ist immer ein neu sich ihm entzündendes Licht; der Augenblick des Aufleuchtens gibt ihr die Gegenwärtigkeit«.[88] Im Fall des Geliebten ist es anders. Im Unterschied zur »Liebe des Liebenden« gilt für die »Liebe des Geliebten«: »ihr gibt Gegenwärtigkeit nicht der einzelne, immer neue Augenblick, sondern die ruhige Dauer; weil sie sich ›immer‹ geliebt weiß, nur deshalb weiß sie sich geliebt in jedem Augenblick«.[89]

Indem Rosenzweig die Differenz zwischen *Gegenwart* und *Dauer* im Gegenüber von Liebendem und Geliebtem verankert, wird die durch die Liebe Gottes konstituierte Gegenwart zweipolig: Auf der einen Seite ist sie immer wieder neuer *Augenblick*; auf der an-

85 Ebd., 183.
86 Ebd.
87 Ebd., 188.
88 Ebd.
89 Ebd.

deren ist sie nicht endende *Ewigkeit*. Und während das im menschlichen Fall, also in der Liebe zwischen »Mann und Weib« so ist, dass »die Rollen des Liebe Gebenden und Liebe Empfangenden hin und her[gehen], obwohl von den Wurzeln der Geschlechtlichkeit her sich immer wieder das eindeutige Verhältnis der Natur wiederherstellt«,[90] bleibt zwischen Gott und Mensch (der Seele) das »Verhältnis immer das gleiche. Gott hört nie auf zu lieben, die Seele nie, geliebt zu sein«.[91] Die Augenblick für Augenblick neue, Gegenwart konstituierende Aktivität der Liebe Gottes konstituiert uns als dauerhaft Seiende, gibt uns auf unveränderliche, ewige Weise *zeitliche Dauer*.

Damit ist ein Doppeltes gesagt. Zum einen zeigt Rosenzweig, dass und wie Gottes Liebe unser Dasein konstituiert: Gottes Liebe macht uns nicht nur präsent, sondern indem sie *sich selbst* uns präsent macht, konstituiert sie uns so, dass wir für uns und andere überhaupt da sein können. Gottes Liebe ist schöpferische Liebe.

Zum anderen eignet sich Rosenzweig damit faktisch eine große Tradition an und arbeitet sie zugleich um: die von Boethius für den Westen folgenreich umgestaltete platonische Analogie zwischen Zeit und Ewigkeit. Ewig verdient nur ein *Leben* genannt zu werden, nicht das unveränderliche Gleichbleiben eines Steins, denn nur Leben kennt Gegenwart. Wirklich und wahrhaft ewig aber ist nur die Ewigkeit Gottes. Denn Ewigkeit, so definiert Boethius, ist der *vollständige und vollendete Besitz unbegrenzbaren Lebens* (*interminabilis vitae tota simul et perfecta possessio*).[92] Das gilt für Zeitliches gerade nicht. »Denn alles, was in der Zeit lebt, das geht als ein Gegenwärtiges vom Vergangenen weiter in die Zukunft, und es gibt nichts, was in der Zeit besteht, das seinen ganzen Lebensraum gleichzeitig umfassen könnte«.[93] Alles Zeitliche ist nur aufgrund seiner Entsprechung zur Ewigkeit. Entsprechung

---

[90] Ebd., 189.

[91] Ebd.

[92] Boethius, Consolatio Philosophiae, lib. 5, 6.

[93] Ebd.

setzt aber Übereinstimmung und Differenz voraus. Die Differenz liegt in der Endlichkeit geschöpflichen Seins, das sich nie zugleich vollständig und ganz umfassen kann. Die Entsprechung dagegen besteht in einem Doppelten: der *Totalität der Zeit*, symbolisiert im ewigen Kreislauf der Gestirne, und im *Jetzt des Augenblicks*, in dem sich das Leben vollzieht. Beides ist ein »gewisses Abbild jener beharrenden Gegenwart«[94] (*imago manentis illius praesentiae*), als welche die Ewigkeit bestimmt ist. Das freilich nötigt Boethius, *zwei Gegenwarten* bzw. *zwei Jetzt* zu unterscheiden: das *nunc stans* der göttlichen Ewigkeit und das *nunc labile* unserer jeweiligen Augenblicksgegenwart. Ersteres ist nunc *stans*, weil es unveränderlich feststeht; dieses ist nunc *labile*, weil es sich beständig im Übergang zwischen Vergangenheit und Zukunft befindet.

In Rosenzweigs Analyse der Liebe als Aktivitäts- und Ereignisphänomen wird das aufgenommen und zugleich umgebaut. *Zu Gott* gehört gerade nicht das *nunc stans* der Unveränderlichkeit, sondern die augenblickkonstituierende Aktivität der Liebe; *zu uns* dagegen gehört nicht das *nunc labile*, sondern das auf Dauer gestellte Geliebtsein von Gott. Im Horizont der Liebe verkehrt sich also die Zuordnung von Ewigkeit, Jetzt und Dauer: Die Ewigkeit der Liebe Gottes heißt nicht unveränderliche Dauer, sondern *stets neue Gegenwärtigkeit bei uns*; und unser Sein ist (in seinen Grenzen) dauerhaft und nicht ausschließlich im unaufhaltsamen Übergang von Zukünftigem in Vergangenes begriffen, weil wir von Gott geliebt werden, also *in seiner* und *durch seine Gegenwart existieren.*

Gegenwart wird damit ganz von der *Liebe Gottes* her gedacht, und die phänomenale Analyse von Liebe wird zum Schlüssel für das Begreifen der Geschehens- oder Aktivitätsstruktur von Gegenwart: *Gegenwart ist ein Prädikat der Liebe Gottes, die nicht ist, sondern geschieht.* Da diese Liebe ursprünglich schöpferisch ist, gilt: Nur was in der Gegenwart der Liebe Gottes ist, ist überhaupt.

---

[94] Ebd.

Als in der Gegenwart Gottes Seiendes *hat* es zusammen mit anderem eine Gegenwart, die sich im Übergang zwischen Zukunft und Vergangenheit vollzieht. ›Vergangen‹ und ›künftig‹ sind insofern Prädikate unseres zeitlichen Verhältnisses zu Ereignissen, *die in der Gegenwart der Liebe Gottes existieren*, nicht dagegen Prädikate der Liebe Gottes. Anders gesagt: Sie charakterisieren *unser Verhältnis zu dem von Gott Geliebten* – nicht Gottes Liebe. Die göttliche Gegenwart, das heißt die Gegenwart der göttlichen Liebe, konstituiert die Anwesenheit eines von ihr verschiedenen Lebens, die sich als Übergang zwischen Zukunft und Vergangenheit fassen lässt; und in diesem Übergang vollzieht sich das Leben des von Gott Geliebten.

Damit wird die *Dialektik von Liebendem und Geliebtem* zur Vertiefung der Dialektik von Anwesenheit/Abwesenheit herangezogen. Der Liebende ist in seinem Lieben gegenwärtig, aber er geht nicht im Geliebten auf, sondern unterscheidet sich von diesem eben durch sein Lieben. Für den Geliebten ist daher zwischen der *Liebe, in der* er sich geliebt weiß, und dem *Liebenden, von dem* er sich geliebt weiß, stets ein Unterschied – und eben der erst ermöglicht die Erfahrung von *Dauer* im Geliebtwerden: die Erfahrung, dass der Liebende nicht mit seinem Jetzt-Akt des Liebens vollständig identisch, in diesen vollständig aufgelöst ist, sondern *weiterlieben wird*. Und genau das wird erst fassbar, wenn wir uns als Geliebte wahrzunehmen suchen und dazu das unsere Gegenwart konstituierende Ereignis des Liebens selbst thematisieren müssen, uns damit noch einmal von ihm unterscheiden, dieses also durch Zeichenakte von uns distanzieren müssen. Erst die *Nötigung zur Wahrnehmung* eröffnet diese Distanzierung. Und ohne diese Wahrnehmung gibt es keine Praxis des Liebens. Denn nur der Geliebte kann lieben, und nur wenn er sich als Geliebter wahrnimmt und weiß, kann er frei und verantwortlich lieben.

Die beschriebene Dialektik zwischen Nähe und Distanz, Anwesenheit und Abwesenheit lässt sich dann aber so näher fassen, dass diese sich zwangsläufig einstellt, wenn man die *Gegenwart der Lie-*

be Gottes zu erfassen, sie also wahrzunehmen sucht. Sie prägt die *Wahrnehmung der Liebe Gottes.* An dieser erschließt sich uns zum einen der Charakter der Gegenwart Gottes: Sie ist *Liebe*, und entsprechend ist die Wahrnehmung der Gegenwart Gottes das Wahrnehmen dessen, *dass wir geliebt und weitergeliebt werden.* Zum anderen wird daran deutlich, dass die Ganzheit unseres Lebens nicht (wie bei Heidegger) vom Tod her zu fassen ist, sondern von Gottes wirksamer Liebe her: *Wir sind, die Gott liebt*, und eben das *sind* wir nicht nur im Prinzip oder gelegentlich, sondern in jedem Moment unseres Lebens. Eben und erst das eröffnet drittens die Möglichkeit, als Geliebte auch Gott und andere wiederzulieben – Gottes Liebe also damit zu erwidern, dass man die liebt, die er liebt: die Nächsten und sich selbst. Ohne Wahrnehmung des Geliebtwerdens gibt es daher keine Praxis des Liebens, denn erst wo wahrgenommen wird, dass wir geliebt werden, wird Gegenwart durch Nähe und Distanz aufgespannt zum Zeit-Raum, in dem wir als von Gott Geliebte frei Gott und andere lieben können – genauer: lieben *wollen können.*

III. Der Grund der Freiheit

13. Das Gebot der Nächstenliebe

Rosenzweig ist eindeutig: Der »Mensch kann sich in der Liebestat erst äußern, *nachdem* er zuvor von Gott wachgerufene Seele geworden ist. Nur die Gottgeliebtheit der Seele macht ihre Liebestat zu mehr als einer bloßen Tat, nämlich zur Erfüllung eines – Liebesgebots.«[95] Als bloße *Tat* wäre Nächstenliebe »bloß ›Freiheit‹; denn ihr Ursprung läge allein im Willen. Es ist ganz richtig: er liegt allein im Willen, aber«[96] zur *Liebestat* wird das gewollte Tun nur

---

[95] ROSENZWEIG, Stern der Erlösung, 239 (meine Hervorhebung).
[96] Ebd.

als Erfüllung des *Liebesgebots*, und Liebe kann »nicht geboten […] werden außer von dem Liebenden selber«.[97]

Gerade das Liebesgebot zeigt daher, dass Gottesliebe und Nächstenliebe *unterschieden werden müssen*. Nur die gottgeliebte Seele kann den Nächsten *lieben wollen*, nur ihr »kann die Nächstenliebe geboten werden und muss [sie] geboten werden«, denn »[n]ur durch die Form des Gebots wird hinter ihrem Ursprung, den sie im Geheimnis des freien Willens nahm, die Voraussetzung des Gottgeliebtseins sichtbar, durch die sie sich von allen moralischen Taten unterscheidet.«[98]

Das *Sollen* des *moralischen Gesetzes* und das des *Liebesgebots* sind also nicht zu verwechseln. Rosenzweig unterscheidet scharf zwischen dem stets vieldeutigen, weil »notwendigerweise rein formalen […] moralischen Gesetz«, das »keine andre Voraussetzung anerkennen [will] als die Freiheit« (Autonomie), und dem »inhaltlich klare[n] und eindeutige[n] Gebot der Nächstenliebe, die aus der gerichteten Freiheit des Charakters entspringt« und eine wesentliche »Voraussetzung jenseits der Freiheit« hat: dass Gott *schon getan hat*, was er befiehlt. Dem »daß Gott ›befiehlt, was er will‹, muß, weil der Inhalt des Befehls hier der ist, zu lieben, das göttliche ›schon Getansein‹ dessen, was er befiehlt, vorangehen. Die gottgeliebte Seele allein kann das Gebot der Nächstenliebe zur Erfüllung empfangen. Gott muß sich erst zum Menschen gekehrt haben, ehe der Mensch sich zu Gottes Willen bekehren kann.«[99]

In beiden Fällen, bei der Befolgung des moralischen Gesetzes wie des Liebesgebots, wird also *aus Freiheit* gehandelt. Aber während im ersten Fall *nur* die Freiheit vorausgesetzt wird, wird im zweiten darüber hinaus das Faktum des Geliebtwerdens von Gott in Anspruch genommen. Die »Forderung der Autonomie fordert, daß der Mensch nur schlechthin, nur überhaupt will«, sie fordert

[97] Ebd.
[98] Ebd.
[99] Ebd., 239 f.

nicht, ›etwas‹ zu wollen, sondern nur ›überhaupt‹ zu wollen.[100] Das Liebesgebot dagegen gebietet, etwas Bestimmtes zu wollen: den Nächsten zu lieben. Und das kann »nicht geboten werden […] außer von dem Liebenden selber«.[101]

Das Liebesgebot macht daher klar, dass der Liebe stets Freiheit voraus- und zugrunde liegt. Aber eben nicht als Forderung der Autonomie, sondern als Faktum des freien Geliebtwerdens. Nur der Liebende »kann den Imperativ der Liebe sprechen: […] liebe mich«.[102] Er appelliert an die Freiheit, aber er spricht auch aus Freiheit. Nicht nur der dem Liebesgebot gehorchende Mensch, auch der liebende Gott handelt aus Freiheit.

Allerdings ist das, was bei Gott »Freiheit zur Tat« ist, beim Menschen »Freiheit zum Willen; nicht freie Macht, sondern freier Wille«.[103] Zwar ist »der freie Wille […] so frei wie die freie göttliche Tat; aber Gott hat keinen freien Willen, der Mensch kein freies Können; ›gut sein‹ bedeutet beim Gott: das Gute tun, beim Menschen: das Gute wollen.«[104] Weil der Mensch aber endlich und nicht wie Gott unendlich ist, »wird er aus dem freien Willen zum trotzigen Willen«.[105] der sich gegen Gottes Willen verschließt. Deshalb muss ihm im Liebesgebot das Gute, das er wollen soll, *geboten* werden; und deshalb kann er das ihm so Gebotene *nur selbst wollen*, wenn er Gottes Willen nicht nur als Forderung an sich, sondern als *Ereignis des Geliebtwerdens von Gott* wahrnimmt. Deshalb ist das Gute, das im Liebensgebot geboten wird, kein heteronomes *Sollen*. Gegen Forderungen kann man sich verschließen, man kann sie ignorieren und ablehnen. Zu einem Ereignis, das einen betrifft, kann man sich nur so verhalten, dass jedes Verhalten zu einer Reaktion auf jenes Ereignis wird. Weil Liebe zuerst und vor allem

---

[100] Ebd., 239.
[101] Ebd.
[102] Ebd., 198.
[103] Ebd., 72.
[104] Ebd.
[105] Ebd., 73.

Ereignis ist, in dem ich mich von Gott geliebt vorfinde, kann ich überhaupt Gott *frei lieben wollen*, habe ich überhaupt erst die Entscheidungsalternative, Gott zu lieben oder nicht zu lieben. Erst damit wird mein Wille *frei zur Gottesliebe*. Und deshalb ist das Geliebtwerden von Gott die unabdingbare Voraussetzung dafür, aus freiem Willen Gott lieben zu wollen und zu können.

14. Nächstenliebe als Gottesliebe

Blickt man von diesen Analysen Rosenzweigs wieder zu ihrer Rezeption bei Levinas, dann fällt vor allem auf, dass das *ewige Geliebtwerden des Geschöpfs* bei ihm ausschließlich als *das urethische Gebot zur Nächstenliebe* aufgenommen wird. Richtig notiert er: »Rosenzweig geht davon aus, dass man Liebe gebieten kann. Liebe läßt sich, anders als Kant annahm, gebieten.«[106] Aber in seiner Interpretation heißt das: »Die Liebe Gottes zur Selbstheit ist *ipso facto* Gebot zu lieben.«[107]

Doch damit drohen die Liebe Gottes zu uns und die uns gebotene Liebe zum Nächsten ununterscheidbar zu werden. Zwar ist es »die Liebe, die die Liebe gebietet, […], so daß das Gebot zu lieben sich grenzenlos wiederholt und erneuert in der Wiederholung und Erneuerung der Liebe selber, die zu lieben gebietet.«[108] Aber es ist eines zu sagen, »die *Antwort* auf die Liebe Gottes zum Menschen ist die Liebe zum Nächsten«, ein anderes dagegen, dass »die Liebe Gottes zum Menschen *darin besteht*, daß der Mensch seinen Nächsten liebt und also die Gottesherrschaft vorbereitet.«[109] Im einen Fall »ruft« Gottes Liebe »die Antwort des Menschen« in der »Liebe zum Nächsten« hervor,[110] im anderen *ist* sie nichts anderes

---

[106] LEVINAS, ›Zwischen zwei Welten‹, 47.
[107] Ebd.
[108] Ebd.
[109] Ebd., 48 (meine Hervorhebung).
[110] Ebd., 49.

als diese Liebe und die Differenz zwischen Gottesliebe und Nächstenliebe wird eingezogen.

In seinen eigenen Versuchen bemüht sich Levinas, diese Konsequenz zu vermeiden, indem er das Für-den-anderen-Menschen-Dasein als Vollzugsweise des »Zu-Gott« denkt und Gott als den, der »ins Denken einfällt«.[111] Doch immer, wenn er Gott als Liebe zu konkretisieren sucht, fällt er in die Unklarheit zurück, dass das, was sich »durch das Zu-Gott-in-mir« offenbart, die »Liebe zum anderen Menschen ist«.[112] Nur im Rückgriff auf die cartesianische Idee der Unendlichkeit kann er ein »Denken des Unendlichen, das älter ist als das Denken des Endlichen« namhaft machen.[113] Aber die Unterscheidung wird argumentativ nicht entwickelt, sondern gesetzt, und kaum von einer bloß verbalen Unterscheidung abgehoben. Gott kann nicht anders als im Modus des Gebots und des Gehorsams gedacht werden, »in jenem Gehorsam gegenüber dem Gebot, das mich, im Antlitz des Anderen, dem anderen Menschen weiht«.[114] Alles Reden von Gott steht damit »unter der Bedingung, Gott nicht anders zur Sprache zu bringen als ausgehend von diesem Gehorsam. Un-bekannter Gott, der nicht Gestalt annimmt und sich den Verleugnungen durch den Atheismus aussetzt!«[115]

Das Ethische ist so der Horizont, in dem sich alles Reden von Gott bewähren muss, indem die Liebe gelebt wird, als die Gott bekannt wird. Doch indem Gott von dieser ethischen Lebenspraxis argumentativ nicht mehr nachvollziehbar unterschieden wird, wird weder sie noch das mit ihr gleichgesetzte Gottesverständnis noch denkend kritisierbar. Denken wird zu einem »Denken, das zum kategorischen Imperativ gezwungen, das durch einen unbekannten Gott inspiriert wird, das zum Tragen unablässiger Ver-

---

111 Levinas, Einleitung, 21.
112 Levinas, Bemerkungen über den Sinn, 222.
113 Levinas, Einleitung, 20.
114 Levinas, Vom Einen zum Anderen, 264.
115 Ebd., 263 f.

antwortung gezwungen wird, aber so gerade meine persönliche Einmaligkeit, mein Erstgeborenenrecht und meine Erwählung sanktioniert.«[116]

Nicht was damit vermieden werden soll, ist problematisch: ein Gott-Denken, das ohne die gelebte ethische Verantwortung für den anderen Menschen meint auskommen zu können, sondern das, was damit in Kauf genommen wird: dass »das in sich verflochtene Drama des Seins und der Ontologie sich im Ethischen« so »löst«, dass der nur noch verbale Rekurs auf den ›unbekannten Gott‹ keinen kritischen Widerpart zur Korrektur der Berufung auf die eigene Erwählung mehr abgibt und damit in der Tat diese nur noch »sanktioniert«.[117] Oder als Frage formuliert: Bietet eine an Levinas sich anlehnende Theologie oder Religionsphilosophie einen Ansatzpunkt, ethische Praxis und philosophisches Denken Gottes *im Namen Gottes* und *im Rekurs auf Gott* zu kritisieren? Wird ethisch hier nicht doch viel mehr von Gott gewusst oder in Anspruch genommen, als philosophisch und theologisch ausgewiesen wird? Und bleibt die – theologisch entscheidende – Differenz gewahrt zwischen *Gott* und dem, was *als unbekannter Gott* von Menschen in Anspruch genommen wird?

---

[116] Ebd., 265.

[117] Ebd.

G. Mitleid. Vom Mitgefühl zur Nächstenliebe[1]

I. Gefühltes Mitleid

Mitleid gehört zu den Grundphänomenen des menschlichen Lebens. Angesichts des Leidens anderer empfinden wir nicht nur Mitgefühl, sondern Mitleid. Wir leiden mit ihnen, und das selbst dann, wenn wir sie nicht kennen oder zuvor gar nichts für sie empfunden haben mögen. Ihr Leiden, oder was wir als ihr Leiden empfinden und wahrnehmen, macht uns mitleiden. Man kann das unterdrücken und sich verbieten, mit jemandem, der leidet, Mitleid zu haben. Aber dass man das unterdrücken und sich verbieten muss, zeigt nur, wie natürlich es ist, Mitleid zu empfinden. Das Leid und Leiden anderer ruft unser Mitleid hervor, weil wir Menschen sind, die nicht leben können ohne Gefühle, und nicht zusammenleben mit anderen ohne Mitgefühle.[2]

1. Miteinander leben

Menschen leben im Normalfall nicht einsam als Einzelne, sondern in Gemeinschaften, und das ist mehr, als nur zusammen da zu sein. Wir beziehen uns aufeinander, richten uns aneinander aus,

---

[1] Eine erste Version dieses Textes wurde gemeinsam mit Andreas Hunziker verfasst. Ich danke ihm für die Erlaubnis, das Material zu verwenden und weiter zu bearbeiten.

[2] Allerdings leiden wir nicht das Leiden der anderen, sondern wir leiden daran, dass andere leiden. Mitleid ist *unser* Leiden, nicht das der anderen, und deren Leid und Leiden ist das, was unser Mitleid hervorruft. Oder mit K. Hamburger, Das Mitleid, Stuttgart [2]1996, 105, gesagt: »Ich leide nicht wie oder als er selbst, sondern trage um sein Leid ›Kummer und Sorge‹. Wobei eben Kummer und Sorge, aber nicht sein Leid, mein Leid ist.«

orientieren uns gemeinsam, handeln zusammen, verhalten uns zum Verhalten der anderen. Wir leben nicht bloß nebeneinander, sondern in verschiedenen Weisen *miteinander*. Dieses Miteinander konkretisiert sich in den vielfältigen sozialen Formen unseres menschlichen Zusammenlebens, die sich im Laufe der Geschichte entwickelt haben und unsere jeweilige Kultur kennzeichnen.

Um miteinander leben zu können, müssen wir unser Verhalten gegenseitig verstehen und berücksichtigen können. Und um gemeinsam erleben und zusammen handeln zu können, sind wir darauf angewiesen, nicht nur unsere Gedanken und Gefühle anderen mitteilen zu können, sondern die Gedanken anderer zu erahnen und die Gefühle anderer mit- und nachzuempfinden, sie also nicht nur in unserer, sondern uns auch in ihrer Perspektive zu erleben und wahrzunehmen. Die Ausbildung der Fähigkeit, sich an die Stelle der anderen zu setzen, sich ihre Sicht der Dinge vorzustellen und ihr Erleben mitzuerleben, ist dafür eine zentrale Voraussetzung.

Das gilt nicht nur im Blick auf unsere kognitiven Fähigkeiten, sondern auch im Blick auf die emotionalen und affektiven Vollzüge menschlichen Lebens. Weil wir leiblich zusammenleben, also stets unaufhebbar verschiedene Positionen im Verhältnis zueinander einnehmen, wird unser Zusammenleben von bleibenden Differenzen bestimmt, ohne die ein Miteinander weder möglich noch nötig wäre. Phänomenologisch gesagt leben wir weder als substantielle Seelen in Körpern (*anima* bzw. *animus/corpus*; *soul* bzw. *mind/body*) noch funktional als Gehirne von Körpern (*brain/body*), sondern konkret als Leib unter Leibern in einer gemeinsamen, aber nur verschieden zugänglichen Welt. Das prägt auch unser Erleben, Denken und Handeln, weil wir uns im Leben miteinander nicht nur auf andere beziehen und uns von ihnen unterscheiden, sondern unsere Differenzen ihnen gegenüber im Medium unseres Leibes als Binnendifferenzen bei uns selbst reproduzieren, also in immer neuen Variationen unterscheiden, was sich in unserem Lebensvollzug nicht trennen lässt: Ein *Selbst* gibt es für uns nicht ohne *Leib, Leib* nicht ohne *Geist, Sein* nicht ohne *Bewusstsein, Wissen* nicht ohne *Gewissen* (*scientia/conscientia*), *Gefühl* nicht ohne *Mitgefühl* (*cor/misericordia*), *Empfinden* nicht ohne *Mitempfinden, Leiden* nicht ohne *Mitleid* (*passio/compassio*). Stets können wir das eine nicht sein oder werden, ohne auch das andere zu werden oder zu sein. Und die anderen können es auch nicht.

Andere sind für uns daher niemals nur ein besonderer Fall von Dingen unter anderen, auch nicht von Lebewesen unter anderen Lebewesen. Wir sind leibhafte Wesen, als solche auf andere aber nicht nur äußerlich als Körper im Raum oder als Ursachen und Wirkungen in der Zeit bezogen, sondern so, dass wir ihre Gefühle erleben und diese mit- und nacherleben. Wir fühlen ihre Zuneigung oder Abneigung, ihre Freundlichkeit oder ihr Desinteresse, ihre Liebe oder ihre Gleichgültigkeit, ihre Wut und ihren Hass, ihre Dankbarkeit und ihre Freude. Wir erleben sie in emotional bestimmten Situationen auf affektive Weise, schon vor der Geburt im Mutterleib und erst recht danach in den vielfältigen Situationen, in denen wir mit anderen und sie mit uns zu tun haben. Situationen aber erschließen sich uns primär nicht durch kognitive Konstruktion, sondern durch emotionale Wahrnehmung.[3] Ehe wir andere kognitiv erkennen und propositional bestimmen, nehmen wir sie wahr, indem wir sie emotional erleben und affektiv auf sie reagieren. Emotionen sind die primäre Weise, in denen sich uns Situationen in qualitativer Wahrnehmung erschließen, und aus evolutionär einsichtig zu machenden Gründen sind Grundemotionen wie Angst, Freude, Ekel oder Wut mit dadurch unmittelbar aktivierten Verhaltensmustern verknüpft.

Ohne das Nach- und Mitempfinden fremder Gefühle können wir unsere eigenen Gefühle nicht distinkt ausbilden, und dieses Nach- und Mitempfinden wird zum *Mitgefühl*, wo die reale Gegenwart oder die vorstellungsförmige (zeichenhafte) Vergegen-

[3] Vgl. H. Schmitz, Der Gefühlsraum, Bonn ^{2}1981.

wärtigung fremder Gefühle das entsprechende Nach- und Mitempfinden auslöst. Dabei muss man allerdings verschiedene Formen und Gestalten des Mitfühlens unterscheiden, um der psychologischen Dynamik und kulturellen Komplexität menschlichen Mitgefühls gerecht zu werden.

2. Zur Geschichte des Mitleidsverständnisses

Schon in den literarischen Anfängen der europäischen Kultur in den Epen Homers und den attischen Tragödien von Aischylos, Sophokles und Euripides werden Leiden und Mitleiden als wesentliche Momente menschlichen Daseins herausgestellt.[4] Anders als die Götter leiden die Menschen, und menschlich leiden sie vor allem dort, wo sie vom Mitleid mit dem Leiden anderer Menschen bewegt werden. Die Terminologie ist hier noch in Ausbildung begriffen, aber das Phänomen ist präsent. Bei Platon wird das Mitleid als handlungsbestimmende Orientierung ausdrücklich abgelehnt, sofern es Vernunft und Gerechtigkeit widerspricht und damit zu einem Verhalten und Handeln führt, das weder richtig noch gerecht ist.

Sein Schüler Aristoteles führt diese Gedankenlinie weiter, indem er Mitleid unter die Affekte einreiht, die unter der Kontrolle der Vernunft bleiben müssen, wenn sie kein Unheil anrichten sollen. Er definiert Mitleid als »eine Art von Schmerz aufgrund eines vermeintlichen Übels, das verderblich oder schmerzlich ist, bei jemandem, der es nicht verdient hat, dass ihm derartiges widerfährt, und von dem man erwarten kann, dass man es selbst oder einer der Seinigen erleidet, und dies ist der Fall, wenn es nahe scheint«.[5] Mitleid (ἔλεος) wird hier also als eine Art Schmerz

---

[4] Einen Überblick über die Geschichte bieten L. Samson, Art. Mitleid, in: HWPh 5 (1980), 1410–1416; A. von der Lühe, Art. Sympathie, in: HWPh 10 (1998), 756–762.

[5] Aristoteles, Rhetorik, übers. u. erläut. v. C. Rapp, 2 Bde, Darmstadt 2002, 1385 b 13–17: »ἔστω δὴ ἔλεος λύπη τις ἐπὶ φαινομένῳ κακῷ φθαρτικῷ

(λύπη) definiert, der wesentlich durch vier Momente bestimmt ist: Jemand hält (1) etwas für ein verderbliches oder schmerzliches Übel, das (2) einen anderen Menschen betrifft, der dieses Übel nicht absichtlich herbeigeführt hat bzw. nicht hätte vermeiden können, und das (3) ihn selbst oder einen der Seinen hätte treffen können, und zwar (4) nicht nur irgendwann oder im Prinzip, sondern hier und jetzt. Nur wo einem anderen ein Übel zustößt, das er nicht selbst verschuldet hat und das uns selbst hier und jetzt auch treffen könnte, ist Mitleid, Aristoteles zufolge, angebracht. Wolfgang Schadewaldt[6] hat mit Recht darauf hingewiesen, dass dieses Mitleidsverständnis wenig mit der christlich-humanistischen Idee des Mitleids zu tun habe. Christlich sei ausgeschlossen, dass Mitleid mit dem Leid eines anderen nur dort angebracht wäre, wo einen das fragliche Übel selbst betreffen könnte, und humanistisch verdanke sich diese Mitleidsidee der Erweiterung des Begriffs im 18. Jahrhundert »in Richtung auf das damals neu bewußt werdende Allgemein-Menschliche«, durch die Mitleid zu einem »Universalsinn der Menschlichkeit« wurde.[7]

Während in der lateinischen Schultradition die griechischen Ausdrücke ἔλεος, οἶκτος und συμπάθεια durch die lateinischen Termini *commiseratio*, *compassio* und *misericordia* wiedergegeben wurden, setzte sich im Deutschen im Gefolge der Bibelübersetzungen seit dem 17. Jahrhundert *Mitleid* als Übersetzungslehnwort für συμπάθεια und *compassio* durch. Mitleid meint damit nicht mehr bloss Mitgefühl, sondern stärker handlungsbezogen ein Mitleiden mit der Not und dem Schmerz anderer, das sich in tätiger Hilfe äußert. Das kann path(olog)isch-unmittelbar geschehen, wenn das Schmerzgefühl angesichts des Leidens anderer ei-

---

ἢ λυπηρῷ τοῦ ἀναξίου τυγχάνειν, ὃ κἂν αὐτὸς προσδοκήσειεν ἂν παθεῖν ἢ τῶν αὐτοῦ τινα, καὶ τοῦτο ὅταν πλησίον φαίνηται«.

[6] W. Schadewaldt, Furcht und Mitleid? Zur Deutung des Aristotelischen Tragödiensatzes, in: Hermes 83 (1955), 129–171, hier 131–136.

[7] Ebd., 134. Christliches Mitleid richtet sich zudem auch auf den, der für sein Leiden selbst verantwortlich ist.

nen Menschen zur Hilfeleistung veranlasst, oder eher indirekt vermittelt und geleitet durch die Vernunft, die mich aus Einsicht zu einem entsprechenden Handeln bewegt. Das erste wird in Augustins Bestimmung akzentuiert: »Was aber ist Mitleid anderes als das Mitempfinden fremden Elends in unserem Herzen, durch das wir jedenfalls angetrieben werden zu helfen, so weit wir können?«[8] Das andere steht in der Charakterisierung des Mitleids als einer vernunftbestimmten Haltung im Vordergrund, die in christlicher Tradition als Tugend der *Barmherzigkeit* bezeichnet wird. Das ist zugleich ein pointierter Widerspruch gegen die stoische Überzeugung, Mitleid zu haben sei unvereinbar mit einer ethischen Lebenshaltung, die ganz auf die Herrschaft der Vernunft und die nur dadurch erreichbare Autarkie und Ataraxie ausgerichtet ist.[9]

Die damit angedeuteten Spannungen haben sich in der Geschichte des Begriffs fortgesetzt. Auf der einen Seite wird Mitleid in der christlichen Tradition positiv bestimmt als Konkretion der gebotenen Liebe zum anderen, die angesichts des Leidens des anderen selbst ins Mitleiden versetzt wird. *Misericordia*, so meinte Thomas von Aquin, besage, dass das eigene Herz am Leiden des anderen mitleide (›*miserum cor*‹ *super miseria alterius*).[10] Auf der anderen Seite wird in Fortsetzung der stoischen Auffassung Mitleid als »passion vitieuse«[11] kritisiert und in Aufnahme der aristotelischen Bestimmung als ein abwegiger Affekt verstanden, der Ausdruck selbstischen Interesses sei, weil er der Furcht vor dem

---

[8] A. Augustinus, De civitate Dei IX, 5, CCL 47–48, Turnhout 1955 (Übersetzung W. Thimme, Vom Gottesstaat, Bd. 1, München [4]1997, 473): »Quid est autem misericordia nisi alienae miseriae quaedam in nostro corde compassio, qua utique si possumus subvenire compellimur?«

[9] Vgl. L. Samson, Art. Mitleid, in: HWPh 5 (1980), 1410–1416, hier 1411.

[10] Thomas v. Aquin, Summa theologica. Cura et studio P. Caramello. Cum texto et recensione Leonina, hg. v. P. Marietti, Torione [20]1932: S. th. II/II q. 30 a.1c.

[11] M. de Montaigne, Les essais (1582). Œuvres, hg. v. A. Armaingaud, Bd. 1, Paris 1924, ch. 1.

entspringe, was einem selbst künftig geschehen könne (Hobbes).[12] Während in der christlichen Tradition Mitleid damit zur Tugend der Nächstenliebe entfaltet wird, wird sie in der philosophischen Ethik der Neuzeit als Ausdruck der Selbstliebe und des Selbsterhaltungstriebs naturalisiert zu einem passiven Trieb, der als »impulse of nature«[13] (Mandeville) als solcher weder gut noch schlecht ist, sondern sich im Zusammenleben von Menschen angesichts des erlebten Leidens anderer wie von selbst einstellt. Tugendethische und naturalistische Mitleidskonzeptionen führen so in unterschiedlicher Weise die Ansätze der Antike bis in die Gegenwart weiter.

3. *Mitleid und Methode*

In den vergangenen Jahrzehnten haben sich die Bemühungen um ein Verständnis von Mitleid auf seinen Charakter als Emotion konzentriert, und zwar sowohl im Rahmen evolutions- und neurobiologischer Emotionsforschung[14] als auch im Kontext philosophischer Emotionsanalysen.[15]

In der neueren empirischen Emotionsforschung wird Mitleid vor allem als *Empathie* thematisch und untersucht. Darunter wird keine mentale Einstellung gegenüber anderen Menschen verstanden, also die kognitive Konstruktion des Zustands eines anderen.[16]

---

[12] TH. HOBBES, De homine (1658), in: Opera, hg. v. W. MOLESWORTH, Bd. 2, London 1839 (Reprint 1966), 103 f.109.

[13] B. MANDEVILLE, The fable of the bees (1714), hg. v. F. B. KAYE, Oxford 1957, 56.

[14] A. R. DAMASIO, Descartes Error. Emotion, Reason and the Human Brain, New York 1994; J. E. LEDOUX, The Emotional Brain, New York 1996 ; F. DE WAAL, Der gute Affe. Der Ursprung von Recht und Unrecht bei Menschen und anderen Tieren, München 2000.

[15] Vgl. CHR. DEMMERLING/H. LANDWEER, Philosophie der Gefühle. Von Achtung bis Zorn, Stuttgart/Weimar 2007, 167–193.

[16] Vgl. H. PICKARD, Emotions and the Problem of Other Minds, in: A. HATZIMOYSIS (Hg.), Philosophy and the Emotions, Cambridge 2003, 87–

Gemeint ist auch nicht nur »eine Form der Überzeugung, dass ein Andrer Schmerzen hat«, wie Wittgenstein meinte.[17] Entscheidend für das Empathiekonzept ist vielmehr, dass der Schmerz oder die Freude anderer weniger kognitiv nachgeahmt als vielmehr von uns selbst als schmerzlich oder freudig empfunden wird, sei es in der Gegenwart des anderen, sei es aufgrund einer Vorstellung, die uns seinen Schmerz oder seine Freude vergegenwärtigt.[18] Wie neuere Studien zum Nachahmungsverhalten (Gähnen),[19] die Entdeckung von Spiegelneuronen[20] und Forschungen zur sozialen Em-

104; S. Derwall, Empathy, Sympathy, Care, in: Philosophical Studies 89 (1998), 261–282.

[17] L. Wittgenstein, Philosophische Untersuchungen, Werkausgabe, Bd. 1, Frankfurt a.M. 1989, 378, § 287: »Wie bin ich vom Mitleid für diesen Menschen erfüllt? Wie zeigt es sich, welches Objekt das Mitleid hat? (Das Mitleid, kann man sagen, ist eine Form der Überzeugung, daß ein Andrer Schmerzen hat.)«

[18] Vgl. St. D. Preston/F. B. M. de Waal, Empathy: Its Ultimate and Proximate Bases, in: Behavioral and Brain Sciences 25 (2002), 1–19; T. Singer u.a., Empathy for pain involves the affective but not sensory components of pain, in: Science 303 (2004), 1157–1162; Ph. L. Jackson u.a., How Do We Perceive the Pain of Others? A Window into Neural Processes Involved in Empathy, in: Neuroimage 24 (2005), 771–779; T. Singer u.a., Empathic neural responses are modulated by the perceived fairness of others, in: Nature 439 (2006), 466–469; T. Singer/E. Fehr, The Neuroeconomics of Mind Reading and Empathy, in: Neuroscientific Foundations of Economic Decision-Making 95 (2005), 340–345.

[19] E.O. Smith, Yawning: An Evolutionary Perspective, in: Human Evolution 14 (1999), 191–198; S.M. Platek u.a., Contagious yawning: the role of self-awareness and mental state attribution, in: Cognitive Brain Research 17 (2003), 223–227; M. Schürmann u.a., Yearning to yawn: the neural basis of contagious yawning, in: Neuroimage 24 (2005), 1260–1264.

[20] V. Gallese/A. Goldman, Mirror Neurons and the Simulation Theory of Mind-Reading, in: Trends in Cognitive Sciences 12 (1998), 493–501; V. Gallese, The Roots of Empathy: The Shared Manifold Hypothesis and the Neural Basis of Intersubjectivity, in: Psychopathology 36 (2003), 171–180; G. Rizzolatti/L. Craighero, The Mirror-Neuron System, in: Annual Review of Neuroscience 27 (2004), 169–192; J. Bauer, Warum ich fühle, was du fühlst: Intuitive Kommunikation und das Geheimnis der Spiegelneurone, Hamburg 2005; F. Esken, Spiegelneuronen: Die neurobiologische Antwort

pathie[21] gezeigt haben, kommt es aufgrund der Aktivierung der neuronalen Empfindungsnetze für Freude, Schmerz usf. über die kortikalen Regionen, in denen sich die Bewertung der eigenen Befindlichkeit und der eigenen Körperzustände abspielt, zu einer Entsprechung zwischen dem eigenen Affektzustand und dem eines anderen Menschen, in der die Gefühle des anderen am Ort des eigenen Selbst reproduziert werden. In eben diesem Mit- und Einfühlen, in dem die Gefühle des anderen bei mir selbst auftreten, ohne dass die Differenz zwischen ihm und mir aufgelöst oder verwischt wird, wird die Voraussetzung dafür gesehen, auf andere Werthaltungen eingehen und neue soziale Rollen übernehmen zu können.[22]

Ohne diesen empirischen Einsichten zu widersprechen, wird von philosophischer Seite die kritische Frage gestellt, ob die Einengung von Mitleid auf Empathie überhaupt zu einem angemessenen Verständnis von Mitleid führen kann, weil zu viele wichtige

---

auf das Intersubjektivitätsproblem, die Husserl noch nicht kannte? Husserls Überlegungen zum Fremdpsychischen im Licht der Kognitionswissenschaften, in: D. Lohmar/D. Fonfara (Hg.), Interdisziplinäre Perspektiven der Phänomenologie, Berlin/New York 2006, 72–107; G. Rizzolatti/C. Sinigaglia, Empathie und Spiegelneurone: Die biologische Basis des Mitgefühls, Frankfurt a. M. 2008; N. Zaboura, Das empathische Gehirn. Spiegelneurone als Grundlage menschlicher Kommunikation, Wiesbaden 2008; J. W. Lehmann, Ein Literaturreview über Spiegelneuronen und Emotionserkennung, Universität Bern 2009 (urn:nbn:de:bsz:291-psydok-25454); S. Holtze, Emotionale Intelligenz – wie Gefühle unser Leben bestimmen. Über die Geheimnisse der Spiegelneurone, Universität Duisburg-Essen 2009 (http://www.mykowi.net); J. Decety/W. Ickes, The Social Neuroscience of Empathy, Cambridge 2009; P. Andréasson, Emotional Empathy, Facial Reactions, and Facial Feedback, Uppsala 2010.

[21] V. Gallese, The Roots of Empathy: The Shared Manifold Hypothesis and the Neural Basis of Intersubjectivity, in: Psychopathology 36 (2003), 171–180; F. de Waal, The Age of Empathy, New York 2006; F. M. Staemmler, Das Geheimnis des Anderen – Empathie in der Psychotherapie, Stuttgart 2009.

[22] Vgl. M. Slote, The Ethics of Care and Empathy, Oxford 2007; L. Agosta, Empathy in the Context of Philosophy, London 2010.

Aspekte des Phänomens im Ansatz ausgeblendet bleiben: Mitleid ist mehr als nur eine Variation von Empathie. Darüber hinaus ist strittig, wie und als was Emotionen überhaupt zu verstehen sind,[23] ob sie von Gefühlen (*feelings*) zu unterscheiden sind oder nicht,[24] und ob man sie kognitivistisch oder eher nichtkognitivistisch konstruieren muss.[25] Auch wer im Anschluss an die (sehr verschiedenen) Arbeiten von Ronald de Sousa, Robert Solomon, Martha Nussbaum oder auch Robert Roberts[26] Emotionen eine eigenständige Erkenntnisfunktion zuerkennt und ihnen einen kognitiv-propositionalen Gehalt zuschreibt (›Mitleid ist eine Form der Überzeugung, dass ein Anderer Schmerzen hat‹), muss weder das eigentümliche Fühlen, das mit dem emotionalen Erleben einhergehen kann, noch die mehr oder weniger starke biologische Basis unserer Emotionen in Abrede stellen. Vielmehr geht es darum, die verschiedenen Typen von Emotionen (in ihrem jeweiligen Vorkommen in bestimmten Situationen und bei verschiedenen Menschen)

---

[23] Vgl. P. Griffiths, What Emotions Really Are. The Problem of Psychological Categories, Chicago/London 1997; R. Wollheim, On the Emotions, New Haven/London 1999; R. C. Solomon (Hg.), What is an Emotion? Classic and Contemporary Readings, Oxford/New York ²2003; Chr. Voss, Narrative Emotionen. Eine Untersuchung über die Möglichkeiten und Grenzen philosophischer Emotionstheorien, Berlin/New York 2004.

[24] Vgl. D. Pugmire, Rediscovering Emotions, Edinburgh 1998; P. Goldie, The Emotions, Oxford 2000; R. C. Solomon (Hg.), Thinking about Feeling. Contemporary Philosophers on Emotions, Oxford/New York 2004.

[25] Vgl. J. J. Prinz, Gut Reactions. A Perceptual Theory of Emotions, Oxford/New York 2004; ders., The Emotional Construction of Morals, Oxford 2008.

[26] R. de Sousa, The Rationality of Emotion, Cambridge, Mass. 1987; R. C. Solomon, The Passions: Emotions and the Meaning of Life, Indianapolis 1993; ders., The Philosophy of Emotion, in: M. Lewis/J. M. Haviland-Jones (Hg.), Handbook of Emotions, New York 2000, 3–15; M.C. Nussbaum, Love's Knowledge. Essays on Philosophy and Literature, New York 1990; dies., The Therapy of Desire: Theory and Practice in Hellenistic Ethics, Princeton, New Jersey 1994; dies., Upheavals of Thought. The Intelligence of Emotions, Cambridge 2001; R.C. Roberts, Emotions. An Essay in Aid of Moral Psychology, Cambridge 2003.

möglichst differenziert in den Blick zu nehmen, um das, was Emotionen in ihrer ganzen Vielgestaltigkeit überhaupt sind, ohne naturalistische Reduktionen zur Kenntnis zu nehmen.

Für das Verständnis von Mitleid heißt das, dass es nicht genügt, von einem biologischen Affektprogramm auszugehen und seine neuronalen Grundlagen zu erforschen. Diese Forschungen sind nicht nur von einem klärungsbedürftigen Vorverständnis von Empathie oder Mitleid geleitet, sondern die Relevanz ihrer Ergebnisse lässt sich auch nur deutlich machen, wenn diese zur Rede von Mitleid in der kulturellen Tradition ins Verhältnis gesetzt und im Horizont lebensweltlicher Mitleidsverständnisse interpretiert und verstanden werden. Um das kritisch und methodisch kontrolliert tun zu können, muss man sich die komplexe Rolle klar machen, die das Wort ›Mitleid‹ und seine Verwandten in unserem Leben spielen. Man muss darauf achten, wie diese Wörter mit unserem Leben verbunden sind, wie sie gebraucht und verstanden werden, und welche Orte sie in den Mustern des Lebens und Redens, den Reaktionen, Handlungen, Worten, Gedanken, Interessen und Gefühlen von uns Menschen haben.

Das gilt umso mehr, wenn sich verschiedene Disziplinen gemeinsam um ein solches Verstehen bemühen. Gerade im interdisziplinären Gespräch der sehr unterschiedlichen Mitleidsdiskurse in Biologie, Neurowissenschaft, Psychologie, Soziologie, Philosophie, Ethik oder Theologie kommt der *Hermeneutik* dabei eine besondere Aufgabe zu. Als methodisch explizit gemachte gemeinsame Selbsterkenntnis unterscheidet sie sich von den empirischen Einzelwissenschaften durch ihre Fokussierung auf die *sinnkritische Klärung der Grammatik der Grundbegriffe*, die wir bei unserer alltäglichen Praxis wie auch in der wissenschaftlichen Forschung jeweils ›immer schon‹ voraussetzen. Auch in den empirisch arbeitenden Disziplinen werden nicht einfach Fakten erforscht, sondern methodisch isolierte und idealisierte Aspekte von Phänomenen untersucht, denen wir uns mit bestimmten Fragen, von bestimmten Standpunkten aus, in bestimmten Begriffshorizonten mit bestimmten Erwartungen und im Licht bestimmter Hypothesen nähern. Wir selbst und die kontingenten Horizonte der Praxisfelder unseres Lebens kommen immer mit ins Spiel, wenn wir etwas erforschen und über etwas nachdenken. Das können wir, wie vieles andere auch, in experimentellen Situationen ausblenden, aber nur um den Preis der Abstraktion. Doch spätestens wenn es darum geht, die Relevanz experimenteller Ergebnisse für das menschliche Leben und Zusammenleben darzustellen und zu beurteilen, muss auf diese Abstraktion verzichtet werden. Dann genügt es nicht zu sagen, was gefunden wurde, sondern man muss ausführen, was es für uns Menschen in unserem konkreten Zusammen- und Miteinanderleben bedeutet oder bedeuten könnte. Dazu reicht es nicht, nur Mitleid, Emotion oder Empathie zum Thema zu machen, sondern man muss gezielt und ausdrücklich auch über uns und unsere Lebenspraxis nachdenken, die zu solchem Forschen und Nachdenken Anlass gibt. Problemorientierte Forschung muss mit personorientierter und lebenspraxisbezogener Nachdenklichkeit verbunden werden, auch in der Bemühung um die Erkenntnis und das Verständnis von Mitleid.

4. Das Mitleid und seine begrifflichen Verwandten

Dazu gehört auch, den Erfahrungsschatz zu beachten, der sich in unserem Sprachgebrauch niedergeschlagen hat. Das Wortfeld ist weit, und es ist immer wieder durch Kontraste strukturiert, die differente Orientierungen als polare Gegensätze aufeinander beziehen, zwischen denen es unterschiedliche Abstufungen gibt. So erstreckt sich eine Kontrastlinie vom *Mitgefühl* über das *Fehlen dieses Gefühls* in Indifferenz, Gleichgültigkeit, Apathie oder Teilnahmslosigkeit bis zu *Abscheu* oder *Ekel* als dem Gegenpol des Mitgefühls. Eine zweite Linie kontrastiert *Empathie* mit *Autismus*, und auch hier wird das *Fehlen* von Empathie von narzistischem oder autistischem Fehlverhalten unterschieden. Auf einer dritten

Linie stehen sich *Sympathie* und *Antipathie* gegenüber, und wiederum ist das *Fehlen* von Sympathie mit jemandem nicht dasselbe wie Antipathie gegen jemanden. Eine weitere Kontrastlinie setzt das *Mitleid* der *Abneigung* oder gar dem *Sadismus* entgegen, und auch hier ist das Fehlen von Mitleid nicht mit sadistischem Verhalten einem anderen gegenüber gleichzusetzen. Entsprechend werden *Barmherzigkeit* und *Hartherzigkeit, Feindesliebe* und *Rache, Zuwendung zum anderen* und *Abgrenzung gegen andere* polar unterschieden, und in jedem Fall gibt es entsprechende Zwischenstufen und Zwischenglieder, die das eine mit dem anderen in unterschiedlichem Grade vermitteln.

Versucht man, diese Kontrastfelder präziser zu beschreiben und sachlich genauer zu ordnen, dann ist am besten vom *Mitgefühl* auszugehen. Dieses ist im Deutschen die sprachlich weiteste und offenste Bestimmung. Unter *Mitgefühl* wird in der Regel das Nach- und Mitempfinden fremden Glücks oder Unglücks, fremder Freude (*Mitfreude*) oder fremden Leids (*Mitleid*) verstanden. Es steht also »allgemein für Phänomene, bei denen eine Person mit einer anderen innerlich ›mitgeht‹: Mitgefühl in diesem weiteren Sinne kann auch bedeuten, sich über die glücklichen Umstände, deren sich eine andere Person erfreut, mitzufreuen.«[27]

In diesem weiten und unspezifischen Sinn wird auch der Begriff der *Empathie* gelegentlich gebraucht. Gemeint ist damit ein Mitfühlen und Einfühlen, das weniger in der kognitiven Fähigkeit von Menschen besteht, sich in die Position eines anderen Menschen hineinzuversetzen, als vielmehr in der emotionalen, auch bei Tieren zu beobachtenden Fähigkeit, die Gefühle anderer zu teilen (emotionale Resonanz) und das eigene Verhalten nicht nur an kognitiven Bestimmungen, sondern an emotional erfassten Stimmungen auszurichten. Paul Ekman nennt beides ›Empathie‹, bringt die Differenz aber dadurch zur Geltung, dass er zwischen

---

[27] D. Thomä, Totalität und Mitleid. Richard Wagner, Sergej Eisenstein und unsere ethisch-ästhetische Moderne, Frankfurt a. M. 2006, 196.

kognitiver und *emotionaler* Empathie unterscheidet: »*Kognitive* Empathie lässt uns erkennen, was ein anderer fühlt. *Emotionale* Empathie lässt uns fühlen, was der andere fühlt, und das *Mitleiden* bringt uns dazu, dass wir dem anderen helfen wollen«.[28] Zuweilen wird emotionale Empathie genauer differenziert in emotionale Ansteckung (›Ich empfinde deine Gefühle‹), wie sie in Phänomenen der Massenhysterie zu beobachten ist, in denen Emotionen gleichsam kausal von einer Person auf andere überspringen,[29] und Empathie im engeren Sinn, in der die Freude oder der Schmerz eines anderen hermeneutisch durch Verstehensprozesse vermittelt ist, die sich nicht primär auf das *Gefühl* eines anderen, sondern auf *den anderen* in seinem Gefühl richten (›Ich verstehe, wie du dich fühlst‹).

Sympathie wird demgegenüber anders gebraucht und meint Verschiedenes, je nach dem, ob man *Sympathie für jemanden* oder *Sympathie mit jemandem* empfindet. Im ersten Fall (›Ich empfinde Sympathie für ihn‹; ›Sie ist mir sympathisch‹) bringt man damit zum Ausdruck, dass man mit einem anderen Menschen »Einklang oder Einverständnis empfindet«,[30] und die »überschwänglichste und kostbarste Form dieser Erfahrung der Sympathie ist die Liebe, die man einem anderen entgegenbringt und die erwidert wird.«[31] Im zweiten Fall dagegen bezeichnet es eher die »theilnehmende Betrübnis« (Schiller), also das positive Einfühlungsvermögen, sich in die (schwierige) Situation einen anderen Menschen emotional

---

[28] P. Ekman, Gefühle lesen, München 2007, 249.

[29] G. Le Bon, Psychologie des foules, Paris 1895 (Psychologie der Massen, übers. v. R. Eisler, Stuttgart 2008); M. Scheler, Zur Phänomenologie und Theorie der Sympathiegefühle und von Liebe und Haß. Mit einem Anhang über den Grund zur Annahme der Existenz des fremden Ich, Halle 1913; ders., Wesen und Formen der Sympathie (1923), in: ders., Gesammelte Werke, Bd. 7, hg. v. M. Frings, Bern 1973; E. Hatfield u. a., Emotional Contagion, New York 1994.

[30] Thomä, Totalität und Mitleid, 197.

[31] Ebd. Vgl. auch C. Taylor, Sympathy. A Philosophical Analysis, Basingstoke/New York 2002.

und kognitiv hineinzuversetzen, seine Gefühle zu teilen, seine Intentionen, seine Motive und sein Handeln zu verstehen. So verstanden unterscheidet sich Sympathie von Empathie vor allem durch drei Merkmale. Zum einen ist es ein Mitgefühl mit einem Menschen, dem Schmerzliches (und nicht Erfreuliches) widerfährt. Zum anderen ist es ein Mitgefühl, das nicht nur versteht, was der andere fühlt, sondern selbst an dessen Gefühlen teilnimmt und selbst getroffen ist vom Unglück des anderen. Und drittens ist dieses Mitgefühl mit dem Wunsch verbunden, es möge ihm besser bzw. wieder gut gehen. Sympathie wird daher typischerweise mit Wendungen wie ›Es tut mir leid, dass du Schmerzen hast‹ zum Ausdruck gebracht, die nicht besagen wollen, dass der Sprecher eine Entschuldigung für ein Fehlverhalten äußert, sondern die sein Interesse am Wohlergehen des anderen manifestieren, also im Sinn von ›du tust mir leid‹ zu verstehen sind. Wer mit einem anderen Menschen Sympathie empfindet, der leidet daran, dass der andere leidet, und der wünscht, dass es ihm (wieder) gut gehen möge.

Wo dieser Wunsch dazu führt, sich aktiv für den anderen einzusetzen und ihm bei der Bewältigung seines Leids und Leidens zur Seite zu stehen, kann man von *Mitleid* sprechen.[32] Mitleid ist eine aktive Anteilnahme an fremdem Schmerz und dem Leid eines anderen Menschen oder Lebewesens, die insofern über das Mitgefühl mit dem Leid oder Leiden eines anderen hinausgeht, als sie mit der Bereitschaft zum aktiven Einsatz für den anderen verbunden ist, also eine Bestimmung des eigenen Verhaltens zu prosozialem Handeln einschließt.[33] Zwischen dem Leidenden und dem

---

[32] Im Englischen ist das nicht so deutlich der Fall. NUSSBAUM, Upheavals of Thought, 302, zufolge besteht zwischen *sympathy* und *compassion* im gegenwärtigen englischen Sprachgebrauch kein grosser Unterschied. »If there is any difference [...], it is perhaps that ›compassion‹ seems more intense and suggests a greater degree of suffering, both on the part of the afflicted person and on the part of the person having the emotion.«

[33] Vgl. L. BLUM, Compassion, in: Explaining Emotions, hg. v. A.O. RORTY, Berkeley 1980, 507–517, hier 507f.: »Compassion is not a simple feeling-state but a complex emotional attitude toward another, characteristi-

Mitleidenden besteht allerdings ein asymmetrisches Verhältnis, das um der Wahrung der Integrität und Andersheit des Leidenden willen vom Mitleidenden zu beachten ist: Wer *mit*leidet, spürt den Schmerz des anderen auch selber, verwechselt seinen Schmerz aber gerade nicht mit demjenigen des anderen. Wo die Asymmetrie und Differenz der Positionen im Miteinander des Mitleids nicht gewahrt wird, besteht die Gefahr, dass Mitleid eine herablassende Form annimmt, insofern es gar nicht mehr um den anderen in seinem Leid geht, sondern um den Helfenden selbst – weil dieser sich in seiner Helferrolle gefällt oder weil er an seiner Rolle als Helfer leidet. Im Mitleid geht es dagegen gerade und nur um den anderen in seinem Leiden. Ich leide *mit* – mit *ihm*, in *seinem* Leiden. Der Mitleidende öffnet sich so für den Schmerz des anderen, dass er an seinem Ort den Schmerz *am Ort des anderen* mitempfindet. Das setzt eine Auflösung der strengen Abgrenzung von Selbst und anderem voraus, oder zumindest die Möglichkeit, das Leiden des anderen am eigenen Ort zu re-präsentieren, und eben das wird im Phänomen des Mitleids manifest. [34]

---

cally involving imaginative dwelling on the condition of the other person, an active regard for his good, a view of him as a fellow human being, and emotional responses of a certain degree of intensity.«

[34] Nussbaum, Upheavals of Thought, 300, macht zu Recht auf die Konsequenzen dieser Auffassung aufmerksam: »Some expand the boundaries of the self, picturing the self as constituted in part by strong attachments to independent things and persons. Love and grief are paradigmatic of such emotions; and, we shall see, compassion pushes the boundaries of the self further outward than many types of love. Some emotions, on the other hand, draw sharp boundaries around the self, insulating it from contamination by external objects. Disgust is paradigmatic of such an emotion.« Vgl. zum Verhältnis von Mitleid und dem Leiden des anderen auch St. Tudor, Compassion and Remorse. Acknowledging the Suffering Other, Leuven u. a. 2001, bes. 77–99.

5. *Mitleidstugend und Mitleidsethik*

Es ist vor allem dieser Aspekt des Mitleids, der in Buddhismus und Christentum, aber auch in verschiedenen philosophischen Traditionen dazu geführt hat, Mitleid positiv zu verstehen und als eine förderungswürdige Tugend zu bestimmen. Im Mahayana-Buddhismus zeichnet es einen Bodhisattva aus, wenn er aus Mitleid auf die eigene Erleuchtung verzichtet, um anderen Menschen zu helfen, den Weg zur Erleuchtung zu gehen. Und im Christentum ist das Mitleid ein zentrales Motiv dafür, anderen gegenüber Barmherzigkeit zu üben, und damit ein wesentlicher Aspekt praktizierter Nächstenliebe.

An dieser positiven Sicht des Mitleids wurde allerdings auch seit alters immer wieder Kritik geübt. Die Stoa war der Überzeugung, dass Mitleid ein ethisch fragwürdiges Verhalten sei. »Mitleid«, so definiert Cicero, »ist der Kummer auf Grund des Unglücks eines anderen, das er zu Unrecht erleidet (denn niemand wird bei der Hinrichtung eines Vatermörders oder Verräters von Mitleid bewegt)«.[35] Der Weise hat Erbarmen, aber kein Mitleid. Als Mitgefühl entspringt Mitleid nicht der eigenen Vernunfteinsicht und autarken Selbstbestimmung, sondern ist Ausdruck einer affektiven Betroffenheit durch das Leiden anderer. Es manifestiert Abhängigkeit, nicht Autarkie und Ataraxie, und ist daher keine zu pflegende Tugend, sondern eine zu überwindende Schwäche. Ähnlich, wenngleich eher aus wissenschaftstheoretischen als ethischen Gründen, argumentiert Thomas Hobbes in der frühen Neuzeit. Im Mitleid sieht er eine *perturbatio animi*, die es unmöglich macht, ruhig zu überlegen und die richtigen Entscheidungen zu treffen.[36] Sachlich versteht er Mitleid als einen Affekt, der auf ein

[35] M. Cicero, Tusculanae disputationes / Gespräche in Tusculum IV, 18, übers. u. hg. v. E. A. Kirfel, Stuttgart 1997, 314 f.: »misericordia est aegritudo ex miseria alterius iniuria laborantis (nemo enim parricidae aut proditoris supplicio misericordia commovetur)«.

[36] Th. Hobbes, De homine (1658), in: Opera, hg. v. W. Molesworth, Bd. 2, London 1839 (Reprint 1966), 103 f.

selbstisches Interesse zurückgeht, weil sich in ihm Furcht vor eigenem künftigen Leiden manifestiert.[37]

Anders sahen das die schottischen Empiristen David Hume und Adam Smith. Hume versteht das Mitleid positiv als ein universales menschliches Gefühl, das er auf die Sympathie und damit kein egoistisches, sondern altruistisches Interesse am Wohlergehen des anderen zurückführt.[38] Ähnlich beschreibt auch Smith Mitleid (*compassion*) als ein »fellow-feeling for the misery of others«, das sich einstellt »by changing places in fancy with the sufferer«.[39] Die sich darin abzeichnende positive Bewertung des Mitleids widersprach Bernard de Mandeville, der betont hatte, Mitleid sei keine Tugend, sondern Ausdruck der natürlichen Selbstliebe und eine Manifestation des Selbsterhaltungstriebs. Als passiver Trieb sei der Affekt des Mitleids ein »impulse of nature«, der als solcher weder gut noch schlecht sei. Obwohl er diese naturalisierende Sicht fortsetzt und intensiviert, kommt Nietzsche zu einem gänzlich negativen Urteil über das Mitleid. Dabei handle es sich immer um eine Form von Selbstmitleid, die eine zu überwindende Schwäche manifestiert: Man leide daran, wie man am Leiden anderer leidet, und das sei eines Menschen nicht würdig, der sich ebenso weit über sein derzeitiges Menschsein hinausbewegen müsse, wie sich dieses über das Tiersein erhoben habe.

II. Gelebte Nächstenliebe

Demgegenüber hat das Christentum das Mitleid konsequent von seiner Gefühlsverankerung gelöst und im Gedanken der Nächsten- und Feindesliebe zu einer prinzipiellen Lebenshaltung ver-

---

[37] Ebd., 109.

[38] D. Hume, A Treatise of Human Nature (1739), hg. v. P.H. Nidditch, Oxford 1978, II/II,7.

[39] A. Smith, The Theory of Moral Sentiments (1759), Amherst, New York 2000, 10.

tieft, in der das praktisch zum Ausdruck kommt, was im Christusbekenntnis als Dank für die lebenswirkende und lebenserneuernde Gabe der Liebe Gottes zur Sprache gebracht wird. Das hat verschiedene Gründe.

6. *Mitleid, Barmherzigkeit und Nächstenliebe*

Zum einen ist die christlich verstandene Nächstenliebe nicht an die Reichweite empathischen oder sympathischen Mitgefühls gebunden, das stets auf leiblich kopräsente Nahgruppen von Menschen beschränkt bleibt und sich nicht zu einer Einstellung allen Menschen gegenüber universalisieren lässt: Man kann nicht mit allen Menschen Mitgefühl haben, sondern nur mit denen, denen man leiblich nahe ist. Man kann und soll aber alle Menschen, die nahen wie die fernen, als Nächste Gottes lieben, weil sie in eben derselben Weise Adressaten der lebenswirkenden Liebe Gottes sind, wie man selbst es ist.

Zum anderen ist Nächstenliebe anders als Mitleid nicht nur auf die beschränkt, denen es schlecht geht oder die in Not sind. »Nach biblischer Auffassung stehen Mitleid bzw. Barmherzigkeit *nicht* im Zentrum der Liebe, haben aber eine besondere systematische Stellung. Auf der einen Seite kann etwa Paulus die Liebe auslegen, ohne überhaupt vom Mitleid zu sprechen. Daß auf der anderen Seite das Mitleid des barmherzigen Samariters zum Beispiel für die Befolgung des Nächstenliebegebotes wird, dürfte im Gesamtzusammenhang der biblischen Auslegung des Liebesgebotes damit zusammenhängen, daß *im Mitleid Feindschaft* – und verwandte konfliktbezogene Affekte, wie *Zorn, Haß und Rachsucht – relativiert werden können*. In der bei Seneca faßbaren Tradition des herrscherlichen Mitleids wird Mitleid als Zeichen der Unanfechtbarkeit und Souveränität gedeutet: Wer keine Feinde mehr hat, der kann und soll Mitleid empfinden. Das Gleichnis des barmherzigen Samariters deutet eher darauf hin, daß die Not eines anderen Menschen mir so zu Herzen gehen kann, daß ich die uns trennenden Konflikte wenigstens teilweise überspringen kann.«[40]

Doch nicht, was ich selbst tue oder tun kann, ist der entscheidende Punkt des Gleichnisses vom Barmherzigen Samariter, sondern dass mir das Lebensnotwendige und Lebensdienliche, das ich mir selbst nicht geben kann, von einem anderen gegeben wird, wie nahe oder fern mir dieser andere auch stehen mag: Indem er mir gibt, was ich mir selbst nicht zu geben vermag, wird er mir jenseits aller Konventionen und Konflikte zum Nächsten. Der Schlüssel zum Verständnis der christlichen Liebe als Nächsten- und Feindesliebe ist daher nicht das Barrieren überspringende Mitleid des Barmherzigen Samariters, sondern das unerwartete Gute, das dem unter die Räuber Gefallenen widerfährt. Das ist die Pointe des im Lukasevangelium (Lk 10) berichteten Gleichnisses Jesu. In einem Lehrgespräch über das, was man tun müsse, um im Endgericht Gottes mit der Gabe des ewigen Lebens bedacht zu werden, wird mit dem Doppelgebot der Liebe geantwortet, Gott von ganzem Herzen zu lieben und seinen Nächsten wie sich selbst. Auf die Rückfrage ›Wer ist denn mein Nächster?‹, antwortet Jesus mit dem Gleichnis vom unter die Räuber Gefallenen, dem der Samariter hilft: ›Der, der einem das gibt, was man braucht‹. Nicht was Nächstenliebe ist, sondern wer mein Nächster ist, wird in Jesu Antwort erläutert, und zwar nicht aus der Sicht dessen, der sich fragt, wessen Nächster er denn sei, sondern umgekehrt aus der Sicht dessen, der einen anderen als Nächsten braucht, weil er darauf angewiesen ist, dass dieser ihm das gibt, was er sich selbst nicht geben kann: Mein Nächster ist nicht der, dem ich zum Nächsten werde, indem ich mich zu seinem Nächsten mache, sondern der, der mir zum Nächsten wird. Das aber ist jeder, der sich auf meine Situation ohne Vorbedingungen und Vorbehalt einlässt und nicht an ihr vorübergeht, wie nahe oder fern er mir in anderer

---

[40] P. Bartmann, Das Gebot und die Tugend der Liebe. Über den Umgang mit konfliktbezogenen Affekten, Stuttgart u. a. 1998, 259.

Hinsicht auch stehen mag: Wo ein Mensch einem anderen zum Nächsten wird, wird die Frage, wie nahe oder fern er ihm steht, irrelevant. Wer tut, was angesichts der Situation eines Menschen, der einen anderen als Nächsten braucht, praktisch erforderlich ist, übt Nächstenliebe. Die Motivation zu diesem Tun ist kein moralisches oder religiöses Gebot, sondern der Anspruch der Situation, der eine ganz natürliche menschliche Hilfereaktion nahe legt, wenn man sich dieser menschlichen Selbstverständlichkeit nicht ganz unnatürlich entzieht. Das wird in Jesu Gleichnis narrativ intensiviert und pointiert, insofern das Mitleid des Samariters mit dem unter die Räuber gefallenen Juden sich angesichts der sozialen und rechtlichen Stellung von Samaritern in Israel gar nicht von selbst versteht und doch angesichts des Leidens des Verletzten am Straßenrand ganz selbstverständlich ist. Mitleid ist eine unmittelbare, ›natürliche‹ Reaktion auf das Leiden der anderen, auch wenn wir uns diesen nicht persönlich verbunden fühlen.[41] Und für den Betroffenen ist nicht entscheidend, wer ihm Gutes tut, sondern dass ihm Gutes getan wird.

Nicht nur Mitleid macht einen deshalb zum Nächsten eines anderen. Das Liebesgebot ist nicht auf den Mitleidsfall begrenzt und leidensethisch zu verkürzen, wie gerade seine Zuspitzung zum Gebot der Feindesliebe klarstellt: Christen haben den Auftrag, *allen* Menschen Gutes zu tun, nicht nur allen Menschen in Not: den Bedürftigen, um ihre Not zu lindern, denen, denen es gut geht, um ihnen den unfassbaren Mehrwert der Liebe Gottes vor Augen zu stellen, und ihren Feinden, um dem Bösen, das diese wollen, das Gute, das sie auch ihnen tun, entgegenzusetzen. Nächstenliebe geht über Mitleid mit anderen in ihrer Not und über die Einstellung der Barmherzigkeit den Bedürftigen gegenüber hinaus, weil sie nicht nur denjenigen gilt, die auf helfende Zuwendung ange-

---

[41] Insofern gilt in der Tat, dass Mitleid (*compassion*) »is best understood as a natural, moral emotion«, wie Goldie, Compassion: A Natural, Moral Emotion, 199, vorschlägt.

wiesen sind, sondern allen, die in gleicher Weise wie man selbst von Gott zu seinen Nächsten bestimmt werden, weil er ihnen in ihrem Leben aus freien Stücken nahe kommt, Gutes tut und gegenwärtig wird – nicht nur denen, die in Not und Bedürftigkeit sind, sondern auch denen, die keinen Mangel zu erleiden meinen, sondern ein erfülltes Leben zu führen scheinen. Wie Gottes Zuwendung als Ausdruck seiner überbordenden Liebe zum anderen und nicht als Kompensation von dessen Mangelerfahrungen zu verstehen ist,[42] so ist die Nächstenliebe nicht bloß Ausdruck eines Anteil nehmenden Mitgefühls mit dem Leiden anderer Menschen und Artgenossen, sondern die Anerkennung und Behandlung des anderen – jedes anderen! – als eines von Gott ebenso geliebten und gesuchten Geschöpfs, wie man sich selbst von Gott geliebt und gesucht weiß.

Das Gebot, seinen Nächsten wie sich selbst zu lieben, ist daher als praktischer Ausdruck des Evangeliums zu verstehen und nicht als gesetzliche Verpflichtung zu einer bestimmten Lebensweise. Seine Pointe ist nicht, eine Lebenshaltung anderen gegenüber nahe zu legen, die sich an der Selbstliebe ausrichtet, sondern die beides, die Selbstliebe und die Liebe zum anderen an der Liebe Gottes orientiert, in ihr begründet und von ihr bestimmt weiß. Den Nächsten zu lieben ist auch dort geboten und angebracht, wo man keinen gefühlsbestimmten Anteil an ihm oder seiner Situation nimmt. Man muss andere nicht nett finden oder sich ihnen emotional nahe fühlen, um sie als Nächste anzuerkennen und zu behandeln, und man ist auch nicht erst dort zur Nächstenliebe herausgefordert, wo das Elend eines anderen einem keine moralisch verantwortbare Alternative lässt.

Nicht Mitgefühl oder Mitleid, wohl aber Nächstenliebe lässt sich daher uneingeschränkt universalisieren und auf alle Menschen ausweiten, nicht nur, wie Mitleid, auf diejenigen, die uns in ihrer Not begegnen, so gewiss das zur Nächstenliebe gehört. Und

---

[42] Vgl. I. U. Dalferth, Umsonst, bes. 115–131.

nur Nächstenliebe, aber weder Mitgefühl noch Mitleid, bietet eine Basis, das Verhältnis zum anderen nicht nur in moralischen Kategorien, sondern in Kategorien des Rechts und der Anerkennung des anderen als autonomen Mitmenschen entfalten zu können. Denn wenn schon von der Moral gilt, dass wir sie genau dort brauchen, wo wir keinen Anteil am anderen nehmen und nicht ohnehin schon durch das Mitgefühl und die emotionale Matrix unserer menschlichen und tierischen Verwandtschaft geleitet sind, so gilt erst recht für das Recht, dass es nicht auf gegenseitigen Gefühlen füreinander, sondern auf der gegenseitigen Anerkennung als Nächste aufbaut, wie es in der christlichen Nächstenliebe zum Ausdruck kommt. Was man ihnen Gutes tut, das hat man deshalb nicht nur ihnen, sondern – wie Jesus betont (Mt 25,40) – ihm getan. Nicht ihre Bedürftigkeit, sondern seine und damit Gottes Zuwendung zu ihnen ist der Grund, sie als Nächste zu behandeln und sie und sich selbst als Gottes Nächste anzuerkennen.

7. Menschlichkeit und Unmenschlichkeit

Christliche Nächstenliebe kann damit nicht als eine Generalisierung von Mitgefühl und Mitleid für Artgenossen oder Gruppenmitglieder auf alle Menschen hin verstanden werden. Um das christliche Prinzip der Nächstenliebe zu erhellen, ist vielmehr auf Gott zu rekurrieren, und zwar genauer auf das Verständnis Gottes und seines Verhaltens zum Menschen, das den christlichen Glauben prägt, damit aber auch auf das Verständnis des Menschseins, das diesem Gottesverständnis entspricht. Es geht um das Sein Gottes und das Sein des Menschen in ihrem Bezug aufeinander, also nicht um das, *was* der Mensch ist (das Wesen des Menschen), sondern *wie* der Mensch das lebt, was er ist (das Sein des Menschen); und es geht auch nicht um das Wesen, sondern um das Sein Gottes, also nicht um das, *was* Gott ist, sondern *wie* Gott das, was er ist, im Verhalten zum Menschen lebt. Wie Kierkegaard gut lutherisch notierte: »Gott selbst ist ja dieses: *welcherart* man sich mit ihm einläßt«, so dass gilt: »Im Verhältnis zu Gott ist ›welcherart‹ ›was‹. Wer sich auf Gott nicht auf die Art und Weise der unbedingten Hingebung einläßt, der läßt sich überhaupt nicht mit Gott ein. Im Verhältnis zu Gott kann man sich nicht bis zu einem gewissen Grad einlassen, denn Gott ist gerade der Gegensatz zu all dem, was bis zu einem gewissen Grade ist.«[43]

In diesem Sinn kann man das Sein Gottes theologisch nicht verstehen, ohne zugleich auch das des Menschen in bestimmter Weise zu verstehen. Weil es bei dieser Bestimmtheit aber nicht um ein graduelles Mehr oder Weniger, sondern um ein striktes Entweder/Oder geht, können das Sein Gottes und das Sein des Menschen nur im Licht des – als permanentes *Werden* zu konzeptualisierenden[44] – Wechsels vom Unglauben zum Glauben verstanden werden, also nicht im Sinn eines kontinuierlichen Zusammenhangs, sondern eines fundamentalen Bruches, der auf zweifache Weise von Gott und auf zweifache Weise vom Menschen zu reden nötigt. Das heißt, es gibt kein Verständnis des Menschseins, das nicht zugleich auch ein bestimmtes Verständnis des Seins Gottes einschlösse, und umgekehrt. Aber nur da, wo das Sein Gottes und das des Menschen nicht vom Menschen her und damit weltlich in den Blick kommen, sondern das Sein Gottes als Gott und dasjenige des Menschen als Mensch gemeinsam von dem her verstanden werden, was Gott für die Menschen wirkt und tut, wie es der christliche Glaube in Jesus Christus und durch den Geist erschlossen sieht, da werden Gottsein und Menschsein christlich verstanden: Gott *wird* Gott für uns und erweist sich in Jesus Christus und

---

[43] S. KIERKEGAARD, Tagebücher. Vierter Band, übers. v. H. GERDES, Düsseldorf/Köln 1970, 156 (X^2 A 644).

[44] Das nicht beachtet zu haben, ist nach Kierkegaard der grundlegende »Fehler in Schleiermachers Dogmatik«: Für ihn ist »die Religiosität [...] stets ein Zustand« und damit »im Sein«, während doch »das Christliche [stets] im Werden« ist. Ebd., 98–99 (X^2 A 416–417).

durch den Geist als unser Gott darin, wie er sich zum menschlichen Geschöpf verhält (als väterliche Liebe), und der Mensch *wird* Gottes Geschöpf und kann sich im geistgewirkten Glauben an Gott in Jesus Christus auch so begreifen, indem er zum Gegenstand der schöpferischen Liebe Gottes wird (als Nächster Gottes unter den Nächsten Gottes).

Wird das Sein des Menschen im Horizont dieses Gottesverständnisses zu klären versucht, dann geht es nicht um eine Bestimmung des Menschen (Was ist der Mensch?), sondern um die der *Menschlichkeit* des Menschen (Was ist ein menschlicher Mensch?). Diese Frage findet ihre christliche Antwort in der Praxis der Nächstenliebe. Um deren Sinn zu erfassen, ist nicht die *biologische Differenz zwischen Tier und Mensch* (*nichtmenschlich/menschlich*) entscheidend, sondern die *ethische Differenz zwischen menschlichem und unmenschlichem Menschsein* (*menschlich/unmenschlich*) und die *theologische Differenz zwischen Gott und Mensch (göttlich/menschlich)*. Der christliche Glaube gibt keine Antworten auf biologische und nur indirekte Antworten auf ethische Fragen. Er beantwortet die Frage nach der Menschlichkeit des Menschen weder am Leitfaden eines Vergleichs von Mensch und Tier (menschlich/tierisch) noch am Leitfaden einer reflexiven Klärung des Selbstverhältnisses des Menschen (Verhältnis des Menschen zu sich selbst), sondern in der Orientierung an der theologischen Grunddifferenz von Gott und Mensch (göttlich/menschlich). Diese Differenz kann nicht deskriptiv konstruiert werden, weil Gott kein Phänomen der Erfahrungswelt ist, sondern der, ohne den es keine Phänomene der Erfahrungswelt gäbe (Schöpfer) und auf den Glaubende als Grund und Ziel ihres Wechsels vom Unglauben zum Glauben verweisen (Erlöser). Für Beobachter – und das gilt auch für Glaubende, sofern sie sich selbst im Vergleich mit anderen beobachten – zeigt sich nur ein Gottesbild oder Gottesverständnis von Glaubenden, nicht der, an den diese als Gott glauben. Wird die Differenz von Gott und Mensch daher nicht in der Perspektive des Glaubens von der Selbstvergegenwärtigung

Gottes her entfaltet, sondern philosophisch von der Selbstreflexion des Menschen oder historisch bzw. empirisch von einer Beobachtung der Lebensvollzüge von Glaubenden her, dann kommt die *Differenz zwischen Mensch und Gott* nur als *Differenz von Mensch und Gottesbild* (*Mensch/Bild Gottes*) in den Blick und mit der Pointe der christlichen Bestimmung der Menschlichkeit des Menschen wird auch die des christlichen Verständnisses der Nächstenliebe verspielt.

Es versteht sich keineswegs von selbst, dass Nächstenliebe so verstanden und von da aus gedanklich entwickelt wird. Ja es versteht sich noch nicht einmal von selbst, dass die dabei vorausgesetzte Differenz zwischen Mensch und Tier klar von der zwischen der Menschlichkeit und Unmenschlichkeit des Menschen unterschieden wird. Das wird selbst dort deutlich, wo die klassische philosophische Bestimmung des Menschen ausdrücklich kritisiert wird. Es gehört zu den grundlegenden Konfusionen eines breiten Strangs der philosophischen Anthropologie, in ihrer Bestimmung des Menschen als *vernünftiges Lebewesen* (*animal rationale*) die beiden Differenzmuster *Tier/Mensch* und *unmenschlich/menschlich* nicht klar zu unterscheiden, sondern zu vermengen und zu vermischen. Das Tierische bzw. die Animalität, die der Mensch mit anderen Tieren teilt, wird dann als Nichtmenschliches mit dem Unmenschlichen gleichgesetzt und das Spezifische des Menschen, das ihn von anderen Tieren unterscheidet, in seiner Rationalität oder Vernunft gesehen. Demgegenüber hat etwa Max Horkheimer darauf hingewiesen, dass es genau umgekehrt sei: Das, was wir ›menschlich‹ nennen, teilen wir mit den anderen Tieren, und das, was wir als ›unmenschlich‹ bezeichnen, ist das, was uns den Tieren gegenüber auszeichnet. »Die menschlichen Züge teilt der Mensch mit den Tieren, besonders den Herdentieren. Freude, Trauer, Sehnsucht, alles Unmittelbare. Was er für sich allein hat, die bewußte Planung, die Fähigkeit zur Abstraktion und zu flexibler Verfolgung seiner Ziele hängt weit mehr mit dem Unmenschlichen zusammen als mit dem, warum er liebenswert ist.

Der Haß gehört ihm denn auch ausschließlich zu.«[45] Die im Begriff der Vernunft zusammengefasste Besonderheit (*differentia specifica*) des Menschen setzt seine Gemeinsamkeiten mit den Tieren (*genus proximum*) nicht außer Kraft, die sich vor allem in Glück, Elend und Schmerzen manifestieren. »Die größeren Gaben des Menschen, vor allem die Vernunft, heben die Gemeinschaft, die er mit den Tieren fühlt, durchaus nicht auf. Die Züge des Menschen haben zwar eine besondere Prägung, aber die Verwandtschaft seines Glücks und Elends mit dem Leben der Tiere ist offenbar.«[46] Das wird besonders deutlich beim Schmerz. »Im Schmerz wird alles eingeebnet, jeder wird jedem gleich, Mensch und Mensch, Mensch und Tier. Der Schmerz saugt das ganze Leben des Wesens auf, das er ergriffen hat: sie [sic!] sind nichts mehr als Hüllen von Schmerz.«[47] Gerade das sinnliche, affektive und emotionale Erleben verbindet den Menschen mit den Tieren, so dass seine menschlichsten Regungen von diesen geteilt werden. Seine Vernunft dagegen, in der die Tradition seine Offenheit gegenüber dem Göttlichen und das den Menschen eigentlich Auszeichnende gesehen hatte, ist der Ursprung all des Unmenschlichen, das Menschen kennzeichnet. Die Differenz *menschlich/unmenschlich* wird damit so mit der Differenz *Tier/Mensch* parallelisiert, dass auf der einen Seite das Menschliche und das Tierische zusammenfallen und auf der anderen das Menschliche und das Unmenschliche. Was den Menschen dem Tier gegenüber auszeichnet, ist, dass er unmenschlich sein kann oder ist. Damit ist der Mensch qua Tier ein menschlicher Mensch, in seiner Differenz vom Tier dagegen (potentiell

[45] M. HORKHEIMER, Notiz »Mensch und Tier«, in: DERS., Gesammelte Schriften, Bd. 14: Nachgelassene Schriften 1949–1972, hg. v. G. SCHMID-NOERR, Frankfurt a. M. 1988, 121.

[46] M. HORKHEIMER, Materialismus und Moral, in: DERS., Gesammelte Schriften, Bd. 3: Schriften 1933–1936, hg. v. A. SCHMID/G. SCHMID-NOERR, Frankfurt a. M. 1988, 136.

[47] M. HORKHEIMER, Vernunft und Selbsterhaltung, in: DERS., Traditionelle und kritische Theorie, Frankfurt a. M. 1992, 298.

und faktisch) ein Unmensch. Je tierischer er ist, desto menschlicher ist der Mensch, je stärker er sich dem Tier entgegensetzt, desto unmenschlicher wird er.

8. *Implizierte und zugespielte Möglichkeiten*

Offen bleibt dabei freilich, was die Menschlichkeit des Menschen konstituiert. Diese kann mit seinem Tiersein nicht einfach zusammenfallen, ohne die *differentia specifica* des Menschen zu verspielen, sondern muss sich an der Art und Weise, wie dieser sein Tiersein lebt, also am *Modus* seines Lebens als Mensch ausweisen. Sie kann aber auch nicht im Sinn einer negativen Dialektik oder Phänomenologie aus der Unmenschlichkeit des Menschen erschlossen werden: Der unmenschliche Mensch ist, was er nicht sein muss. Er könnte, sollte und müsste anders sein. Aber wie? Es ist verhältnismäßig leicht, das negativ zu beantworten: durch eine Liste all dessen, was Menschen anderen und sich selbst an Unmenschlichem zufügen. All das sollte nicht sein. Aber in positivem Sinn anzugeben, was die Menschlichkeit des Menschen auszeichnet und damit ein menschliches Leben des Menschen kennzeichnen würde und sollte, das bedarf eines weitergehenden Ansatzes, der den Menschen unter dem Gesichtspunkt seiner Möglichkeiten und nicht nur seiner unmenschlichen Wirklichkeiten in den Blick fasst.

Allerdings gibt es hier zwei Denkwege, die zu unterschiedlichen Ergebnissen führen. Beschränkt sich die Entfaltung dieser Möglichkeiten auf das, was in der faktischen Wirklichkeit des Menschen angelegt ist, dann bleibt man unter der Vorgabe der Unmenschlichkeit des Menschen: Beides, seine Menschlichkeit und seine Unmenschlichkeit werden als Möglichkeiten dessen gesehen, was der Mensch faktisch ist, und das wiederum wird im Licht dessen bestimmt, was er im Verhältnis und im Unterschied zu anderen Tieren ist. Doch das ist eine einseitige und verkürzende Betrachtungsweise, die der Eigentümlichkeit menschlicher Selbst-

und Lebenserfahrung nicht gerecht wird. Die entscheidenden, das Leben verändernden und bestimmenden Ereignisse sind keine Entfaltung vorab angelegter Möglichkeiten, sondern Widerfahrnisse, in denen Möglichkeiten zugespielt werden, über die man zuvor nicht verfügte und die man im Blick auf seine eigene Wirklichkeit auch nicht hätte kennen oder sich erschließen können. Zugespielte Möglichkeiten erweitern den Horizont eines Lebens und konkretisieren nicht nur das, was in diesem zuvor schon angelegt war.

Diese neuen Möglichkeiten hat bzw. besitzt ein Mensch nicht und sie sind auch nicht in der Wirklichkeit seines faktischen Seins impliziert, sondern sie verändern das, was er ist und sein kann. Als zugespielte Möglichkeiten sind sie nicht, jedenfalls nicht von vornherein, im Horizont der Möglichkeiten seines Tierseins angesiedelt, die es ihm erlauben, unmenschlich oder nicht unmenschlich zu leben. Böses zu tun oder nicht zu tun, steht in seiner Macht als menschliches Tier, aber Böses nicht zu tun, ist etwas anderes, als Gutes zu tun, und es schließt nicht aus, dass auch daraus Böses folgt. Die Nichtrealisierung der Neigung der Menschen zur Unmenschlichkeit ist noch keine Realisierung ihrer Möglichkeit zur Menschlichkeit. Diese muss mehr umfassen als das, was nicht unmenschlich ist, wenn sie nicht unter das Diktat der faktischen Wirklichkeit des Menschseins geraten soll. Zugespielte Möglichkeiten entziehen sich diesem Diktat, auch wenn sie nicht davor geschützt sind, vom Menschen missbraucht zu werden. Aber die Möglichkeit einer anderen Art von Möglichkeit leuchtet hier auf, und sie erst erlaubt es, von der Menschlichkeit des Menschen im Licht dessen zu sprechen, was der christliche Glaube im Gedanken und in der Praxis der Nächstenliebe entfaltet.

9. Gottes Menschlichkeit als Wurzel der Nächstenliebe

Nächstenliebe ist keine Verallgemeinerung einer Möglichkeit, die im Gruppenverhalten des Menschentiers angelegt ist.[48] Sie geht vielmehr aus dem hervor, was dieses nachhaltig unterbricht und so öffnet, dass gruppenspezifische Abgrenzungen gegenüber anderen Menschen- und Tiergruppen im Prinzip überwunden und außer Kraft gesetzt werden. Das ist möglich, sofern Nächstenliebe als Orientierungsprinzip eines menschlichen Lebens, das wirklich *menschlich* und nicht nur *nicht unmenschlich* vollzogen werden will, nicht im Miteinander von Menschen mit anderen Menschen, sondern in Gottes Zuwendung zum Menschen angelegt ist. Nächstenliebe ist keine Möglichkeit der Menschen in ihren Beziehungen zu anderen Menschen, sondern eine Möglichkeit, die sich der Beziehung Gottes zum Menschen verdankt und die allein dadurch Wirklichkeit wird, dass Menschen ihr Menschsein mit anderen *im Horizont und aus der Wurzel dieser Gottesbeziehung* leben.

Nicht der Mensch als Mensch hat dann aber die Möglichkeit zur Nächstenliebe, sondern Menschen eröffnet sich diese Möglichkeit dadurch, dass Gott sich in bestimmter Weise zu ihnen in Beziehung setzt, indem er sich von sich aus zu ihrem Nächsten macht. Gott kommt ihnen so nahe, dass sie für Gottes Nähe offen und zum endlichen (geschöpflichen) Resonanzraum seiner unendlichen (schöpferischen) Liebe werden. Gottes Liebe, in der Gott ihr Nächster wird und sie zu Gottes Nächsten macht, setzt sie instand, Gott als ihren Nächsten und damit auch alle, denen Gott zum Nächsten wird, als seine und ihre Nächsten zu lieben, also sowohl sich selbst (Selbstliebe) als auch alle anderen (Nächstenliebe). Als Nächste Gottes, nicht als Menschen unter Menschen oder als Tiere unter Tieren, werden sie zur Nächstenliebe gegenüber Gott, sich

---

[48] Deshalb gibt es keinen direkten Weg von den von J. Bauer, Prinzip Menschlichkeit. Warum wir von Natur aus kooperieren, München 2008, analysierten Phänomenen zum Verständnis der christlichen Nächstenliebe.

selbst und den anderen Nächsten Gottes instand gesetzt. Nächstenliebe ist keine Möglichkeit der Menschen als Menschen, sondern ihres *Ortes* vor Gott, an den sie versetzt werden, indem Gott sich in schöpferischer Liebe auf sie bezieht und ihnen zum Nächsten wird, der ihnen näher ist als sie sich selbst. Denn dadurch wird ihnen die Möglichkeit zugespielt, als Nächste Gottes Gott zu lieben (Gottesliebe) und als Nächste der Nächsten Gottes sich und die anderen zu lieben (Selbst- und Nächstenliebe).

Die Menschlichkeit des Menschen kann daher im Entscheidenden nicht in dem gefunden werden, was ihn als Mensch unter Menschen oder als Menschen unter anderen Tieren auszeichnet. Genau das ist vielmehr stets durch die Pervertierbarkeit zur Unmenschlichkeit gefährdet. Es gibt keine Möglichkeit des Menschen, die dieser nicht pervertieren könnte oder früher oder später nicht pervertieren würde. Was ›Menschlichkeit‹ besagt, ist theologisch vielmehr aus dem zu entfalten, wozu der Mensch wird, wenn Gott sich zu seinem Gott macht. Denn Gott macht sich nach christlicher Überzeugung so zum Gott der Menschen, dass er ihnen nicht nur als Mensch, sondern im Menschen Jesus auf menschliche Weise begegnet, sich also so auf sie bezieht, dass dadurch definiert wird, was Menschlichkeit *coram deo* besagt: noch im Tod Gott zum Nächsten zu haben und am Ort völliger Hoffnungsunfähigkeit Nächster der schöpferischen Liebe Gottes zu werden. Gottes Menschlichkeit ist seine unbedingte und unbeschränkte Liebe zum Nächsten, die diesen zu dem macht, der auch im Tod, wo er sich selbst und seinen Mitmenschen definitiv entrissen ist, von Gottes Liebe nicht verlassen, sondern in ihr und durch sie in Gottes Leben einbezogen und zum ewigen Leben mit Gott befähigt wird. Es ist Gottes Menschlichkeit, Menschen in seinem Leben unabsehbar neue Möglichkeiten für ein ewiges Leben mit Gott zuzuspielen, die Menschen also nicht sich selbst und den anderen und damit dem Tod zu überlassen, sondern seine göttlichen Möglichkeiten so zu ihren menschlichen Möglichkeiten zu machen, dass sie diese gebrauchen, aber nicht missbrauchen können, weil sie als zugespielte Möglichkeiten nicht zu ihren Möglichkeiten werden, sondern Gottes Möglichkeiten bleiben.

Es ist diese *Menschlichkeit Gottes*, die bestimmt, was die Menschlichkeit von Menschen positiv und nicht nur aus der Abgrenzung gegenüber dem Unmenschlichen auszeichnet. Es ist damit auch die Menschlichkeit Gottes, die aufdeckt, worin die Unmenschlichkeit von Menschen gründet und worin sie besteht: nicht nur in dem, was Menschen anderen Menschen und Lebewesen an Unerträglichem antun und zufügen, sondern auch und vor allem in einer falschen Beziehung zu sich selbst und zu anderen. Zum einen beziehen sie sich auf nichts anderes als sich selbst, ohne selbstkritisch zwischen selbstlosem und selbstischem Selbstsein zu differenzieren bzw. – in Ermangelung eines klaren Kriteriums – differenzieren zu können. Zum anderen spielen sie sich eben deshalb auch in falsch verstandener Absolutheit politisch, ökonomisch, sozial oder auf andere Weise als Herren über andere auf, ohne zu beachten, dass sie durch ihre Selbstsucht die Möglichkeit der Selbstlosigkeit zerstören und damit die Gemeinsamkeit der Menschlichkeit zur Unmenschlichkeit verkehren, indem sie selbstisch herrschen und damit das nicht weniger selbstische Ressentiment der Unterlegenen gegenüber den über sie Herrschenden als unvermeidliche Resonanz heraustreiben. Selbstisches Leben und damit Unmenschlichkeit bei anderen und bei einem selbst resultiert aus der Fehlbestimmung des eigenen Seins bzw. *Existenzortes*. Wird dieser nicht als *Ort vor Gott* gesehen, an dem man sich befindet, weil Gott einem hier zum Nächsten wird, dann wird das Menschsein in der Alternative von menschlichem und unmenschlichem Leben unter Absehung und Ausblendung des entscheidenden Vorzeichens realisiert, das den Existenzort der Menschen als Ort *coram deo* definiert: der Selbstvergegenwärtigung von Gottes schöpferischer Liebe in ihrem Leben und ihrem Tod. Niemand sieht diesen Ort so von sich aus, weil keiner in seinem Leben von sich aus Gott als Gott und sich als Geschöpf Gottes (er)kennt. Vielmehr sind alle darauf angewiesen, dass sich ihnen Gott am

Ort ihrer Existenz als ihr Gott und der Gott aller anderen erschließt und sie eben dadurch auf das hin relativiert, was sie sind: Geschöpfe unter Geschöpfen und keine Götter.

Weil sie aus dieser Wurzel entspringt, ist die Nächstenliebe der christliche Ausdruck der Einsicht, dass gerade das endliche Leben der Menschen der Ort ist, an dem Gott in seiner unendlichen Liebe sich schöpferisch vergegenwärtigt. Das ist die Menschlichkeit, die Gottes Göttlichkeit auszeichnet. Durch diese Selbstvergegenwärtigung wird alle vorfindliche Wirklichkeit menschlichen Lebens in unabsehbarer Weise transformiert, weil Gott diesem endlichen Leben unablässig unerwartbar und unableitbar Neues zuspielt. Menschen bleiben damit nicht ewig von Gott geschieden, aber nicht, weil sie göttlich würden und damit ununterscheidbar von Gott, oder weil Gott so menschlich würde, dass er ununterscheidbar würde von ihnen und nicht mehr als ihr Gott angesprochen werden könnte. Indem Menschen vielmehr als endliche Geschöpfe zum Ort der schöpferischen Gegenwart der unendlichen Liebe des Schöpfers werden, erweisen sie sich als *finita capax infiniti*, als endliche Wesen, die nicht von sich her, sondern durch Gott zu Adressaten eines unendlichen Zuspiels neuer Möglichkeiten werden, im Leben wie im Tod.

In diesem Sinn ist Nächstenliebe die Rückseite der schöpferischen Liebe, als die Gott sich im Leben seiner Geschöpfe vergegenwärtigt. Denn indem er deren Endlichkeit durch seine Unendlichkeit unter- und aufbricht, öffnet er sie für sich (Gottesliebe), für die ihnen zugespielten Möglichkeiten, die das ihnen in ihrer Wirklichkeit Mögliche bei weitem überschreiten (auf Gott hin offene Selbstliebe), und für alle anderen, die wie sie selbst Adressaten der schöpferischen Liebe Gottes sind (Nächstenliebe). Was der christliche Glaube im Bekenntnis zur eschatologischen, alles neu machenden Gegenwart Gottes in Leben, Kreuz und Auferweckung Jesu zur Sprache bringt (Christusbekenntnis), wird so in der Praxis der Nächstenliebe (als Gottes-, Selbst- und Anderenliebe) geschichtlich gelebt und im Miteinander der Menschen zur Wirkung gebracht. Insofern kann man auch sagen, dass das Gebot der Nächstenliebe die praktische Form des Christusbekenntnisses und das Christusbekenntnis der theoretische Ausdruck der Nächstenliebe ist. Denn beides bezeugt dasselbe: dass Gottes Menschlichkeit die Menschlichkeit der Menschen definiert, indem sie Gottes Gottheit als unbegrenzte Liebe zum Nächsten Gottes und die Menschlichkeit des Menschen als unbeschränkte Liebe zu Gottes Nächsten bestimmt und erschließt.

H. Gottvertrauen. Orientierungsweisen im Glauben

I. Fragwürdige Fragen

1. Trauen, hoffen, sich verlassen

Wem kann ich trauen? Was darf ich hoffen? Worauf kann ich mich verlassen? Nicht immer erweist sich als verlässlich, worauf wir uns verlassen. Nicht alles, was wir hoffen oder gerne erhoffen würden, ist auch so, dass wir es berechtigter- oder vernünftigerweise erhoffen können. Und nicht alle, denen wir trauen oder gern trauen möchten, sind auch vertrauenswürdig. Wie gefährlich es ist, sich auf etwas zu verlassen, jemandem zu vertrauen oder auf etwas zu hoffen, ist uns nur allzu schmerzlich bewusst. Enttäuschtes Vertrauen, verfehlte Hoffnungen und den Irrtum, sich auf Falsches zu verlassen, kennt jeder Mensch. Aber deshalb auf Vertrauen und Hoffen ganz zu verzichten und sich auf nichts zu verlassen, ist uns auch nicht möglich. Wer gar niemandem vertraut, auf überhaupt nichts hofft und sich auf nichts und niemanden verlässt, führt kein Leben, das wir noch menschlich nennen würden. Alles Vertrauen, Hoffen und Sichverlassen ist ein Wagnis und mit Risiken behaftet. Diese lassen sich nicht vermeiden, sondern sie müssen bewusst gewählt werden, wenn wir menschlich leben wollen.

Den Ausdruck ›Risiko‹ verwende ich in weitem Sinn, ohne zwischen ›Wagnis‹ (dem Mut, etwas Ungewisses zu tun) und ›Risiko‹ (der Bereitschaft, etwas oder sich für etwas aufs Spiel zu setzen) zu unterscheiden.[1] Besser als

---

[1] Vgl. N. LUHMANN, Soziologie des Risikos, Berlin/New York 1991; DERS., Risiko und Gefahr, in: DERS., Soziologische Aufklärung 5. Konstruktivistische Perspektiven, Opladen ²1993, 131–169; S. A. WARWITZ, Sinnsuche im Wagnis. Leben in wachsenden Ringen, Erklärungsmodelle für grenzüber-

›Wagnis‹ kann ›Risiko‹ im Deutschen auch im Plural gebraucht werden. Im engeren Sinn sind Risiken selbst gewählte Gefahren, nicht solche, denen man ausgesetzt und ausgeliefert ist. Solche Risiken einzugehen ist nur vernünftig, wenn man die Wahrscheinlichkeiten der entsprechenden Gefahren abschätzen kann. In diesem Sinn unterscheidet man gewöhnlich zwischen *Entscheidungen unter Sicherheit* (die Resultate der verschiedenen Optionen sind bekannt), *Entscheidungen unter Risiken* (die Wahrscheinlichkeiten der Handlungsoptionen lassen sich abwägen) und *Entscheidungen unter Unsicherheit* (die möglichen Resultate der Optionen, aber nicht ihre Wahrscheinlichkeiten sind bekannt).[2]

Dennoch sind die eingangs genannten Fragen problematisch. Zum einen kann der Sinn von ›vertrauen‹, ›hoffen‹ und ›sich verlassen‹ variieren, und nicht in jedem Verständnis sind diese Fragen im gleichen Sinn zu beantworten. Zum anderen thematisieren sie Vertrauen als ein personales Phänomen (*Wem* trauen?), Hoffen dagegen als ein nichtpersonales Phänomen (*Was* hoffen?) und Sichverlassen als ein sowohl personales als auch nichtpersonales Phänomen (*Auf wen oder was* sich verlassen?). Doch wir vertrauen auch Sachverhalten (dass es so ist, wie wir glauben), Verfahrensweisen (Banküberweisungen) und Organisationen (Banken), und all das kann enttäuscht werden. Wir verlassen uns auf Personen, Regeln, Naturgesetze und auf uns selbst. Und wir richten auch unsere Hoffnung nicht nur auf Sachverhalte, sondern auch auf Personen und Vertreterinnen von Institutionen, von denen wir ein bestimmtes Verhalten oder ein bestimmtes Agieren erwarten. Vertrauen ist nicht nur ein personales und Hoffen nicht nur ein apersonales Phänomen. Beides kann vielmehr ebenso beides sein wie Sichverlassen.[3] Zum dritten sind alle drei Fragen in Ich-Per-

---

schreitendes Verhalten, Baltmannsweiler 2001; DERS., Vom Sinn des Wagens. Warum Menschen sich gefährlichen Herausforderungen stellen, in: Deutscher Alpenverein (Hg.), Berg 2006, München u.a. 2005, 96–111; DERS., Mutig sein. Basisartikel, in: Sache – Wort – Zahl 107 (2010), 4–10.

[2] Vgl. F. VON KUTSCHERA, Vernunft und Glaube, Berlin 1991, 133.

[3] Es ist zumindest begründungsbedürftig, wenn man ›vertrauen‹ von vornherein personal zuspitzt und ethisch als Vertrauen in den zuverlässigen Charakter einer anderen Person konzipiert, wie es A.G. PRINTZLAU, Trust

spektive formuliert, legen also nahe, das Problem als Frage nach einer Verhaltens- oder Einstellungsweise von Individuen zu verstehen und zu diskutieren. Doch das war schon bei Kant nicht der Fall. Seine drei Leitfragen ›Was kann ich wissen? Was soll ich tun? Was darf ich hoffen?‹ entfalten die Grundfrage seiner Philosophie ›Was ist der Mensch?‹[4] Diese Frage ist nicht nur für einzelne, sondern für alle Menschen gestellt und zu beantworten. Allerdings auf bestimmte Weise. Dass Kant diese Grundfrage in drei Ich-Fragen auseinanderlegt, besagt einerseits, dass dieses ›ich‹ nicht subjektivistisch zu verstehen ist, sondern für ›jeder Mensch‹ steht; und es besagt andererseits, dass die Frage nach dem Menschsein des Menschen eine Frage ist, die von jedem in eigener Perspektive und eigener Verantwortung beantwortet werden muss. Keine Antwort ist zureichend, die nur für einige und nicht im Prinzip für jeden und deshalb für alle Menschen gilt. Umgekehrt kann aber auch nichts als Antwort gelten, was nicht in der Perspektive des einzelnen Menschen selbst in einer für ihn jeweils überzeugenden Weise für zureichend erachtet werden kann.

Beide Bedingungen sind zu beachten. Die Antwort auf die Frage ›Was ist der Mensch?‹ von der Biologie, Psychologie, Soziologie, Geschichtswissenschaft, Ethik, Politologie, Ökonomie, Philosophie, Theologie oder irgendeiner anderen Wissenschaft oder Reflexionsdisziplin zu erwarten, ist grundsätzlich verfehlt. Sie legen nur dar, was wir unter dem von ihnen jeweils privilegierten Gesichtspunkt im Vergleich mit anderen *sind*, aber nicht, wer und was wir als Menschen *sein wollen* oder *sein sollen*. Doch das ist für die Beantwortung der Frage nach dem Menschsein des Menschen

---

and Ethical Selfhood, Kopenhagen 2012, 7, tut: »When I trust or distrust someone, that feeling represents an evaluation of the other's character and it is in this sense that I call it an orientational feeling: it is a way of understanding the ethical import of something.« Dasselbe gilt in entsprechender Weise auch für ›hoffen‹ und ›sich verlassen‹: Sie alle werden im Deutschen nicht nur personal, sondern auch nichtpersonal gebraucht.

[4] I. Kant, KrV B832f., in: AA III, 523f.; ders., Logik, in: AA IX, 25.

entscheidend: Menschsein ist keine biologische, sondern eine anthropologische Kategorie, und anthropologische Kategorien sind nicht nur deskriptiv, sondern normativ, sagen also nicht nur, was der Fall ist, sondern was der Fall sein muss oder soll, wenn wir auf menschliche Weise Menschen sein wollen.

In diesem Sinn sind die Phänomene des Vertrauens, Hoffens und Sichverlassens nicht als Phänomene eines individuellen Einzellebens, sondern als Phänomene des *Zusammenlebens* derer zu verstehen, die *als Menschen* auf eine bestimmte Weise, nämlich *menschlich* zusammenleben wollen. Alle drei Momente sind zu beachten: Es geht um das *Zusammenleben* von *Menschen*, die *menschlich* zusammenleben wollen. Ohne Vertrauen, Hoffen und Sichverlassen gibt es das nicht. Wo Menschen einander vertrauen, für sich und andere etwas erhoffen und sich aufeinander verlassen können, leben sie menschlich zusammen. Wo sie dagegen einander nicht vertrauen, nichts hoffen und sich nicht aufeinander verlassen können, leben sie unterhalb ihrer menschlichen Möglichkeiten.

Auch das gibt es, und zwar häufig und in vielen Formen. Wo das der Fall ist, regiert – theologisch gesprochen – das Gesetz. Ohne sanktionsgestützte Regelungen können Menschen, die einander nicht vertrauen oder gar einander misstrauen, nicht zusammenleben. Dass das im Blick auf die Bestimmung der Möglichkeiten des Menschseins eine ›suboptimale‹ Form des Zusammenlebens ist, wird – theologisch gesagt – erst im Horizont des Evangeliums deutlich, das gegenüber allen sanktionsgestützten Formen des Zusammenlebens, die angesichts der Realität menschlichen Lebens unverzichtbar sind, die wirklichkeitsverändernde Macht des Vertrauens, Hoffens und Sichverlassens zur Geltung bringt, menschlichere Lebensmöglichkeiten zu erschließen. Wo Menschen nicht so zusammenleben, dass sie einander vertrauen, miteinander hoffen und sich aufeinander verlassen können, leben sie nicht so, wie sie leben könnten und leben sollten. Sie orientieren ihr Zusammenleben dann erfahrungsrealistisch an dem, was der Fall ist, aber nicht in kontrafaktischer Zuversicht an dem, was möglich ist. Doch »opening up possibilities is what hope and authentic trust are all about«,[5] und zwar Möglichkeiten, die sich nicht am Wirklichen, sondern am Unmöglichen ausrichten, ihr Maß also an dem nehmen, was sein könnte, und nicht nur an dem, was sein kann: *Soyez réaliste, essayez l'impossible.*[6]

In diesem Sinn gilt, dass die erste und entscheidende Frage nicht die ist, wem ich vertrauen kann, auf wen oder was ich hoffen darf oder worauf ich mich verlassen kann, sondern was Vertrauen, Hoffen und Sichverlassen im Zusammenleben von Menschen besagen und welche Rolle sie darin spielen. Alle drei Verhaltensweisen sind von vornherein als *Phänomene gemeinsamen menschlichen Lebens* bzw. *gemeinsamer Vertrauenspraxis*[7] in den Blick zu fassen, wenn ihr Verständnis nicht in problematischer Weise auf Fragen in der Individualperspektive einzelner Subjekte verkürzt werden soll.

2. *Gemeinschaftsphänomene*

Genau so allerdings werden Vertrauen, Hoffen und Sichverlassen in Wissenschaft, Philosophie und Theologie häufig verhandelt: Was sind die Bedingungen der Möglichkeit, die Prädikate ›vertrauen‹, ›hoffen‹ oder ›sich verlassen‹ wahrheitsgemäß von jemandem auszusagen? Was sind die neuronalen Korrelate, wenn jemand einem anderen vertraut, oder nicht mehr vertraut, oder wieder zu vertrauen sucht? Wie verhält sich eine Person, wenn sie

---

[5] R.C. Solomon/F. Flores, Building Trust in Business, Politics, Relationships, and Life, Oxford 2001, 140.

[6] Vgl. I.U. Dalferth, Weder möglich noch unmöglich. Zur Phänomenologie des Unmöglichen, in: Archivio di Filosofia/Archives of Philosophy 78 (2010), 49–66.

[7] M. Hartmann, Die Praxis des Vertrauens, Berlin 2011; J.F. Späth, Interpersonelles Vertrauen in Organisationen. Eine empirische Untersuchung der Einflussfaktoren und Verhaltenswirkungen, Frankfurt a.M. 2008.

hofft oder vertraut oder sich auf jemanden verlässt, oder ihr Hoffen, Vertrauen und Sichverlassen enttäuscht wird? In dieser individuenbezogenen Weise behandelt ein Großteil der Literatur in Psychologie, Neurowissenschaft, Soziologie, Ökonomie, analytischer Philosophie und auch der theologischen Tradition die Probleme des Vertrauens, Hoffens und Sichverlassens. Es ist die Perspektive des Einzelnen, als biologischer Organismus, als komplexes neuronales Netzwerk oder als individuelle Person verstandenen Menschen, die dominiert und die Analyse der Probleme bestimmt.

Demgegenüber frage ich: Was meinen wir, wenn wir im Horizont menschlichen Zusammenlebens von Vertrauen reden? Was meinen wir, wenn wir in diesem Zusammenhang von Hoffen sprechen? Und was sagen wir, wenn wir im Blick auf das Miteinander von Menschen betonen, jemand verlasse sich nicht auf sich, sondern auf andere? Welchen Sinn haben diese Phänomene im Horizont des Zusammenlebens von Menschen und für wen haben sie diesen Sinn? Was sind die Bedingungen ihrer Möglichkeit, wo sind ihre Grenzen, was fehlt, wenn sie fehlen, und was ist da, wenn sie da sind?

Diese Fragen vollziehen nicht nur einen Wechsel von der ersten Person Singular zur ersten Person Plural, sondern die Phänomene des Vertrauens, Hoffens und Sichverlassens werden von vornherein im Horizont der gemeinschaftlichen Praxis menschlichen Zusammenlebens verortet. Drei Dinge sind daran entscheidend:

a) Es geht um *Vollzugsphänomene*: Nur wo vertraut wird, gibt es Vertrauen, nur wo gehofft wird, gibt es Hoffnung, und nur wo jemand sich verlässt, indem er nicht auf sich, sondern auf andere bzw. einen anderen setzt, gibt es Sichverlassen. Gäbe es diese Wirklichkeiten nicht, könnte die Frage nach den Bedingungen ihrer Möglichkeit noch nicht einmal sinnvoll gestellt werden. Der Ausgangspunkt der Klärung dieser Phänomene ist keine bloße begriffliche Möglichkeit, sondern eine praktische Wirklichkeit menschlichen Lebensvollzugs.

b) Es geht um *Gemeinschaftsphänomene*: Nur insofern es Vertrauen, Hoffen und Sichverlassen im Horizont menschlichen Zusammenlebens gibt, gibt es sie auch im Leben Einzelner. Ihr Sinn mag in jedem konkreten Einzelfall in gewissen Grenzen variieren, so dass zwischen ihnen nur Familienähnlichkeiten bestehen. Doch in keinem Fall sind sie nur Privatphänomene. Die unerlässliche und nicht hintergehbare Jemeinigkeit ist immer die Konkretion einer Gemeinsamkeit, die durch diese Konkretion nicht aufgehoben, sondern in bestimmter Weise zur Geltung gebracht wird. So gewiss es kein Vertrauen, kein Hoffen und kein Sichverlassen gibt, die nicht die Bedingung der Jemeinigkeit erfüllen (also das Vertrauen, Hoffen und Sichverlassen *von jemand bestimmtem* sind), so gewiss sind Vertrauen, Hoffen und Sichverlassen zunächst und vor allem *Gemeinschaftsphänomene*, die im Horizont der jeweiligen gemeinsamen Praxis verstanden und erhellt werden müssen. Wir vertrauen anders und wir verlassen uns anders, wenn es um Partner oder Familienmitglieder geht, um Freunde, um Kolleginnen am Arbeitsplatz oder um Fremde, mit denen wir als Vertreter einer Institution oder Organisation zu tun haben. Die jeweilige Praxisart bestimmt den Charakter unseres Verhaltens, aber dass wir uns in entsprechender Weise verhalten können, ist eine Möglichkeit der jeweiligen Praxis. Ob und wie wir vertrauen oder nicht vertrauen, hoffen oder nicht hoffen, uns verlassen oder nicht verlassen, wir können all das nur, weil und insofern Vertrauen, Hoffen und Sichverlassen Möglichkeiten sind, die in dem konkreten menschlichen Zusammenleben angelegt sind, in das wir verwoben sind, und die deshalb auch von ihm, und nicht primär von uns her zu verstehen sind.

c) Es geht um *Modi des Vollzugs menschlicher Gemeinschaft*: So gesehen sind Vertrauen, Hoffen und Sichverlassen aber keine voraussetzungslosen Grundphänomene. Nur wo miteinander gelebt wird, kann es sie geben, und nur, wo auf bestimmte, nämlich menschliche Weise zusammen gelebt wird, gibt es sie. Vertrauen, Hoffen und Sichverlassen sind Modi des menschlichen Vollzugs menschlichen Daseins. Menschliches Dasein ist immer ein Mitsein (ein Zusammenleben mit anderen), das als Miteinander und Füreinander, aber auch als Gegeneinander vollzogen wird. Beides, das Miteinander und Füreinander (Gemeinschaft) und das Gegeneinander (Streit) kann auf menschliche Weise (als Hilfe, Unterstützung, Förderung, Stärkung bzw. als Wettbewerb, Wettstreit, Sichmessen) oder auf unmenschliche Weise (als Bevormundung, Entmündigung, Abhängigmachen bzw. als Kampf, Verletzung, Verdrängung, Vernichtung) vollzogen werden, also so, dass anderen Freiheit und Möglichkeiten zur Selbstbestimmung und Selbstgestaltung ihres Menschseins im Mitsein mit anderen ermöglicht und geschaffen werden, oder so, dass ihnen diese Grundbedingungen menschlicher Gestaltung des Lebens bestritten, beschnitten oder verweigert werden. Vertrauen, Hoffen und Sichverlassen sind Weisen des menschlichen Miteinander- und Füreinanderdaseins und deshalb Modi des menschlichen Vollzugs menschlichen Daseins als Mitsein: Sie bringen zum Ausdruck, wie Menschen ihr Miteinanderleben auf bestimmte, nämlich menschliche Weise vollziehen.

Im Vertrauen, Hoffen und Sichverlassen manifestiert sich also nicht nur die Möglichkeit *zu sein* (zu leben), oder mit anderen *zusammenzusein* (zusammenzuleben), sondern *auf menschliche Weise* mit anderen zusammenzusein, also als Menschen mit Menschen auf menschliche Weise zusammenzuleben. In diesem Sinn sind die Phänomene des Vertrauens, Hoffens und Sichverlassens Indikatoren der Menschlichkeit einer menschlichen Gemeinschaft. Mit ihrem Fehlen steht nicht die Gemeinschaft (das Miteinander) als solche, wohl aber die Menschlichkeit einer Gemeinschaft von Menschen (die Art und Qualität des Miteinanders) in Frage.

3. *Menschliches Miteinander*

Um Vertrauen, Hoffen und Sichverlassen zu verstehen, ist deshalb nicht von den menschlichen Subjekten auszugehen, die vertrauen oder nicht vertrauen, hoffen oder nicht hoffen, sich verlassen oder nicht verlassen, sondern von den Phänomenen menschlichen Zusammenlebens, in die Menschen auf unterschiedliche Weise verwickelt sind und die sie im Positiven (Vertrauen, Hoffen, Sichverlassen) wie im Negativen (das Fehlen [der Möglichkeit] von Vertrauen, Hoffnung und Sichverlassenkönnen) prägen.

Wo vertraut wird, werden Möglichkeiten in Anspruch genommen, die sich nur gemeinsam (oder gemeinsam leichter) gewinnen lassen und dem Einzelnen nicht (oder nicht so einfach) zugänglich sind. Wo gehofft wird, wird mit Möglichkeiten gerechnet, die sich aus der gegenwärtigen Situation nicht als mehr oder weniger wahrscheinlich extrapolieren lassen (wie im Fall von Erwartungen), sondern kontrafaktisch auf diese bezogen sind, weil es eher unwahrscheinlich ist, dass sie eintreffen. Wo man sich auf einen anderen verlässt, setzt man nicht auf die eigene Wirklichkeit und eigene Fähigkeiten, sondern sieht von diesen gerade ab (man ›verlässt sich‹ im Wortsinn) und setzt stattdessen auf Möglichkeiten, die an andere gebunden sind, die einem ohne sie nicht zugänglich wären und auf die man selbst nicht oder nur bedingt Einfluss nehmen kann. All das ist hoch riskant, und die Unwahrscheinlichkeit des Gelingens begleitet alles Vertrauen, Hoffen und Sichverlassen. Aber gerade das bewusste Sicheinlassen auf dieses Wagnis trotz seiner Risiken zeichnet menschliche Gemeinschaften aus, insofern es dadurch unumgänglich wird, Verantwortung für das eigene Verhalten und Leben zu übernehmen. In keinem konkreten Fall muss man vertrauen, hoffen oder sich verlassen. Aber vermeidet man bewusste Entscheidungen, schränkt man seine Lebensmöglichkeiten auf das gerade Wirkliche ein, das man so jedoch nicht einmal in seiner Kontingenz wahrnehmen könnte. Geschähe das immer, dann gefährdete man damit die Grundlage, verantwortlich handeln zu können. Verantwortung setzt Handlungsalternativen voraus, und Alternativen gibt es nur in Möglichkeitsräumen.[8]

Gerade um die geht es im Vertrauen, Hoffen und Sichverlassen in je spezifischer Weise. Im Vertrauen erweitert sich der Möglichkeitsraum eines jeden durch die riskante Einbeziehung von anderen (man vermehrt seine Möglichkeiten durch die anderer), im Hoffen weitet sich dieser Möglichkeitsraum durch die riskante Ausrichtung an Nichtwahrscheinlichem (man gewinnt neue unwahrscheinliche Möglichkeiten hinzu), im Sichverlassen überschreitet man den Möglichkeitsraum der eigenen Wirklichkeit auf den von anderen hin (man überlässt sich den selbst unzugänglichen Möglichkeiten von anderen). Der eigene Möglichkeitsraum wird durch andere erweitert (im Vertrauen), auf anderes hin geöffnet (im Hoffen) oder in den Möglichkeitsraum anderer hinein aufgehoben, in den man sich einbeziehen lässt (im Sichverlassen). In all diesen Fällen geht es um Mögliches in Abgrenzung nicht von Wirklichem, sondern von Unmöglichem: Vertrauen, Hoffen und Sichverlassen erweitern den Möglichkeitsraum menschlichen Lebens am Leitfaden der Grunddifferenz zwischen Möglichem und Unmöglichem und schränken ihn nicht auf das ein, was angesichts des jeweils Wirklichen wahrscheinlich ist. Sie sind Möglichkeitsverhältnisse, ohne die es kein menschliches Gemeinschaftsleben gäbe.

Versucht man sie so als Phänomene menschlichen Gemeinschaftslebens zu verstehen, fragt also, *wie* sich Menschen in Vertrauen, Hoffen und Sichverlassen auf die Möglichkeiten und Wirklichkeiten ihrer gemeinsamen Praxis in gemeinsamen Lebenssituationen beziehen, dann kommen diese Verhaltensweisen als *Vollzugs- und Ausdrucksformen menschlichen Miteinanders und Füreinanders* in den Blick. Sie machen deutlich, wie Men-

---

[8] Vgl. I. U. Dalferth, Andererseits. Zur Phänomenologie des Entscheidens, in: Archivio di Filosofia/Archives of Philosophy 80 (2012), 145–159.

schen in den komplexen und unüberschaubaren Lagen ihres Zusammenlebens sinnvoll zu leben versuchen, indem sie im personalen (Vertrauen), sozialen (Sichverlassen) und zukunftsbezogenen (Hoffen) Setzen-auf-andere die minimale Verlässlichkeit gewinnen, ohne die sie nicht verantwortlich und damit menschlich zu leben vermögen. Vertrauen, Hoffen und Sichverlassen fungieren im menschlichen Zusammenleben als verschiedene, miteinander verknüpfte, aber nicht gleichzusetzende Weisen des Miteinanderlebens, in denen es angesichts der Undurchschaubarkeit des Kommenden, der Nichtveränderbarkeit des Vergangenen und der Unkontrollierbarkeit des Gegenwärtigen um die Möglichkeit eines sinnvollen menschlichen Lebens in der Gemeinschaft mit anderen geht.

Zu beachten ist allerdings die Eigentümlichkeit dieser Lebensweisen. Die Leistung von Vertrauen, Hoffen und Sichverlassen besteht nicht darin, die Gefahren, Unwägbarkeiten, Ungewissheiten und Risiken des Lebens zu minimieren, an die Stelle von Unwahrscheinlichkeiten also Wahrscheinlichkeiten bzw. an die Stelle von Ungewissheiten Gewissheiten zu setzen. Sie besteht vielmehr gerade umgekehrt darin, den unvermeidlichen und unausweichlichen Unkontrollierbarkeiten des Lebens *selbst gewählte* Risiken entgegenzusetzen, also dadurch mit Unwahrscheinlichem und Ungewissem zu leben, dass man sich an anderem, selbst gewähltem Unwahrscheinlichen und Ungewissem ausrichtet, und zwar an solchem, das sich angesichts entsprechender Herausforderungen selbst so verhält: an anderen Menschen, von denen wir hoffen, aber nicht wissen, dass sie sich verlässlich und vertrauenswürdig verhalten werden. Wir vertrauen anderen, ohne zu wissen, ob sie sich als vertrauenswürdig erweisen werden, weil wir nur so die Möglichkeit gewinnen, dem Unkontrollierbaren im Leben nicht allein ausgeliefert zu sein, sondern ihm gemeinsam mit anderen entgegentreten zu können. Wir verlassen uns auf andere, weil wir angesichts der Unüberschaubarkeit der Probleme und der Grösse der Herausforderungen, denen wir uns ausgesetzt sehen, nicht wissen, wie wir das selbst bewältigen sollen, sondern darauf setzen, das, was wir nicht alleine leisten können, mit der Hilfe und Unterstützung anderer zu meistern. Und wir hoffen, dass andere für uns richten werden, was wir selbst nicht richten können, weil wir nur so die Möglichkeit gewinnen, einer undurchschaubaren Zukunft nicht hilflos preisgegeben zu sein, sondern in der Zuversicht auf die Gegenwart vertrauter anderer eine Leitplanke zu haben, an der wir uns in unüberschaubarem Gelände tastend ausrichten können.

In diesem Sinn heißt *vertrauen*, sich auf andere zu verlassen, obwohl sie einen enttäuschen können, *sich verlassen*, nicht auf sich selbst, sondern auf andere zu setzen, obwohl man keine Garantie hat, dass sie richten können, was man selbst nicht richten kann, und *hoffen*, auf andere zu hoffen, obwohl man weiß, dass das vergeblich sein kann. Durch diese Verhaltensweisen werden für uns undurchschaubare Zusammenhänge in lebbare Situationen transformiert, insofern man sich nicht damit abfindet, unabsehbaren Risiken ausgeliefert zu sein, sondern bestimmte Risiken gezielt wählt und so für das, was geschieht, Verantwortung übernimmt. Wer anderen vertraut, sich auf andere verlässt und auf andere hofft, lebt nicht nur, sondern lebt verantwortlich, indem er sich so auf andere bezieht, dass er seine Weise zu leben von diesen abhängig macht. Wer so lebt, lässt nicht nur geschehen, was geschieht, sondern richtet seine Weise zu leben an anderen aus, ohne diese kontrollieren oder das Gelingen seines Verhaltens garantieren zu können. An die Stelle des Ausgeliefertseins an das Unabsehbare tritt so das selbst gewählte Risiko des Scheiterns, für das man selbst die Verantwortung trägt. Das macht das Leben nicht gewiss oder verlässlich, aber leidenschaftlich (es geht um etwas, was man verfehlen kann) und menschlich (es geht darum, wie wir als Menschen miteinander leben wollen und können).

II. Vertrauensphänomene

Von hier aus lassen sich die soziale Grammatik des Vertrauens, Hoffens und Sichverlassens und die Strukturen dieser Lebensphänomene unter verschiedenen Gesichtspunkten und in verschiedenen Hinsichten beschreiben. Ich umreiße das Wichtigste:

4. Struktur der Vertrauensphänomene

Begrifflich können diese Phänomene als dreistellige Relationen konstruiert werden: ›jemand (x) vertraut (auf) jemand/etwas (y) in bestimmter Hinsicht (z)‹, ›jemand (x) hofft auf jemanden/etwas (y) in bestimmter Hinsicht (z)‹ bzw. ›jemand (x) verlässt sich auf jemanden/etwas (y) in bestimmter Hinsicht (z)‹. Diese Struktur kann auf fünffach zu unterscheidende Weise konkretisiert werden: *singularisch* oder *plural* (›ich‹ bzw. ›wir‹ vertrauen, hoffen, verlassen uns); *aktuell* oder *habituell* (vertrauen vs. Vertrauenshaltung bzw. hoffen vs. Zuversicht; sich verlassen vs. Abhängigkeit/Vertretung); *personal* oder *nichtpersonal* (›jemandem‹ bzw. ›etwas‹ vertrauen; auf ›jemanden‹ oder auf ›etwas‹ hoffen; sich auf ›jemanden‹ bzw. ›etwas‹ verlassen); *selbstgerichtet* oder *andersgerichtet* (Selbstvertrauen oder Fremdvertrauen; Selbsthoffnung oder Fremdhoffnung; Sichverlassen auf sich selbst oder auf andere); *spezifisch* oder *total* (*in bestimmter Hinsicht* bzw. *in jeder Hinsicht*). Diese Differenzen können in verschiedener Weise kombiniert werden, und jede dieser Kombinationen wirft eine Vielzahl verschiedener Fragen auf.

Im Blick auf die erste Differenz (*singularisch/plural*) ist zu fragen, ob es Vertrauen, Hoffen und Sichverlassen als ausschließlich durch Einzelne konkretisierte Phänomene überhaupt gibt, oder ob nicht jedes Ich-Vertrauen, Ich-Hoffen oder Sichverlassen eines Einzelnen in einem Wir eingebettet ist, ohne das es nicht möglich ist und keinen Sinn hat. Kann man ausschließlich allein vertrauen, hoffen bzw. sich verlassen, oder lebt nicht selbst dieser Extremfall davon, dass man auf ein schon vorliegendes Vertrauen, Hoffen bzw. Sichverlassen zurückgreift und sich darauf einlässt? Ohne Vorgeschichte und Umfeld kann es Vertrauen, Hoffen und Sichverlassen nicht geben. Kann ich aber nur vertrauen, wo schon vertraut wird, nur hoffen, wo schon gehofft wird, und mich auf andere nur verlassen, wo das schon geschieht, dann gibt es ebensowenig ein privates Vertrauen, Hoffen oder Sichverlassen, wie es eine Privatsprache gibt.

Im Blick auf die zweite Differenz (*aktuell/habituell*) ist zwischen dem aktuellen Vollzug von Vertrauen, Hoffen und Sichverlassen und einer Haltung oder Gewohnheit des Vertrauens (Vertrauenshaltung) oder Hoffens (Zuversicht) oder Sichverlassens (von anderen abhängig sein, sich durch andere vertreten lassen) zu unterscheiden. Im ersten Sinn kann man ›vertrauen‹ als eine riskant-wagende Verhaltensweise verstehen, sich auf andere (jemanden) oder anderes (etwas) zu verlassen, ohne dafür ausreichend sichere Gründe zu haben oder zu verlangen. Entsprechend kann ›hoffen‹ ein Sichverlassen auf jemanden oder etwas meinen, von dem man in der Zukunft etwas Bestimmtes erwartet, ohne dafür in der Gegenwart zureichende Gründe zu haben. Und ›sich verlassen‹ kann eine Entscheidung sein, jemand oder etwas anderem zuzumuten oder zuzusprechen, für einen selbst zu handeln oder zu sprechen, weil man selbst die Kompetenz dafür nicht besitzt oder in Anspruch nehmen kann oder will. Dagegen sind die Vertrauenshaltung bzw. die Zuversicht oder das Setzen auf andere Charakterzüge einer Lebenshaltung, die sich mit einer im Prinzip unüberschaubaren und damit ungewissen bzw. unsicheren Situation so vertraut gemacht hat, dass sie nicht mehr als gefährdend erlebt wird. Man hat sich an die Unsicherheit bzw. Ungewissheit gewöhnt und lebt mit dieser Gewohnheit so, als ob man die Gefahrenpotentiale und Gefährdungslagen solcher Zuwendung zu anderen, solchen Sichverlassens oder solcher Zuversicht abschätzen könnte.

Im Blick auf die dritte Differenz (*personal/nichtpersonal*) legt es sich nahe, die personale Version des Vertrauens (Vertrauen in jemanden) als *Vertrauen* von der nichtpersonalen Version (Vertrauen auf etwas) als *Vertrautheit* zu unterscheiden.[9] *Mit etwas vertraut zu sein* ist etwas anderes als *jemandem zu vertrauen*, weil es sowohl mit solchem Vertrauen als auch mit dem entsprechenden Nichtvertrauen verknüpft sein kann. Entsprechend kann man *Hoffen* (personal) vom *Erhoffen* (nichtpersonal) unterscheiden: Ich hoffe auf jemanden, aber ich erhoffe mir etwas. Und auch das Sichverlassen kann als *Setzen auf die Verlässlichkeit von Personen* (personal) oder auf die *Zuverlässigkeit bzw. Geltung von Regeln oder Gesetzmäßigkeiten* (nichtpersonal) konstruiert werden: Ich verlasse mich auf meine Nachbarin, und ich rechne damit, dass Geschäfte werktags bis 18 Uhr geöffnet sind.

Im Blick auf die vierte Differenz lässt sich fragen, ob man anderen überhaupt vertrauen kann, wenn man nicht irgendwie auch sich selbst vertraut. Man ist nicht vertrauensfähig, wenn man sich selbst ganz und gar nicht traut. Um einem anderen ganz zu vertrauen, muss man gewiss nicht sich selbst misstrauen. Aber sich selbst nicht zu vertrauen, ist keine Bedingung dafür, einem anderen vertrauen zu können. Ohne Selbstvertrauen scheint es kein Fremdvertrauen geben zu können.

Gilt Entsprechendes auch für das Hoffen? Kann ich auf jemanden nur hoffen, wenn ich auch auf mich selbst Hoffnung setze? Zumindest muss ich darauf setzen, dass demjenigen, für den ich etwas erhoffe, das auch zugute kommt: Hoffnung ist nicht nur stets die Hoffnung *von jemandem*, sondern auch *für jemanden*. Gibt es niemanden, für den etwas erhofft wird, dann kann man auch nicht von einer Hoffnung sprechen. Ich kann nichts für mich hoffen, ohne zu unterstellen, dass mir das auch zugute kommen wird.

---

[9] Vgl. M. Endress, Vertrauen und Vertrautheit – Phänomenologisch-anthropologische Grundlegung, in: ders./C. Offe (Hg.), Vertrauen. Die Grundlage des sozialen Zusammenhalts, Frankfurt a.M./New York 2001, 161–203.

Aber dieses Strukturmoment ist seinerseits keine Hoffnung, sondern ein Aspekt der Bedingung der Möglichkeit des Hoffens. Zwischen Vertrauen und Hoffen scheint sich hier eine Differenz anzudeuten. Beide können sich auf andere richten. Aber während es ohne Selbstvertrauen kein Vertrauen in andere gibt, gilt das beim Hoffen nicht: Anders als selbstgerichtetes Vertrauen scheint selbstgerichtete Hoffnung ein Widerspruch zu sein: Selbstvertrauen ist ein Lebensphänomen, Selbsthoffnung eine Leerstelle. Wer auf sich selbst setzt, hofft nicht auf andere und hat auch keinen Anlass, es zu tun. Aber wer anderen vertraut, kann das nur, sofern er auch sich selbst vertraut. Anders als Selbstvertrauen scheint ›Selbsthoffnung‹ (Hoffnung auf sich selbst) lebenspraktisch eine Leerstelle zu markieren: Wenn wir hoffen, dann hoffen wir auf andere und nicht auf uns. ›Hoffen‹ wir auf uns, dann hoffen wir nicht, sondern setzen auf uns selbst.[10]

Noch klarer scheint das beim Sichverlassen zu sein. Sich auf sich selbst zu verlassen, ist nicht unmöglich, sondern die Regel. Doch wer in die Situation kommt, sich auf andere verlassen zu müssen oder zu wollen, hört eben damit auf, sich in der fraglichen Hinsicht auf sich selbst zu verlassen. Man sieht gerade von sich selbst ab bzw. tritt von sich selbst zurück und erwartet und erhofft von einem anderen das, was man selbst im konkreten Fall oder prinzipiell nicht kann. Im Sichverlassen gewinne ich gerade dadurch Sicherheit, dass ich die eigenen Sicherungen aufgebe und mich ganz oder in bestimmter Hinsicht in die Hände eines anderen gebe, von dem ich mir Gutes erhoffe. Ich verlasse mich, um mit und durch einen anderen das zu erreichen, was sich allein nicht erreichen

[10] Das schließt durchaus ein, dass ich auch *für mich* auf etwas hoffen kann, etwa dass mir etwas gelingt oder dass ich gesund bleibe. Aber dann hoffe ich nicht auf mich selbst, sondern ich erhoffe etwas für mich, ich setze nicht auf mich selbst, sondern darauf, dass mir etwas gelingt oder mir zugute kommt, über das ich nicht verfügen und das ich nicht selbst herbeiführen kann. In solchen Fällen erhoffe ich etwas für mich, aber ich setze meine Hoffnung nicht auf mich selbst. Ich danke S. Berg für diesen Hinweis.

lässt oder ich selbst nicht erreichen kann. Verlassen wir uns auf uns selbst, dann verlassen wir uns nicht, sondern tun gerade das Gegenteil: Wir bleiben bei uns selbst.

Im Blick auf die fünfte Differenz schließlich (*spezifisch/total*) stellt sich die Frage, unter welchen Bedingungen man Vertrauen, Hoffen oder Sichverlassen verallgemeinern kann. Wenn ich einer Nachbarin in bestimmter Hinsicht vertraue, heißt das nicht, dass ich ihr in jeder Hinsicht vertraue. Wenn ich auf jemanden in bestimmter Hinsicht hoffe, heißt das nicht, dass ich auf ihn in jeder Hinsicht hoffe. Und wenn ich mich auf jemanden verlasse, dann heißt das zwar, dass ich mich in bestimmter Hinsicht ganz auf ihn verlasse, aber es heißt nicht, dass ich mich in jeder Hinsicht uneingeschränkt auf ihn oder sie verlassen würde. Man kann einem Menschen mehr oder weniger vertrauen und auf ihn mehr oder weniger hoffen. Und auch wenn man sich auf jemanden nur ganz oder gar nicht verlassen kann, heißt das doch nicht, dass man sich auf ihn in jeder Hinsicht so verlassen würde. Sich auf einen anderen nicht nur in bestimmter Hinsicht ganz, sondern in jeder Hinsicht vollständig zu verlassen, ist Leichtsinn. Einem anderen Menschen nicht nur ganz und gar, sondern in jeder Hinsicht zu vertrauen, idealisiert ihn zum Idol. Und auf einen anderen Menschen nicht nur in bestimmter, sondern in jeder Hinsicht zu hoffen, heißt ihn zu vergötzen. Diese Haltung ist nur Gott, nicht aber einem Menschen gegenüber angemessen. Und deshalb ist zwischen dem *Vertrauen, Hoffen und Sichverlassen auf Menschen* und dem *Vertrauen, Hoffen und Sichverlassen auf Gott* prinzipiell zu unterscheiden.[11]

[11] Vgl. I. U. Dalferth, In God We Trust: Trust, Mistrust and Distrust as Modes of Orientation, in: A. Grøn/C. Welz (Hg.), Trust, Sociality, Selfhood, Tübingen 2010, 135–152. Das gilt es auch gegenüber Versuchen zu betonen, die zwischen Gottvertrauen und Vertrauen in Menschen eine Analogiebeziehung sehen wollen, da es bei aller Unähnlichkeit doch immer auch Ähnlichkeiten gäbe. Vgl. J. J. Godfrey, Trust of People, Words, and God. A Route for Philosophy of Religion, Notre Dame, Indiana 2012, bes. Kap. 4.

5. *Kontrastphänomene*

Vertrauen, Hoffen und Sichverlassen sind, wie immer man sie bestimmen mag, Lebensphänomene, die in bestimmten Kontrastformationen auftreten. Häufig werden sie nur dual abgegrenzt, indem *Vertrauen* vom *Misstrauen*, *Hoffen* von der *Hoffnungslosigkeit* und *Sichverlassen* von der *Ablehnung oder Zurückweisung des anderen* unterschieden werden. Doch das ist unzureichend. In allen drei Fällen muss man vielmehr ein dreifaches Kontrastverhältnis ins Auge fassen. So ist Vertrauen (*trust*) nicht nur vom Misstrauen (*mistrust*), sondern auch vom Nichtvertrauen (*distrust*) zu unterscheiden: Jemandem kein Vertrauen zu schenken, muss nicht heißen, dass man ihm Misstrauen entgegenbringt, sondern kann besagen, dass man ihm gegenüber weder das eine noch das andere praktiziert. Ich vertraue ihm nicht, aber ich misstraue ihm auch nicht, ich habe überhaupt kein Verhältnis zu ihm, das sich sachgerecht in Vertrauensterminologie beschreiben ließe. Ähnliches gilt auch für das Hoffen. Es gibt nicht nur die Phänomene des Hoffens und der Hoffnungslosigkeit (Verzweiflung), sondern auch des Nichthoffens. Wer nicht verzweifelt ist, ist deshalb allein noch keiner, der hofft. Und wer nicht auf jemanden hofft, muss nicht verzweifelt oder hoffnungslos sein, sondern könnte nur eben das tun, was gesagt wird: in diesem konkreten Fall nicht hoffen. Das Leben teilt sich nicht zwischen Hoffen und Verzweifeln auf, sondern es ist zum Großteil davon bestimmt, dass weder das eine noch das andere der Fall ist. Entsprechendes gilt auch vom Sichverlassen. Dass man sich nicht auf eine bestimmte Person verlässt, heißt nicht, dass man sich auf eine andere oder auf niemanden verlässt. Man

---

Diese Versuche unterstellen, dass beide Arten des Vertrauens auf einer gemeinsamen Skala angesiedelt werden können, auf der jede Position durch Ähnlichkeit und Unähnlichkeit zu den anderen Positionen bestimmt werden kann. Eben das aber ist abwegig, weil Gott kein Phänomen der Reihe ist, die durch seine Selbstunterscheidung von ihr definiert wird, und deshalb auch Vertrauen in Gott kein Fall des Vertrauens in etwas anderes als Gott sein kann.

muss einen anderen auch nicht ablehnen oder prinzipiell zurückweisen, wenn man sich nicht auf ihn verlässt, sondern nur der Überzeugung sein, dass er in diesem Fall oder in dieser Hinsicht nicht die richtige Person ist, auf die man sich verlassen würde oder wollte – für die man also das Risiko einzugehen bereit wäre, ganz auf die eigenen Sicherheiten zu verzichten und sich gänzlich in ihre Hand zu geben. Sich verlassen, sich nicht auf jemanden verlassen und jemanden zurückweisen oder ablehnen sind also wohl zu unterscheidende Fälle. Insofern ist auch im Fall des Hoffens und des Sichverlassens von einer dreifach unterschiedenen Phänomenlage auszugehen.

6. *Realistischere Phänomenformen*

Im Fall des Vertrauens ist ähnlich wie beim Hoffen und Sichverlassen noch ein weiterer Zug charakteristisch. So kann man in glücklichen Lebensphasen in alltäglichem Sinn anderen vertrauen, ohne dass dieses Vertrauen vor der Frage stünde, sich vom Misstrauen oder Nichtvertrauen unterscheiden zu müssen. Aber es gibt auch die Erfahrung, dass Vertrauen hintergangen und Hoffnung enttäuscht wird, und vor dem Hintergrund solcher Erfahrungen gibt es die skeptische oder die vertiefte Haltung. Im skeptischen Fall schränkt man sein Vertrauen kritisch auf möglichst problemlose Fälle ein, sucht also das Risiko abzuwägen und gegebenenfalls auf das Vertrauen zu verzichten: Wer mich mehrmals hintergangen hat, dem vertraue ich nicht mehr so ohne weiteres. Wer mir in einer schwierigen Situation nicht beigestanden hat, obwohl er hätte können und sollen, auf den verlasse ich mich nicht länger. Und wer meine Hoffnung mehrfach enttäuscht hat, auf den setze ich keine Hoffnung mehr. Im anderen Fall dagegen kommt es zu vertieften Formen des Vertrauens, Hoffens und Sichverlassens: Im Durchgang durch enttäuschtes Vertrauen gewonnenes Vertrauen ist klarsichtiger und enttäuschungsresistenter. Im Durchgang durch enttäuschte Hoffnung gebildete Hoffnung ist illusionsloser und realistischer. Auf dem Hintergrund enttäuschten Sichverlassens praktiziertes Sichverlassen ist vorsichtiger und nüchterner. Im Grunde sind nur diese realistischeren Formen des Vertrauens, Hoffens und Sichverlassens lebensadäquat. Es gibt kein Leben ohne enttäuschte Hoffnungen, fehlgegangenes Vertrauen und betrogenes Sichverlassen. Nur Vertrauen, das Enttäuschungen überlebt hat, ist starkes Vertrauen, nur ein Sichverlassen, das sich durch Ausnutzen nicht entmutigen lässt, ist ein realistisches Sichverlassen, und nur ein Hoffen, das der Verzweiflung abgerungen wurde, ist radikale Hoffnung.

7. Freiheitsphänomene

Nichts davon kann erzwungen werden, weder durch aktive empirische Verursachung noch durch normativen Zwang. Vertrauen, Sichverlassen und Hoffen sind Freiheitsphänomene. Niemand kann gezwungen werden, zu hoffen, sich zu verlassen oder zu vertrauen, und niemand kann erzwingen, dass man sich auf ihn verlässt, ihm vertraut oder auf ihn hofft.[12] Man kann Vertrauen, Sichverlassen oder Hoffen auch nicht kausal bewirken, sondern allenfalls Lebenssituationen so gestalten, dass sie sich einstellen oder nahelegen können. Wie Freiheitserziehung überhaupt, vollzieht sich auch Vertrauens- und Hoffnungserziehung nicht durch direkte Einwirkung, sondern indirekt durch vorgelebtes Beispiel und Gestaltung der Umgebungen und Situationen eines Lebens. Wir lernen zu vertrauen, weil andere es tun, wir verlassen uns auf andere, weil andere sich auf uns verlassen, und wir lernen zu hoffen, weil wir es mit anderen zusammen tun.

---

[12] Deshalb sprechen wir im Zusammenhang der Kommunikation von Vertrauen von »Vertrauensparadoxen«. Vgl. I. U. Dalferth/S. Peng-Keller, Vertrauenskommunikation in professionellen Kontexten. Diskussionsstand und Forschungsperspektiven in hermeneutischer Sicht, in: dies. (Hg.), Kommunikation des Vertrauens, Leipzig 2012, 195–221, hier 204 f.

8. *Extremformen*

Zu den zu betrachtenden Lebensphänomenen gehört auch das, was man *blindes Vertrauen, unverantwortliches Sichverlassen* und *törichtes Hoffen* nennt: am Vertrauen zu jemandem festzuhalten, obgleich alles dagegen zu sprechen scheint; sich auf jemanden zu verlassen, auch wenn man weiß, dass er nur seine eigenen Interessen verfolgt, sich nicht an Abmachungen hält und sich nicht um das gemeinsame Ganze kümmert; und auch dann noch auf jemand oder etwas zu hoffen, wenn alle Erfahrungen dagegen sprechen. Diese Phänomene sind Extremformen des Vertrauens, Sichverlassens und Hoffens, nicht Phänomene anderer Art. Zu jedem Vertrauen gehört das Risiko, den anderen nicht auf das festzulegen, was abgesichert gewusst werden kann. Zu jedem Sichverlassen gehört das Wagnis, dem anderen mehr zuzumuten bzw. mehr von ihm zu erwarten, als sein Verhalten zu rechtfertigen scheint. Und zu jedem Hoffen gehört der Mut, gegen Augenschein und Wahrscheinlichkeit auf jemanden zu setzen. Wer nur wahrscheinlichkeitsbasierte Extrapolationen vornimmt, vertraut nicht, hofft nicht und verlässt sich nicht, sondern kalkuliert. Aber Bishop Butler hatte Unrecht, als er meinte: ›Probability is the guide of life‹. Wer sein Leben am Wahrscheinlichen und Erwartbaren ausrichtet, wird noch nicht einmal als Banker reüssieren. Die Frage ist nicht, ob man die Risiken des Erwartens, Sichauslieferns und Hoffens vermeiden kann. Sie ist noch nicht einmal, wie viel Risiko man in welchen Situationen zu übernehmen bereit ist. Es geht vielmehr darum, am Anfang und Ende des Spektrums des Wahrscheinlichen wider alle Evidenz dennoch zu vertrauen oder sich zu verlassen bzw. trotz bester Anhaltspunkte doch nicht zu vertrauen oder sich zu verlassen bzw. wider alle Hoffnung zu hoffen oder trotz höchster Erwartbarkeit nicht zu hoffen. Im einen wie im anderen Fall wird nicht blind bzw. töricht gehandelt, jedenfalls nicht notwendig, weil man sich bewusst, also im Bewusstsein all dessen, was dafür bzw. dagegen spricht, für oder gegen das Vertrauen,

Sichverlassen oder Hoffen entscheidet, weil alles andere im Widerspruch zur eigenen Identität stünde. Man vertraut nicht, weil es wahrscheinlich ist, dass es gut geht, sondern weil man nicht anders kann, obwohl sehr viel oder alles dagegen zu sprechen scheint. Man verlässt sich nicht auf jemanden, weil das die beste Strategie zu sein scheint, ein Problem zu lösen, sondern weil man nur so mit einer Situation umgehen kann, die einen überfordert. Und man hofft nicht deshalb, weil man Grund hat, mit einem positiven Ausgang zu rechnen, sondern weil man trotz allem, was dagegen spricht, sich zu keinem anderen Verhalten in der Lage sieht, ohne sich selbst aufzugeben. Erst wo – im Extremfall – so wider alle Hoffnung gehofft wird, kommt die Hoffnung in ihr Eigenes. Erst wo trotz aller Vertrauensunwürdigkeit dennoch vertraut wird, zeichnet sich ab, was Vertrauen wahrhaft ist. Und erst wo man sich trotz aller Enttäuschungen trotzdem auf jemanden verlässt, kann sich erweisen, was dieses Verhalten zu bewirken vermag.

9. Grenzen des Vertrauens, Sichverlassens und Hoffens

Das heißt nicht, dass es keine Grenzen des Vertrauens, Sichverlassens oder Hoffens gäbe. Die stellen sich permanent ein, nur immer wieder an anderer Stelle. Nicht jeder vermag jemals oder jederzeit in der Weise zu hoffen, dass er wider alle Hoffnung hofft. Nicht jeder kann sich jederzeit auf einen anderen so verlassen, dass er trotz der Erfahrung, hintergangen worden zu sein, den Versuch noch einmal wagt. Und nicht jeder vermag jemals oder jederzeit so zu vertrauen, dass er sich durch keine Enttäuschung davon abhalten lässt, weiter zu vertrauen. Wir sind hin und her geworfen in unserem Vertrauen, Hoffen und Sichverlassen, und häufig hängt die Stärke des Vertrauen-, Sichverlassen- und Hoffenkönnens am Charakter der Gemeinschaft, in der wir leben und die unser Vertrauen, Hoffen und Sichverlassen stützt oder schwächt. Wie lange können wir jemandem vertrauen, der sich immer wieder als vertrauensunwürdig erweist, wenn wir nicht in eine Gemeinschaft eingebunden sind, die uns Hoffnung gibt? Wie oft können wir uns auf jemanden verlassen, der uns immer wieder verlässt, wenn uns keine weitere Gemeinschaft Halt gibt und darin bestärkt? Und wie lange können wir auf jemanden hoffen, der diese Hoffnung immer wieder zu Fall bringt, wenn wir nicht vom Vertrauen einer Gemeinschaft leben, die uns mehr zutraut, als wir selbst es tun?

Es gibt Grenzen des Vertrauens, Sichverlassens und Hoffens, und auf die kann man überall und nicht nur an bestimmten Punkten stoßen. Wir können nicht mehr trauen, wo andere es noch können. Wir können uns auf eine bestimmte Person nicht verlassen, weil andere ihr trauen, denen wir nicht trauen können. Und wir können nicht mehr hoffen, obwohl andere hier erst damit anfangen. Vertrauensunfähigkeit kann sich an jedem Punkt einstellen, und die Unfähigkeit, sich zu verlassen oder zu hoffen auch. Umgekehrt gibt es Vertrauenswürdigkeit, Hoffnungswürdigkeit oder die Würdigkeit, dass jemand sich auf einen verlässt, nur, weil und insofern sie einem von jemandem zugetraut und zugemutet werden. Aber wenn dieses Zutrauen und diese Zumutung stets enttäuscht werden, wie lange kann dann am Vertrauen und Hoffen festgehalten werden oder wie lange vermag man dann noch, sich auf jemanden zu verlassen?

Diese Fragen lassen sich nicht allgemein und abstrakt beantworten, sondern nur konkret für den einzelnen Fall. Vertrauen ist immer und wesentlich *meines*, Hoffen auch, und es bin auch immer *ich*, der sich verlässt. Diese Jemeinigkeit schließt aber ein und gerade nicht aus, dass ich nicht allein vertrauen, mich auf jemanden verlassen und hoffen kann: Vertrauen, Sichverlassen und Hoffen sind keine privaten Phänomene. Nur wo mir vertraut wird, kann ich vertrauen.[13] Nur wo Menschen, denen ich vertraue, sich aufeinander verlassen, wage ich, mich auch auf jemanden zu ver-

---

[13] Das heißt nicht, dass ich nur dem vertrauen kann, der mir vertraut, sondern dass ich einem anderen nur vertrauen kann, wenn ich selbst die Erfahrung kenne, dass mir vertraut wird.

lassen. Und nur wo ich erlebe, dass Hoffnung auf jemanden gesetzt wird, ohne enttäuscht zu werden, kann auch ich lernen, Hoffnung auf jemanden zu setzen. Vertrauen, Sichverlassen und Hoffen sind Phänomene einer Praxis, die nie nur meine ist. Sie setzen fort oder brechen ab, was uns zugespielt und zugemutet wird: dass uns vertraut, auf uns gesetzt und auf uns gehofft wird, ehe wir vertrauen oder uns verlassen und ehe wir hoffen.

10. Kernphänomene

Daraus ergibt sich das, was man das Kernphänomen des Vertrauens nennen könnte: Wir vertrauen denen, die uns vertrauen, und wir vertrauen ihnen, indem wir auf Vertrauen, das in uns gesetzt wird, mit Vertrauen antworten. Nur wo uns Vertrauen entgegengebracht wird, können wir ihm gerecht werden oder es enttäuschen. Und nur weil uns Vertrauen entgegengebracht wird, zu dem wir uns nicht nur verhalten können, sondern müssen, werden wir in die Lage versetzt, auch anderen Vertrauen entgegenzubringen, ohne das zu müssen. Wem nicht vertraut wird, der kann nicht vertrauen, aber wer vertraut, der setzt fort, was ihm selbst in der einen oder anderen Weise widerfahren ist. Ähnlich beim Sichverlassen und bei der Hoffnung. Wir verlassen uns auf die, die sich auf uns verlassen, weil wir davon ausgehen, dass uns nicht hintergehen wird, wer sich uns ausliefert. Wir setzen unsere Hoffnung auf die, bei denen wir Gründe haben zur Vermutung, dass sie an uns nicht verzweifeln, sondern an uns festhalten, auch wenn vieles oder alles dagegen spricht. Wir hoffen kontrafaktisch, aber nicht auf eine bloße Möglichkeit, sondern auf einen ganz bestimmten anderen, dem wir die Macht, die Fähigkeit und die Bereitschaft zutrauen, das, was uns nicht möglich ist, für uns möglich zu machen. In diesem Sinn gilt beides: Wir vertrauen nicht allein, sondern mit anderen. Wir verlassen uns nicht blind, sondern in Gemeinschaft. Und wir hoffen nicht allein, sondern mit anderen.

11. Responsive Phänomene

Dieses Miteinander ist nicht nur ein äußeres Zusammensein in einer gemeinsamen Lebenspraxis. Es bestehen vielmehr Konstitutionsbeziehungen innerhalb dieser Praxis, durch die sie ein sachliches Gefälle und eine zeitliche Richtung erhält. Vertrauen ist in jedem konkreten Fall eine responsive Wirklichkeit, und Hoffen und Sichverlassen auch. In all diesen Fällen respondiert man auf eine Gabe, die man sich nicht selbst gegeben hat oder geben könnte, sondern die einem gegeben werden muss, um sie zu haben, und die man nur hat, indem man sie weitergibt. Jeder Einzelne lebt aus dem Vertrauen, das ihm entgegengebracht wird, aus der Wertschätzung, die ihm von denen entgegengebracht wird, die sich auf ihn verlassen, und aus einer Hoffnung, die ihm gilt und in die er einbezogen wird; und jeder Einzelne lebt vertrauend, sich verlassend und hoffend nur so lange, als er das weitergibt, was ihm gegeben wird. In diesem Sinn ist Vertrauen Mit- und Weitervertrauen, Hoffen Mit- und Weiterhoffen und Sichverlassen eine Fortsetzung dessen, was andere einem zuspielen und zumuten. Nie beginnt es bei einem selbst, und deshalb kommt es an den Grenzen eines einzelnen Menschen auch nicht an seine Grenze. Selbst wenn jemand konkret nicht mehr vertrauen oder sich auf jemanden verlassen kann, ist Vertrauen und Sichverlassen weiter möglich, sofern und solange die Vorgabe des Vertrauens und Sichverlassens besteht und es die Praxis des Vertrauens und Sichverlassens noch gibt. Und selbst wenn es uns im konkreten Fall nicht mehr möglich ist zu hoffen, können wir das im Prinzip weiter tun, sofern und solange die Praxis der Hoffnung besteht, an der wir partizipieren können, auch wenn wir es gegenwärtig nicht (mehr) tun.

Diese Vorgabe ist zunächst die anderer Menschen: Wird uns kein Vertrauen entgegengebracht, werden wir nicht vertrauensfähig. Verlässt sich niemand auf uns, werden auch wir kaum lernen, uns auf jemanden zu verlassen. Und wird auf uns und andere keine Hoffnung gesetzt, werden wir nicht hoffnungsfähig. Die Bedingung der Möglichkeit solchen Vor-Vertrauens, Vor-Hoffens und vorgelebten Sichverlassens sind aber nie allein und ausschließlich andere Menschen, da sie ihrerseits auch auf das angewiesen sind, was sie weitergeben und für andere möglich machen. Alle stehen in einem Zusammenhang des Vertrauens, Sichverlassens und Hoffens, der nicht mit ihnen angefangen hat und den sie nur fortsetzen können, weil sie in ihn einbezogen wurden. Dieser Zusammenhang, und damit die Lebenssituation des Vertrauens, Sichverlassens und Hoffens ist kontingent und könnte auch nicht oder anders sein. Dann gäbe es kein Vertrauen, Sichverlassen und Hoffen, und damit vielleicht Primaten, aber kein menschliches Leben in der Welt. Man kann versuchen, diesen kontingenten Sachverhalt menschlichen Lebens von biologischen Grundlagen her empirisch zu erklären. Doch damit bleibt unerklärt, warum es zu dieser Fortentwicklung vom Biologischen zum Anthropologischen gekommen ist. Auch evolutionsbiologisch ist allenfalls das Wie, aber nicht das Warum dieses Sachverhalts erklärbar. Die Warumfrage ist nicht zum Verstehen der Fakten, sondern zur Klärung dessen wichtig, wie Menschen sich der Wirklichkeit ihres Lebens gegenüber verhalten sollen. Sie ist eine Frage der Lebensorientierung, nicht der Erklärung des Lebens.

Das gilt nicht nur für das Phänomen des Vertrauens im menschlichen Leben im allgemeinen, sondern auch für die besonderen Fälle des *Grundvertrauens* und des *Gottvertrauens*, des Sichverlassens auf die Verlässlichkeit des Lebens und des Vertrauens und Hoffens auf Gott. Beides ist nicht zu verwechseln, und beidem ist genauer nachzugehen.

III. Grundvertrauen

12. Vertrauen und Grundvertrauen

Wie gesehen, bezeichnen wir verschiedenes Verhalten und unterschiedliche Einstellungen und Haltungen als Vertrauen. Wir vertrauen nicht nur Personen, sondern auch Regeln, Systemen, Versicherungen und Banken. Wir vertrauen darauf, dass die Sonne auch morgen aufgehen wird, dass in die Luft geworfene Steine zu Boden fallen und dass Wasser von sich aus nicht bergaufwärts fließt. Wir vertrauen, ohne an mögliche Risiken und Nebenwirkungen zu denken, aber auch gezielt, reflektiert und in ausdrücklicher Wendung gegen die Erfahrung enttäuschten Vertrauens. Wir vertrauen ohne jedes Wissen (wenn wir jemanden nach dem Weg fragen) und wider besseres Wissen (wenn wir der Universitätsleitung glauben, das sei die letzte Kürzung gewesen), und in beiden Fällen können, aber müssen wir nicht enttäuscht werden. Wir vertrauen Fremden, Freunden und Familienangehörigen. Wir vertrauen uns selbst (oder auch nicht). Und wir setzen die Grenze des Vertrauens nicht in allen Fällen und für jeden anderen an derselben Stelle. Die lebensweltlichen Phänomene, die wir ›vertrauen‹ nennen oder als Vertrauen verstehen und interpretieren, sind unübersichtlich und vielfältig. Sie variieren mit unseren Lebenssituationen und unseren Lebenseinstellungen. Und sie lassen sich nicht auf einen einzigen Begriff von Vertrauen bringen. Unsere Lebenswelt ist kein einheitlicher oder einsinniger Praxiszusammenhang, sondern hat viele und auch widersprüchliche Züge.

Was wir lebensweltlich in verschiedenen Praxiszusammenhängen ›vertrauen‹ nennen, erlaubt und erfordert verschiedene Rekonstruktionen. Ja mehr: *Den* lebensweltlichen Gebrauch gibt es nicht, sondern nur verschiedene Gebrauchsweisen von ›vertrauen‹ in unterschiedlichen lebensweltlichen Praxisfeldern. Schon deshalb lässt sich ein lebensweltlicher Sinn von ›vertrauen‹ nicht als das ›eigentliche‹ Verständnis gegen die jeweiligen theoretischen

Vertrauensidealisierungen ausspielen, auch wenn es keine haltbare Idealisierung gibt, die sich nicht am lebenspraktischen Gebrauch messen ließe bzw. messen lassen müsste. Unsere Verwendungsweisen orientieren sich an verschiedenen semantischen Unterscheidungen und nicht jedesmal bewegen wir uns im gleichen semantischen Feld. Zwar gehören Normativitäten zur Faktizität jeder Lebenswelt, aber diese normiert nicht nur einen ›richtigen‹ Begriff von Vertrauen. Offenkundig aber ist, dass es die so benannten Phänomene im menschlichen Leben gibt und dass es kein menschliches Leben ohne sie zu geben scheint: Vertrauen ist ein ubiquitäres Phänomen im menschlichen Leben.

Gilt das auch für das, was ›Grundvertrauen‹ genannt wird? Das könnte man nur sagen, wenn klar wäre, was damit gemeint wird. Aber das ist viel schwieriger zu klären als im Fall des Vertrauens. Vertrauensphänomene kann man beschreiben, indem man sie von anderen Phänomenen unterscheidet. Von welchem Phänomen aber würde sich das ›Grundvertrauen‹ Genannte unterscheiden? Vom Grundmisstrauen? Oder vom Grund-Nichtvertrauen? Das erste scheint eine über eine bloße Negation erzeugte Größe zu sein, die kein genereller Zug eines ganzen Lebens, sondern nur eine Haltung in bestimmten Kontexten sein kann. Das zweite klingt semantisch gekünstelt, weil es nicht mehr sagt, als dass man nicht vertraut – prinzipiell nicht.

Aber geht das? Kann man leben und überhaupt nicht vertrauen? Auch wer meint, dass das in der Tat kaum vorstellbar ist, ist damit nicht auf die These festgelegt, dass alles menschliche Leben von einem Grundvertrauen getragen würde. Dass es in jedem Leben Vertrauen gibt, heißt nicht, dass es kein Leben ohne Grundvertrauen gibt. Letzteres sagt mehr als dass jeder, der lebt, irgendwie und irgendwem auch vertraut. Dieses Mehr scheint darin zu liegen, dass mit ›Grundvertrauen‹ auf ein Vertrauen verwiesen wird, das viele oder alle anderen Vollzüge im Leben von Menschen ermöglicht oder begründet (Vertrauen als Grund); oder dass damit der Grund des Vertrauens genannt wird, das also, ohne das es kein

Vertrauen im menschlichen Leben geben könnte, und das begründet, dass es in jedem Leben Vertrauen gibt, oder mehr Vertrauen als Misstrauen und Nichtvertrauen, und dass es kein menschliches Leben gibt, in dem faktisch nicht vertraut wird (Grund des Vertrauens). Wer lebt, vertraut, und der dafür verantwortliche Vertrauensgrund ist das Grundvertrauen.

13. Grundvertrauen als Problem und als Lösung

Der Grund für eine Gruppe von Phänomenen ist normalerweise nicht selbst ein Phänomen dieser Gruppe. Er ist auch nicht die Ursache dafür, dass es diese Phänomene gibt. Würde er so verstanden, würde das Vorliegen von Vertrauen auf das Grundvertrauen als seine Ursache verweisen. Nun wird aber nicht immer und überall vertraut. Das Grundvertrauen bestimmt ein menschliches Leben also nicht immer und überall, sondern ist allenfalls eine Disposition oder Anlage, die unter bestimmten Bedingungen aktiviert werden kann und dann zu Vertrauen führt. Mit ›Grundvertrauen‹ wäre dann kein besonderes Vertrauensphänomen, keine Art von Vertrauen neben anderen, bezeichnet, sondern eine Anlage, unter bestimmten Bedingungen vertrauen zu können: Wer lebt, kann vertrauen, muss es aber nicht. In diesem Fall ist die entscheidende Frage nicht, was unter ›Grundvertrauen‹ zu verstehen ist, sondern unter welchen Bedingungen man mit Recht vertrauen kann oder nicht vertrauen soll. Und der Verweis auf das Grundvertrauen wäre der Hinweis auf das, was es möglich macht, unter diesen Bedingungen zu vertrauen oder nicht zu vertrauen.

Was also ist das Problem, auf das der Verweis auf Grundvertrauen die Antwort geben soll? Und falls es ein solches Problem gibt, ist es das einzige oder gibt es mehrere, so dass mit ›Grundvertrauen‹ Verschiedenes zur Sprache gebracht würde?

Das Auftreten von Vertrauen im menschlichen Leben ist kontingent. Es liegt nicht immer und überall vor, wo es menschliches Leben gibt. Nur deshalb wird die Frage nach seinem Grund sinnvoll. Der Grund wäre das, was verständlich macht, warum hier vertraut wird und dort nicht. Angenommen, Vertrauen bräuchte einen Grund, also eine Erklärung, warum es – manchmal oder überhaupt – Vertrauen gibt und nicht vielmehr nicht und warum Vertrauen so ist, wie es ist, und nicht vielmehr anders. Kann Grundvertrauen dieser Grund des Vertrauens sein?

Die dafür vorgetragenen Argumente fallen in zwei Gruppen. Die einen betrachten Grundvertrauen als ein besonderes Phänomen des menschlichen Lebens, das der Erklärung bedarf: Die Bereitschaft, überhaupt zu vertrauen, ist das, was wir ›Grundvertrauen‹ nennen, und das Bestehen dieser Bereitschaft ist als kontingentes Faktum der Erklärung bedürftig. Grundvertrauen fungiert hier als *explanandum*. Die anderen rekurrieren auf Grundvertrauen, um damit bestimmte Lebensphänomene zu erklären: Die Bereitschaft zu vertrauen lässt sich durch den Verweis auf das Grundvertrauen erklären. Grundvertrauen fungiert hier nicht als *explanandum*, sondern als *explanans*. Im ersten Fall wird Grundvertrauen als eine Gegebenheit im menschlichen Leben verstanden (als die Fähigkeit zur Bereitschaft zu vertrauen), die es zu erklären gilt, im anderen Fall als ein Konstrukt zur Erklärung bestimmter Gegebenheiten im menschlichen Leben (der Bereitschaft zu vertrauen). Beides ist wohl zu unterscheiden. Im ersten Fall steht ›Grundvertrauen‹ für ein Problem, nach dessen Lösung gesucht wird. Im zweiten Fall bezeichnet es die Lösung eines Problems – oder das, was als Lösung angeführt wird.

Theorien des Grundvertrauens konzentrieren sich in der Regel auf den ersten Problembereich: Sie unterstellen, dass es das gibt, was sie ›Grundvertrauen‹ nennen, und fragen, wie es sich am besten verstehen und erklären lässt. Gelegentlich steht aber auch der zweite Problembereich im Vordergrund. Dann wird auf etwas als Grundvertrauen rekurriert, mit dem man bestimmte Phänomene im menschlichen Leben meint erklären oder verständlich machen zu können. Grundvertrauen fungiert dann als Erklärungskonstrukt, das nur so lange Beachtung beanspruchen kann, als keine bessere Erklärung für die entsprechenden Phänomene gefunden wird.

Ehe man etwas erklären kann, ist zu klären, was man zu erklären versucht. Das, was mit ›Grundvertrauen‹ gemeint wird, kann aber verschieden bestimmt werden, und entsprechend geht es nicht nur um die Klärung und Erklärung eines Phänomens, sondern verschiedener Phänomene. Mindestens vier Konzeptionen sind zu unterscheiden.

14. Urvertrauen

Die *entwicklungspsychologische Konzeption* identifiziert eine biographische Grundsituation, in der Regel die primäre frühkindliche Interaktion zwischen Mutter und Kind, als ›Urszene‹ des Vertrauens und als Paradigma aller Vertrauenssituationen.[14] Was immer ›Vertrauen‹ genannt wird, muss sich auf die Struktur dieser ›Urszene‹ zurückführen lassen, was sich nicht darauf zurückführen lässt, kann nicht ›Vertrauen‹ genannt werden. Da diese Urszene der liebevollen Interaktion von Mutter und Kind eine exemplarisch personale Situation ist, wird Vertrauen generell von diesem Hintergrund her als *personales Vertrauen* verstanden und als solches von allen Formen des Sichverlassens (*reliance*), Erwartens, Riskierens, Probierens usf. unterschieden.

Diese personale Zuspitzung des Vertrauens führt zu einem relativ klaren, aber auch engen Vertrauensbegriff, der nur im Blick auf interpersonales Verhalten, nicht aber im Blick auf den Umgang mit Regeln, Systemen, Organisationen oder Institutionen von Vertrauen zu reden erlaubt. Vertrauen wird als personale Kategorie gefasst und von Risiko- oder Wagnisverhalten streng unterschie-

---

[14] Vgl. E.H. ERIKSON, Kindheit und Gesellschaft, übers. v. M. ECKHARDT-JAFFE, Stuttgart 1999, 241 ff.; R. POSTH, Vom Urvertrauen zum Selbstvertrauen. Das Bindungskonzept in der emotionalen und psychosozialen Entwicklung des Kindes, Münster 2007. In anderem Sinn verwendet M. HARTMANN, Die Praxis des Vertrauens, 63–70, den Begriff.

den. Damit wird eine typische Lebenssituation zur Vertrauenssituation idealisiert und generalisiert, die im komplexeren Gefüge des Erwachsenenlebens selten oder gar nicht mehr auftritt, sondern nur als Erinnerung (wenn überhaupt) mitgeführt wird. Gerade deshalb tritt sie nicht als eine Form des Vertrauens unter und neben anderen in Erscheinung, sondern wird als *Urvertrauen* bezeichnet: Sie ist diejenige grundlegende Erfahrung, die einem Menschen ermöglicht, sich in seinen späteren Lebenssituationen anderen Menschen gegenüber vertrauensvoll zu verhalten. Wenn eine Person das nicht kann, hat sie jene Urszene nicht oder nur gebrochen und unter Umständen traumatisch erlebt. Ihr Leben ist dann von Misstrauen und nicht von Vertrauen geprägt: Ihr fehlt das Ur-Erleben, ohne das sie nicht vertrauensvoll leben kann.

Demgegenüber wäre zu fragen, ob wirklich jedes Leben monolinear aus einer solchen personalen Ur-Situation heraus verstanden werden kann. Menschliches Leben entwickelt sich typischerweise nicht aus einer isolierten Interaktion zwischen Mutter und Kind, sondern ist von Beginn an durch *cooperative breeding* gekennzeichnet:[15] Nicht nur die Mutter, alle Mitglieder der Gruppe oder Familie beteiligen sich am Aufziehen der Kinder. Menschliches Leben vollzieht sich daher schon sehr früh in einer Vielzahl verschiedener Situationen, die in unterschiedlichen gesellschaftlichen Formationen auf verschiedene Weise zu paradigmatischen Situationen werden können. Welche das sind, wandelt sich von Gesellschaft zu Gesellschaft und von Zeit zu Zeit.

Für die jeweils relevanten, das heißt, im Interagieren und Kommunizieren regelmäßig von einer Mehrheit selbstverständlich in Anspruch genommenen, Situationen gibt es *typische Verhaltens-*

---

[15] Vgl. J. M. Burkart u. a., Cooperative Breeding and Human Cognitive Evolution, in: Evolutionary Anthropology 18 (2009), 175–186; K. L. Kramer, Cooperative Breeding and its Significance to the Demographic Success of Humans, in: Annual Review of Anthropology 39 (2010), 417–436; H. C. Leggett u. a., Promiscuity and the evolution of cooperative breeding, in: Proceedings of the Royal Society B (2011), 1471–2954.

weisen, die als das *jeweilige Grundvertrauen in diesen Situationstypen* angesprochen werden können. Je nach Art dieser Situationen müssen die Differenzlinien zwischen Vertrauen und anderem (Sichverlassen, Misstrauen, Angst etc.) anders gezogen werden, und wie sie gezogen werden, ist abhängig von dem Bild der Situation, an dem wir uns orientieren, und der damit verbundenen Sicht der Problematik, die mit dem Verweis auf Grundvertrauen beschrieben oder gelöst werden soll. Diese Grundsituationen sind nicht als Sonderfälle unter ein begrifflich Allgemeines (›das Vertrauen‹) zu bringen. Sie sind eher ineinander verschachtelte und miteinander überlappende Vertrauensweisen, die unterschiedlich konkretisiert werden. Das kann dazu führen – und führt in der Regel auch dazu –, dass ein und dieselbe konkrete Lebenssituation *mehrere dieser typischen Situationen* aktivieren kann: Mutter-Kind (personales Vertrauen), Verhältnis zu Institutionen (Schule, Arbeitsplatz, Staat), Lebenseinstellung (Verlässlichkeit der Naturgesetze und Kulturregeln) etc. Es ist also jeweils zu fragen, was das für eine Person bzw. für ihr faktisches Verhalten *dominierende* Vertrauensmoment in solchen Situationen ist. Es ist aber nie das einzige. Eine Theorie des Grundvertrauens wäre dann nicht als Generalisierung oder Paradigmatisierung einer lebensgeschichtlichen Ausgangssituation (Mutter-Kind) anzulegen, sondern als eine systematische Beschreibung der zu einer bestimmten Zeit und für bestimmte Akteure gesellschaftlich relevanten Grundsituationen und der in ihnen fungierenden *grundlegenden* (regelmäßigen) und *eher akzidentellen* (gelegentlichen) Vertrauensformen.

15. Vertrauensgrund

Die *begründungstheoretische Konzeption* geht von der Tatsache aus, dass im menschlichen Leben vertraut wird, und fragt nach den Bedingungen der Möglichkeit dieses Vertrauens. Dabei lassen sich zwei Strategien unterscheiden. Im einfachen Fall wird ein

Grund des Vertrauens gesucht, der erklärt, wie es möglich ist, dass Menschen vertrauen, und entsprechend werden andere Erklärungen nötig für die Tatsache, dass Menschen manchmal auch nicht vertrauen und misstrauen. Auf der Ebene der Gründe wiederholt sich damit der Gegensatz zwischen Vertrauen, Nichtvertrauen und Misstrauen, so dass durch diese ›Gründe‹ nichts erklärt, sondern das zu Erklärende nur noch einmal anders beschrieben wird. Grundvertrauen, Grundmisstrauen und Grundnichtvertrauen sind keine besonderen basalen Lebensphänomene, sondern normale Lebensphänomene, die im Modus der Erklärung noch einmal anders beschrieben werden. Erklärt wird damit nichts, sondern nur der Beschreibungsmodus geändert.

Im komplexeren Fall wird ein Grund des Vertrauens gesucht, der erklärt, wie es möglich ist, dass Menschen vertrauen, nicht vertrauen oder misstrauen. Dieser Grund ist nicht selbst ein Fall dieser kontingenten Phänomene, sondern deren transzendentale Basis: Grundvertrauen wird das genannt, ohne das es unmöglich ist, dass Menschen vertrauen, nicht vertrauen und misstrauen. Wo eines dieser Phänomene auftritt, liegt auch Grundvertrauen vor: Es ist mit ihnen gesetzt und tritt nicht neben ihnen auf, und es kann nur an ihnen und im Bezug auf sie und nicht unabhängig von ihnen analysiert werden. Es ist, mit anderen Worten, kein Phänomen, sondern die Bedingung der Möglichkeit einer bestimmten Gruppe von Phänomenen.

In diesem begründungstheoretischen Sinn lässt sich Grundvertrauen selbst weder erleben noch aufbauen noch zerstören: Es ist da als Möglichkeitsbedingung bestimmter Verhaltensweisen menschlichen Lebens, aber es ist nicht selbst eine solche Verhaltensweise. Grundvertrauen ist kein Faktum, das der Erklärung bedürftig ist, sondern das Grundvertrauen wird als Erklärung bestimmter Fakten angeführt: Menschen können vertrauen, nicht vertrauen oder misstrauen, weil sie Grundvertrauen haben.

Das ändert sich in anthropologischer Perspektive. Anthropologisch betrachtet hat dieses Grundvertrauen den Charakter einer

Disposition, die unter bestimmten Bedingungen aktiviert werden kann. Diese Disposition kann entweder so verstanden werden, dass sie im Lauf der Personentwicklung eines Menschen erworben wird: Alle werden als Menschen geboren, und manche erwerben aufgrund günstiger Sozialisationsbedingungen die personale Disposition des Grundvertrauens, die ihnen ermöglicht, als Menschen vertrauensvoll und damit menschlich mit anderen zusammenzuleben. Oder diese Disposition wird als Grundausstattung des Menschen als Menschen gedeutet, also als etwas, das mit dem Menschsein des Menschen notwendigerweise mitgesetzt ist: Wer Mensch ist, hat die (evolutionär zu erklärende) Disposition, vertrauen, nicht vertrauen und misstrauen zu können. Mensch sein heißt vertrauen können. Und ein Mensch wird zur Person, indem er diese Disposition in der Interaktion mit anderen aktiviert, also vertraut, nicht vertraut oder misstraut.[16]

16. Fundamentalvertrauen

Die *fundamentalanthropologische* Konzeption geht in diesem Sinn von einem Vertrauen aus, das als unhintergehbare Grundgegebenheit jedes menschlichen Lebens postuliert wird. Paul Moyart[17] beschreibt es folgendermaßen:

»Life is borne by a fundamental trust preceding every personal volition and not dependent on any rational justification. Human existence is anchored in a primordial trust neither in need of nor in search of grounds. Through this

[16] G. R. Jones/J. M. George, The Experience and Evolution of Trust: Implications for Cooperation and Teamwork, in: Academy of Management Review 23 (1998), 531–546; Chr. Snijders/G. Keren, Do *you* trust? *Whom* do you trust? *When* do you trust?, in: S. R. Thye u. a. (Hg.), Advances in Group Processes 18, Amsterdam 2001, 129–160.

[17] P. Moyart, On Faith and the Experience of Transcendence. An Existential Reflection on Negative Theology, in: I. N. Bulhof /L. ten Kate (Hg.) Flight form the Gods. Philosophical Perspectives on Negative Theology, New York 2000, 375–383.

faith, which in the strict sense is not an act of any autonomous ›I‹, the world in which we live always appears clothed with a certain evidence […].«[18]

Anders als bei der entwicklungspsychologischen Konzeption heißt es:

»This basic trust does not originate in some primal experience, where it would somehow show itself to consciousness for the first time. It has always been ours, from a past that has never been ›now‹ and can therefore never be recovered. We notice this trust only when it wavers or is shaken. We become aware of this natural self-evidence implicitly supporting us *only when it is no longer self-evident*, when it is on the verge of no longer supporting us, or no longer permitting us to begin again. Only someone who loses this basic trust truely experiences and understands that it is something we must have in order to live.«[19]

Solches Grundvertrauen ist weder Resultat einer Entscheidung noch ist es von uns zu kontrollieren.

»Just as it cannot be said that I decide autonomously for life, so likewise it cannot be said that I can decide and exercise control over this trust. Rather, it is this *trust* that can abandon or fall away from *me*, so that it is no longer given to me to believe in the possibility of continued faith. The initiative does not lie with the ›I‹. A confrontation with the potential fragility of trust leads to an awareness of the fact that this natural acceptance is in a certain sense not so natural after all – not so natural and thus in no way an objective characteristic of being. It is rather a ›gift‹: trust gives us the ability to involve ourselves in life and in the other. But, paradoxically, the gift appears only as gift when it begins to *withdraw*. It is misleading to say that we are attached to life because being is itself good. For us to experience being (life, creation) as good, it must first have already been given to us to do so. The natural light in which things appear to us is marked by something else, by the light of a more original gift over which the ›I‹ has no control. For the same sort of reason, it is also misleading to say that I, by my own power, affirm life. Every such personal affirmation depends first on a primordial ›*Bejahung*‹ (a yes-saying) that has alredy occured in me, preceding every personal initiative.

For those who lose this basic trust, nothing is self-evident anymore. Everything becomes alien and alienating, as occurs in schizophrenic delusion or paranoid suspicion. The isolated person is left to his or her own devic-

---

[18] Ebd., 377.

[19] Ebd., 377 f.

es, no longer able to participate in life or in the intersubjective exchange of meaning. She is also alone that she tries, albeit in vain, without a foundation in anything else – ex nihilo – to create a framework or order in which it is still possible to live. Only those who are born up by basic trust are *liberated* from themselves. They can participate in a shared framework of meaning: whatever they do derives its meaning from the self-evidence of the framework. The framework itself need not be created.«[20]

Grundvertrauen, so verstanden, wird also als Gabe charakterisiert, die uns von uns selbst oder zu uns selbst befreit, weil sie uns vor aller Aktivität unsererseits zukommt und diese überhaupt erst möglich macht: Wir machen uns nicht selbst, sondern wir leben von Vorgaben, die wir selbst weder produzieren noch garantieren können, ja die wir in unserem eigenen Erleben noch nicht einmal einholen müssen, damit sie für uns gelten. Sie gehören nicht in die Kategorie des Erlebens, sondern des Widerfahrens, nicht zu dem, was erst gilt, wenn wir es uns erlebend aneigenen, sondern zu dem, was uns eine solche Aneignung, aber auch ein Leben ohne eine solche Aneignung überhaupt erst ermöglicht. Dafür steht das, was *fundamentalanthropologisch* ›Fundamentalvertrauen‹ genannt wird: Fundamentalvertrauen ist ein Grundvollzug unseres Lebens, in dem wir uns nicht auf uns selbst und unsere Fähigkeiten und Möglichkeiten verlassen, sondern von dem her leben, was uns überhaupt erst zu eigenem Verhalten und Handeln befähigt – ob wir uns dazu erlebend verhalten (es also anerkennen) oder nicht. Es ist die Grundgegebenheit – nicht Grunderfahrung! – des Bejahtseins – ›Es ist gut, dass du bist‹[21] –, auf die wir uns auch dann verlässlich zu beziehen vermögen, wenn wir sie im eigenen Erleben nicht (mehr) einholen können.

Hier besteht die Hauptdifferenz zu dem, was Eilert Herms »Daseinsgewißheit« oder »absolute Selbstgewißheit« nennt (Glaube, in: ders., Offenbarung und Glaube, Tübingen 1992, 457–483, 464). Diese ist das unmittelbare Selbstgefühl des *»vorgängigen Gegebenseins der Person für sie selber«* (ebd., 463) und kann als »absolute Gewißheit [...] von einer Person nicht

[20] Ebd., 378.

[21] Und das ist etwas anderes als zu sagen: ›Es ist gut, wie du bist‹.

konsistent bezweifelt werden« (ebd. 479). Herms entfaltet diese grundlegende »Daseinsgewißheit« als »Selbst-, Welt- und Gottesgewißheit«, deren Anerkennung er im Anschluss an Friedrich Heinrich Jacobi »Glaube« nennt (ebd., 467 f.). Diese Gewissheiten sind ihm zufolge unbezweifelbar evidente Implikate der Grunderfahrung der Selbsterschlossenheit des individuellen Daseins, die gegeben, nicht erworben ist und als »absolute [...] Gewißheit von Personen nicht den Charakter von erworbenem Wissen [hat ...], sondern der unhintergehbare Ausgangspunkt für den Erwerb alles Wissens [ist]« (ebd., 468). In seiner Argumentation verknüpfen sich so transzendentale (Unbezweifelbarkeit) und empiristisch-pragmatistische Momente (unhintergehbares Selbstgefühl als »irresistible Zumutung [...] zur Selbstbestimmung durch Handeln« [ebd., 464]), die das ganze Konstrukt der ›Daseinsgewissheit‹ inkonsistent machen und scheitern lassen, weil diese ›Daseinsgewissheit‹ als Bedingung der Möglichkeit alles Erlebens und zugleich selbst als Erleben (Selbstgefühl) bestimmt wird, also in eins als Möglichkeitsbedingung und als dadurch bedingte Wirklichkeit verstanden wird.[22] Was uns widerfährt, kann aber nicht in das hinein aufgehoben werden, was wir erleben, und dass wir sind, obgleich wir auch nicht sein könnten, verdankt sich einer Widerfahrnis, die mit unserem Leben auch unser Erleben ermöglicht, aber nicht als Erleben konstruiert und verstanden werden kann. Gewiss zu sein, dass ich da bin, heisst, gewiss zu sein, dass ich auch dann da bin, wenn ich mir dessen nicht gewiss bin. Es ist eine kontingent-kontrafaktische Gewissheit, die nicht auf sich, sondern auf anderes, nicht auf das eigene Erleben, sondern auf ein diesem vorgängiges und es überhaupt erst ermöglichendes Widerfahren setzt – ein Widerfahren, das nicht in die Form eines Selbsturteils ›Ich bin‹, sondern nur in die Form eines Fremdurteils über mich gefasst werden kann ›Es ist gut, dass du bist‹.

Nicht im Sinn eines Grunderlebens oder einer Grunderfahrung also, wohl aber im Sinn der Grundgegebenheit des Bejahtseins – also als externes Urteil über mich – kann Fundamentalvertrauen in religiösem Kontext zur anthropologischen Anknüpfung und Manifestationsform von Gottvertrauen werden. Oder umgekehrt gesagt: ›Gottvertrauen‹ kann eine symbolisierende Konkretion und Fortbestimmung dessen sein, was als Fundamentalvertrauen im beschriebenen Sinn jedes menschliche Leben auszeichnet, auch

---

[22] Vgl. CHR. ZARNOW, Identität und Religion. Philosophische, soziologische, religionspsychologische und theologische Dimensionen des Identitätsbegriffs, Tübingen 2010, 49–56.

wenn nicht jedes menschliche Leben davon auch explizit bestimmt wird, weil nicht jeder Mensch – aus vielfältigen Gründen – auf diese Vorgabe des Bejahtseins in seinen Lebensvollzügen jederzeit auch im eigenen Erleben und Erfahren rekurriert oder rekurrieren kann.

17. Hintergrundvertrauen[23]

Wird das geschichtlich und lebensphänomenologisch gewendet, dann wird das fundamentalanthropologische ›Immer schon‹ als pragmatisches ›Vonwoher‹ geschichtlich konkretisiert. Es gibt kein Leben, das nicht in einer konkreten Situation und damit im Zusammenlaufen und Sichüberschneiden verschiedener Entwicklungslinien entstünde und gelebt würde. Jedes konkrete Leben hat daher einen bestimmten Hintergrund, ohne den es nicht das wäre, was es ist und werden kann, und dessen kontingente Gegebenheiten im Positiven wie im Negativen den Herkunftszusammenhang darstellen, der das werdende Leben und sein Werden zunächst und in mancher Hinsicht auf Dauer bestimmt. Man ist, wer man wird, und man wird, wer man von dem Hintergrund her, in den hinein man geboren wird, werden kann. Das ist nicht alles, was von einem Leben zu sagen ist, aber es ist etwas, was für jedes Leben gilt. Wir alle werden nicht nur in eine natürliche Umwelt geboren, sondern in eine soziale Mitwelt und mediale Kulturwelt. Wir haben zeitlich eine Vorwelt und werden selbst zum Vorläufer einer Nachwelt, die durch uns mitbestimmt wird. In diesem Gefüge von Einflüssen und Bedingtheiten bildet sich unser Leben, und ein wesentlicher Aspekt dessen, wie wir als Menschen konkret leben und leben können, wird durch den Hintergrund bestimmt, der sich bildet, indem unser Leben sich von ihm abhebt.

---

[23] Den Begriff ›Hintergrundvertrauen‹ verdanke ich Johannes Corrodi (mündlich), verwende ihn aber auf etwas andere Weise als er.

Zu diesem Hintergrund gehört stets eine *Vertrauenspragmatik*, also ein sozialer Horizont, in dem Menschen einander vertrauend, einander nicht vertrauend oder einander misstrauend zusammenleben. Keiner dieser Lebensmodi dominiert dabei in der Regel exklusiv, vielmehr werden sie im Blick auf bestimmte Personen (gruppen) oder Situationen unterschiedlich gelebt: Manchen vertraut man mehr als anderen. Manchmal, so weiß man aus Erfahrung, ist eher Misstrauen als Vertrauen angebracht. Und in vielen Fällen sieht man keinen Anlass, sich vertrauend oder misstrauisch anderen gegenüber zu verhalten. Alles kommt vor, und alles kann berechtigt oder unberechtigt sein, also aus gutem Grund so praktiziert werden oder aus einer falschen Einschätzung der Situation, in der und zu der man sich verhält.

Dieses komplexe Ineinander von Vertrauen, Nicht-Vertrauen und Misstrauen im Umgang der Menschen miteinander bildet den vertrauenspragmatischen Hintergrund, von dem her sich ein Leben entwickelt. Jedes Leben wird so in ein differenziertes Feld von Vertrauensverhältnissen hineingeboren, in denen es lernt, sich selbst vertrauend, nicht vertrauend oder misstrauend zu verhalten. Weil wir im konkreten Lebensprozess immer schon von gelingenden und misslingenden Vertrauensverhältnissen herkommen, können wir uns die Modi von vertrauensvollen, misstrauischen oder weder vertrauensvollen noch misstrauischen Lebensvollzügen aneignen, indem wir übernehmen und fortsetzen, wie andere sich uns oder anderen gegenüber verhalten (faktische Einübung in eine Vertrauenspragmatik), oder indem wir uns gerade anders verhalten, als sie es tun (kontrafaktische Ausbildung einer Vertrauenspragmatik). Das differenzierte Hintergrundvertrauen unserer konkreten Lebenssituation wird so zur Folie, vor der her oder auf die hin wir in unserem Leben die Möglichkeiten und Notwendigkeiten des Vertrauens eruieren und die Bereitschaft oder die Nichtbereitschaft ausbilden, anderen zu vertrauen. Grund unseres Vertrauens, Nichtvertrauens oder Misstrauens ist so ein vertrauenspragmatischer Hintergrund, der weder als anthropologische

Disposition richtig gefasst ist noch als fundamentalanthropologische Vorgegebenheit eines individuellen Lebens, sondern dessen konkrete geschichtliche Herkunft und pragmatischen Vollzugszusammenhang darstellt. Deshalb wird er auch nur so konkretisiert, dass Menschen in ihrem Leben auf bestimmte Weise zwischen Anlässen und Situationen zu unterscheiden lernen, in denen zu vertrauen, nicht zu vertrauen oder zu misstrauen angemessen ist. Vertrauenskompetenz in diesem Sinn ist nicht die Fähigkeit zu vertrauen, sondern die Fähigkeit, zwischen Situationen unterscheiden zu können, in denen Vertrauen, Misstrauen oder Nichtvertrauen die adäquate Einstellung ist.

IV. Grundvertrauen als Interpretationskategorie

18. Grundvertrauen als Fähigkeit?

Für alle vier Konzeptionen gilt nun allerdings, dass sie unter dem Titel ›Grundvertrauen‹ etwas in den Blick fassen, was sich nicht von selbst so zeigt, sondern retrospektiv von anderem her erschlossen, gesetzt oder benannt wird: Urvertrauen ist das entwicklungspsychologische Konstrukt einer Ur- oder Ausgangssituation, in der sich das bildet (oder eben nicht bildet), was im späteren Leben als Vertrauen gelebt (oder eben nicht gelebt) wird. Entsprechend ist Grundvertrauen als Vertrauensgrund etwas, auf das rekurriert wird, um das Auftreten von Vertrauen, Nichtvertrauen und Misstrauen im menschlichen Leben zu erklären. Auch das Fundamentalvertrauen ist etwas, was als Grundgabe an einen Menschen vor jeder Aktivität in seinem Leben gesetzt wird, um verständlich zu machen, dass wir in der Regel uns selbst, anderen und anderem in unserer Lebenswelt mit einer Vertrauensvorgabe begegnen und nicht primär mit Misstrauen oder ohne Vertrauen. Und schließlich stellt das Hintergrundvertrauen den konkreten pragmatischen Herkunftszusammenhang dar, ohne den sich die

Orientierungskompetenz der Unterscheidung von Vertrauen, Nichtvertrauen und Misstrauen als den jeweils situationsgerechten Modi des Verhaltens nicht ausbilden könnte. Was so als Urvertrauen, Vertrauensgrund, Fundamentalvertrauen oder Hintergrundvertrauen gefasst wird, ist also stets ein *retrospektives* oder *aposteriorisches Konstrukt*, das eingeführt, gesetzt oder postuliert wird, um etwas in gegenwärtigem Erleben und Verhalten verständlich zu machen oder zu erklären. Dabei werden zwei Wege beschritten.

Der erste *negationsphänomenologische* Weg geht entweder – im stärkeren Fall – von negativen Erfahrungen wie Angst, Schrecken, Horror oder Enttäuschungen aus, die als Anlass oder Auslöser der dagegen gesetzten Hoffnung auf eine kontrafaktische Alternative oder die Überwindung dieser Negativerfahrungen in einer positiven Gegenwirklichkeit grundlegenden Vertrauens und uneingeschränkter Verlässlichkeit dienen. Oder er geht – im schwächeren Fall – von der Erfahrung aus, dass etwas fehlt oder nicht funktioniert, das bisher nicht fehlte oder funktionierte oder bei anderen in entsprechenden Situationen da zu sein scheint. Dieses Fehlende oder Nichtfunktionierende wird ›Vertrauen‹ genannt, und von diesem Vertrauen wird gesagt, es sei ›nicht mehr‹ vorhanden oder funktioniere ›nicht mehr‹. Dabei wird in der Regel ausgeblendet, dass damit mehr gesagt wird, als die negative Erfahrung belegt: Dass etwas fehlt oder nicht funktioniert, muss ja nicht heißen, dass es bisher da war oder funktionierte, sondern kann ebenso anzeigen, dass jetzt ein Bedarf für etwas entstanden ist, der vorher nicht bestand. Mit ›Vertrauen‹ könnte das gemeint sein, mit dem man ein aufgetretenes Problem lösen oder beseitigen zu können meint, und nicht nur das, dessen Fehlen das Problem geschaffen hat. Nicht alles, was man braucht, war vorher schon vorhanden und fehlt jetzt. Eine Mangelsituation kann auf einen Verlust oder einen Bedarf an Vertrauen verweisen, aber nur im ersten Fall würde es sich nahelegen zu sagen, das jetzige Fehlen verweise auf ein früheres Vorhandensein von Vertrauen. Die Erfahrung eines Fehlens ist prinzipiell zweideutig und gerade deshalb keine zuverlässige Basis dafür, so etwas wie Grundvertrauen in irgendeiner der vier unterschiedenen Versionen zu postulieren.

Der zweite oder *begründungstheoretische* Weg geht deshalb anders vor. Er setzt nicht beim Fehlen, sondern beim Vorliegen von Vertrauen an, und er sucht dieses kontingente Faktum in einer Struktur zu begründen, ohne die es nicht möglich sein könnte. Grundvertrauen wird hier stets als Vertrauensgrund verstanden, also als das, was das Vorhandensein oder das Nichtvorhandensein von Vertrauen in bestimmten Situationen erklärt. Dass wir vertrauen, zeigt, dass es möglich ist, zu vertrauen. Diese Möglichkeit – das ist die Crux dieser Argumentation – muss nun aber keine menschliche Fähigkeit sein, zu vertrauen. ›Es ist möglich, dass ich vertraue‹ heißt nicht ›Ich bin fähig zu vertrauen‹. Es kann wahr sein, dass es möglich ist zu schwimmen (weil genügend Wasser im Becken ist), obwohl ich nicht fähig bin zu schwimmen (weil ich es nie gelernt habe). Andererseits kann von der Tatsache, dass ich schwimme, sowohl darauf geschlossen werden, dass es möglich ist zu schwimmen, als auch, dass ich fähig bin zu schwimmen. Das gilt aber nicht in allen scheinbar vergleichbaren Fällen. Wenn ich in einem Basketballspiel einen Korb werfe, ist es offensichtlich möglich, einen Korb zu werfen. Aber daraus folgt nicht, dass ich eine Fähigkeit habe, Körbe zu werfen, sondern nur, dass ich werfen kann und in diesem Basketballspiel einen Korb geworfen habe. Ich muss fähig sein zu werfen, um das tun zu können, aber nicht fähig, Körbe zu werfen: ›Ich werfe‹ zeigt eine Fähigkeit an: die des Werfens. ›Ich habe einen Korb geworfen‹ dagegen zeigt keine andere, sondern dieselbe Fähigkeit des Werfens an, mit deren Aktualisierung in einem Basketballspiel die dort gegebene Möglichkeit realisiert wird, drei Punkte durch einen Korbwurf zu erzielen. Während von einer Fähigkeit des Werfens gesprochen werden kann, kann nicht in der gleichen Weise auch von einer Fähigkeit des Körbewerfens gesprochen werden. Es mag ganz zufällig geschehen sein, oder als Resultat langen Übens, durch das ich mir eine bestimmte Fertigkeit erworben habe, die nicht jeder hat, der zu werfen vermag. Aber auch diese Fertigkeit ist nicht die, Körbe zu werfen, sondern einen Ball präzis auf einen Punkt zu werfen – einen Punkt, der ein Korb sein kann, aber nicht muss.

Überträgt man diese Überlegungen auf den Fall des Vertrauens, dann belegt die Tatsache, dass jemand vertraut, dass es möglich ist zu vertrauen, aber nicht ohne weiteres auch, dass es eine Fähigkeit oder Disposition gibt zu vertrauen. Dispositionen sind mit dem Charakter von jemandem oder etwas gegeben (natürliche Dispositionen wie die Löslichkeit von Zucker), oder sie können – als sekundäre Fertigkeiten – durch entsprechendes Üben praktisch erworben werden (wie die Fähigkeit zu schreiben). Im Fall des Vertrauens ist klar, dass es möglich ist, zu vertrauen, aber es scheint unklar zu sein, ob die Tatsache von Vertrauen auf eine grundlegende Gegebenheit menschlichen Lebens zu schließen erlaubt (Fundamentalvertrauen) oder eher auf eine in ursprünglichen Lebenssituationen erworbene Fähigkeit (Urvertrauen) oder auf den konkreten lebenspragmatischen Zusammenhang, in dem ein Leben ausgebildet und vollzogen wird (Hintergrundvertrauen) oder auf nichts von all dem. Genügt es nicht, leben zu können, um dann in bestimmten sozialen Situationen auf bestimmte Weise, nämlich vertrauensvoll, misstrauisch oder nicht vertrauend zu leben? Gehört Vertrauen zu den natürlichen oder erworbenen Fertigkeiten eines Menschen, oder sind Vertrauen, Misstrauen und Nichtvertrauen nicht vielmehr soziale Muster oder Verhaltensweisen, die in bestimmten Situationen angemessen, hilfreich, richtig oder klug sind und in anderen nicht? Ist der Ermöglichungsgrund von Vertrauen in anthropologischem Horizont zu suchen (als natürliche oder erworbene Fähigkeit von Menschen) oder nicht eher in soziologischem Horizont (als Verhaltensmodus in bestimmten sozialen Situationen)? Die Antwort auf die Frage nach dem Wesen und der Möglichkeit von Grundvertrauen wäre dann durch eine Analyse der Struktur und Modi sozialer Interaktion zu geben und nicht durch die Suche nach grundlegenden menschlichen Fähigkeiten.

19. Grundvertrauen oder Grundmisstrauen?

Ein weiteres Problem kommt hinzu. Soll man – und wenn ja mit welchen Gründen – davon ausgehen, dass Grundvertrauen das primäre ist und von einem Grundmisstrauen nur sekundär und abgeleitet gesprochen werden kann? Oder ist das Verhältnis eher umgekehrt zu beschreiben?[24] In Erik H. Eriksons Modell der psychosozialen Entwicklung in *Childhood and Society* (1950) ist der Erwerb von *basic trust* oder *Urvertrauen* in den ersten Monaten des Lebens der entscheidende Schritt für den zuversichtlich-vertrauenden Umgang eines Menschen mit anderen und mit der Welt im späteren Leben. Die unzureichende Ausbildung dieses Urvertrauens im Säuglingsalter kann zu Verhaltensauffälligkeiten überkompensierender Vertrauensseligkeit oder undifferenzierten und überzogenen Misstrauens anderen gegenüber führen. Erikson spricht deshalb auch von einem Kernkonflikt zwischen Urvertrauen und Urmisstrauen, insofern das Urmisstrauen einen lebenslänglichen Kontrapunkt zum Urvertrauen darstelle. Dieter Claessens[25] hat hat diesen Gedanken aufgenommen und vertieft. Ihm zufolge bildet sich der Gegensatz zwischen Urvertrauen und Urmisstrauen im ersten Lebensjahr, dem »extra-uterinen Frühjahr« eines Menschen erworben bzw. nicht erworben werden. In dieser »soziokulturellen Geburt« werde ein fortwirkendes »Vertrauen in Vertrauen« oder eben Misstrauen in Vertrauen grundgelegt, das einen Menschen ein Leben lang als Grundeinstellung begleitet und das zu korrigieren später schwer, wenn nicht unmöglich sei.

---

[24] Vgl. Hobbes' Verständnis des Misstrauens als einer basalen Leidenschaft. Siehe dazu: M. HARTMANN, Die Praxis des Vertrauens, 406–429.

[25] D. CLAESSENS, Familie und Wertsystem, Berlin ^{4}1979.

Nun könnte man fragen, ob wirklich Urvertrauen die basale Größe sei, das Urmisstrauen dagegen das Fehlen oder die Negation von Urvertrauen, oder ob Urvertrauen nicht von vornherein als Überwindung und Negation von Urmisstrauen zu verstehen sei. Ist das Urvertrauen grundlegend? Oder das Urmisstrauen? Oder ein von beiden zu unterscheidendes Ur-Nichtvertrauen? Wer meint, rein formal betrachtet könnte beides als Ausgangspunkt einer psychosozialen Entwicklung dienen, muss sich mit einem logischen und einem pragmatischen Einwand auseinandersetzen.

Der logische Einwand lautet, dass es nicht genügt, sich zur Entscheidung dieser Frage nur auf die logischen Prinzipien der doppelten Negation (¬[¬ p] ist äquivalent mit p), des ausgeschlossenen Dritten (p v ¬p) und des Satzes vom Widerspruch ¬(p & ¬p) zu berufen. Die doppelte Verneinung einer Aussage (¬[¬p]) hat nur in zweiwertigen Systemen denselben Wahrheitswert wie die unverneinte Aussage (p), und die Negation der Negation (¬p) einer Position (p) führt nur unter abstrakten Bedingungen zur Position (p) zurück. In konkreten Zusammenhängen, also dort, wo Zeit ins Spiel kommt und mitbedacht wird, dass der Akt der Setzung von p und der Akt der doppelten Negation ¬(¬p) zwei verschiedene Akte sind, ist die doppelte Negation etwas anderes als die ursprüngliche Position. Denn angenommen, wir bezeichnen die Negation von p, also ¬p, als q. Dann bezeichnet die Negation der Negation von p dasselbe wie ¬q. Aber während ¬q im Wahrheitswert mit p äquivalent ist, gilt das nicht auch in semantischer (Sinn) und ontologischer (Sein) Hinsicht: Die Setzung von p und die Negation von q sind auch dann verschieden, wenn q nur ein anderes Zeichen für ¬p ist. Hegel hatte in diesem Sinn betont, dass durch die Negation im allgemeinen und die doppelte Negation im besonderen nicht nur eine formale Operation ausgeführt wird, sondern eine neue Qualität entsteht, die sich vom Ausgangszustand deutlich unterscheidet. Die Negation des Nichtseins in der Empfängnis lässt Leben entstehen, das sich entwickelt, bis diese Entwicklung durch den Tod wieder negiert wird. Damit ist aber nicht der Ausgangszustand wieder hergestellt. Formallogische Operationen sind eines, realontologische Prozesse ein anderes: Sie verändern die Welt, während die Logik nur die Zeichen manipuliert, mit denen wir über die Welt sprechen – oder auch nicht.

Der pragmatische Einwand knüpft hier an. Die Behauptung der Äquivalenz von p und ¬(¬p) blendet aus, dass die Setzung von p und die Setzung von ¬(¬p) zwei verschiedene Akte sind. Egal, ob man mit p oder mit ¬p beginnt, in jedem Fall wird etwas anderes als im anderen Fall vollzogen. Ein Akt kann aber nur vollzogen werden von jemandem, der ist (und nicht nur möglich ist oder nicht ist). Eine Affirmation wie eine Negation setzen jemanden voraus, der sie vollzieht, sonst gibt es sie nicht. Muss in jedem Fall aber zunächst etwas gesetzt werden, das danach in einem zweiten Akt wieder aufgehoben wird, ist die bloße Setzung als solche ein positiver und kein negativer Akt; und das dabei Gesetzte ist nicht bloß die Affirmation p, sondern die damit vollzogene *Differenz* zwischen p und anderem, sei es q (konträrer Gegensatz) oder non-p (kontradiktorischer Gegensatz). Das erste ist in jedem Fall das Setzen einer Differenz, und da das Setzen dieser Differenz voraussetzt, dass der Setzende ist und nicht vielmehr nicht oder nur möglich ist, machen Affirmation und Negation pragmatisch eine gemeinsame Voraussetzung, die sich als Priorität des Seins vor dem Nichtsein beschreiben lässt: Nur wo etwas ist, kann etwas gesetzt (p) oder negiert (¬p) werden, und deshalb hat das Sein pragmatisch Priorität vor dem Nichtsein.

Hegel hatte diesen Sachverhalt im Blick, wenn er das Nichts, von dem sich das Anfangen absetzt, und das reine Nichts unterschied: »Es ist noch Nichts, und es soll Etwas werden. Der Anfang ist nicht das reine Nichts, sondern ein Nichts, von dem Etwas ausgehen soll; das Sein ist also auch schon im Anfang enthalten.«[26] Kein Prozess des Werdens geht vom reinen Nichts, sondern immer nur vom Nichts aus, das von einem Sein her retrospektiv als das bestimmt

---

[26] G. W. F. HEGEL, Wissenschaft der Logik I, Frankfurt a. M. 1986, 73.

wird, von dem dieses Sein herkommt. Die retrospektive Negation (›Jetzt ist p, aber früher war p noch nicht‹) und das reine Nichts sind nicht zu verwechseln. Wo etwas affirmiert oder negiert wird, ist schon Sein im Spiel. Nicht das reine Nichts, sondern das Nochnichtsein, das auf Sein hin angelegt ist, ist der Anfang des Werdens. Nur wo schon etwas ist, kann etwas werden: *Ex nihilo nihil fit*.

Anders gesagt: Die Negation ist immer ein zweiter, nicht der erste Schritt. Der erste Schritt ist immer etwas Positives, nämlich eine Setzung: *positiv* ist der Gegensatz von *negativ*, und ›positiv‹ kommt vom Lateinischen *positum* = gesetzt, platziert. Wird dieses Setzen *gegenständlich* gedacht, dann wird darunter verstanden, dass ETWAS gesetzt wird, und das Positum wird zum Datum, zum Gegebenen oder Seienden. Wird das Setzen dagegen zeichentheoretisch gedacht, dann wird ein UNTERSCHIED gesetzt, und das Positum wird zur Differenz, die semantisch verschieden interpretiert werden kann: p/q (propositional); da/dort (räumlich); jetzt/dann (zeitlich); Sein/Nichtsein (ontologisch) usf. Entscheidend sind dabei aber nicht die beiden unterschiedenen Seiten der Differenz (die können immer semantisch variabel bestimmt werden), sondern das Setzen der Differenz selbst: Ist die Differenz die Ur-Scheidung, dann gibt es keinen dritten Ort jenseits oder diesseits des so Unterschiedenen, sondern der Setzende muss sich im so Unterschiedenen selbst verorten können. Die Seite, auf der er sich verortet, ist die affirmierte Seite (p; da; jetzt; Sein) im Unterschied zur nicht affirmierten (q; dort; dann; Nichtsein). Indem der Setzende sich aber auf der Seite des Seins verortet, kommt es auf dieser Seite zum Wiederauftreten (*re-entry*) der Differenz, insofern *im Sein* (oder: hier und jetzt und nicht dort und dann) zwischen Sein und Nichtsein unterschieden wird. Anders gesagt: Sein und Nichtsein, Affirmation und Negation sind nicht einfach gleichwertig, sondern Sein und Affirmation werden gegenüber Nichtsein und Negation deshalb privilegiert, weil die *Unterscheidung* zwischen Sein und Nichtsein bzw. Affirmation und Negation nur von jemandem gemacht werden kann, der sich selbst auf Seiten des Seins (bzw. der Affirmation) und nicht des Nichtseins (bzw. der Negation) verortet. Nur wer ist, kann zwischen Sein und Nichtsein unterscheiden, und sofern das eine totale Unterscheidung ist, also keine dritte Möglichkeit erlaubt, ist der Unterscheidende selbst auf Seiten des Seins und nicht des Nichtseins loziert.

20. Modi des Grundvertrauens

Wendet man diese Überlegungen auf das Problem des Grundvertrauens an, dann ergeben sich folgende Möglichkeiten: Die Grunddifferenz zwischen Sein und Nichtsein wird durch ein *re-entry* der Differenz auf der Seite des Seins in der Differenz zwischen Wirklichkeit und Möglichkeit so fortbestimmt, dass Leben als wirklicher bzw. möglicher Vollzug des Seins, menschliches Leben als wirklicher bzw. möglicher Vollzug des Seins durch Menschen bestimmt werden kann. Grundvertrauen kann dann entweder als das verstanden werden, was in jedem wirklichen Lebensvollzug eines Menschen in Anspruch genommen wird, ohne dass es im Leben aufgebaut oder erworben würde (Fundamentalvertrauen); oder als das, was im wirklichen Lebensvollzug in der Frühphase des Lebens erworben werden muss, wenn dieses menschlich gelingen können soll (Urvertrauen); oder das, auf das man verweist, um verständlich zu machen, wie es im menschlichen Lebensvollzug sowohl Vertrauen als auch Nichtvertrauen und Misstrauen geben kann; oder das, von dem man als Hintergrund immer schon ausgeht, wenn man in konkreten Lebenssituationen vertrauend (vertrauensvoll), nicht vertrauend (ohne positive oder negative Vertrauenshaltung) oder misstrauend (misstrauisch) lebt. Dabei sind diese vier Möglichkeiten nicht notwendig alternativ, sondern können in verschiedener Weise kombiniert werden. Und sie bilden auch keine vollständige Disjunktion, sondern können durch weitere Vertrauensweisen ergänzt werden.

Versteht man Vertrauen nicht primär als Haltung oder Einstellung (Vertrauen) oder als Disposition zu einer solchen Haltung oder Einstellung (Vertrauenkönnen), sondern als einen bestimmten *Modus* des Lebens, in dem dieses so gelebt wird, dass man es als Gabe erlebt und lebt (vertrauensvolles Leben), dann ist das eine Manifestationsform von Fundamentalvertrauen. Versteht man Vertrauen als einen Lebensmodus, in dem man mit anderen bis zum Erweis des Gegenteils vertrauensvoll umgeht, dann ist das eine Manifestationsform von Urvertrauen. Versteht man es als einen Lebensmodus, der manchmal angebracht ist und manchmal nicht – nicht immer ist es richtig, sich vertrauensvoll zu verhalten, und nicht immer kann man sagen, es sei besser zu vertrauen als zu misstrauen –, dann ist Grundvertrauen die Antwort auf die Frage, welchen Grund der Vollzug von Vertrauen bzw. Nichtvertrauen oder Misstrauen in bestimmten Situationen habe, und damit eine bestimmte Aneignung, Fortsetzung oder Umbesetzung eines geschichtlich gegebenen Hintergrundvertrauens. Alle diese Gestalten des Grundvertrauens können so in bestimmten Hinsichten ins Spiel gebracht werden, ohne sich gegenseitig auszuschließen. Es ist deshalb von Fall zu Fall zu entscheiden, ob im Fall einer Fehl- oder Mangelerfahrung vorher etwas da war, was jetzt fehlt (frühkindliches Urvertrauen, das enttäuscht wurde), oder ob etwas nötig wird, wozu es bisher keine Notwendigkeit und keinen Anlass gab (Vertrauen in die Vertrauensbereitschaft anderer, mit denen man zu tun hat).

V. Grundvertrauen und Gottvertrauen

21. Gottvertrauen

An diesem Punkt wird immer wieder der Überschritt vom Thema des Grundvertrauens zu dem des Gottvertrauens gesucht.[27] Doch

[27] Vgl. M. Hartmann, Die Praxis des Vertrauens, 355–374.

die beiden Themenfelder sind zu unterscheiden. Gottvertrauen ist keine religiöse Version des Grundvertrauens und Grundvertrauen keine verdünnte Vor- oder säkulare Folgeform des Gottvertrauens, auch wenn dieses im Leben des Glaubens an die Stelle des Grundvertrauens treten mag und dessen Funktion übernehmen kann.[28] Denn während Grundvertrauen in all seinen skizzierten Verständnissen als eine Art fundierendes oder fungierendes Vertrauen[29] beschrieben wird, das positiv, affirmativ oder begründend auf praktisch gelebtes Vertrauen bezogen ist und auch dann noch bestehen kann, wenn andere Vertrauensarten zusammengebrochen sein mögen, ist Gottvertrauen stärker durch einen kontrafaktischen Charakter ausgezeichnet, also eher am Möglichen als am Wirklichen, genauer: an der Wirklichkeit des Möglichen orientiert.[30]

Simon Peng-Keller zitiert in diesem Zusammenhang[31] den spätmittelalterlichen Reimspruch »Ich geh, weiss nit, wohin. / Ich komm, weiss nit, von wo. / Ich bin, ich weiss nicht, was. / Mich wundert, dass ich so fröhlich bin.«[32] Die darin geäußerte Lebenszuversicht gründet nicht auf einer Einsicht oder einem Wissen um die eigene Identität oder das Woher und Wohin des eigenen

---

[28] Vgl. dazu die Dissertation von A. Lassak, Grundloses Vertrauen (theol. Diss. Zürich 2013).

[29] Vgl. M. Endress, Vertrauen, Bielefeld 2002; ders., Fungierendes Vertrauen – Eine prä-reflexive wie meta-reflexive Ressource. Vortragsmanuskript, gehalten in Berlin, Juni 2008.

[30] Vgl. I. U. Dalferth, In God We Trust: Trust, Mistrust and Distrust as Modes of Orientation, in: A. Grøn/C. Welz (Hg.), Trust, Sociality, Selfhood, Tübingen 2010, 135–152.

[31] S. Peng-Keller, ›Grundvertrauen‹ und ›basales Sicherheitserleben‹. Versuch einer Differenzierung, in: I. U. Dalferth/ders. (Hg.), Grundvertrauen. Hermeneutik eines Grenzphänomens, Leipzig 2013, 209–228, hier 225.

[32] In der Fassung »Ich leb und waiss nit, wie lang, / Ich stirb und waiss nit, wann, / Ich far und waiss nit, wohin, / Mich wundert, dass ich froelich bin.« wird er – wenn auch mit Vorbehalten – Martinus von Biberach zugeschrieben. Vgl. G. Dicke, Mich wundert, das ich so fröhlich bin. Ein Spruch in Gebrauch, in: W. Haug/B. Wachinger, Kleinstformen der Literatur, Tübingen 1994, 56–90.

Lebens. Es ist eine erstaunt registrierte Zuversicht, die angesichts der bekannten Ungewissheiten und Unsicherheiten den Charakter eines unerschütterten Grundvertrauens hat, über das sich der Sprecher dieses Spruchs selbst wundert. Das Grundvertrauen – von dem hier nicht ausdrücklich die Rede ist, sondern auf das allenfalls angespielt wird – scheint nicht tangiert durch das, was man nicht weiß und nicht versteht. Der Germanist Eberhard von Cranach hat diesen Spruch aufgenommen und weiter gedichtet:

> Woher ich komm', wohin gericht'
> mein dunkler Weg, ich weiß es nicht.
> Mein Leben noch, wie kurz, wie lang?
> Die Zukunft ungewiss und bang.
> Und all mein Tun so schnell vergeht
> wie dürre Spreu, vom Wind verweht.
> Das Ziel der Tod – des Lebens Sinn?
> Mich wundert's, dass ich fröhlich bin.
>
> Du weißt es nicht? Doch im Advent
> dem heilgen Christ die Kerze brennt.
> Woher du kommst? Aus Gottes Hand!
> Wohin du gehst? In jenes Land,
> aus dem der Stern herniederblinkt
> der Weihenacht, der Friede winkt.
> Denn Gott ward Mensch. Sein Wort allein
> kann dich befrein von Zweifels Pein
> und gibt dir Kraft. – Mein lieber Christ,
> mich wundert's, dass du traurig bist.[33]

In dieser – poetisch nicht gerade atemberaubenden – christlichen Um- und Weiterdichtung wird die Verwunderung über das eigene Grundvertrauen des spätmittelalterlichen Dichters als Ausdruck eines Nicht-Gott-Vertrauens gedeutet. Für den, der auf Gott vertraut, ist nicht die Fröhlichkeit angesichts all der Unsicherheiten im Leben der eigentliche Anlass zur Verwunderung, sondern gerade umgekehrt die Traurigkeit angesichts all des Guten, das – wie der Christ weiß – von Gott kommt. Nicht das sich als Fröhlichkeit manifestierende Grundvertrauen muss erklärt werden, sondern die verwunderliche Traurigkeit dessen, der aus Gottvertrauen lebt. Eberhard von Cranach steht hier in der Tradition Luthers, der diesen zeitgenössischen Sinnspruch schon 1533 in einer Predigt über Johannes 8,46–59 als gottlos kritisiert hatte: »Ich lebe, so lang Gott will, ich sterbe, wann und wie Gott

---

[33] Vgl. O. Raddatz, Motette ›... mich wundert's, daß du traurig bist‹, Mülheim/Ruhr 1957.

will, / ich fahr und weiß gewiß, wohin, / mich wundert, daß ich traurig bin!«[34] Im Horizont des Gottvertrauens ist nicht die Fröhlichkeit, sondern die Traurigkeit das Verwunderliche. Gottvertrauen und Grundvertrauen geben nicht verschiedene Antworten auf dieselbe Frage, sondern gehen von ganz verschiedenen Voraussetzungen aus und werfen daher auch ganz verschiedene Fragen auf.

Grundvertrauen ist ein Wirklichkeitsvertrauen, das prä- oder trans-epistemisch alles übersteigt, was man weiß oder zu wissen meint. Gottvertrauen dagegen ist ein Möglichkeitsvertrauen, das selbst dort, wo man sein Leben ganz anders erlebt, Bestand haben kann, weil es einen kontrafaktischen Grundzug hat, der sich bis zu dem Punkt zuspitzen kann, dass man gegen sich selbst und sein eigenes Erleben des Lebens auf den vertraut, dem man das Leben verdankt. Wie ›Grund‹ für das steht, was dem Gewohnten und Geordneten gegenüber den Einbrüchen des Ungewohnten und Ungeordneten Bestand verleiht, so steht ›Gott‹ für das, was unvorhersehbar und überraschend positiv in ein Leben hereinbricht und alles in ein neues Licht stellt. Grundvertrauen und Gottvertrauen weisen – so verstanden – daher nicht in dieselbe Richtung, sondern in verschiedene Richtungen. Sie sind keine Variationen desselben Themas, sondern verschiedene Themen, die nicht aufeinander zurückgeführt oder voneinander abgeleitet werden können.

22. *Existentielle Entscheidung zur Unterscheidung*

Aber es gibt noch eine weitere Möglichkeit, die sich vor allen im Anschluss an das pragmatisch-lebensphänomenologische Hintergrundvertrauen verständlich machen lässt. Grundvertrauen wird dann nicht als Wechselbegriff zu Gottvertrauen, sondern als eine Art *Metavertrauen* verstanden, das darauf vertraut, dass man anderen und sich selbst eher vertrauen als nicht vertrauen kann.[35]

---

[34] M. Luther, Predigt zum Sonntag Judica über Johannes 8,46–59, in: WA 37, 328f. Vgl. Peng-Keller, ›Grundvertrauen‹, 225.

[35] Das ist etwas anderes als dem Vertrauen zu vertrauen. Vgl. D. Gam-

Dieses Vertrauen ins Vertrauen ist aber offenkundig nur dann sinnvoll, wenn es begleitet wird von einem geschärften Bewusstsein für die Situationen, in denen Vertrauen angebracht ist oder eben nicht, so dass man sich eher nichtvertrauend oder misstrauisch verhalten sollte. Nicht die Ausbildung eines undifferenzierten Metavertrauens zum Vertrauen ist deshalb ein anzustrebendes Ziel menschlicher Vertrauenserziehung, sondern im Gegenteil die Ausbildung einer Differenzierungsfähigkeit im Blick auf Lebenssituationen, in denen Vertrauen bzw. Nichtvertrauen oder Misstrauen angebracht, möglich, sinnvoll oder abwegig ist. Wer hier nicht zu unterscheiden weiß, wird durch undifferenziertes Grundvertrauen die Qualität seines Lebens (und gegebenenfalls auch des Lebens anderer) nicht steigern, sondern dieses gefährden.

Der entscheidende Akt ist dann aber das *Setzen* der Differenz im Horizont eines Hintergrundvertrauens, das diese Setzung immer schon in bestimmter Konkretion vermittelt, während die semantische Deutung des so Differenzierten immer erst an zweiter Stelle kommt und als Entscheidung gefasst werden kann, eine bestimmte Sinn- und Deutungstradition fortzusetzen oder umzugestalten. *Dass* unterschieden wird, ist eines; *wie* unterschieden wird, ein anderes; und *wie* das Unterschiedene *benannt wird*, ein drittes.

Die Grundfrage des so verstandenen Grundvertrauens ist dann aber, welche Differenz gesetzt wird, wenn zwischen Grundvertrauen und anderem unterschieden wird. Die Antworten können verschieden ausfallen, wie wir gesehen haben. Gemeinsam ist ihnen nur eines: Nur wer von einer solchen Unterscheidung ausgeht, kann sich im Leben orientieren. Ohne sich zu orientieren aber kann man als Mensch nicht leben. Deshalb ist es unumgänglich, eine Unterscheidung zu setzen, die man nicht bloß semantisch lernt, sondern pragmatisch vollzieht – um dann zu sehen, ob sie sich bewährt oder nicht.

BETTA, Können wir dem Vertrauen vertrauen?, in: HARTMANN/OFFE, Vertrauen, 204–237.

Das Thema ›Grundvertrauen‹ benennt, so verstanden, keine besondere Form von Vertrauen, sondern verweist auf die existentielle Notwendigkeit, eine Unterscheidung zu setzen bzw. im Horizont einer schon gesetzten Unterscheidung zu leben, indem man diese sich aneignet und selbst praktiziert – im Blick auf den Umgang mit anderen (Mitwelt), mit anderem (Lebenswelt) und mit sich selbst (Selbstwelt). Wie diese Unterscheidung ausfällt, hängt an den Gegebenheiten, Möglichkeiten und Hintergründen der jeweiligen Situation, in der sie getroffen wird. Sie kann daher sehr verschieden ausfallen und nicht durchweg in positivem Sinn als ›Grundvertrauen ins Vertrauen‹ konzeptualisiert werden, sondern durchaus auch als Einübung in neutrales Verhalten oder als Praxis gezielten Misstrauens auftreten. So oder so gilt: »Wer unterscheidet, hat mehr vom Leben.«[36] Denn wer nicht in eine entsprechende Unterscheidungspraxis einbezogen ist und lernt, selbst so zu unterscheiden, wird es schwer haben, als Mensch menschlich zu leben.

23. *Vertrauen und Hoffen auf Gott*

Dass zwischen Grundvertrauen und Gottvertrauen zu unterscheiden ist, lässt sich auch theologisch verdeutlichen. Das Phänomen des Vertrauens und Hoffens auf Gott hat seinen Ort im Horizont der Lebensorientierung, nicht im Horizont der Erklärung bzw. der Erklärungsversuche des Lebens. Wie schon betont wurde, besteht eine wichtige Differenz zwischen dem *Vertrauen und Hoffen auf Menschen* und dem *Vertrauen und Hoffen auf Gott*. Diese Differenz prägt sich auch darin aus, dass das Vertrauen und Hoffen auf Gott in der christlichen Tradition in Bekenntnis, Gebet, Verkündigung und Gottesdienst eigene Praxisformen entwickelt hat. Ge-

[36] E. Jüngel, Ansprache zur Verleihung des Lucas-Preises 1994, in: Chr. Graf von Krockow, Wahrheit und Versöhnung: Über polnisch-deutsche Erfahrungen, Tübingen 1994, 27–49, hier 48.

rade weil das Gottvertrauen im Prinzip alles bestimmen und das ganze Leben orientieren sollte, ist es in seiner Eigentümlichkeit und seinem distinkten Charakter immer wieder besonders in Erinnerung zu rufen. Das geschieht im Gottesdienst, in dem die Eigentümlichkeit des Gottvertrauens als Grundorientierung des christlichen Lebens in der Gemeinschaftspraxis derer zur Darstellung gebracht wird, die sich zu Christus bekennen und diese Lebensorientierung in ihrer Gottes- und Nächstenliebe konkretisieren. Diese sind keine besonderen Aktivitäten oder Lebensweisen neben anderen, sondern der Modus oder die Art und Weise, in der Christen ihr ganzes Leben vor Gott vollziehen. Wo sie praktiziert werden, werden alle Lebensvollzüge, Aktivitäten und Lebensweisen durch sie geprägt. Denn christlich ist ein Leben dann, wenn alles, was ein menschliches Leben auszeichnet, nicht selbstisch, sondern selbstlos getan, erlitten und gelebt wird, Menschen in der Orientierung an Gottes Gegenwart also auch selbstlos lieben, vertrauen, hoffen und sich verlassen.

So verstanden ist Gottvertrauen kein (Grenz-)Fall des Vertrauens in Menschen, und auf Gott zu hoffen, ist kein (Grenz-)Fall des Hoffens auf Menschen. Es handelt sich vielmehr um verschiedene Arten des Hoffens und Vertrauens, die nicht aufeinander zurückgeführt werden können. Während ›vertrauen‹ logisch als eine dreistellige Relation analysiert werden kann (›x vertraut y in der Hinsicht z‹), fungiert ›Gottvertrauen‹ im christlichen Leben so, dass sein Sinn theologisch am besten erfasst wird, wenn man es als ein einstelliges Prädikat (›x hat Gottvertrauen‹) expliziert, das nur sekundär eine Aktivität von x (›x vertraut Gott‹), primär dagegen eine Aktivität Gottes zum Ausdruck bringt (›Gott macht sich x vertraut‹). Dass Gott sich den Menschen vertraut macht, ist die Bedingung der Möglichkeit menschlichen Gottvertrauens und geht aller menschlichen Aktivität des Gottvertrauens oder Gottnichtvertrauens voraus. Es gäbe kein Gottvertrauen, wenn es nicht möglich wäre, Gott zu vertrauen, weil Gott der ist, der sich von sich aus als vertrauenswürdig erweist.

Dass Gott das ist, versteht sich keineswegs von selbst. Gott wird vielmehr dadurch vertrauenswürdig, dass er sich als der erschließt, der sein Vertrauen in die Menschen setzt, ehe diese ihm vertrauen oder nicht vertrauen. Genau auf diesen vorgängigen Erweis von Gottes Vertrauenswürdigkeit bezieht sich der Glaube: Gott ist vertrauenswürdig, weil und insofern er sich selbst vertrauenswürdig macht, indem er den Menschen von sich aus uneingeschränkt Vertrauen entgegenbringt (sich also ›als Liebe‹ erweist) und diese so überhaupt erst fähig macht, Gott zu vertrauen oder nicht zu vertrauen. Menschliches Gottvertrauen (und dessen aktive Verweigerung) setzen göttliches Vertrauen in den Menschen voraus. Eben das ist es, was der Glaube wahrnimmt und worauf er setzt. Deshalb gibt es kein menschliches Gottvertrauen (*fiducia*), das nicht den Glauben an Gott (*fides*) voraussetzt, der Gott als den bekennt, der den Menschen zuerst vertraut.

Glaubensbestimmtes Gottvertrauen – also menschliches Gottvertrauen, das sich am Glauben ausrichtet, der Gott aufgrund seines vorgängigen Vertrauens in die Menschen als vertrauenswürdig kennt und bekennt – ist von anderer Art als das Vertrauen in andere Menschen. Menschen kann man mehr oder weniger vertrauen, Gott nur entweder ganz oder gar nicht. Wie Luther in der Auslegung des ersten Gebots im *Grossen Katechismus* betont: »ein Gott haben heißet etwas haben, darauf das Herz *gänzlich* trauet«.[37] Dieses gänzliche Vertrauen auf Gott ist kein Grenzfall des relativen, konditionalen und variablen Vertrauens in Menschen oder in Güter, Können oder Fähigkeiten wie »Geld und Gut«, »Kunst [= Gelehrsamkeit], Klugheit, Gewalt, Gunst, Freundschaft [= Verwandtschaft] und Ehre«.[38] Das würde Gott zum Extremfall des anderen und damit zum idealisierten Götzen machen, wie Luther es bei den »geistliche[n] Stände[n]« beklagt, die »aus Gott einen

[37] Kirchenamt der EKD (Hg.), Bekenntnisschriften der evangelisch-lutherischen Kirche (BSLK), Göttingen [13]2010, 562, 3 f. (meine Hervorhebung).

[38] BSLK 561, 11.40 f.

Götzen, ja einen Apfelgott gemachet und sich selbs fur Gott gehalten und aufgeworfen« haben, indem sie »Gott den Himmel abezuzwingen« suchen und darauf pochen, »wie viel [sie] gestiftet, gefastet, Messe gehalten« haben, »gerade als musste er [d. h. Gott] uns zu Dienst stehen und unser Schuldner, wir aber seine Lehenherrn sein«.[39]

Doch Gott ist nicht Gott, weil wir unser Vertrauen in ihn setzen, sondern unser Vertrauen richtet sich nur dann auf Gott, wenn es dem gilt, der uns von sich aus – umsonst und ohne dazu verpflichtet oder genötigt zu sein – sein Vertrauen schenkt.[40] Gott gehört nicht in die Skala dessen, dem wir mehr oder weniger vertrauen, auch nicht als der Extremfall, dem wir immer, uneingeschränkt und in jeder Hinsicht vertrauen. Zwar kann man christlich von Gott nicht reden, ohne vom Glauben an Gott, Vertrauen in Gott, Sichverlassen auf Gott und Hoffen auf Gott zu sprechen. Doch dieses Glauben, Vertrauen, Sichverlassen und Hoffen ist keine auf Gott ausgeweitete Haltung, die wir sonst Menschen oder Gütern gegenüber einnehmen. Im Horizont des Vertrauens und Hoffens auf Menschen und Güter gilt Luther zufolge vielmehr, »dass allein das Trauen und Glauben des Herzens beide macht, Gott und Abgott«.[41] Eben deshalb aber kann anhand der *fiducia* allein zwischen Gott und Abgott nicht verlässlich unterschieden werden, sondern nur im Rekurs auf den Glauben. Denn es gilt zwar: »Ist der Glaube und Vertrauen recht, so ist auch dein Gott recht; und wiederum, wo das Vertrauen falsch und unrecht ist, da ist auch der rechte Gott nicht«.[42] Aber nicht von ungefähr ist nur im ersten Glied des Satzes von *fides* und *fiducia* die Rede, im zweiten dagegen allein von der *fiducia*: Glaube und Vertrauen können recht sein, falsch und unrecht dagegen kann zwar das Vertrauen, aber nicht der Glaube sein. Der ist immer recht, oder es ist nicht Glaube. Das

---

[39] BSLK 564,43–565,14.

[40] BSLK 565, 7 f.

[41] BSLK 560, 16 f.

[42] BSLK 560, 17–21.

rechte und das falsche Vertrauen dagegen lassen sich nicht als solche, sondern nur im Bezug auf den Glauben an den rechten Gott unterscheiden, denn »die zwei gehören zu Haufe, Glaube und Gott«.[43] Das heißt, während das Vertrauen *recht oder falsch* sein kann, kann der Glaube *nur recht* sein oder es ist kein Glaube, sondern Aberglaube. Zwar gilt: »Worauf du nun (sage ich) dein Herz hängst und verlässest, das ist eigentlich dein Gott«.[44] Aber ob das eine oder andere der Fall ist, lässt sich im Horizont des Vertrauens allein nicht entscheiden: ›Mein Gott‹ als der, auf den ich mein Vertrauen setze, kann Gott oder ein Abgott sein.

24. *Ambivalenz des Vertrauens*

Das Vertrauen als Lebensphänomen bleibt daher stets ambivalent, und wird es noch so intensiv, uneingeschränkt, dauerhaft oder unerschütterlich gelebt: In all diesen Modi kann es auch falsch sein, wenn es sich nicht auf Gott, sondern auf einen Abgott richtet.

Das sieht auch Gerhard Ebeling, wenn er darauf hinweist, »daß in der Wendung ›Gott haben‹ das Haben allein als Glauben verstanden wird«, während es auch in der »abgöttischen Perversion [...] mit Vertrauen verbunden« ist:[45] Glaube richtet sich immer auf Gott, Vertrauen dagegen kann man auch in einen Abgott setzen. Doch dann verdunkelt er diese Einsicht und verwischt die richtig notierte Differenz zwischen Glauben und Vertrauen wieder, indem er den Glauben als »die schlechterdings lebensnotwendige Bewegung« auslegt, »in der der Mensch sich verläßt auf und sein Herz hängt an *das ihm Glaubhafte* [nicht: *an Gott*; oder: an das ihm *zu Recht* Glaubhafte!], von dem her er sich alles Guten versieht und zu dem hin er Zuflucht nimmt in allen Nöten«.[46] Das entscheidende Kriterium zur Unterscheidung zwischen Glauben und falschem Vertrauen meint er dementsprechend in der Art und Qualität des Vertrauens bzw. im ›reinen Glauben‹ finden zu können: »Es

---

[43] BSLK 560, 21 f.

[44] BSLK 560, 22–24.

[45] G. Ebeling, »Was heißt ein Gott haben oder was ist Gott?« Bemerkungen zu Luthers Auslegung des ersten Gebots im Großen Katechismus, in: ders., Wort und Glaube II, Tübingen 1969, 287–304, hier 302.

[46] Ebd., 303; meine Hervorhebung.

genügt allein schon das Gedankenexperiment, ob man denn auf Geld und Gut sein Vertrauen setzen würde und könnte, wenn man es so hätte, als hätte man es nicht«.[47] »Man braucht den Glauben [...] nur durch alle Situationen durchzukonjugieren, die in diese seine Definition mit inbegriffen sind, und dabei festzuhalten, daß wirklich Glauben gemeint ist und nicht ein Haben oder besser: allein ein solches Haben, das in reinem Glauben besteht«.[48] Luther war da vorsichtiger und einsichtiger: »man wird ihrer gar wenig finden, die guts Muts seien, nicht trauren noch klagen, wenn sie den Mammon nicht haben; es klebt und hängt der Natur an bis in die Gruben«.[49] Man kann sein ganzes Leben sein Vertrauen auf einen Abgott setzen, so dass man nicht an der Art und Weise des Vertrauens ablesen kann, ob man Gott glaubt oder Falschem vertraut, sein Herz also an Gott oder an einen Abgott hängt. Diese Differenz muss anders etabliert werden, wie Luthers Auslegung deutlich macht: durch Gottes Selbstauslegung in seinem Wort, das Menschen seine Gegenwart als »das einige ewige Gut« erschließt und zugänglich macht.[50]

Die *fiducia* ist kein rechtes Vertrauen, wenn sie ihren Gegenstand nicht mit dem »Herz ergreifet und an ihm hanget«, also »sich gänzlich auf ihn ver[läßt]«.[51] Doch entscheidend ist nicht die Entschiedenheit, Radikalität und Exklusivität des Sichverlassens (das ›sich gänzlich verlassen‹), sondern das »sich gänzlich *auf ihn* verlassen«,[52] nämlich auf den, der »uns von allem andern abwenden [will], das außer ihm ist, und zu sich ziehen, weil er das einige ewige Gut ist«.[53] Man kann sich bis zum Ende seiner Tage gänzlich auch auf einen Abgott verlassen, ohne in der Lage zu sein, sich durch kritische Gestaltung oder Prüfung des eigenen Vertrauens Gewissheit darüber zu verschaffen, ob man sein Herz tatsächlich an Gott und nicht an einen »Götzen« oder »Apfelgott«[54] hängt. Die entscheidende Aktivität – das ist die theologische Pointe von Luthers Kommentar – muss von Gott selbst ausgehen, der die

---

47 Ebd., 302.
48 Ebd., 303.
49 BSLK 561, 22–26.
50 BSLK 563, 13.
51 BSLK 563, 7–10.
52 BSLK 563 9f. (meine Hervorhebung).
53 BSLK 563, 10–13.
54 BSLK 565, 12f.

Menschen von anderem abwenden und zu sich ziehen will, nicht von den Menschen, die sich Gott zuwenden und sich auf ihn beziehen wollen. Wo Gott das tut, also die Kluft zwischen ihm und uns überbrückt, indem er so zu den Menschen kommt, dass sie ihm als dem ›einigen ewigen Gut‹ vertrauen können, kommen Menschen zum Glauben, und erst im Glauben lässt sich falsches von rechtem Vertrauen zuverlässig unterscheiden.

Man kann das auch so sagen: Erst wenn die *fiducia* mit der *fides* nicht gleichgesetzt oder verwechselt, sondern allein und ausschließlich durch die *fides* bestimmt wird, wird sie zum rechten Vertrauen (zur *fiducia recta et sincera*). Denn die *fides* ist stets Glaube an Gott, oder es liegt überhaupt kein Glaube, sondern Aberglaube vor. Glaube an Gott aber ist genau darin rechter Glaube, dass er dem gilt, der von sich aus sagt: »siehe zu und lasse mich alleine Deinen Gott sein und suche je keinen andern; das ist, was Dir manglet an Gutem, des versiehe Dich zu mir und suche es bei mir und, wo Du Unglück und Not leidest, kreuch und halte Dich zu mir. Ich, ich will Dir genug geben und aus aller Not helfen, laß nur Dein Herz an keinem andern hangen noch ruhen.«[55]

Natürlich ist auch diese direkte Gottesrede kein Phänomen, sondern eine Selbstauslegung des Glaubens, die mittels menschlicher Medien (Sprache) mitgeteilt wird und damit prinzipiell den kritischen Einwänden der Religionskritik ausgesetzt ist. Doch ohne dieses Wagnis gibt es keinen Glauben, und die Pointe von Luthers Argumentation ist unmissverständlich: Der Glaube richtet sich nicht auf das, was Menschen als Gott entwerfen und konzipieren, sondern auf den, der alles menschliche Entwerfen und Konzipieren von sich aus durchbricht und sich dem Menschen so zuspricht, dass er für diesen glaubwürdig wird, so dass dieser zum Glaubenden werden kann: »Ich bin der Herr dein Gott«. Deshalb liegt der Bezugspunkt des Glaubens stets *extra nos* und nicht *in nobis*, auch wenn wir uns nur durch die Medien unseres Vorstel-

---

[55] BSLK 560, 35–42.

lens, Denkens und Symbolisierens auf diesen Bezugspunkt des Glaubens (Gott) beziehen können. Dieser Bezugspunkt des Glaubens lässt sich auch nicht in der beschreibenden Sprache der dritten Person zureichend thematisieren, sondern nur in der bekennenden Sprache der zweiten Person: »Mein Herr und mein Gott«.[56] Gott (»Ich bin der Herr dein Gott«) und Glaube (»Mein Herr und mein Gott«) gehören unlöslich zusammen, weil nur im Glauben Gott als Gott artikulierbar wird, im Glauben aber auch der dies artikulierende Mensch als Glaubender und nicht nur unbestimmt als Mensch oder negativ bestimmt als Nichtglaubender spricht. Nur wo die *fiducia* durch diesen Glauben bestimmt ist, sich also auf den richtet, der den Menschen überhaupt erst zu dem macht, der er als Glaubender ist (*homo iustificatur fide*), richtet sie sich auf Gott und nicht nur auf einen Abgott.

25. Gottes vorgängiges Vertrauen

›Ich vertraue Gott‹ ist deshalb kein Einsetzungsfall von ›Ich vertraue x‹, wobei ›x‹ für Personen steht, und ›Ich hoffe auf Gott‹ ist kein Einsetzungsfall von ›Ich hoffe auf x‹. ›Ich vertraue Gott‹ heißt vielmehr ›Ich verlasse mich auf den, der mich zu dem macht, der ich bin‹, indem er sich mir so vergegenwärtigt, dass ich ihm uneingeschränkt vertrauen kann. Und ›Ich hoffe auf Gott‹ heißt ›Ich setze auf den, der mich nicht verlässt‹ – nicht nur hier und jetzt nicht verlässt, sondern niemals und unter keinen Umständen, weil er sich aus freien Stücken dazu bestimmt hat, unser Gott zu sein.

Anders als im Fall von Menschen gilt im Blick auf Gott deshalb, dass man Gott nicht vertrauen kann, ohne ihm uneingeschränkt

[56] Trinitätstheologische Ausdrucksweise bedient sich der Sprache der dritten Person, um in lehrhafter Sprache das zu formulieren, was im Bekenntnis in der Sprache der ersten und zweiten Person zum Ausdruck kommt. Sie wird deshalb missverstanden, wenn man sie als ›Gottestheorie‹ und nicht als Grammatik der Pragmatik des christlichen Gottesbekenntnisses versteht und auslegt.

und in jeder Hinsicht zu vertrauen, und dass man nicht auf Gott hoffen kann, ohne in jeder Hinsicht auf Gott zu hoffen. Denn damit bezieht man sich auf eine Vor-Gabe, ohne die es nichts gäbe, dem man vertrauen oder auf das man hoffen könnte: Gott wird nicht durch imaginative Generalisierung und Totalisierung menschlichen Vertrauens und Hoffens zum Gegenstand des Vertrauens und Hoffens von Menschen (das wäre ein anthropomorpher Fehlschluss), sondern allein dadurch, dass er sich vorgängig als vertrauens- und hoffnungswürdig erweist. Wer Gott vertraut, vertraut dem, der sein Vertrauen vorgängig in ihn gesetzt hat, obwohl es dafür keinen Grund gab, und wer auf Gott hofft, hofft auf den, der vorgängig seine Hoffnung auf ihn setzte, obwohl dafür nichts sprach. Allein im Bezug auf diese Vor-Gabe sind Vertrauen und Hoffen auf Gott von anderem Vertrauen und Hoffen zu unterscheiden, nicht im Blick auf den Charakter, die Qualität, Quantität, Vollzugsweise oder Praxis des Vertrauens und Hoffens. Und weil es allein der Glaube ist, der Gott aufgrund dieser Vor-Gabe Gott sein und ihn als Gott zur Geltung kommen lässt, sind Gottvertrauen und Hoffnung auf Gott keine eigenständigen Phänomene, sondern Modi des Glaubensvollzugs im Lebensprozess. Wer Gott vertraut, vertraut dem, den der Glaube als Gott anerkennt, und wer auf Gott hofft, hofft auf den, den der Glaube als Vater bekennt. Ohne Bezug auf den Glauben sind Gottvertrauen und Hoffen auf Gott nicht eindeutig zu identifizieren, der Glaube aber ist keine Gläubigkeit (weder *religio* noch *pietas* noch *credulitas*), sondern das zurecht bringende Gegenwärtigwerden Gottes im Leben von Menschen (*fides iustificans*).

Für sich genommen ist das Vertrauen und Hoffen von Menschen also nicht hinreichend, um zwischen dem Vertrauen in Gott und dem Vertrauen in einen Abgott zu unterscheiden. In beiden Fällen wird der Gottesgedanke (der Gedanke dessen, zu dem ich mich als ›meinem Gott‹ verhalte) im Schema des Vertrauens und Hoffens *personal* zugespitzt: Man kann nicht hoffen, ohne auf einen *ganz Bestimmten* zu hoffen, dem man die Fähigkeit zur Handlungsinitiative und damit Verantwortung und Personalität zuspricht, und man kann nicht vertrauen, wenn die Person, der man vertraut, keine Verhaltens- oder Handlungsalternativen hat, sich also nicht so oder auch anders verhalten könnte. Vertrauen ist ein Freiheitsphänomen, denn wo beim Adressaten des Vertrauens nicht mit der Fähigkeit zur Handlungsinitiative, mit Handlungsalternativen und damit auch mit der Möglichkeit des Andershandelns gerechnet werden kann, mag eine mehr oder weniger wahrscheinliche Erwartung vorliegen, aber kein Vertrauen. Hoffen dagegen ist ein Bestimmtheitsphänomen, denn wo nicht auf einen ganz Bestimmten gehofft wird, wird gar nicht gehofft, und ganz bestimmt ist ein handlungsfähiges Wesen nur dann, wenn es sich selbst bestimmt, also nicht nur von anderen auf etwas ganz Bestimmtes festgelegt wird, sondern sich selbst darauf festlegt.[57]

In diesem Sinn heißt auf Gott zu hoffen, auf den zu hoffen, der sich selbst so bestimmt, dass auf ihn gehofft werden kann. Und entsprechend heißt Gott zu vertrauen, dass man dem vertraut, der sich selbst so bestimmt, dass er vertrauenswürdig ist, und zwar nicht nur in dieser oder jener Hinsicht, sondern in jeder Hinsicht, weil diese Vertrauenswürdigkeit ganz in seiner Selbstbestimmung zum *Gott für uns* gründet. Die christliche Tradition bringt das dadurch zum Ausdruck, dass sie Gott mit Jesus als *Vater* anspricht, der als allmächtiger Gott auch anders sein könnte (aber dann eben auch nicht unser Gott wäre), aber sich selbst durch Christus und seinen Geist als *unser Vater* so bestimmt, dass Menschen ihm ver-

---

[57] Nur wo jemand sich selbst bestimmt (z. B. ›Ich bin dein Freund‹), ist die Differenz zwischen dem, wer und was jemand ist, und dem, wie und als was er bestimmt ist, eingezogen: Er ist, wie er sich bestimmt (mein Freund), und das ist wahr, wenn er sich so bestimmt, wie er ist, und jede andere oder weitere Bestimmung muss von dem so Bestimmten prädiziert werden (›Mein Freund schreibt mir …‹). Wird dagegen jemand von anderen bestimmt (›x ist der Freund von y‹), bleibt diese Differenz stets bestehen, das heißt, es kann immer sinnvoll gefragt werden, ob der, der als Q (d. h. ›als Freund von y‹) bestimmt wird, nicht auch noch etwas anderes ist oder sein kann als Q.

trauen und auf ihn hoffen – ganz und gar vertrauen und ganz uneingeschränkt auf ihn hoffen – können.

VI. Weisen der Lebensorientierung

26. Glaube und Unglaube

Im Glauben richten Menschen sich so auf Gott, wie dieser sich selbst bestimmt: als Vater aller Menschen, die eben deshalb als seine Kinder und Erben bestimmt werden. Sie bekennen das, indem sie sich zu dem bekennen, in dem Gottes Selbstbestimmung als unser Vater sich für uns erschließt: Jesus Christus. Und indem sie das bekennen, bekennen sie zugleich, dass sie nicht »aus eigener Vernunft noch Kraft an Jesum Christ, [ihren] Herrn, gläuben oder zu ihm kommen« können, sondern das allein dem zu verdanken haben, der sie »durchs Evangelion berufen, im rechten Glauben geheiliget und erhalten« hat: dem heiligen Geist.[58] Nicht Christen sind dementsprechend der Ursprung des Glaubens an Jesus Christus, sondern der Glaube an Jesus Christus ist der Ursprung des Christentums. In der Orientierung am Glauben an Gott, wie er im Bekenntnis zu Jesus als dem Christus zur Sprache kommt, wird menschliches Leben als christliches Leben vollzogen. Christliches Leben ist aber in keiner seiner geschichtlichen Gestalten mit dem Glauben an Gott gleichzusetzen, sondern stets an diesem Glauben als seiner Norm kritisch zu messen: Der Glaube an Jesus Christus ist als freie Gabe Gottes diejenige Konkretion des Glaubens an Gott, an dem sich alles christliche Glauben und Leben kritisch auszurichten hat.

Die Ausrichtung menschlichen Lebens am Glauben an Gott gibt auf die Orientierungsfragen des Lebens Antworten, die tiefer und grundsätzlicher ansetzen als der Verweis auf das Bestehen einer Vertrauens- und Hoffnungspraxis, ohne die menschliches Leben

---

[58] BSLK 511, 46–512, 5.

nicht als menschliches Leben denkbar wäre. Vertrauen und Hoffen sind Modi des Mitseins menschlichen Daseins, aber menschliches Dasein lässt sich – theologisch geurteilt – entweder *im Unglauben* oder *im Glauben* vollziehen, und es wird immer im einen oder im anderen Horizont vollzogen.[59]

Das ist ein theologisches Urteil, das sich nicht aus einer bloßen Beschreibung von Lebensphänomenen gewinnen lässt. Glaube und Unglaube sind keine kognitiven Vollzugsformen des Lebens, wie das doxastische Fürwahrhalten, noch besondere Weisen des gemeinsamen Lebensvollzugs, wie *fiducia* und *spes*, sondern *Modi des Daseins*, also bestimmte Weisen, als Mensch in allen Lebensvollzügen da zu sein und zu leben. Weil sie jeweils alles betrifft, markiert die Unterscheidung von Glaube und Unglaube keine phänomenale Differenz im menschlichen Leben, sondern beurteilt es unter dem Gesichtspunkt seiner Beziehung zu Gott bzw. genauer: seiner Beziehung zu Gottes Beziehung zu ihm, da Gott kein Phänomen im Leben ist, sondern derjenige, dem sich alles Leben verdankt. Im Blick auf diesen Gottesbezug lässt sich ein Leben theologisch als Leben *im Glauben* bzw. *im Unglauben* bestimmen, je nach dem, ob dieser Gottesbezug das Leben bestimmt oder nicht, der Gegenwart Gottes in den Lebensvollzügen also Rechnung getragen wird (glaubend gelebt wird) oder sie ignoriert wird (nichtglaubend gelebt wird). Wer glaubt, lebt und erlebt sein Leben als grundlose Gabe Gottes, wer sein Leben nicht so lebt und erlebt, glaubt nicht.

Beides, im Glauben (glaubend) und im Unglauben (nichtglaubend) zu leben manifestiert eine bestimmte Einstellung und Haltung zum Leben, aber weder das eine noch das andere manifestiert sich als ein besonderes Lebensphänomen unter oder neben anderen. Glaube und Unglaube sind keine emotionalen, kognitiven oder voluntativen Lebensvollzüge, sondern die existentiale Moda-

---

[59] Vgl. I. U. Dalferth, Ist glauben menschlich?, in: Denkströme. Journal der Sächsischen Akademie der Wissenschaften 8 (2012), 173–192.

lität, in der diese in theologischer Sicht vollzogen werden. *Existential* ist eine Modalität, wenn sie nicht das Was und Wie des Lebens, sondern dessen *Dass* qualifiziert und damit *die Art und Weise des Vollzugs menschlichen Lebens in dieser Welt überhaupt* betrifft, also alles prägt und bestimmt, was ein Mensch in seiner Umwelt, Mitwelt und Selbstwelt erlebt, wahrnimmt und tut. *Dass* wir leben, verdankt sich aber nicht unserer eigenen Entscheidung, und *wie* dieses Dass qualifiziert ist, auch nicht. Wer lebt, lebt allerdings immer zugleich auch in einem bestimmten Modus, und dieser betrifft sowohl das Dass seines Lebens (existentialer Modus) als auch – damit und dadurch – das Was und Wie seiner Lebensvollzüge.

Betrachtet man ein Leben theologisch, beurteilt sein Dass also im Blick auf seinen Bezug zu Gott, dem es sich verdankt, dann ist der *Unglaube* der faktische Existenzmodus menschlichen Lebens, der *Glaube* dagegen der – vom faktischen Leben her formuliert – kontrafaktische Existenzmodus. Die im Licht der theologischen Leitdifferenz Glaube/Unglaube bestimmte Modalität des Lebens charakterisiert als Modus des Dass auch dessen Vollzüge (Was und Wie), setzt also jeweils voraus, dass menschliches Leben in der einen oder anderen Bestimmtheit vollzogen wird: als Leben *vor Gott* wird es entweder als ein Leben *im Unglauben* oder *im Glauben* gelebt. Nicht unter Absehung vom Gottesbezug (Leben *coram deo*), sondern allein unter dem Gesichtspunkt von Gottes Wirken am und im menschlichen Leben, durch das dieses wird, was es werden kann, kann die Bestimmtheit menschlichen Lebens als *Unglaube* bzw. als *Glaube an Gott* thematisiert werden: Sie lässt sich nicht phänomenologisch am menschlichen Leben ablesen oder in diesem erweisen, sondern nur *in einem theologischen Urteil über dieses Leben zur Darstellung bringen.* Gottes Verhältnis zum menschlichen Leben ist kein Aspekt oder Moment dieses Lebens, sondern das, ohne das dieses nicht wäre, und damit zugleich der Gesichtspunkt, unter dem dieses Leben als Gott gegenüber offen oder verschlossen, als Leben im Glauben oder im Unglauben beurteilt werden kann.

Theologisch geurteilt, ist Gott allem Leben gegenwärtig (sonst wäre es nicht), und zwar auf mehr als eine Weise. Alles menschliche Leben in der Fülle und Verschiedenheit seiner Vollzugsformen vollzieht sich daher, theologisch im Licht der Leitdifferenz von Glaube und Unglaube beurteilt, im Existenzmodus des Unglaubens (nicht glaubend) oder des Glaubens (glaubend). Die Grammatik dieser Leitdifferenz sagt im Kern: Jeder Mensch lebt entweder im Unglauben oder im Glauben. Niemand lebt in keinem von beiden. Keiner lebt zugleich und in der gleichen Hinsicht in beiden. Niemand lebt im Glauben, der nicht aus dem Unglauben gekommen wäre.

All das sind keine am menschlichen Leben selbst gewonnenen oder von Einzelphänomenen im Leben her generalisierten Beschreibungen, sondern grammatische Aussagen über das menschliche Leben im Licht der Leitperspektive von Glaube und Unglaube. Als theologische Urteile gehen sie über das jeweils Beschreibbare und Beobachtbare am Leben in entscheidender Hinsicht hinaus, indem sie dieses *coram deo* verstehen und damit im Horizont eines Bezugs beurteilen, der auf das ganze Leben ein Licht wirft, ohne ein Moment des Lebens zu sein oder als Aspekt des Lebens in Erscheinung zu treten: Glaube und Unglaube sind – formal gesprochen – die theologisch bestimmten existentialen Modaloperatoren, die die ganze Reihe der Vollzüge eines menschlichen Lebens qualifizieren, aber sie sind nicht selbst bestimmte Lebensvollzüge in dieser Reihe. Sie qualifizieren jeweils alles, aber sie gehören nicht selbst zu dem, was sie qualifizieren.

Es ist deshalb entscheidend, die spezifische Grammatik des Gebrauchs dieser theologischen Modaloperatoren menschlichen Lebens zu beachten und diese nicht mit Lebensphänomenen wie Vertrauen oder Hoffen zu verwechseln oder an und aus Lebensphänomenen selbst gewinnen zu wollen: Glaube und Unglaube sind keine besonderen Vollzüge menschlichen Lebens, sondern eine modale Qualifizierung aller Lebensvollzüge im Licht des christlich verstandenen Gottesbezugs. Sie sind *Modi der Existenz* vor

Gott, nicht wie Vertrauen, Mißtrauen oder Nichtvertrauen *Modi menschlichen Lebensvollzugs*. Deshalb ist der Gebrauch dieser Modaloperatoren in der christlichen Theologie auch in bestimmter Weise geregelt, die zu beachten ist. Nur vom Glauben her kann zwischen Unglauben und Glauben unterschieden werden, nicht aber vom Unglauben her. Der Vollzug menschlichen Lebens im Unglauben ist sich nicht als solcher einsichtig: Vom Unglauben aus lässt sich Unglaube nicht gegen Glauben abgrenzen, weil Unglaube sich selbst gar nicht als Unglauben sehen und bestimmen kann, sondern allenfalls als ein anderer ›Glaube‹. Zum Leben im Glauben dagegen gehört, dass dieses sich im Prinzip seiner selbst einsichtig zu werden vermag. Denn Glaube ist stets und ausschließlich *Glaube an Gott*. Er glaubt Gott als den, dem er sich selbst als seinem von ihm verschiedenen Grund verdankt, und er unterscheidet sich eben dadurch von Unglaube und Aberglaube, die nicht an Gott oder nicht so an Gott oder an etwas anderes als Gott glauben, so dass das Leben unter ihrer Vorgabe in einer anderen Grundeinstellung vollzogen wird.

27. Glaube und Vertrauen

Glaube ist ein theologischer Modaloperator, Vertrauen nicht: Der erste ist theologisch bestimmt (Glaube *an Gott*), das zweite ist theologisch immer erst zu bestimmen, indem es am Glauben und nicht am Aber- oder Unglauben ausgerichtet wird.

Das wird deutlich, wenn wir das mit ›Glaube‹ und ›Vertrauen‹ Gemeinte im Blick auf den Vollzug menschlichen Daseins konkretisieren. Menschliches Dasein ist nicht nur mögliches, sondern konkret situiertes Sein (Da-Sein), und da ist es nur, insofern es in einer Situation mit anderem und anderen (*coram mundo*) als es selbst (*coram seipso*) vor Gott (*coram deo*) vollzogen wird. Kein Mensch ist konkret da, der nicht mit anderem und anderen in einer bestimmten Welt lebt (Weltverhältnis), sich von anderem und anderen als er selbst unterscheidet (Selbstverhältnis) und in seinem Welt- und Selbstverhältnis *coram deo*, im Horizont des schöpferischen Wirkens Gottes, situiert ist (Gottesverhältnis). Ohne diese Situierung könnte menschliches Dasein weder *coram mundo* noch *coram seipso* vollzogen werden, aufgrund dieser Situierung aber muss es nicht nur *coram mundo* und *coram seipso*, sondern immer auch *coram deo* vollzogen werden: Dass wir leben, ist nicht notwendig, aber wenn wir leben, ist es notwendig, unser Leben zu vollziehen – im Weltverhältnis (*coram mundo*), als Selbstverhältnis (*coram seipso*) und im Verhalten zum Gottesverhältnis (*coram deo*).

Weltverhältnis, Selbstverhältnis und Gottesverhältnis sind keine drei Konkretionsfälle desselben Verhältnisses, sondern drei irreduzibel verschiedene Verhältnisse, die zusammen das Da konstituieren, an dem sich menschliches Leben vollzieht: Wir leben in wechselnden *Situationen* (Weltverhältnis); diese sind *unsere* Situationen aufgrund unserer Unterscheidung von ihnen und Beziehung zu ihnen (Selbstverhältnis); und *dass* wir in diesen Situationen so leben und leben können, verdankt sich dem, durch den bzw. das wir so da sind (Gottesverhältnis). Die drei Verhältnisse sind also nicht nur verschieden, sondern stehen auch in einer bestimmten Ordnung: Ohne Gottesverhältnis könnte es kein Welt- und Selbstverhältnis geben; nur in der Welt kann sich ein Selbstverhältnis ausbilden; nur im Horizont des Selbstverhältnisses kann zwischen Weltverhältnis, Selbstverhältnis und Gottesverhältnis unterschieden werden; und so muss auch unterschieden werden, wo ein menschliches Selbstverhältnis sich selbst durchsichtig zu werden versucht.

Der Grund dafür liegt darin, dass menschliches Dasein nicht vollzogen werden kann, ohne sich zu seiner Situation zu verhalten: Menschen können nicht leben, ohne sich – bewußt oder faktisch – zu dem Ort zu verhalten, an dem sie leben. Das gilt für alle drei Grundverhältnisse, die das Da menschlichen Seins bestimmen, für das Weltverhältnis nicht weniger als für das Selbstverhältnis und das Gottesverhältnis. Während sich aber das Welt- und Selbstverhältnis in einer Vielzahl abgestufter Formen des Mehr oder Weniger, der grösseren oder kleineren Ausbreitung und der schwächeren oder stärkeren Intensität vollziehen lassen, gibt es im

Blick auf das Gottesverhältnis aufgrund der prinzipiellen Differenz Gottes von den Phänomenen der Welt und des Selbst (Gott ist kein Phänomen, das in Stufungen des Mehr oder Weniger auftreten könnte) sowie der existentiellen Unmöglichkeit, neutral vor Gott zu leben (es gibt kein Da, an dem wir uns in unserer Welt nicht zu Gott verhalten würden) nur zwei Grundformen, in denen sich Menschen zu ihrem Ort vor Gott verhalten können: Entweder sie ignorieren Gottes Verhältnis zu ihnen, oder sie tun das nicht. Das erste wird theologisch *Unglaube*, das zweite *Glaube* genannt. Diese beiden Möglichkeiten sind ohne Alternative (es gibt keinen Menschen, der lebt, und nicht entweder im Glauben oder im Unglauben lebt), aber sie sind keine symmetrischen Optionen, zwischen denen man sich entscheiden könnte. Während niemand leben kann, ohne es im Unglauben oder im Glauben zu tun, kann man leben, ohne zu glauben, also im Unglauben leben, ohne das zu wissen oder zu merken. Gewusst oder bemerkt wird es allein vom Glauben aus, so dass der Wechsel vom Unglauben zum Glauben die Bedingung der Möglichkeit dafür ist, vom Unglauben sprechen zu können: Niemand lebt, ohne entweder im Unglauben oder im Glauben zu leben. Niemand lebt im Glauben, ohne vom Unglauben zum Glauben gewechselt zu sein. Und niemand vollzieht diesen Wechsel von sich aus. Zu diesem Wechsel gibt es keinen Anlass, wenn man nicht weiß, dass man im Unglauben lebt, weil man den Glauben nicht kennt. Und zu diesem Wechsel ist man nicht fähig, selbst wenn man auf die Möglichkeit des Glaubens aufmerksam wurde, weil man den Ort des Unglaubens nicht von sich aus verlassen kann. Niemand wechselt daher von sich aus vom Unglauben zum Glauben, selbst wenn das möglich wäre. Nur vom Leben im Glauben her lässt sich das Leben im Unglauben thematisieren, und zu diesem Leben muss einem passiv verholfen werden, weil man sich selbst aktiv nicht dazu verhelfen kann.

Was vom Glauben gilt, gilt so nicht auch vom Vertrauen und Hoffen. Vertrauen und hoffen kann man im Glauben oder im Unglauben, aber Vertrauen und Hoffen sind keine Wege, um vom Unglauben zum Glauben zu gelangen. Keine Intensivierung des Vertrauens oder Hoffens führt vom Unglauben zum Glauben, sondern sie führt allenfalls zu blindem Vertrauen (*credulitas*) und grundlosem Hoffen (*illusio*). Hoffen und Vertrauen sind Orientierungsmodi des Daseins, das als Mitsein (Sein mit anderen) vollzogen wird. Weil dieser Vollzug immer im Glauben oder im Unglauben stattfindet, charakterisieren Hoffen und Vertrauen den Vollzug des Lebens im Unglauben und im Glauben, sie präformieren im Unglauben aber nicht das, was im Glauben zum Zug kommt: Vertrauen ist keine Vorform des Gottvertrauens unter Bedingungen des Unglaubens, und Hoffen keine Vorform des Hoffens auf Gott im Unglauben. Im Glauben wird vielmehr ein anderer Blick auch auf das gewonnen, was im – sich selbst so nicht durchsichtigen – Leben im Unglauben als Vertrauen und Hoffen gelebt wird.

Dieser andere Blick macht deutlich, dass der entscheidende Grund allen Vertrauens und Hoffens nicht in dem liegt, was Menschen aufgrund des ihnen empirisch oder historisch Möglichen tun oder nicht tun, sondern in dem, was diese Möglichkeiten ermöglicht, indem sie ihnen als Möglichkeiten so zugespielt werden, dass sie sich dazu nicht nicht verhalten können, sondern vertrauend oder nicht vertrauend bzw. hoffend oder nicht hoffend verhalten müssen: Gottes zuvorkommendes Vertrauen und Hoffen auf die Menschen, ohne die es menschliches Vertrauen und Hoffen mit ihren vielfachen Vorformen und Fehlformen nicht gäbe. ›Gott‹ wird christlich eben der genannt, der den Praxiszusammenhang des Vertrauens und Hoffens initiiert, indem er allen voraus den Menschen vertraut und allen voraus auf sie seine Hoffnung setzt.

28. Ausrichtung des Vertrauens am Glauben

Diese göttliche Vor-Gabe ist kein Lebensphänomen, nach dem empirisch zu suchen sinnvoll wäre. Wird ›Gott‹ so verstanden, dann verweist das vielmehr auf die Regel, wie man sich im Feld der meist ambivalenten und manchmal ganz eindeutig negativen Vertrauens-, Misstrauens- und Nichtvertrauensphänomene bzw. Hoffnungs-, Enttäuschungs- und Nichthoffnungsphänomene dieses Lebens orientieren und verhalten soll. Diese Regel manifestiert den Gott-Horizont des Lebens, erinnert also daran, dass dieses unter der Vor-Gabe einer göttlichen Vertrauens- und Hoffnungsgabe verstanden und gelebt wird. Nur in diesem Horizont kann man wider alle Hoffnung hoffen (und nicht nur weiterleben) und trotz aller Vertrauensenttäuschung vertrauen (und nicht nur planen und kalkulieren). Vertrauen ist eine Gabe, die man nur hat, wenn man sie weitergibt. Würde uns nicht vertraut, dann könnten wir nicht vertrauen, und würde keine Hoffnung auf uns gesetzt, dann gäbe es keinen Grund, trotz Enttäuschungen weiter zu vertrauen und wider alle dagegen sprechende Erfahrung dennoch zu hoffen. Die Struktur der Hoffnung ist eben nicht, wie Ernst Bloch meinte, das ›noch nicht, aber dann‹, sondern gerade umgekehrt die Zuversicht, dass die Wahrheit dessen wirksam werden wird, was schon längst begonnen hat. Die Hoffnung richtet sich in der Gegenwart auf die Zukunft, aber der Grund der Hoffnung liegt in der Vergangenheit. Die Wahrheit macht frei, nicht die Hoffnung auf die Wahrheit. Und die Wahrheit macht frei, indem sich der als vertrauenswürdig erweist, auf den Menschen auch dann hoffen können, wenn ihr Vertrauen enttäuscht wird. Christen hoffen gegen verlorenes Vertrauen, und sie vertrauen trotz aller Enttäuschung, indem sie nicht auf Menschen, sondern auf Gott hoffen.

Wird die *fiducia* am Glauben an Gott ausgerichtet, dann ist sie keine *credulitas*, sondern das Vertrauen auf den, der uns vertraut, und das Hoffen auf den, der uns nicht aus seiner Hoffnung entlässt. Beides wäre eine bloße Setzung, wenn es nicht das vorgängige Wirken dessen gäbe, dem Christen als ihrem Gott und Vater danken, weil er der Gott und Vater aller Menschen sein will. Der Glaube bringt sich nicht selbst hervor, indem geglaubt wird, sondern der Grund und Ursprung des Glaubens ist sein Gegenstand. Setzt der Glaube sein Vertrauen und seine Hoffnung nicht auf den, dem er sich selbst verdankt, dann ist er Unglaube und Aberglaube.

Jeder wahre Glaube aber verdankt sich dem, dem sich auch der wahre Glaube eines jeden anderen verdankt. Deshalb kann der eigene Glaube nicht gegen den der anderen ausgespielt werden, sondern beide manifestieren dieselbe Wahrheit: Der Glaube ist der Modus, in dem jeder Mensch sein Leben vor Gott so führt, dass er sein Leben an diesem Ort als Gabe Gottes versteht und sich diesem gegenüber dankbar verhält.

In diesem Glauben zu leben ist wesentlich ein Gemeinschaftsphänomen, aber nicht in dem Sinn, dass er sich einer Gemeinschaft verdankte, sondern dass sich die Gemeinschaft der Glaubenden ihm verdankt. Der Wechsel vom Unglauben zum Glauben konstituiert Menschen als die Gemeinschaft derer, die in der Gewissheit leben, dass Gott ihnen vertraut, und die eben deshalb auf Gott als den hoffen, der ihnen auch dann vertraut, wenn sie selbst und von sich aus Gott nicht vertrauen – nicht mehr oder noch nicht. Nicht ihr Vertrauen macht Gott, sondern Gottes Vertrauen in sie macht sie zu Glaubenden. Gottes Vertrauen aber gilt allen Menschen, nicht nur denen, die Glaubende werden. Christen leben ihren Glauben dementsprechend auf christliche Weise, wenn sie Gott so vertrauen, wie dieser sich vertrauenswürdig macht: als guter Vater aller, der jeden Menschen zu seinem Erben machen will. Während sie aber ihren Glauben im Vertrauen auf Gott christlich leben, richtet sich ihr Glaube nicht auf einen besonderen Christengott, sondern auf den, der allein Gott ist und sich auf vertrauenswürdige Weise als Gott und Vater aller erschließt. Vertrauen ist deshalb nicht dasselbe wie Glaube, sondern ein Modus des Lebens im Glauben: derjenige Modus, in dem Menschen Gott als Gott anerkennen und ihre ganze Hoffnung auf Gott setzen.

So praktiziert kann Vertrauen in Gott als *Vertrauen wider alle Evidenz* und Hoffnung auf Gott als *Hoffen wider alle Erfahrung* gelebt werden. Sie stehen für eine kritische Lebensorientierung, die trotz aller enttäuschenden Erfahrungen angesichts der ambivalenten Wirklichkeit von Vertrauen, Misstrauen und Nichtvertrauen im Zusammenleben der Menschen kontrafaktisch auf die kreative und Neues eröffnende Möglichkeit und Macht des Vertrauens setzt, indem sie wider alle Erfahrung und Enttäuschung im Leben auf den hofft, der den Menschen vertraut, auch wenn es dafür keinen guten Grund gibt.

I. Mitmenschlichkeit. Vertrauen als Phänomen gelebten Glaubens

I. Vertrauen ist menschlich

1. Vertrauen und Gottvertrauen

Wir haben gesehen: Wer vertraut, verlässt sich – auf *andere*, auf deren Stärke, Einsicht, Charakter, Verlässlichkeit, auf *etwas*, auf die Wahrheit von Aussagen, die Richtigkeit von Angaben, die Redlichkeit von Auskünften, die Geltung von Regeln, oder *auf sich selbst*, die eigene Stärke, die eigenen Möglichkeiten, die eigenen Fähigkeiten, das eigene Können und Vermögen. Sich auf sich selbst zu verlassen, ist freilich eine paradoxe Form des Vertrauens: Man geht aus sich heraus, um bei sich zu bleiben. Man sieht von sich ab, um dann doch nicht auf andere, sondern auf sich selbst zu setzen. Manchmal mag das wie selbstverständlich geschehen. Aber nicht immer. In den interessanten Fällen ist gerade in Frage gestellt, ob man das anstehende Problem selbst meistert und ohne die Hilfe anderer zu Rande kommt. Gegen diese Infragestellung bringt man zum Ausdruck, dass man sich selbst zutraut, damit fertig zu werden. Man hat das Selbstvertrauen, die Sache selbst in Angriff zu nehmen oder gut zu Ende zu führen. Man verlässt sich nicht auf andere, sondern setzt auf sich selbst.

Das geht nicht immer gut. Dann braucht man andere, um das zu bewältigen, was man alleine nicht vermag. Das ist nicht die Ausnahme, sondern die Regel. Menschen sind keine solitären, sondern soziale Wesen. Sie leben zusammen, und dieses Zusammenleben wird vom Nebeneinanderher zum Miteinander, wenn sie sich vertrauen und gegenseitig aufeinander verlassen (können).

Ohne Vertrauen versagen die Kommunikations- und Interaktionsbeziehungen, auf die menschliches Zusammenleben angewiesen ist. Wo nicht mehr kommuniziert und interagiert wird, können komplexe Aufgaben nicht bewältigt werden und lösen sich Gemeinschaften auf, und wo nicht mehr vertraut werden kann, wird nicht mehr kommuniziert und interagiert. Deshalb ist Vertrauen eine so kostbares soziales Gut, mit dem man vorsichtig umgehen muss.

Allerdings kann Vertrauen nicht gesondert gepflegt und als solches praktiziert werden. Vertrauen ist nichts, was für sich und als solches auftreten würde. Es tritt stets an und mit anderem in Erscheinung, in der Art und Weise, wie etwas getan, gelebt, praktiziert wird, als Modus des Verhaltens, Kommunizierens, Interagierens. Das Wort ›vertrauen‹ ist im Deutschen grammatikalisch ein Verb, aber es ist nicht als Bezeichnung einer Tätigkeit, sondern als Adverb zu verstehen. Vertrauen ist kein besonderes Tun (›A vertraut B‹), sondern eine bestimmte Weise, etwas zu tun (›A geht vertrauensvoll mit B um‹, ›A arbeitet vertrauensvoll mit B zusammen‹). Wo dieser Modus fehlt, wo nicht vertrauensvoll miteinander umgegangen und nicht verlässlich gehandelt wird, bricht früher oder später die Kommunikation und Interaktion ganz zusammen. Man traut sich nicht (mehr), weil man dem anderen nicht traut, und deshalb tut man auch nichts mehr zusammen.

Das gilt auch für das Gottvertrauen. Auch Vertrauen auf Gott ist ein menschliches Lebensphänomen, das sich nicht in Gestalt besonderer Tätigkeiten und Verhaltensweisen fassen lässt, sondern zunächst und grundlegend als eine bestimmte Weise, sein Leben zu führen. Wer Gott vertraut, vollzieht sein ganzes Leben auf eine bestimmte Weise – nämlich in der Orientierung an Gott. Das ist immer das, was man für Gott hält oder als Gott glaubt, ob man es nun so nennt oder nicht, ob man eine explizite Form von Gottesverehrung praktiziert (also religiös lebt) oder nicht (also nicht religiös lebt) oder das ausdrücklich bestreitet, vermeidet oder gar bekämpft (also gegenreligiös lebt). In ganz formalem Sinn ist alles woran man sein Leben in dieser grundlegenden und alles andere qualifizierenden Weise ausrichtet, der ›Gott‹, an dem man sich orientiert. Nicht alles, was so fungiert und fungieren kann, ist allerdings auch in Wahrheit Gott, also derjenige, der nicht Gott ist, weil man sich an ihm orientiert, sondern an dem man sich orientiert, weil er Gott ist. Denn wahrhaft Gott ist nur der, der als einziger verdient, dass man sich an ihm in allen Lebenslagen orientiert, und verdient hat das nur der, der selbst der Grund dafür ist, dass das geschieht, der also nicht nur verehrt wird, sondern der um seiner selbst willen verehrt wird, weil er sich selbst so erschließt, dass man sein Leben uneingeschränkt an ihm ausrichten und ihm vertrauen, sich auf ihn verlassen und auf ihn hoffen kann.

Innerhalb der Fundamentalorientierung eines Lebens tritt daher die Frage nach der Unterscheidbarkeit auf zwischen dem, woran man sich als Gott orientiert (faktische Lebensorientierung), und dem, an dem man sich so orientieren *sollte*, weil er es als einziger wahrhaft verdient, dass alle sich so an ihm orientieren (christliche Lebensorientierung). Im Horizont und mit den deskriptiven Mitteln eines Religionsvergleichs bzw. einer vergleichenden Evaluation fundamentaler menschlicher Lebensorientierungen ist das nicht zu leisten. Sie können allenfalls in einer Ordnung des Mehr oder Weniger resultieren, also das, was der Fall ist, in bestimmter Weise beschreiben, aber daraus nicht das gewinnen, was in Wahrheit sein soll. Die Wahrheit ist nicht durch ein Mehr oder Weniger von Irrtum und Unwahrheit verschieden, sondern deren strikter Gegensatz. Und die Orientierung an dem, der als einziger um seiner selbst willen verdient, dass man sich an ihm orientiert, ist kein besonderer Fall auf der Orientierungsskala dessen, an dem Menschen ihr Leben faktisch ausrichten (Sein), sondern derjenige, an dem sie sich ausrichten sollen (Sollen). Dieses Sollen lässt sich in keiner Verlängerung des Seins finden, sondern tritt diesem in all seinen Verfassungen, Formen und Gestalten immer wieder als das Andere entgegen, das sich auf kein Sein reduzieren lässt (Wirklichkeit), sondern sich von diesem im Sein als

Sollen unterscheidet (Wahrheit). Nur wo diese Differenz wahrgenommen wird, erschließt sich die Möglichkeit, sich im faktischen Leben (Sein) verlässlich an der Wahrheit (Sollen) zu orientieren. Das kann im Sein nur geschehen, sofern sich das Sollen davon unterscheidet. Der Grund der Möglichkeit solcher Lebensorientierung ist daher nicht im Sein (Wirklichkeit), sondern im Sollen (Wahrheit) zu suchen.

Möglich ist eine Orientierung an Gott und nicht nur an dem, was man für Gott hält, also nur, sofern Gott sich selbst so erschließt, dass man ihn nicht mit irgend etwas anderem verwechseln, sondern sich an ihm verlässlich orientieren kann. Das ist der Punkt, an dem Christen von ›Gottes Wort‹ sprechen, durch das ihrer Überzeugung zufolge eben das geschehen ist und geschieht.

›Wort Gottes‹ fungiert im christlichen Denken als integrative Metapher für das Offenbarungsgeschehen, durch das Gott sich *als* Gott (Wort) so *für* die Menschen erschließt, dass er als der verstehbar wird, der sich aus freien Stücken für sie und zu ihrem Besten als ihr Gott verstehbar macht: Gott ist der, der sich in seinem Wort als Gott verständlich macht (*genetivus auctoris*). Gott ist der, der in seinem Wort für sich und andere als Gott verständlich wird (*genetivus obiectivus*). Und Gott ist der, der durch sein Wort sich selbst versteht und sich so für andere als Gott verständlich erschließt (*genetivus receptivus*). ›Wort Gottes‹ wird dieser Prozess genannt, weil Gott nur durch Gott selbst als Gott verstanden werden kann und das Wort die Metapher dafür ist, für sich und andere als etwas Bestimmtes verständlich zu werden. Die Metapher ›Wort Gottes‹ meint insofern einen Prozess, in dem Gott sich im *verbum aeternum* (Logos) als Gott so verstehbar macht (Leitdifferenz *Gott/Wort* Gottes bzw. *Vater/Sohn*), dass dieses ewige Wort im *verbum personale* (Jesus Christus) geschichtliche Wirklichkeit für die Menschen wird (Leitdifferenz *Schöpfer/Schöpfung*) und diese geschichtliche Verwirklichung ihrerseits anhand des *verbum externum* der Evangeliumsverkündigung immer wieder so vergegenwärtigt wird (Leitdifferenz *Damals/Heute*), dass es durch das *verbum internum*, durch das der Geist den Glauben wirkt, als Gottes Selbsterschließung als Gott für die Menschen anerkannt, bestätigt und bekräftigt wird (Leitdifferenz *Innen/Aussen*). Der Glaube richtet sich daher auf die Wahrheit des Evangeliums, in dem sich vergegenwärtigt, dass Gottes ewiges Wort, in dem sich Gott als Gott offenbart, in Jesus Christus für die Menschen zugänglich und verständlich wird. ›Gottes Wort‹ ist so die theologische Metapher für eine dreifache Wiederholung: Gott wiederholt sich ewig *als Gott* (*verbum aeternum*) und wird dadurch *verständlich* als Gott; Gott wiederholt seine ewige Wiederholung *für die Menschen* auf geschichtliche Weise (*verbum personale*) und wird dadurch *für diese* verständlich als Gott; Gott wiederholt diese geschichtliche Wiederholung für die Menschen im Evangelium so, dass sie einerseits in der Kommunikation des Evangeliums durch Menschen *für jeden* zugänglich und *mit jedem* gleichzeitig wird, der dieses Wort hört (*verbum externum*), und dass diese Kommunikation des Evangeliums andererseits durch den Geist als wahr bekräftigt und als die gegenwärtige Wiederholung der geschichtlichen Wiederholung der ewigen Wiederholung Gottes und damit als dessen Selbstoffenbarung *im Glauben* bestätigt und anerkannt wird (*verbum internum*). Kein Moment dieses Prozesses für sich genommen ist das ›Wort Gottes‹, sondern dieser ganze Prozess insgesamt, der immer wieder neu wiederholt, dass Gott der ist, der sich durch sich für andere als Gott selbst verständlich macht, wie im Glauben, der sich Gott selbst verdankt, anerkannt und bestätigt wird.

Im Horizont dieses Glaubens kann man Gott vertrauen, indem man sein Leben auf eine bestimmte Weise führt. Diese Weise lässt sich thematisieren, und diese Thematisierung kann ihrerseits zu einer bestimmten Tätigkeitsform ausgestaltet werden, wie es im christlichen Gottesdienst geschieht, und als eine bestimmte Lebensweise reflektiert werden, wie es die christliche Theologie tut. Aber was dort praktisch bzw. theoretisch als Gottvertrauen thematisiert wird, ist keine besondere Tätigkeit neben und unter anderen, sondern die bestimmte Art und Weise, in der Menschen ihr ganzes Leben vollziehen, wenn sie christlich leben. Gottvertrauen ist ein Lebensphänomen, eine bestimmte Weise, sein Leben zusammen mit anderen Menschen in der Orientierung daran zu leben, wie Gott sich in dieser Welt verständlich erschließt. Aber es ist nicht das einzige Vertrauensphänomen im menschlichen Leben, und nicht alle Menschen vertrauen auf Gott. Allerdings dürfte es keinen Menschen geben, der nicht irgendjemandem oder auf irgendetwas zumindest manchmal vertraut. Vertrauen, so scheint es, ist menschlich. Aber was heißt hier ›menschlich‹? Und was sagt man, wenn man sagt, vertrauen sei menschlich?

2. *Vertrauen als Lebensphänomen*

Wer vertraut, vertraut konkret – in bestimmten Situationen, auf bestimmte Weise, in bestimmte Personen. Auch wer Vertrauen versteht, versteht es konkret – als etwas Bestimmtes, in bestimmtem Horizont, von bestimmtem Standpunkt aus. Ohne Horizont gibt es nichts, was sich verstehen ließe, und ohne Standpunkt gibt es keinen Horizont. Nur von einem Standpunkt aus und in dessen Horizont kann Vertrauen als etwas Bestimmtes verstanden werden. Standpunkte aber können wechseln, Horizonte variieren mit Standpunkten, und deshalb kann Vertrauen auf mehr als nur eine Weise als etwas Bestimmtes verstanden werden.

Der Horizont, in dem wir Vertrauen in der Regel zu verstehen suchen, ist das menschliche Leben. Wir fassen Vertrauen als ein Lebensphänomen in den Blick, ein Phänomen im Leben Einzelner (individuelles Vertrauen) und im Leben von Gemeinschaften (soziales Vertrauen). Dass Vertrauen ein Phänomen des menschlichen Lebens ist, werden wenige bestreiten wollen, auch wenn nicht alle unter ›vertrauen‹ das gleiche oder gar dasselbe verstehen. Um welches Phänomen es konkret geht, kann von Fall zu Fall mit guten Gründen strittig sein, und wie dieses Phänomen jeweils zu verstehen ist auch. Unstrittig aber ist meist, dass es um ein Lebensphänomen geht, und zwar um ein charakteristisches Phänomen des menschlichen Lebens.

Damit ist weder behauptet, dass es Vertrauen nicht auch in anderem, nichtmenschlichem Leben geben könne (etwa bei Tieren oder bei Gott), noch dass es menschliches Leben ohne Vertrauen nicht geben könnte (dass Vertrauen also ein notwendiger Zug menschlichen Lebens wäre). Menschliches Leben wird nicht immer und überall vertrauend gelebt, und es ist nicht ausgemacht, dass das, was mit ›vertrauen‹ gemeint wird, auf menschliches Leben beschränkt ist.

3. *Menschliches Leben*

Nun ist die Wendung ›menschliches Leben‹ allerdings mehrdeutig. Zum einen kann sie das Leben von Menschen meinen im Unterschied zu dem anderer Lebewesen (Leitdifferenz *menschlich/nichtmenschlich*), zum anderen ein menschliches Leben von Menschen im Unterschied zu einem unmenschlichen (Leitdifferenz *menschlich/unmenschlich*). Im ersten Fall geht es um die Menschheit (wie Kant sagt) bzw. das *Menschsein* des Menschen (das, was Menschen zu Menschen macht), im zweiten um das Menschlichsein bzw. die *Menschlichkeit* von Menschen (das, was Menschen menschlich macht). Beides kann unterschiedlich entwickelt werden. So wird das Menschsein von Menschen von der Antike bis zur Neuzeit in zwei unterschiedlichen Horizonten bestimmt, insofern die Kategorie des Nichtmenschlichen in die des Göttlichen (Differenz *Gott/Mensch*) und des Tierischen (Differenz *Mensch/Tier*) unterschieden werden kann. Und auch die Menschlichkeit von Menschen wird unterschiedlich bestimmt, je nach dem, ob unter der Negation des Menschlichen das Unmenschliche (das, was dem Menschlichen widerspricht) oder das Nichtmenschliche (das, was nicht menschlich und nicht unmenschlich ist) verstanden wird. Denn Unmensch ist der, der aufgehört hat, Mensch zu sein und als Mensch zu leben, sei es, weil er sich selbst zum Unmenschen macht, indem er sich anderen gegenüber unmenschlich verhält, sei es, indem er zum Unmenschen gemacht wird, indem andere sich ihm gegenüber so verhalten, dass er weder menschlich noch nichtmenschlich leben kann. Nicht jeder, der nicht menschlich lebt, lebt unmenschlich. Er kann auch eben das tun, was gesagt wird: nicht menschlich leben. Er lebt als Mensch nicht auf menschliche Weise, ohne deshalb ein Unmensch zu sein.

Dabei ist eine interessante Asymmetrie zu beachten. Im ersten Fall wird die Wendung ›menschliches Leben‹ als ›Leben eines Menschen‹ verstanden und das damit Gemeinte dadurch präzisiert, dass das Menschsein anhand seines Kontrastbezugs zu Göttlichem und/oder Tierischem bestimmt wird. Im zweiten Fall wird die Wendung ›menschliches Leben‹ dagegen als ›menschliches Leben eines Menschen‹ verstanden und das damit Gemeinte dadurch präzisiert, dass die Menschlichkeit eines Menschen anhand des Kontrastbezugs zur Nichtmenschlichkeit und Unmenschlichkeit von Menschen bestimmt wird. Nicht menschlich lebt ein Mensch, der sich anderen oder sich selbst gegenüber weder menschlich noch unmenschlich verhält, die Menschheit der anderen und seine eigene Menschheit also weder achtet noch sie aktiv beschädigt und bekämpft. Menschlich dagegen lebt ein Mensch, wenn er sich anderen oder sich selbst gegenüber weder unmenschlich (faktisch oder absichtlich menschenverachtend) noch nichtmenschlich (die Menschheit bei anderen und bei sich nicht achtend) verhält. Während die Leitdifferenz zur Bestimmung des Menschseins daher ein strenger Dual ist (*Mensch/Nichtmensch* bzw. *menschlich/nichtmenschlich*), ist die Leitdifferenz zur Bestimmung der Menschlichkeit ein Trial (*menschlich/nichtmenschlich/unmenschlich*) und damit ähnlich strukturiert wie die des Vertrauens (*Vertrauen/Nichtvertrauen/Misstrauen* bzw. *trust/distrust/mistrust*).

Unter Bedingungen der Neuzeit wird das Menschsein in der Regel nicht im Rekurs auf die metaphysische Unterscheidung von Mensch und Gott am Leitfaden der Unterscheidung endlich/unendlich o.ä. bestimmt, sondern anhand der natürlichen (physischen) bzw. biologischen Differenz zwischen Mensch und Tier, wie sie klassisch in der philosophischen Definition des Menschen als *animal rationale* zum Ausdruck kommt: Der Mensch teilt mit anderen Lebewesen die Animalität (er ist wie sie ein leiblich-endliches Lebewesen), aber er unterscheidet sich von ihnen durch seine Rationalität (er ist anders als sie ein Lebewesen, das über Vernunft verfügt).

Beides stellt sich bei genauerer Betrachtung als problematischer heraus, als oft gesehen wird. Auf der einen Seite ist die Animalität keine biologische Gemeinsamkeit, die Menschen mit anderen Tieren als gemeinsame Natur teilen, sondern der Mensch lebt seine biologische Natur auf seine Weise und die Tiere ihre auf ihre Weise. »Schon als Tier hat der Mensch Sprache«, wie Johann Gottfried Herder betonte.[1] Deshalb unterscheiden sich Menschen schon in ihrem Tiersein von anderen Tieren und nicht erst in ihrer Rationalität, und sie sind schon in ihrem Tiersein durch ihre Rationalität geprägt und nicht erst im Kontrast zu diesem. Auf der anderen Seite ist auch die Rationalität bzw. Vernunft kein klar bestimmbares Unterscheidungsmerkmal zwischen Mensch und Tier. Auch andere Tiere haben ihre Form von Bewusstsein und ihre Art von Rationalität, und manche Tiere sind in mancher Hinsicht Menschen darin ähnlicher als diese es untereinander sind. Weder benennt die Animalität daher die biologische Gemeinsamkeit von Mensch und Tier (das, was Mensch und Tier biologisch teilen), noch die Rationalität die anthropologische Verschiedenheit (das, was den Menschen als Menschen vom Tier als Tier unterscheidet). Beides kann beides manifestieren, und deshalb kann die Differenz zwischen Mensch und Tier nie absolut, sondern im Blick auf die Phänomene der (wie auch immer bestimmten) Animalität und der (wie auch immer gefassten) Rationalität stets nur relativ bestimmt werden. Wir sind den Tieren biologisch näher und anthropologisch ferner, als wir es uns oft zugestehen.

4. *Menschlichkeit*

Geht es nicht um die Bestimmung des Menschseins, sondern der Menschlichkeit des Menschen, genügt es nicht, auf die biologische Differenz zwischen Mensch und Tier zu rekurrieren – wie immer diese bestimmt wird. Zur Debatte steht dann vielmehr die anthropologische Differenz zwischen einem menschlichen, nichtmenschlichen und unmenschlichen Leben von Menschen. Menschlich ist

---

1 J. G. Herder, Abhandlung über dem Ursprung der Sprache, hg. v. H. D. Irmscher, Hamburg 1986, 7 (im Original kursiv).

ein Leben nicht schon dadurch, dass es das Leben eines Menschen und nicht eines anderen Tieres ist (biologische Differenz *Mensch/Tier*), sondern erst dadurch, dass ein Mensch sein Menschsein auf menschliche Weise lebt (anthropologische Differenz *menschliches/nichtmenschliches/unmenschliches* Leben). Was aber macht das Leben eines Menschen zu einem menschlichen Leben?

Eine Antwort darauf – nicht die einzige und keine vollständige oder hinreichende – ist der Verweis auf Vertrauen. Kein Mensch lebt menschlich, wenn es kein Vertrauen in seinem Leben gibt, wenn ihm also von anderen nicht vertraut wird (zugesprochene bzw. zugemutete Vertrauenswürdigkeit oder erlebtes Vertrauen) und er anderen nicht vertraut bzw. vertrauen kann (Zuspruch bzw. Zumutung von Vertrauenswürdigkeit oder gelebtes Vertrauen). Erlebtes und gelebtes Vertrauen sind Kennzeichen eines menschlich gelebten Lebens. Das eine bindet ein in eine menschliche Gemeinschaft (erlebtes Vertrauen), insofern einem von anderen Vertrauen geschenkt und Vertrauenswürdigkeit zugemutet wird. Das andere eröffnet die Chance zu einem menschlichen Zusammenleben (gelebtes Vertrauen), insofern man anderen Vertrauen entgegenbringt und sie für vertrauenswürdig hält – jedenfalls bis zum Erweis des Gegenteils. Das Vertrauen mag enttäuscht werden und ein menschliches Zusammenleben in diesem Fall nicht zustande kommen. Aber wem niemand vertraut, der verkümmert in seinem Menschsein. Und wer anderen nicht vertraut, der bringt damit nicht nur seine Einschätzung ihrer Vertrauenswürdigkeit zum Ausdruck, sondern sein Urteil über ihre Menschlichkeit. Er bestreitet nicht, dass sie Menschen sind, aber er behandelt sie als Menschen, mit denen man nicht menschlich zusammenleben kann, weil ihnen – aus welchen Gründen auch immer – nicht zu vertrauen ist. Dieses Urteil mag falsch sein und aus einer Täuschung resultieren, und es kann sich auch wieder ändern oder korrigieren lassen. Aber so oder so bringt es die nicht von ungefähr verbreitete Überzeugung zum Ausdruck, dass ein Mensch menschlich lebt, wenn es erlebtes und gelebtes Vertrauen in seinem Leben gibt, nicht menschlich oder unmenschlich dagegen, wenn es das nicht gibt oder gar aktiv bestritten und verweigert wird. Kein Mensch muss auf – vernünftig, also nicht blind, sondern situationsgerecht – vertrauende Weise leben, aber jeder kann es, und nur wer es tut, weil ihm von anderen die Möglichkeit geboten wird, es zu tun, lebt menschlich. Umgekehrt muss man keinem Menschen vertrauen, aber nur wenn man es nicht nur tun kann, sondern im konkreten Fall auch tut – bzw. mit Gründen nicht tut –, verhält man sich menschlich und behandelt andere menschlich. Dazu gehört durchaus, dass man sich und anderen Grenzen setzt, also nicht leichtsinnig und an falschem Ort vertraut oder vorschnell und ohne guten Grund nicht vertraut. Auch Vertrauen muss den Umständen entsprechend und auf vernünftige Weise praktiziert werden, Kindern gegenüber anders als Erwachsenen, Freunden gegenüber anders als Betrügern. Aber wer andere pauschal davon ausschließt, Vertrauen zu verdienen, oder niemals bereit ist, einem anderen Vertrauen entgegenzubringen, wer stets nur die Tat und nicht die Person von anderen sieht, der sondert sich oder andere aus der Gemeinschaft derer aus, die menschlich zusammenleben wollen.

Damit kommt ein wichtiger Sachverhalt in den Blick. Die biologische Differenz zwischen Mensch und Tier steht nicht in unserer Verfügungsmacht: Wir können nicht entscheiden, Mensch oder (ein nichtmenschliches) Tier zu sein. Es gibt kein x, das entweder Mensch oder Tier oder beides oder keines von beiden sein kann, sondern es gibt nur entweder Menschen oder Tiere und weder die einen noch die anderen entscheiden darüber, dass und was sie sind. Wohl aber können wir entscheiden, menschlich oder unmenschlich zu leben, jedenfalls in gewissen Grenzen. Nur wer Mensch ist, kann menschlich leben (insofern setzt die anthropologische Differenz die biologische voraus). Aber wer biologisch Mensch ist, lebt nicht allein deshalb auch schon menschlich – sei es, weil ihm ein solches Leben von anderen unmöglich gemacht wird, oder sei es, weil er es sich selbst versagt und (aus welchen

Gründen auch immer) nicht menschlich oder gar unmenschlich mit sich und mit anderen umgeht. Nur Menschen, die leben, können menschlich, nichtmenschlich oder unmenschlich leben. Aber solange sie leben, können sie auch nicht vermeiden, das eine oder das andere davon zu tun.

5. *Verschieden verstandene Menschlichkeit*

Man muss nicht von Gott reden, um menschliches Leben im Licht der beiden Differenzmuster *menschlich/nichtmenschlich* (biologische Differenz) und *menschlich/nichtmenschlich/unmenschlich* (anthropologische Differenz) zu verstehen. Diese Differenzen fallen auch für die nicht zusammen, die jeden Rekurs auf Gott vermeiden. Was Menschen von (anderen) Tieren unterscheidet, ist eine wissenschaftlich (biologisch) zu klärende Frage. Was menschliches von nichtmenschlichem und unmenschlichem Leben unterscheidet, ist dagegen eine geschichtlich in verschiedenen Gesellschaften, Kulturen, Religionen, Moral- und Rechtssystemen nicht einheitlich, sondern unterschiedlich beantwortete Frage. Auch wenn wir heute darum ringen, kulturübergreifende Minimalstandards dessen festzuschreiben, was ein menschenwürdiges Leben von Menschen auszeichnet bzw. auszeichnen sollte (Menschenrechte), ist nicht zu übersehen, dass im Verständnis von ›Menschlichkeit‹ und im Blick auf die Bestimmung dessen, was man für ein menschliches, nicht mehr menschliches oder gar unmenschliches Leben hält, nicht nur zwischen Kulturen, sondern auch innerhalb derselben Kultur oft große Differenzen bestehen.

Ebenso wenig ist allerdings zu übersehen, dass es in jeder Kultur und Gesellschaft lebensorientierende Konzeptionen der Menschlichkeit gibt, die ihre Funktion nur erfüllen, wenn sie auch realisiert und gelebt werden (können). Jede Kultur kennt Exemplare der Menschlichkeit (Vorbilder, Helden, Heilige), denen nachzueifern den Menschen nahegelegt wird und an denen sich die Bemühungen, ein menschliches Leben zu führen, orientieren. Menschlichkeit kann und muss man lernen. Das erfordert ein Verständnis von Menschlichkeit, das einen leiten kann, und Beispiele seiner Umsetzung, an denen man sich auszurichten vermag. Beides bereitzustellen und an immer wieder neue Generationen zu vermitteln, ist eine gesellschaftlich-kulturelle Aufgabe. Kein Mensch lebt *per se* schon menschlich. Darum muss man sich bemühen, gemeinsam mit anderen und für sich, und jeder kann dabei scheitern.

In einem gehaltvollen Sinn scheitern kann man allerdings nur, wenn so zu leben möglich und nicht unmöglich ist, wenn das Ideal der Menschlichkeit also nicht unerreichbar, aber auch nicht schon längst realisiert, sondern in der richtigen Entfernung vom faktischen Leben angesiedelt ist, nicht zu nahe, aber auch nicht zu fern, sonst hat es kein Orientierungspotential. Es muss möglich sein, im jeweiligen Sinn menschlich zu leben, auch wenn man darüber streiten mag und auch muss, was unter ›Menschlichkeit‹ in einem minimalen oder maximalen Sinn verstanden werden sollte. Keine Konzeption von Menschlichkeit ist abschließend und definitiv. Es gibt immer Gründe, sie weiter zu entwickeln, auch wenn es oft lange dauern kann, bis diese erkannt und umgesetzt werden. Menschen können im Horizont ihrer jeweiligen Kultur nicht nur menschlich leben, sondern sie können immer auch noch menschlicher leben. Das Konzept der Menschlichkeit kann und muss fortbestimmt, vertieft und intensiviert werden, und nur solange das geschieht, ist eine Kultur lebendig.

Wie und in welcher Hinsicht es weiterentwickelt, vertieft oder intensiviert werden soll, wird in verschiedenen Horizonten und von verschiedenen Standpunkten aus verschieden gesehen. Nicht überall sind es dieselben Schwierigkeiten und Probleme, an denen man sich stößt und die man zu überwinden sucht. Nicht alle halten dieselben Aspekte oder Qualitäten eines Lebens für ein menschenwürdiges oder menschliches Leben für wichtig und erstrebenswert. Und nicht jeder sucht das anvisierte Ziel auf einem Weg zu erreichen, der auch andere überzeugt. Auch wenn (in der Regel) niemand dagegen ist, dass Menschen menschlich zusammen leben, ist das, was damit ausgeschlossen sein soll, und das, was man für erstrebenswert hält, oft weit verschieden.

Das Ideal der Menschlichkeit ist keine unstrittige Größe, und der Streit über die Bestimmung oder Fortbestimmung dieses Ideals ist immer zugleich ein Streit der verschiedenen Standpunkte, von denen aus die Bestimmung erfolgt, und der unterschiedlichen Horizonte, die dadurch ins Spiel kommen. So gibt es naturalistische Konzeptionen, die meinen, auch die anthropologische Frage nach der Menschlichkeit im Horizont der biologischen Frage nach dem Menschsein beantworten zu müssen (reduktionistischer Naturalismus). Umgekehrt gibt es kulturalistische Konzeptionen, die meinen, die biologische Frage nach der Differenz von Mensch und Tier zusammen mit der anthropologischen Unterscheidung zwischen Menschlichkeit und Unmenschlichkeit beantworten zu können (reduktionistischer Kulturalismus). Es gibt aber auch einheitsorientierte Konzeptionen, die von der irreduziblen Verschiedenheit der biologischen und anthropologischen Fragestellung ausgehen, ihre differenten Fragen und Antworten aber in einem einheitlichen Zusammenhang aufeinander zu beziehen suchen, der zeichensystematisch (Kulturalismus der symbolischen Formen) oder emergenzmetaphysisch (metaphysischer Naturalismus) entwickelt werden kann. Und schließlich gibt es differenzorientierte Konzeptionen, die nicht nur die Differenz der biologischen und anthropologischen Fragestellungen würdigen, sondern auch sehen, dass diese nicht nur verschieden beantwortet, sondern von verschiedenen Standpunkten aus und in verschiedenen Horizonten *auf irreduzibel verschiedene Weise* beantwortet werden können, so dass mit irreduzibel pluralen Konzeptionen des Menschseins und der Menschlichkeit zu rechnen ist: Nicht nur die biologische und anthropologische Frage sind irreduzibel verschieden, sondern auch die Standpunkte, von denen aus sie beantwortet werden können, und die Horizonte, in denen sie beantwortet werden.

II. Vertrauen theologisch

6. Theologische Anthropologie

Zur Gruppe der differenzorientierten Konzeptionen gehört auch die theologische Anthropologie in den Denktraditionen des Christentums. Sie geht im Blick auf die Differenz von menschlichem und nichtmenschlichem Leben davon aus (oder sollte es doch tun), dass Menschen Lebewesen sind, die im Prozess der Entwicklung des Lebens auf der Erde in biologischer und kultureller Ausdifferenzierung von anderen Lebewesen zu dem geworden sind, was sie heute sind. Und sie geht im Blick auf die anthropologische Differenz von menschlichem, nichtmenschlichem und unmenschlichem Leben davon aus (oder sollte es doch tun), dass Menschen nicht religiös oder christlich leben müssen, um menschlich leben zu können. Man muss kein Christ sein, um menschlich zu leben (oder sich doch darum zu bemühen) und andere und sich selbst nicht unmenschlich zu behandeln (oder das doch zu versuchen). Die Menschlichkeit des Lebens ist keine *per se* religiöse oder gar christliche Kategorie. Aber was es heißen könnte, menschlich zu leben, wo die Grenzlinien zwischen menschlichem, nichtmenschlichem und unmenschlichem Leben zu ziehen sind, und wie man menschlicher leben kann als man gedacht hatte oder sich hätte vorstellen können, darauf geben Christen Antworten, die sich markant von anderen Antworten unterscheiden.

Ihre Antwort verdankt sich der Erfahrung, dass Menschen – anderen Menschen und/oder ihnen selbst – in unvorhersehbarer und oft überraschender Weise Möglichkeiten zugespielt werden, die sich nicht aus dem ableiten lassen, was der Fall war und ist, die man nicht erwartet oder erhofft, ja nicht einmal erträumt hatte, sondern die einem die Augen dafür öffnen, dass man in Bezügen zu dem sich selbst erschließenden Ursprung des Möglichen existiert, den Christen ›Gott‹ nennen.

Dass dies der Fall ist, versteht sich nicht von selbst, und man hätte es nicht bemerkt, wenn sich diese Wirklichkeit des Möglichen nicht selbst auf unerwartete und unvorhersehbare Weise als solche zugänglich gemacht hätte. Der paradigmatische Fall dafür ist der Ursprung des christlichen Glaubens, wie er sich im Bekenntnis zur Auferweckung des gekreuzigten Jesus durch Gott ausspricht. Zu diesem Bekenntnis gehört wesentlich, dass es der Überzeugung der Bekennenden zufolge nicht ihrer eigenen Einsicht oder Fantasie entstammt, sondern dem zu verdanken ist, dessen wirksame Gegenwart sie bekennen. Gott ist nicht nur der, den sie als Ursprung dieser unerwarteten Möglichkeit und ihrer Verwirklichung bekennen, sondern auch der, in dem sie den Ursprung der Wahrnehmung und des Verständnisses dieser Möglichkeit und Wirklichkeit sehen. Deshalb wird Gott nicht nur als der bekannt, der (als ›Vater‹) den gekreuzigten Jesus (als ›Sohn‹) in sein göttliches Leben auferweckt hat, sondern auch als der, dem sich (als ›Geist‹) der Glaube an die Wahrheit dieses Bekenntnisses verdankt. Die trinitarische Rede von Gott Vater, Sohn und Geist bringt eben das in konzentrierter Verdichtung zum Ausdruck.

7. Menschlichkeit als Mitmenschlichkeit

Von diesem Punkt aus entwickelt die christliche Theologie all ihre Themen, auch ihr Konzept der Menschlichkeit als göttlich begründete und aus Dankbarkeit gegenüber Gott praktizierte Mitmenschlichkeit. Göttlich begründet ist diese, weil sich das, was im Vollsinn menschlich genannt zu werden verdient, erst im Horizont der Gegenwart dessen erschließt, der selbst diese Gegenwart den Menschen als verborgene Gegenwart ihres sie liebenden Schöpfers erschließt. Nur im Ausgang von dieser Selbsterschließung und nicht unter Absehung von ihr lässt sich das präzisieren, was in christlichem Sinn Menschlichkeit im Vollsinn besagt: als Mensch in der Gegenwart dessen zu leben, der mit seiner Gegenwart Menschen ermöglicht, mit anderen Menschen so zusammen zu leben, dass sie diese und sich selbst als Nächste Gottes verstehen und behandeln können. Wer Gottes Nächster ist, dem – so könnte man mittels der Vertrauensmetapher sagen – vertraut Gott, ohne dass es dafür einen vorgängigen Grund geben würde. Aber indem einem Menschen so Vertrauen entgegengebracht wird, wird ihm zugemutet, sich dieses Vertrauens würdig zu erweisen und seinerseits Gott zu vertrauen und den anderen, denen Gott vertraut – Gott in der Gott gegenüber angemessenen Weise: uneingeschränkt, und den anderen in der ihnen gegenüber angemessenen Weise: vorbehaltlos –, jedenfalls so lange diese sich dieses zugemuteten Vertrauens würdig erweisen und ihrerseits Gott und ihren Mitmenschen in der entsprechenden Weise vertrauen. Menschlichkeit wird so als unbeschränkte Mitmenschlichkeit bestimmt und verstanden, und sie wird als solche aus Dankbarkeit dem gegenüber gelebt und praktiziert, der sich jedem Menschen so zuwendet, dass er dessen Nächster wird: Menschlich lebt, wer sich jedem Menschen gegenüber so verhält, dass er ihn als einen würdigt, dem Gott selbst sich aus freien Stücken zum Nächsten gemacht hat.

Im Rekurs auf diese vorgängige, unverdiente und nicht zu erwartende göttliche Zuwendung steht und fällt das christliche Verständnis von Menschlichkeit und die dadurch geprägte Praxis der Nächstenliebe. Wird von dieser vorgängigen göttlichen Zuwendung abgesehen, bleibt dieses Verständnis von Menschlichkeit als Gott verdankter Mitmenschlichkeit unzugänglich. Genau das aber ist der Normalfall. Menschen verstehen sich und andere nicht als Nächste Gottes, weil sie leben, als gäbe es Gott nicht, ob sie an so etwas wie Gott glauben oder nicht. Ihr Leben orientiert sich nicht an Gottes Zuwendung, sondern allenfalls an dem, was sie für Gott halten, oder woran sie sich halten, auch wenn sie es nicht ›Gott‹ nennen. Die einen mögen es für wahrscheinlicher halten, dass es so etwas wie Gott gibt, die anderen, dass es so etwas wie Gott nicht gibt. Beide aber leben ihr Leben so, dass es nicht wesentlich anders aussähe, wenn das Gegenteil von dem wahr wäre, was sie glauben. Das besagt nicht, dass sie auf ihre Weise nicht menschlich leben könnten. Aber ihre Menschlichkeit ist nicht von der Art, um die es in der christlichen Mitmenschlichkeit geht, sie orientieren ihr Leben nicht an Gottes Zuwendung und sie würdigen sich und andere nicht als Nächste Gottes. Damit schöpfen sie – aus christlicher Sicht gesprochen – die Möglichkeiten nicht aus, die ihnen von Gott zugespielt werden, und sie lassen in der Bestimmung und Praxis ihrer Menschlichkeit unausgelotet, was möglich wäre. Ihr Leben muss deshalb nicht schlecht oder menschlich unzulänglich sein. Aber es könnte besser sein und ihre Menschlichkeit als Mitmenschlichkeit realistischer.

Von Gottes vorgängiger Zuwendung ist im christlichen Leben ausdrücklich die Rede. Aber diese Zuwendung ist kein Lebensphänomen, sondern das, was die ganze Reihe der Lebensphänomene als Gottes Schöpfung und den Bereich seines Wirkens qualifiziert. Sie ist der Operator, der die Welt zur Schöpfung macht. Als schöpfungsqualifizierender Operator tritt sie nicht selbst innerhalb der Schöpfungswelt phänomenal in Erscheinung. Deshalb ist es nicht natürlich, auf Gottes Zuwendung zu achten, sondern im Gegenteil natürlich, sie nicht zu beachten. Sie ist kein Phänomen der Welt, auf das man im Zusammenhang seiner Lebenserfahrungen neben oder unter anderen früher oder später stossen würde, müsste oder könnte. Sie ist vielmehr der nichtphänomenale Orientierungspunkt einer Lebensweise, in der man lernt, sich selbst als Geschöpf unter Geschöpfen zu verstehen und die Welt und ihre Phänomene als Schöpfung zu erleben.

Auf diesen Orientierungspunkt und die ihm korrelierte Lebensweise wird man nur aufmerksam, wenn man von sich selbst und vom normalen Lebensprozess so distanziert wird (existentielle Dislozierung), dass man die bisherige Reihe nicht einfach fortsetzt, sondern einen anderen und neuen Blick auf alles gewinnt (existentielle Neuorientierung). Diese Distanzierung kann man nicht selbst veranlassen, denn dann wäre sie eine Fortsetzung des Bisherigen. Sie resultiert vielmehr aus einer überraschend widerfahrenden oder sich langsam anbahnenden fundamentalen Unterbrechung des Lebenszusammenhangs, die sich selbst und alle Erfahrungen und Phänomene neu zu sehen und anders zu verstehen nötigt: nicht nur als Welt, sondern als Schöpfung, nicht nur als Phänomene, sondern als Zeichen, die auf den Schöpfer verweisen (*bonum*) oder diesen Verweis verdunkeln und verstellen (*malum*), nicht nur als Menschen, sondern als Geschöpfe, die in und durch Gottes Gegenwart leben.

Existentielle Dislozierung und Neuorientierung ereignen sich – wenn überhaupt – im menschlichen Leben. Sie haben daher immer ein Vorher, in dem das Leben anders gelebt wurde. Auch in diesem vorherigen Leben stehen Menschen vor der Herausforderung, sich für die Menschlichkeit zu entscheiden. Die Entscheidung, menschlich und nicht nichtmenschlich oder unmenschlich zu leben, wird dabei aber – theologisch geurteilt – von Menschen getroffen, die leben, als gäbe es Gott nicht, obwohl es sie doch nicht gäbe, wenn Gott nicht mit ihnen und für sie lebte. Sofern das der Fall ist, ignorieren sie einen grundlegenden Aspekt ihrer Lebenswirklichkeit und schöpfen die Möglichkeiten der Menschlichkeit nicht aus, weil sie Gottes Gegenwart in ihrem Leben ausblenden. Das ändert nichts an der Wirklichkeit dieser Gegenwart, wohl aber bestimmt es die Einstellung der Menschen zu ihr und damit die Adäquatheit der Wahrnehmung ihrer realen Lebenssituation. Weil sie ihr Leben nicht als Ort der Gegenwart Gottes wahrnehmen, verkennen sie sein Potential und unterschätzen ihre Möglichkeiten. Sie leben – theologisch gesprochen – als ›Sünder‹ und wissen es nicht.

Das ist keine moralische Abqualifizierung von Menschen, sondern Kurzformel ihrer unaufgeklärten Situation im Horizont der Gegenwart Gottes. So blind beginnt das Leben jedes Menschen, und in den meisten Fällen endet es auch so. Die Entscheidung zwischen einem menschlichen, nichtmenschlichen und unmenschlichen Leben wird dementsprechend ohne Beachtung dessen gefällt, ohne den es weder Menschen noch die Möglichkeit eines menschlichen oder nichtmenschlichen bzw. unmenschlichen Lebens gäbe. Was ›Menschlichkeit‹ heißen kann, bleibt so unausgelotet: Als Gott verdankte Mitmenschlichkeit kommt sie nicht in den Blick.

Nicht primär zur Bestimmung des Menschseins ist der Bezug auf Gott daher wichtig, wie die Tradition angenommen hat, sondern zur Bestimmung der Menschlichkeit des Menschen. Wer nicht mit Gottes guter Gegenwart in seinem Leben und dem der anderen rechnet, hört nicht auf, Mensch zu sein, er ist auch kein Unmensch oder unfähig, menschlich zu leben. Aber er weiß auch nicht, was menschlich zu leben im Vollsinn heißen könnte, weil er sich in der Gestaltung seines Lebens nur im Bezug auf andere und anderes orientiert, aber den Bezug auf Gott ignoriert oder ausblendet, ohne den es weder anderes noch andere noch ihn selbst gäbe. Auch Sünder können menschlich leben. Aber sie leben mit einem Aufklärungsdefizit und damit unter den Möglichkeiten, die Menschen zur Gestaltung ihrer Menschlichkeit eigentlich offenstünden. Und da alle Menschen Sünder sind, leben alle mit dieser Beschränktheit.

8. Vertrauen als Phänomen der Mitmenschlichkeit

Wird Vertrauen vor diesem differenzierten Hintergrund zu verstehen gesucht, dann lässt es sich einerseits am Leitfaden der biologischen oder der anthropologischen Differenz (biologisches vs. anthropologisches Verständnis) näher bestimmen, andererseits können diese Differenzen entweder von nichttheologischem oder von theologischem Standpunkt aus (nichttheologisches vs. theologisches Verständnis) entfaltet werden.

In biologischer Hinsicht wird Vertrauen als ein Phänomen des menschlichen und nichtmenschlichen (bzw. gewisser Formen nichtmenschlichen) Lebens in den Blick gefasst, das sich empirisch beschreiben lässt, insofern bestimmte Verhaltensweisen (*trusting behavior*) mit bestimmten Gehirnaktivitäten (der Aktivierung bestimmter neuronaler Netzwerke) korrelieren. Vertrauen zu verstehen heißt dementsprechend, die neurobiologischen Grundlagen von vertrauendem Verhalten zu verstehen – sei es bei Menschen, bei Katzen oder bei Hunden.

In anthropologischer Hinsicht führt dieser Weg zu keinen Einsichten. Wird Vertrauen als anthropologisches Phänomen zu verstehen versucht, dann muss es im Horizont der Differenz von menschlichem, nichtmenschlichem und unmenschlichem Verhalten verstanden werden. Diese Differenz tritt nur im menschlichen Leben auf, und sie kann nicht expliziert werden ohne Rekurs auf eine Idee der Menschlichkeit, d.h. eine Vorstellung oder Konzeption dessen, was menschliches Leben menschlich und unmenschliches Leben unmenschlich macht. Biologische Antworten greifen da zu kurz, weil sie zwar Aspekte des Menschseins, aber nicht der Menschlichkeit, also den menschlichen, nichtmenschlichen oder unmenschlichen Vollzug des Menschseins verständlich machen können. Um das zu tun, muss man Vertrauen anders in den Blick fassen, nicht nur biologisch-natürlich als Sichverlassen auf andere oder anderes oder als in Anspruch genommene Verlässlichkeit der Eltern-Kind-Beziehungen im Rahmen des Herden- oder Gruppenverhaltens von Menschen, sondern personal-kulturell als reziprokes und selbstreferentielles Vertrauen in die, die einem vertrauen, und die damit auch darauf vertrauen, dass auch ihnen vertraut und ihr Vertrauen nicht enttäuscht wird.

Doch auch das ist noch ein verkürztes Verständnis, weil es Vertrauen auf die zu beschränken scheint, die einem vertrauen, während alle anderen davon ausgeschlossen sind. Wird Vertrauen als Moment konkret gelebter Menschlichkeit verstanden, und ist diese ein Modus des Lebens, der allen Menschen offen steht und zuzumuten ist, dann muss die Reichweite des Vertrauens über das bisher Gesagte hinaus entschränkt werden. Eben das unterstreicht, dass sich das anthropologische Verständnis nicht auf der Basis des biologischen Verständnisses entwickeln lässt. Biologisch ist nicht einsichtig zu machen, dass man nicht nur andere im familiären und freundschaftlichen Nahbereich (Gruppenvertrauen in Familie, Clan, Freundeskreis), sondern alle Menschen lieben, als Menschen würdigen, vertrauensvoll behandeln soll. Diese nicht-natürliche Haltung kann nicht biologisch begründet, sondern nur anthropologisch als prekäre, gefährdete und nie sich von selbst verstehende ›zweite Natur‹ des Menschen entfaltet werden. Nicht von ungefähr tritt sie in dieser universalen Entschränkung nicht in allen, sondern nur in einigen wenigen Kulturen auf. Und sie ist auch in diesen anthropologisch kein selbstverständliches, sondern ein äußerst unselbstverständliches Phänomen.

Dass sich der Sinn von ›Menschlichkeit‹ nicht im Blick auf einen Menschen allein, sondern immer nur im Zusammenhang menschlicher Gemeinschaft und Kultur bestimmen lässt, ist dabei vorausgesetzt. Es ist ein nicht-natürlicher Modus des Sichverhaltens anderen und sich selbst gegenüber, in dem die Möglichkeiten des Menschseins anderer und ihr Recht, sie auf ihre Weise zu leben, nicht weniger geachtet werden als die eigenen. Wer menschlich lebt, kann sich nicht anderen gegenüber unmenschlich und sich selber gegenüber menschlich verhalten, oder umgekehrt. Man verwickelt sich in Selbstwidersprüche und Verkürzungen im Bemühen um Menschlichkeit, wenn man der Maxime der Würdigung des Menschseins von Menschen im eigenen Leben nicht uneingeschränkt folgt, sondern Ausnahmen macht, also einige andere (die einem Nahestehenden) menschlich und andere – aus welchen Gründen auch immer – nicht menschlich oder unmenschlich behandelt.

Gerade das freilich ist gang und gäbe. Es versteht sich deshalb auch keineswegs von selbst, dass man menschlich lebt, sondern das bedarf einer besonderen Bemühung. Wer sich wirklich menschlich verhalten will, der kann sich nicht damit begnügen, seine Freunde freundlich und andere anders zu behandeln. Er ist vielmehr herausgefordert, den Möglichkeiten eines Menschen (den Möglichkeiten anderer Menschen und den eigenen Möglichkeiten) möglichst uneingeschränkt gerecht zu werden – *möglichst* uneingeschränkt, weil die Sicht der Möglichkeiten des anderen und seiner selbst stets durch den eigenen Standpunkt und den dadurch bedingten Horizont begrenzt ist. Auch wenn wir alles zu sehen meinen, sehen wir nicht alles, weil wir nur sehen können, was von unserem Standpunkt aus gesehen werden kann. Das ist meist mehr als wir meinen, aber es ist niemals genug oder gar alles.

9. Vertrauen als christliche Lebenspraxis

An dieser Stelle zeigt sich die Wichtigkeit des Standpunkts, von dem aus man Vertrauen zu leben und/oder zu verstehen sucht, und damit der Differenz zwischen einem nichttheologischen und einem theologischen Standpunkt. In beiden Horizonten können Phänomene der Menschlichkeit und des Vertrauens thematisiert werden, aber sie werden jeweils in anderem Licht und in anderer Hinsicht betrachtet. Die Grunddifferenz ist, dass von nichttheologischem Standpunkt aus der Gottesbezug keine maßgebliche Rolle spielt, während seine Beachtung den theologischen Standpunkt definiert. Deshalb ist der Wechsel vom einen zum anderen nicht nur ein Standpunktwechsel, der andere Phänomene derselben Art in den Blick kommen lässt, sondern ein Wechsel der Weltsicht, der alle aktuellen und möglichen Phänomene in einem anderen Horizont thematisiert.

In theologischem Horizont wird Vertrauen dementsprechend nicht nur als Phänomen der Menschlichkeit, sondern der als *unbeschränkte Mitmenschlichkeit* konkretisierten Menschlichkeit verstanden. Für Christen gilt – und das ist eine ›grammatische‹ Feststellung, der im konkreten Vollzug des Lebens nur all zu oft widersprochen wird –, dass sie nicht nur denen vertrauen, die ihnen vertrauen, sondern allen Menschen mit Vertrauen begegnen, weil sie darauf setzen, dass ihnen der vertraut, der auch allen anderen vertraut, obwohl diese ebenso wenig Anlass dafür bieten wie sie selbst. Die Vorgabe der bedingungslosen vertrauenden Zuwendung Gottes zu uns wird als Anlass und Grund verstanden, auch anderen ohne Vorbedingungen mit Vertrauen zu begegnen, da Gott auch ihnen als seinen Nächsten Vertrauen entgegenbringt. Menschlichkeit wird als vertrauende Mitmenschlichkeit praktiziert, weil sie aus einer Vertrauensvorgabe lebt, die in Anspruch genommen, aber niemals eingeholt werden kann.

Weil sich dieses mitmenschliche Vertrauen nicht aus der Vertrauenswürdigkeit der anderen begründet (wir vertrauen anderen, weil und insofern sie vertrauenswürdig sind), sondern aus der vertrauenden Zuwendung Gottes zu denen, die wie wir selbst nicht vertrauenswürdig sind, ist die stets zu erwartende Enttäuschung des in andere und uns selbst gesetzten Vertrauens kein hinreichender Grund, vertrauende Mitmenschlichkeit nicht mehr zu praktizieren. So gelebte Mitmenschlichkeit muss nicht daran scheitern, dass das Vertrauen in andere faktisch enttäuscht wird. Natürlich kann und wird das immer wieder geschehen. Aber die christliche Haltung und Praxis unbeschränkter Mitmenschlichkeit ist durch dieses faktische Scheitern nicht widerlegt oder außer Kraft gesetzt. Damit rechnet sie vielmehr jederzeit, und dem widersetzt sie sich von Anfang an kontrafaktisch. Sie setzt gerade angesichts enttäuschten Vertrauens auf Vertrauen. Sie kann das, weil sie in anderem gründet und deshalb nicht abhängig davon ist, dass andere oder wir selbst das angetragene Vertrauen nicht enttäuschen. Christlich wird Vertrauen stets angesichts faktischer Vertrauensenttäuschung praktiziert – von Versagern mit Versagern. So gelebtes Vertrauen ist Widerspruch und Einspruch gegen das, was menschliches Leben normalerweise auszeichnet, und es ist eben so der praktische Hinweis darauf, dass menschliches Leben anders sein könnte als es ist.

Vertrauen ist menschlich. Aber wäre es nur das, würde es da enden, wo es enttäuscht wird. Um auf enttäuschtes Vertrauen nicht nur mit Vertrauensentzug und Vertrauensenthaltung zu reagieren, sondern, ohne die Enttäuschung zu beschönigen, trotz allem weiter und neu auf Vertrauen zu setzen, erfordert eine Begründung der Lebensorientierung unbeschränkter vertrauender

Mitmenschlichkeit, die sich nicht an deren faktischem Erfolg oder Misserfolg bemisst oder von diesem abhängig macht. Wer nur denen meint vertrauen zu können, die ihm vertrauen, führt ein einsames Leben, weil er nie sicher sein kann, dass andere ihm tatsächlich vertrauen. Ein universaler Modus des Lebens kann Vertrauen nur werden, wenn es nicht auf faktische Bestätigungen angewiesen ist (so sehr es auf diese hoffen wird), sondern kontrafaktisch gelebt werden kann, weil es sein Recht und seine Kraft nicht aus dem Verhalten der anderen oder dem eigenen Verhalten herleitet, sondern in der Nichtselbstverständlichkeit einer vorausgehenden Zuwendung gründet, mit der angesichts der eigenen Lebenswirklichkeit nicht zu rechnen ist. Wer so vertraut, der vertraut als einer, der weiß, dass ihm und anderen nicht zu vertrauen ist. Er vertraut wider besseres Wissen, weil ihm vertraut wird und sich dadurch überhaupt erst die Möglichkeit eröffnet, sich vertrauenswürdig zu erweisen. Niemand muss das tun. Aber jeder kann es, auch dann, wenn andere es nicht tun. So hervorgelocktes Vertrauen ist frei, und nur freies Vertrauen ist frustrationsresistent und steht und fällt nicht damit, dass es auf Widerhall oder Widerstand stößt. In einer Welt des Misstrauens, Nichtvertrauens und enttäuschten Vertrauens so frei zu vertrauen, ist nicht von jedem Standpunkt aus möglich und einsichtig. Von christlichem Standpunkt aus sollte nichts anderes möglich und einsichtig sein.

Namenregister

Sachregister